Renate Müller, Patrick Glogner, Stefanie Rhein, Jens Heim (Hrsg.)

Wozu Jugendliche Musik und Medien gebrauchen

Jugendforschung

Im Namen des Zentrums für Kindheits- und Jugendforschung

herausgegeben von Wilhelm Heitmeyer,
Klaus Hurrelmann, Jürgen Mansel und Uwe Sander
Universität Bielefeld

Renate Müller, Patrick Glogner, Stefanie Rhein,
Jens Heim (Hrsg.)

Wozu Jugendliche Musik und Medien gebrauchen

Jugendliche Identität und
musikalische und mediale Geschmacksbildung

Juventa Verlag Weinheim und München 2002

Bibliografische Information Der Deutschen Bibliothek

Die Deutsche Bibliothek verzeichnet diese Publikation in der Deutschen Nationalbibliografie; detaillierte bibliografische Daten sind im Internet über http://dnb.ddb.de abrufbar.

Umschlaggestaltung: Atelier Warminski, 63654 Büdingen
Umschlagfoto: Wolfgang Schmidt, Ammerbuch
Printed in Germany

ISBN 3-7799-0479-9

Vorwort

An der Pädagogischen Hochschule Ludwigsburg fand vom 4. bis zum 5. Oktober 2001 die Herbsttagung „Jugend, Musik und Medien" der Sektion Jugendsoziologie der Deutschen Gesellschaft für Soziologie (DGS) statt. Sie wurde in Kooperation mit dem Interdisziplinären Zentrum für Medienpädagogik und Medienforschung (IZMM) an der Pädagogischen Hochschule Ludwigsburg veranstaltet. Organisiert wurde die Tagung von der Musiksoziologischen Forschungsstelle der Pädagogischen Hochschule Ludwigsburg. Der vorliegende Band dokumentiert die Tagungsbeiträge.

Wir danken den Autorinnen und Autoren für ihre Mitarbeit an diesem Band. Bei der Kreissparkasse Ludwigsburg bedanken wir uns für die großzügige Unterstützung der Tagung „Jugend, Musik und Medien". Unser Dank gilt der Pädagogischen Hochschule Ludwigsburg für die Förderung der Tagung und des Tagungsbandes. Wir danken der Frauenbeauftragten für die Bereitstellung von Mitteln für die Redigierung des Tagungsbandes unter geschlechtsspezifischen Aspekten. Unser Dank geht ebenfalls an Martin Burr und Meike Huber für die Unterstützung bei der redaktionellen Fertigstellung. Sonja Schlegel danken wir für ihre tatkräftige Hilfe bei der Tagungsdurchführung. Wir würden uns freuen, wenn der vorliegende Band Jugendforscherinnen und -forscher dazu anregt, die Erforschung des Umgehens Jugendlicher mit Musik und Medien weiter voranzubringen.

Renate Müller, Patrick Glogner, Stefanie Rhein, Jens Heim
Ludwigsburg, im April 2002

Inhalt

Renate Müller, Patrick Glogner, Stefanie Rhein, Jens Heim

Zum sozialen Gebrauch von Musik und Medien durch Jugendliche

Überlegungen im Lichte kultursoziologischer Theorien

Jugendliche suchen und entwickeln kontinuierlich soziokulturelle Orientierungsmuster, um sich zu identifizieren, sich zugehörig zu fühlen und sich abzugrenzen. Dabei werden Musik und Medien dazu benutzt, sich gesellschaftlich zu verorten. Studien von Lazarsfeld (1932) über Bourdieu (1979) bis Schulze (1992) belegen die besondere Bedeutung von Musik gegenüber anderen kulturellen Objektbereichen als soziokulturelles Unterscheidungskriterium, als Mittel der Distinktion und der Orientierung in der Gesellschaft. Dem steht die Vernachlässigung des rezeptiven und produktiven Umgehens Jugendlicher mit Musik durch die Jugendforschung gegenüber. So ist z. B. „zu Hause quatschen/ Musik hören" das einzige Musikrezeptions-Item unter den Freizeit-Items in der 13. Shell Jugendstudie „Jugend 2000" (Jugendwerk der Deutschen Shell 2000, Band 1, 460). Hier dokumentiert sich eine Unterschätzung jugendlicher Musiknutzung, die überwunden schien, als die Kommunikationsforschung aufhörte, Videoclip-Rezeption bei ausgeschaltetem Ton zu erforschen (vgl. den Forschungsüberblick in Müller/ Behne 1996, 4 f).

Diese Einleitung in den Tagungsband der Ludwigsburger Tagung „Jugend, Musik und Medien" im Oktober 2001 versucht, die hier versammelten Beiträge theoretisch zu rekonstruieren. Dies geschieht vor dem Hintergrund der folgenden Fragestellungen, die jeweils in mehreren Beiträgen aufgeworfen werden:

- Was hat die Soziologie gegen populäre Kultur, die vor allem durch Musik und Medien geprägt ist?
- Welches sind die Möglichkeiten und sozialen Grenzen musikalischer und medialer Selbstsozialisation und Identitätskonstruktion?
- Überwinden Kulturgeschmack, z. B. Musik- und Filmgeschmack, und kulturelle Praktiken soziale Grenzen oder dienen sie der Reproduktion sozialer Ungleichheit?

Die genannten Fragestellungen stehen im Kontext gegenwärtiger soziologischer Debatten darüber, ob in modernen Gesellschaften traditionelle soziale Grenzen aufrechterhalten oder aufgelöst werden. Die Relevanz dieser Diskussionen und die Gleichberechtigung gegensätzlicher Positionen zeigen sich u. a. im Titel und in den Verhandlungen des dritten gemeinsamen Soziologie-Kongresses der deutschen, der österreichischen und der schweizerischen Gesellschaft für Soziologie 1998: „Grenzenlose Gesellschaft?". Einer der Schwerpunkte des Kongresses war die Rolle der Kultur in Zeiten sozialen Wandels, innerhalb dessen sich soziale Zwänge auflösen (Honegger/ Hradil/ Traxler 1999). Dieselbe Thematik beschäftigt die amerikanischen soziologischen Diskurse (Alexander/ Seidman 1990). Sie wirft ein neues Licht auf musikalische und mediale Praktiken: Ist Kulturkonsum lediglich Mittel der Reproduktion sozialer Ungleichheit (Bourdieu) oder ermöglicht er die Überschreitung gesellschaftlicher Grenzen in individualisierten und kulturell hochdifferenzierten Gesellschaften, in denen Individuen Wahlentscheidungen zwischen soziokulturellen Kontexten treffen, zu denen sie gehören wollen und von denen sie sich abgrenzen (Schulze)? So bleibt es eine für jeden Forschungskontext jeweils neu zu stellende Frage, ob und wie individuelle Wahlentscheidungen, die musikalischen und medialen Aktivitäten und Präferenzen zugrunde liegen und sich in Lebensstilmustern niederschlagen, von sozialen Bedingungen wie Geschlecht, Alter, Ethnizität, soziale Schichtzugehörigkeit beeinflusst werden.

Zur Pop-Fähigkeit der Soziologie oder „Was hat die Soziologie gegen populäre Kultur?"

Die soziologische Diskussion über Zusammenhänge zwischen der Ästhetisierung des Alltags, Formen des Lebensstils und sozialer Differenzierung bzw. sozialer Ungleichheit erfordert den Dialog zwischen allgemeiner Soziologie, Jugendsoziologie und der Soziologie populärer Kultur, insbesondere populärer Musikkultur. Die Berührungsängste sind jedoch vielfältig und gravierend, was sich darin dokumentiert, dass die „Soziologie-Fähigkeit" populärer musikalischer und medialer Jugendkulturen von Seiten der Soziologie noch 1997 in Frage gestellt wird (Herausgeber-Kommentar zu Pfadenhauer 1997, 33), während die entsprechende Frage nach der „Pop-Fähigkeit" der Soziologie jedoch eher nicht diskutiert wird. Auch die von Lewis (1978) aufgeworfene Frage „Was hat die Soziologie gegen populäre Kultur?" verhallte weitgehend unbeantwortet. Andere Disziplinen wie die Musik- und die Sozialpädagogik hingegen halten die Frage nach ihrer Pop-Fähigkeit für wichtig, wenn nicht für existenziell (vgl. z. B. Behne, Harnitz, Hill, Josties in diesem Band).

Pop-fähig ist eine Soziologie, die Objekten populärer Kultur die Dignität zuspricht, Gegenstand sozialwissenschaftlicher Beschäftigung und somit soziologie-fähig zu sein. Pop-fähig wird Soziologie, wenn das ästhetische Paradigma, nach dem sich populäre und reine Ästhetik fundamental unterscheiden, aus den soziologischen Köpfen verschwindet. Dort gehört es nicht hin, denn in der reinen Ästhetik ist der „Mythos vom ‚reinen Auge'„ (Bourdieu 1970, 162) impliziert, als gäbe es „reine" Wahrnehmung, die nicht auf einem sozialisierten Code basiere. Die von Bourdieu vehement kritisierte reine Ästhetik dient daher als Ideologie zur Legitimation sozialer Unterschiede zwischen hoher und populärer Kultur, zwischen legitimem und populärem Geschmack und zwischen denen, die die Codes der dominanten Kultur beherrschen und denen, die dies nicht tun. Denn reine Ästhetik geht einher mit der Sicht, die Rezeptionsweise sei den kulturellen Objekten quasi naturgegeben inhärent und nicht kulturelles Kapital Privilegierter. Darüber hinaus beinhaltet sie die vermeintlich natürliche Ablehnung der als trivial und barbarisch betrachteten populären Kultur, sowie die Auffassung, Unterhaltung sei die einzig angemessene Weise, populäre Kultur zu konsumieren. Eng damit verknüpft ist die Ablehnung der musikalischen und medialen Umgehensweise „Unterhaltung" (Bourdieu 1970, 162 f). Diese symbolische Exklusion,[1] die Ablehnung von Kulturgenres und Umgehensweisen mit Kultur, geht einher mit sozialer Exklusion, der Ablehnung von Menschen, die bestimmte Kulturgenres und Umgehensweisen damit präferieren. Hier liegt die Basis dafür, dass soziale Ungleichheit durch kulturelle Praktiken und durch Geschmack reproduziert werden kann.

Die Verbindung von symbolischer mit sozialer Exklusion finden wir auch in der Vermassungshypothese der Kritischen Theorie, die die Standardisierung der Kulturobjekte sowie die Uniformierung der passiven Kulturkonsumenten und deren Anpassung an den gesellschaftlichen Status Quo gegen populäre Kultur ins Feld führt (Adorno 1975; 1962). Populäre Musik „ist objektiv unwahr und hilft das Bewusstsein derjenigen zu verstümmeln, die ihr ausgeliefert sind" (Adorno 1962, 53f).

Der Vielfalt gegenwärtiger ästhetischer Erscheinungsformen und ästhetischer Umgehensweisen wird das ästhetische Paradigma nicht gerecht. Inzwischen betrachten gegenwärtige Kultur- und Medientheorien die Dichotomie von reiner und populärer Ästhetik als aufgelöst: Nach Seidman diskreditieren seit den 60er Jahren soziale Bewegungen wie z. B. die Frauenbewegung und die schwarze Bewegung die Sicht der Kritischen Theorie, dass die Massengesellschaft Opposition zum Erliegen bringe (Seidman 1990, 230). Soziale Bewegungen entstünden durch das Bedürfnis marginaler sozialer Gruppen nach sozialer Inklusion, nach der Aufhebung ihrer Machtlosigkeit und nach Legitimität ihrer kulturellen Produkte. Dies wird als die soziale Grundlage derjenigen Veränderungen in Kunst und Kultur interpretiert, die als Postmodernismus bezeichnet wird.

---

1 Zur Theorie symbolischer Exklusion vgl. Bryson 1996 und Peterson/Kern 1996.

Der kulturelle Wandel am Ende des 20. Jahrhunderts ging einher mit der Idee der „Ästhetisierung des Alltags“ (Featherstone 1995, 44; Schulze 1992). Im Begriff der Ästhetisierung des Alltags steckt die Idee, dass die Unterscheidung zwischen Kunst einerseits und Populärkultur und Alltagskonsum andererseits nicht mehr haltbar ist. Das eklektische Kombinieren ästhetischer Codes, wie man es z. B. im Musikfernsehen (MTV) findet, erschütterte etablierte Symbolsysteme (Seidmann 1990, 231ff; Featherstone 1995, 43f, 75f). Kulturkampf entbrannte in öffentlichen wie in medien- und kulturwissenschaftlichen Diskursen darüber, ob und inwiefern Videoclips herrschende Ideologien transportieren oder alternative Symbole und Normen in den „mainstream“ schmuggeln (Schwichtenberg 1993). Bechdolf (in diesem Band) stellt diese Frage in Bezug auf Geschlechterstereotypen bzw. flexible Geschlechteridentitäten.

Ein weiterer Aspekt des ästhetischen Paradigmas kann mit der skizzierten postmodernen Wende als aufgehoben betrachtet werden: die im ästhetischen Paradigma implizierte Überlegenheit des autonomen musikalischen bzw. des Kunst-Werkes gegenüber den Prozessen der Kreation, der Aufführung, der Wahrnehmung von Musik und Kunst und des Umgehens mit Musik und Kunst. Dieser Aspekt des ästhetischen Paradigmas ignoriert die soziale Bedeutung z. B. musikalischer Praxis, des „musicking“ (Small 1998, 4 ff). Dass es nicht Aufgabe der Musiksoziologie sei, die Natur und das Wesen der Musik selbst zu erklären, sondern sich der sozialen Praxis Musik zu widmen, stellte bereits Silbermann klar (1957).

Spuren des ästhetischen Paradigmas als Relikte einer aristokratischen Vergangenheit finden sich nach Bourdieu (1968, 215) jedoch immer wieder. Müller (2002, 587) zeigt z. B., dass Musiksoziologie in der Kultursoziologie und in der Musikwissenschaft als Soziologie der Kunstmusik gedacht wird. Ein anderes Beispiel ist die Populärmusikforschung selbst: Popmusik und ihre Konsumenten werden entlang des Kriteriums Authentizität hierarchisiert. Auf den untersten Stufen der Hierarchie rangieren z. B. Teenie-Fans als die Stiefkinder der Populärmusikforschung (Rhein in diesem Band), ebenso wie die oft von Mädchen favorisierten Mainstream-Musikkulturen (Josties in diesem Band).

Das ästhetische Paradigma verhindert die Kompetenzen zu würdigen, die zur Produktion und Rezeption populärkultureller Objekte wie Rocksongs, Videoclips, Charts, Daily Soaps, Kinofilme und Zeitschriften wie *Bravo* notwendig sind. Ebenso wird damit die Bedeutung der Populärkultur für Prozesse musikalischer und medialer Selbstsozialisation und Identitätskonstruktion unterschätzt. Diese Kompetenzen und Sozialisationsprozesse werden mit Fiskes Konzept populärkulturellen Kapitals (1992) in den Blick genommen, mit welchem er Bourdieus Konzept des kulturellen Kapitals weiterentwickelt und pop-fähig macht. Populärkulturelles Kapital ist nicht in denselben sozialen Kontexten bedeutsam wie hochkulturelles bzw. legitimes kulturelles Kapital: Es verschafft soziale Anerkennung und soziale Kompetenzen in Peergroups und subkulturellen Milieus. Es erlaubt Individuen, sich als einzigartig zu präsentieren, soziale Zugehörigkeiten zu definieren und zu sichern sowie sich abzugrenzen. Somit erfüllt es die sozialen Funktionen der Identitätspräsentation und -konstruktion, der sozialen Integration und der Distinktion. Marginalisierten Gruppen dient populärkulturelles Kapital zur Repräsentation ihrer Kulturen in den Medien, verknüpft mit dem Wunsch, dadurch Respektierung ihrer kulturellen Identitäten zu gewinnen (Berry 1990; 1994; Fiske 1994). Bildungsinstitutionen, die populärkulturelles Kapital ihrer Klientel nicht respektieren, verletzen kulturelle und musikalische Identitäten (Harnitz in diesem Band).

Umgehensweisen Jugendlicher mit Musik und Medien: eigenständig und grenzenlos?

Die Aufhebung des ästhetischen Paradigmas hat den Blick freigemacht für die Differenzierung der Umgehensweisen mit Musik und Medien. Entsprechend wird im vorliegenden Band auf vielfältige Weise der Frage nachgegangen, wozu Jugendliche - neben Unterhaltung und Amüsement - Musik und Medien gebrauchen. Dabei werden zum einen musikalische und mediale Selbstsozialisation und Identitätskonstruktion in den Blick genommen, zum anderen wird die Rolle sozialer Zwänge, sozialer Ungleichheit und sozialer Differenzierung beim Umgehen mit Musik und Medien diskutiert. Die Perspektive der Selbstsozialisation bezieht sich auf die Aneignung und Verarbeitung von Musik- und Medienwelten. Dabei geht es u. a. um die Selbstpositionierung Jugendlicher im jugendkulturellen Raum (Müller-Bachmann), das aktive Vorantreiben der eigenen Entwicklung durch gezielte Musik- und Mediennutzung (Boehnke, Hoffmann, Münch), altersspezifische Problembelastung und Problembewältigung durch Partizipation in Fankulturen (Rhein) sowie um Konflikte kultureller Identitäten im Musikunterricht (Harnitz). Identitätskonstruktionen werden diskutiert von Rath, der u. a. die ethische Einforderung von Identität zur Diskussion stellt, indem er an die sozialwissenschaftliche Debatte um Patchwork-Identität anknüpft. Schläbitz betrachtet neue Möglichkeiten der Ästhetisierung des Selbst vor dem Hintergrund von Goffmans Theorie. Wallbaum grenzt verschiedene ästhetische Umgehensweisen mit Musik voneinander ab und entwirft in Anlehnung an das Selbstsozialisationskonzept ein Konzept der Bildung in ästhetischen Praxen. Müller und Imort argumentieren anhand jugendlicher Video-Eigenproduktionen für die These, dass Jugendliche eine selbst angeeignete interkulturell verständliche audiovisuelle Symbolsprache benutzen, wenn sie Videos produzieren und rezipieren.

Der Blick auf die Rolle sozialer Möglichkeiten und Schranken der Nutzung von Musik und Medien bezieht sich auf die Entscheidungen Jugendlicher zwischen ästhetischen Optionen und sozialästhetischen Umgehensweisen mit diesen sowie darauf, ob diese Entscheidungen durch Alter, Geschlecht, soziale Schicht, Bildung oder Ethnizität beeinflusst sind. Die Entwicklung des Musikgeschmacks in Abhängigkeit vom Medienkonsum über einen Zeitraum von sechs Jahren nimmt Behne in den Blick und resümiert, dass Bildungs- und Geschlechtsunterschiede mediale Milieus und somit spezifische Mediennutzungsformen prägen. Schramm und Vorderer vergleichen situative Musik-Nutzungsformen von Jugendlichen, berufstätigen Erwachsenen und Rentnern und finden alterspezifische emotionsästhetische Formen des Umgehens mit Musik zur Beeinflussung der eigenen Befindlichkeit. Glogner untersucht sozialästhetische Umgehensweisen mit Film im Hinblick auf ihre Altersabhängigkeit. Inwiefern pädagogische Unterstützung benachteiligter Jugendlicher bei der Entwicklung einer (pop)kulturellen Identität notwendig und förderlich ist, nehmen Hill und Josties in den Blick. Grenzen der Selbstsozialisation sieht Hill darin, dass sie die Entwicklungsaufgaben der traditionellen Sozialisationsinstanzen wie Familie und Schule nicht erfülle. Hierhinein fügen sich die Überlegungen von Hinz über das Ausklammern der Berufswelt in populärer Musikkultur, das als Ausklammern der Entwicklungsaufgabe „Berufsvorbereitung“ interpretiert werden kann. Ob und in welcher Weise die soziale Schranke Geschlecht sich in Videoclips ausdrückt und wie männliche und weibliche Rezipienten damit umgehen, untersucht Bechdolf.

Diesen Perspektiven entspricht die Schwerpunktsetzung der Tagungsbeiträge einerseits auf der Bedeutung von Musik und Medien beim Aufbau jugendlicher Identität und andererseits auf der musikalischen und medialen Geschmacksbildung von Jugendlichen. Die folgenden theoretischen Überlegungen skizzieren Zusammenhänge zwischen Selbstsozialisation, Identitätskonstruktion, dem Lösen jugendspezifischer Entwicklungsaufgaben, dem Mitgliedwerden in musikalischen Jugendkulturen, dem Praktizieren sozialästhetischer und „emotionsästhetischer“ Umgehensweisen mit Musik und Medien, der Anhäufung populärkulturellen Kapitals, der Entwicklung musikalischer und medialer Präferenzen und anderer Lebensstilelemente.

Musikalische und mediale Selbstsozialisation

Sozialisation wird heute verstanden als Mitgliedwerden in verschiedenen soziokulturellen Kontexten (Hurrelmann/ Ulich 1991). Als „Selbstsozialisierer“ verstehen wir diejenigen, die ihre Mitgliedschaften selbst wählen und/ oder gestalten. Der Begriff der Selbstsozialisation betont nach unserem Verständnis diese Eigenleistung des Individuums im Sozialisationsprozess. Jugendliche sozialisieren sich selbst

- durch Sympathie mit bestimmten Kulturen, Milieus und Szenen, denen sie möglicherweise angehören wollen,
- durch die Auswahl spezifischer Sozialisationskontakte,

- durch das Mitgliedwerden in selbstgewählten Kulturen, insbesondere musikalischen Jugendkulturen, wobei sie sich die gewählte Symbolwelt aneignen,
- durch die Konstruktion von Identität durch (zeitweilige) Übernahme eines bestimmten Lebensstils (Müller 1995).

Selbstsozialisation basiert auf der Idee „des produktiv realitätsverarbeitenden Subjekts“ (Hurrelmann 1983) und geschieht über die Aneignung sowohl populärkulturellen als auch legitimen kulturellen Kapitals. Spezifische Sozialisationskontexte, in denen musikalischer und medialer Geschmack selbst sozialisiert wird und in denen musikalische und audiovisuelle Kompetenzen angeeignet werden, sucht die Jugend-Musiziert-Gewinnerin ebenso auf wie der Skinhead (Müller 1995). Dabei signalisieren Jugendliche Zugehörigkeit zu der gewählten Kultur, gleichzeitig aber auch Abgrenzung gegenüber anderen Jugendkulturen, Kulturen der Erwachsenengeneration oder (musikalischen) Geschmackskulturen des anderen Geschlechts. Müller-Bachmann (in diesem Band) zeigt darüber hinaus am Beispiel der Jugendkultur Techno auf, dass die vielfältigen Stilisierungen aktueller Jugendkulturen durchaus auch der Distinktion innerhalb jugendkultureller Szenen dienen. Die körperbezogenen Selbstinszenierungen der aktuellen Jugendkulturen könnten als Mittel sowohl generations- als auch geschlechtsspezifischer Distinktion angesehen werden.

Hinz (in diesem Band) liefert in seinem Beitrag einen historischen Überblick über verschiedene Jugendkulturen unter besonderer Berücksichtigung des jeweils spezifischen Verhältnisses zur Arbeitswelt. Er konstatiert eine weitgehende Verdrängung der Lohnarbeit in der Popmusik. Jugendkulturspezifische Bedeutungszuschreibungen, in denen sich zum einen die jugendkulturinternen Werte, zum anderen das Verhältnis der Jugendkultur zur „Außenwelt“ widerspiegeln, werden anhand dieser Nicht Thematisierung anschaulich gemacht: Die Arbeitswelt wird nach Hinz von den Jugendlichen als niederdrückende Realität empfunden, der man sich insbesondere im Kontext einer hedonistisch oder rebellisch codierten Popmusik zumindest auf symbolischer Ebene verweigert.

Eine ausschließlich populärkulturell orientierte Selbstsozialisation löst womöglich entscheidende Entwicklungsaufgaben nicht. Daher betreiben Jugendliche nach Hill (in diesem Band) eine „Parallelsozialisation“, die zwar erwachsenenorientiert ist, was die „klassischen“ Tugenden der Berufs- und Leistungsorientierung angeht, aber jugendkulturorientiert hinsichtlich ihrer sozialen Beziehungen und ihrer Lebensstilentscheidungen.[2]

Jugendliche verorten sich nicht ausschließlich im jugendkulturellen Raum: So findet Behne in seiner Längsschnittstudie (in diesem Band) bei Jugend-

2 Vgl. im Gegensatz dazu McRobbie (1993) über Selbstprofessionalisierung als berufsbezogene Selbstsozialisation in der Jugendkultur Rave.

lichen, deren Mediennutzungsmuster sich als relative Medien-Abstinenz (niedrige Hör- und Sehdauern) kennzeichnen lässt, die höchste Zuneigung zu klassischer Konzertmusik und die stärkste Ablehnung von Techno über alle Befragungszeitpunkte hinweg. Das umgekehrte Präferenzmuster bekunden die Viel-Nutzer (hohe Hör- und Sehdauern).

Sozialästhetische Umgehensweisen mit Musik und Medien

Selbstsozialisation geschieht über die Definition von Zugehörigkeiten und Abgrenzungen zu anderen Menschen als Teil sozialer Gruppen. Dies erfolgt u. a. über sozialästhetische Umgehensweisen mit Musik und Medien, die neben dem „reinen" ästhetischen Genuss ein nicht zu vernachlässigendes Motiv für deren Nutzung und Gebrauch darstellen können. Je nach Intention des Rezipienten können Musik- und Medienangebote beispielsweise ausschließlich deshalb rezipiert werden, um Kommunikationsinhalte parat zu haben, um in den subjektiv bedeutsamen sozialen Kontexten mitreden zu können. Die Nutzung bestimmter Musik- und Mediengenres kann darüber hinaus dazu dienen, sich als individualistisch-nonkonform (z. B. als Fan „barbarisch"-blutiger Splatter-Filme) oder umgekehrt als Mitglied der „großen Masse" („Titanic" muss einfach jeder gesehen haben) zu empfinden und/ oder zu definieren. Letzteres bedeutet sich nach außen als Teil einer sozialen Gruppe mit den gleichen wie den eigenen Vorlieben - sei es eine Minderheit oder die breite Mehrheit - zu stilisieren und sich damit sozial zu positionieren (beispielhaft für Konzertpublika vgl. Dollase et al. 1986). Sozialästhetische Umgehensweisen mit Film behandelt Glogner (in diesem Band): Jugendliche nutzen Filme stärker sozial-integrativ und stärker zur ästhetischen Distinktion als andere Altersgruppen. Inwiefern Jugendliche ihre Entwicklungsaufgabe „Peerintegration" mit ihrer Musik- und Mediennutzung aktiv zu lösen versuchen, behandeln Boehnke, Hoffmann und Münch (in diesem Band).

Identitätskonstruktion mit Musik und Medien

Sowohl in der sozialen und kulturellen Integration als auch in der Distinktion, die beispielsweise durch die beschriebenen sozialästhetischen Umgehensweisen mit Kultur erfolgt, wird durch Selbststilisierung und Selbstinszenierung im Rahmen der gewählten sozialen Kontexte und der gewählten Symbolik Identität konstruiert. Damit wird zugleich Zusammengehörigkeit und individuelle Besonderheit ausgedrückt, was sich z. B. für die Techno-Kultur in den Begriffen „Unity" und „Difference" spiegelt (Hitzler 2001).

Selbstinszenierung und -stilisierung ist symbolisches und produktives Handeln (Stauber 2001) und setzt als solches (populär)kulturelles Kapital voraus - nämlich die für dieses Handeln notwendigen symbolischen Kompetenzen. Die Symbolisierung von Welt sei das Charakteristikum des Menschen, der als „animal symbolicum“ (Cassirer) an der symbolischen Hervorbringung von Welt beteiligt sei. Da der Mensch Teil seiner Welt sei, produziere er „sein Selbstverständnis im Zuge der Selbstauslegung seiner symbolischen Präsentation“ (Rath in diesem Band). Angesichts der Heterogenität und Unverbundenheit der verschiedenen soziokulturellen und auch medialen Kontexte, in denen jedes Individuum (para-)sozial interagiert, sowie angesichts der Fülle von Identifikationsangeboten könne man nun annehmen, dass das Individuum sich selbst als identisches nicht mehr wahrnehme, geschweige denn präsentieren könne. Diese Annahme ist zentral im Rahmen neuerer Identitätskonzepte, z. B. dem der Patchwork-Identität sowie dem der multiplen Identitäten. Nach Featherstone (1995) induzieren Globalisierung und Postmoderne eine Dezentralisierung des Subjektes, dessen Erleben von Identität und biographischer Kontinuität durch Fragmentierung und das oberflächliche Spiel mit Images und Erlebnissen gekennzeichnet ist (Featherstone 1995, 44 f). Dadurch zerbreche das Gefühl der Individuen für Identität. Als Lösung schlägt Featherstone vor, „the old essentialist self“, das alte essentialistische Selbst, und den Glauben, Leben sei ein bedeutungsvolles Projekt, aufzugeben und das Individuum nicht länger als etwas Einheitliches, Konsistentes, sondern als ein Bündel konfligierender „Quasiselbste“, als zufällige Ansammlung von Erfahrungen aufzufassen.

Die Präsentation des Selbst im Alltagsleben mag in der postmodernen, globalisierten Gesellschaft in der Tat komplizierter geworden sein. Aber die damit einhergehenden strukturellen Probleme der Identitätskonstruktion und die damit verbundene Schwierigkeit der Kontinuität und Konsistenz der Identität sind im symbolisch interaktionistischen Identitätskonzept (Mead 1934; Goffman 1961, 1963; Krappmann 1969) bereits formuliert. Das Identitätsverständnis des symbolischen Interaktionismus hat wenig gemein mit dem von Featherstone ad acta gelegten Konzept des „old essentialist self“. „Diese multiplen Identitäten sind nicht allein der Netzwelt charakteristisch, sondern [...] stellen Übersetzungen dessen dar, was die Welt jenseits des Monitors dem Individuum schon längst abverlangt“ (Schläbitz in diesem Band). Identität muss - in modernen ebenso wie in postmodernen Gesellschaften - lebenslang in Interaktionen aufrechterhalten werden. Das ist psychisch und gesellschaftlich notwendig, damit das Individuum identisch bleibt in verschiedenen Interaktionskontexten mit widersprüchlichen, uneindeutigen und undefinierten Erwartungen. Audiovisuelle und sprachliche Symbolsysteme werden bei der Identitätskonstruktion auf eine Weise benutzt, die sowohl individuelle Besonderheit („so zu sein wie niemand“) als auch geteilte Bedeutungen („so zu sein wie alle“) signalisiert. Insofern meint Identität aus der Sicht des symbolischen Interaktionismus das Balancieren zwischen beiden Ansprüchen, die allerdings nie erreicht werden dürfen: völlige Einzigartigkeit wie völlige Normalität machen Identität und Gesellschaft gleichermaßen unmöglich.

Rath (in diesem Band) führt Befunde an, die dafür sprechen, dass Individuen anstreben, mit sich identisch zu bleiben. Bechdolf (in diesem Band) hält die Suche nach einer eindeutigen, festen Geschlechtsidentität für das zentrale Motiv ihrer Probanden bei der Rezeption von Musikvideos, die mit traditionellen Geschlechtsrollenentwürfen sowohl affirmativ als auch oppositionell und spielerisch, verfremdend, sie überwindend umgehen. Eigenständigkeit und kreatives Konstruieren beim Umgehen mit Musik und Medien scheint eine Grenze dort zu finden, wo jugendliche Individuen vorrangig Kohärenz ihrer Identitätswahrnehmung und -präsentation brauchen.

Aus musikpädagogischer Perspektive untersucht Harnitz musikalische Identitäten Jugendlicher: Diese konstituierten sich aus Musikgeschmack, musikalischen Kenntnissen sowie aus präferierten Umgehensweisen mit Musik, die oft gerade nicht im Musikunterricht berücksichtigt würden. Mit der damit einhergehenden musikpädagogischen Ignorierung musikalischer Schüler-Identitäten erklärt Harnitz Schüler-Handlungstendenzen, die den Lehrer-Intentionen entgegengerichtet sind wie z. B. Störungen, Protest, „Abschalten". Demgegenüber kommt das Forschungsprojekt „Musikvideo-Produktion in der Schule" (Imort in diesem Band) jugendlichen musikalischen Lebensstil- und Identitätsdefinitionen entgegen: Ein methodisches Arrangement zur Video-Eigenproduktion wird im Musikunterricht bereitgestellt, das es Jugendlichen ermöglicht, auf der Grundlage ihres vorhandenen audiovisuellen Symbolwissens eigenständige präsentative Ausdrucksformen zu entwickeln.

Das Konzept populärkulturellen Kapitals

Nach Bourdieu kann Kunst (im Sinne legitimer Kultur) einzig für diejenigen von Interesse und Bedeutung sein, die den entsprechenden kulturellen Code beherrschen (Bourdieu 1979, 20). Erworben wird dieser Code üblicherweise im Schoß einer kultivierten Familie bzw. durch die Vermittlung bestimmter Wissensbestände und Kompetenzen z. B. im Schulunterricht. Während Bourdieu jedoch für das Umgehen mit legitimer Kultur den Erwerb bestimmter Kompetenzen und Wissensbestände sowie entsprechender Umgehensweisen - kurz: die Beherrschung des legitimen Codes - als notwendige Bedingung beschreibt, scheint für ihn der populäre Geschmack allein aus der Nichtbeherrschung dieses Codes zu resultieren. Infolgedessen bleibt er auf dem populärkulturellen Auge blind: Aus diesem Blickwinkel wird das kreative und soziale Potenzial der Populärkultur unterschätzt; ein entsprechender populärkultureller Code, der angeeignet und beherrscht werden muss, existiert in Bourdieus Theorie nicht. Vor diesem Hintergrund entwickelt Fiske das Konzept des populärkulturellen Kapitals (Fiske 1992). Unter populärkulturellem Kapital versteht Fiske das Wissen, die Kompetenzen und die besonderen Umgehensweisen, die sich jemand bezüglich der populären Kultur aneignet. In diesem Konzept spiegelt sich das Konzept der Selbstsozialisation wider - ohne dass Fiske selbst diesen Begriff verwendet.

Die innere Logik des populärkulturellen Kapitals besteht in der Abgrenzung gegen das legitime Kapital (Fiske 1992): Die Anhäufung populärkulturellen Kapitals ist für diejenigen, die sich aufgrund ihres Alters, ihres Geschlechts, ihrer sozialen Herkunft oder ethnischen Zugehörigkeit zu den verschiedenen Gruppierungen gesellschaftlich Untergeordneter zählen, zum einen Mittel sozialer Abgrenzung gegenüber denjenigen, die über das sozial anerkannte, legitime Kapital verfügen; zum anderen hat das populärkulturelle Kapital eine wichtige differenzierende Funktion innerhalb dieser untergeordneten Gruppierungen. Damit erfüllt das populärkulturelle Kapital zwar dieselben sozialen Funktionen wie das legitime Kapital - jedoch in gleichzeitiger Abgrenzung zu diesem.

Das Verfügen über populärkulturelles Kapital geht mit der Aneignung der entsprechenden Codes einher - die aber typischerweise gerade nicht auf dieselbe Weise erworben werden (z. B. durch schulische Bildung) wie legitime kulturelle Codes. Populärkulturelles Kapital ist selbstsozialisiert, d. h. es wird im pädagogikfreien Raum der Peergroup angeeignet, in dem Musik und Medien eine große Rolle spielen. Um kompetent mit den populärkulturellen Objekten umgehen und darüber erfolgreich Zugehörigkeit und Abgrenzung zu dem entsprechenden Peerkontext signalisieren zu können, müssen autodidaktisch und kooperativ bestimmte rezeptive und produktive Kompetenzen, bestimmte Wissensbestände und Umgehensweisen erlernt und erworben werden. Die Beherrschung des entsprechenden Codes - mit anderen Worten: die Einarbeitung in die entsprechende jugendkulturelle Symbolwelt - ist die Voraussetzung für die Mitgliedschaft in einer Jugendkultur.

So kann z. B. nur im Internet surfen und als Internetfreak gelten, wer seine symbolischen Lektionen gelernt hat (Schläbitz in diesem Band). Ein anderes Beispiel sind jugendliche Musik-Fans, die sich ein umfassendes Expertenwissen bezüglich ihrer Lieblingsmusik und ihrer Lieblingsstars aneignen, bestimmte Tanzstile entwickeln, eigene Tanzchoreographien erfinden, eigene Musikstücke schreiben oder Remixe ihrer Lieblingsstücke am Computer produzieren - kurz: die sich ihr eigenes kulturelles Kapital schaffen (Rhein in diesem Band). Mit dem populärkulturellen Wissen, das sich Jugendliche aneignen, um in medial und musikalisch geprägten soziokulturellen Gewässern erfolgreich navigieren zu können, scheinen sie Wissen darüber zu erwerben, was ihnen gut tut: Dass Jugendliche ihre jugendmusikkulturelle Orientierung dazu benutzen, ihr Leben besser zu bewältigen, „in den Griff zu bekommen", fand Berry (1990; 1994) in ihren Studien benachteiligter schwarzer Jugendlicher und ihrer aktiven Partizipation in der HipHop-Kultur. Sie sind offenbar in der Lage, durch bestimmte Weisen ihres Musik- und Medienkonsums ihre Entwicklungsaufgaben zu lösen; auch erwerben sie Strategien, ihre eigene Stimmung mit Musik und Medien zu beeinflussen (Mood Managing). Auf diese beiden Aspekte des aktiven Umgehens Jugendlicher mit Musik und Medien wird im Folgenden eingegangen.

Lösung von Entwicklungsaufgaben und altersspezifischen Problemen mit Musik und Medien

Jugendliche müssen sich verschiedenen zentralen Entwicklungsaufgaben stellen (Boehnke, Hoffmann, Münch in diesem Band) - dazu gehören z. B. die Entwicklung von Identität, die Peerintegration, die Entwicklung sexueller Beziehungen und sozialer Bindungsfähigkeit und die Vorbereitung auf den Beruf. Konzepte wie Silbereisens „Entwicklung als Handlung im Kontext“, das Konzept der Entwicklungsaufgaben sensu Havighurst, der Selbstsozialisationsansatz oder das Konzept populärkulturellen Kapitals lenken den Blick darauf, wie Jugendliche ihren medialen und musikalischen Lebenskontext aktiv dazu nutzen, um an der Bewältigung dieser Entwicklungsaufgaben zu arbeiten: Durch die selbstgestaltete Mitgliedschaft in selbstgewählten musikalischen oder medial geprägten Jugendkulturen entwickeln und präsentieren sie Identität, probieren Lebensstilorientierungen aus, suchen sich in Musikinterpreten und -interpretinnen oder Medienfiguren eigene Vorbilder und Idole, integrieren sich in die Gruppen der Peers, indem sie deren musikalische oder mediale Interessen teilen, eignen sich umfassendes Wissen z. B. über ihre Lieblingsmusik an, tauschen sich in ihrer Peergroup darüber aus. Ggf. bereiten sie sich dadurch sogar auf einen möglichen beruflichen Werdegang, beispielsweise im Musik- und Medienbereich, vor. Nach Wallbaum (in diesem Band) kann bei sinnkonstruierend-imaginativer ästhetischer Wahrnehmung davon ausgegangen werden, dass Jugendliche in musikalischen Praxen die Entwicklungsaufgabe „Bildung“ bewältigen bzw. sich selbst sozialisieren.

Boehnke, Hoffmann und Münch gehen in ihren Beiträgen auf jeweils unterschiedliche Art der Fragestellung nach, inwiefern und unter welchen Bedingungen die Nutzung des Radios und anderer Medien der Bewältigung jugendalterstypischer Entwicklungsaufgaben dient. Münchs Befunde verweisen auf stark individualisierte Formen der Bearbeitung von Entwicklungsbedarf durch Medien und Musik. Boehnke findet bei Jugendlichen, die den Hörfunk parasozial-affektiv nutzen, eine Reduzierung ihres Entwicklungsbedarfs über den Erhebungszeitraum von drei Jahren. D. h. parasoziale Hörfunknutzung wird erfolgreich zur Lösung von Entwicklungsaufgaben eingesetzt. Hoffmann stellt in ihrem Beitrag fest, dass dominant individualorientierte Jugendliche das Radio weniger intensiv nutzen als peer- und elternorientierte, wobei letztere das Radio am intensivsten nutzen. Auch Hoffmanns Ergebnisse lassen sich als Bestätigung der These interpretieren, dass Jugendliche sich mit ihrer Mediennutzung auf dem Wege zum Erwachsenwerden selbst voranbringen.

Rhein (in diesem Band) diskutiert vor dem Hintergrund der Ergebnisse ihrer Teenie-Fanstudie das Phänomen des Teenie-Fantums im Spannungsfeld zwischen aktiver Bewältigung bestimmter aktueller Problembelastungen und zusätzlicher Problembelastung durch das Fan-Sein. Dass Lebensbewältigung ein Motiv der Musik- und Musikvideonutzung sei, resümieren auch amerikanischen Studien zur Rezeption von Videoclips und Rockmusik: Jugendliche suchten Informationen über ihr soziales Leben und ihr zukünftiges Erwachsenenleben (Brown/ Campbell 1986; Sun/ Lull 1986; Rouner 1990).

Emotionsästhetische Umgehensweise mit Musik und Medien: Mood Managing

Die Nutzung von Musik und Medien kann auch unter emotionsästhetischen Gesichtspunkten erfolgen: Im Mood Managing-Ansatz wird davon ausgegangen, dass Personen ihr situatives musikalisches Umfeld so ausgestalten, dass es ihre aktuelle Stimmung z. B. unterstützt, kompensiert oder verändert. Anders ausgedrückt: Personen managen ihre Stimmung durch gezielte, stimmungs- und situationsspezifische Musikauswahl. Ob sie dieses Mood Managing durch Musikauswahl nach dem Isoprinzip - d. h. durch die Auswahl als stimmungskongruent empfundener Musik - oder nach dem Kompensationsprinzip betreiben, untersuchen Schramm und Vorderer (in diesem Band). Sie vergleichen die emotionsästhetischen Umgehensweisen von Jugendlichen, berufstätigen Erwachsenen und Rentnerinnen und Rentnern und finden alterspezifische Formen des Umgehens mit Musik zur Beeinflussung der eigenen Befindlichkeit. In den Untersuchungen von Boehnke, Hoffmann und Münch (in diesem Band) wird u. a. die stimmungssteuernde bzw. affektive Nutzung von Musik und Medien im Hinblick darauf betrachtet, ob Jugendliche mit ihrer Hilfe ihre Entwicklungsaufgaben lösen.

Neue Formen der Weltaneignung

Konzepte musikalischer Selbstsozialisation und selbstsozialisierter audiovisueller Kompetenz beinhalten die Vorstellung, dass sich mit der kulturellen Differenzierung und der Präsenz audiovisueller Medien neue Formen der Weltaneignung entwickelt haben, die weniger durch Regeln sprachlicher Diskursivität als durch Analogik, präsentative Logik[3] bestimmt sind (Baacke 1997). Veränderungen der gesellschaftlichen und kulturellen Landschaft wurden bereits genannt: Die Entstandardisierung von Lebensläufen macht das Leben zum individuellen Projekt (Schulze 1992). Mit der Ent-

3 Vgl. hierzu insbesondere Langer (1942).

wicklung der Vielfalt jugendkultureller Musikstile seit den 50er Jahren wächst die Zahl kultureller Milieus und korrespondierender Lebensstile bzw. der Selbstdarstellungsmuster, die - insbesondere durch Medien vermittelt - zur Auswahl stehen (Winter/ Eckert 1990). Zur Verortung in der kulturell hochdifferenzierten Gesellschaft benötigen die Individuen Wahrnehmungssysteme zur Unterscheidung der Vielfalt kultureller Symbole. Die Orientierung in der Gesellschaft ist an die Kompetenz gebunden, sich in der Unübersichtlichkeit kultureller Symbolsysteme zurechtzufinden, kulturelle Codes zu beherrschen, d. h. audiovisuelle Symbolik zu entschlüsseln (Müller 1995; 1999). In einer Zeit der Globalisierung von Kommunikation und Medienkulturen werden audiovisuelle Medienangebote für die Wirklichkeitserfahrung von Jugendlichen immer wichtiger; gerade Bilder, bewegte Bilder, und Musik sind bedeutsam für die emotionale Orientierung und die Identitätsbildung Jugendlicher; daher eignen sich Jugendliche eine interkulturell geteilte audiovisuelle Symbolsprache an (Niesyto 1999). Musikalische Erfahrung wird zunehmend zur audiovisuellen Erfahrung.

Imort (in diesem Band) versteht die Rezeption von Musikvideos als komplexe Aneignungsleistung, die sich in der Video-Eigenproduktion Jugendlicher als audiovisuelle Konstruktion musikalischer Lebenswelten präsentiere. Dabei werde zum einen die Beherrschung der audiovisuellen Symbolsprache des (Musik)Fernsehens demonstriert, zum anderen gingen die Eigenproduktionen weit über bloße Nachahmung hinaus, indem eigene kulturelle, ästhetische und soziale Bezüge eingearbeitet würden.

In ihrer Untersuchung der Rezeption jugendlicher Videoproduktionen durch andere Jugendliche zeigt Müller (in diesem Band) ansatzweise Indikatoren für eine interkulturell verständliche audiovisuelle Symbolsprache. Sie setzt präsentative Forschungsmethoden wie audiovisuelle Fragebögen ein, die der skizzierten Verschiebung der Wahrnehmungs- und Deutungssysteme jugendlichen Erlebens weg von der diskursiven hin zur präsentativen Symbolik entgegenkommen sollen.

Postindustrielle Kulturmuster oder alte und neue Ungleichheit?

Untersuchungen zur Individualisierung von Musik- und Medienrezeption sowie zu Möglichkeiten und Grenzen von musikalischer und medialer Selbstsozialisation stehen in einem direkten Zusammenhang mit der Frage nach dem aktuell vorherrschenden gesellschaftlichen Kulturmuster sowie seinen Bedingungen und Wirkungen. Haben wir das industrielle Kulturmuster überwunden, das durch einen engen Zusammenhang von Geschmackskulturen, spezifischen Umgehensweisen mit Kultur (wie z. B. Unterhaltung, Bildung, Distinktion) und sozialer Schichtung gekennzeichnet ist, wie es Bourdieu (1979) beschreibt? Oder herrscht ein postindustrielles Kulturmuster vor (Lewis 1978), in dem dieser korrelative Zusammenhang von Sozialstruktur und Umgehen mit Kultur in der Auflösung begriffen ist und Faktoren wie Alter, Geschlecht, Ethnizität die soziale Determination durch soziale Schichtung zurückdrängen? Da es sich hierbei um die Zugehörigkeit zu sozialen Gruppierungen handelt, die gesellschaftlichen Hierarchisierungen unterliegen, sind Fragen nach dem Zusammenhang von Umgehensweisen mit Musik und Medien und sozialer Ungleichheit nach wie vor zu stellen. Der Frage nach Wandlungsprozessen elitärer und populärer Geschmackskulturen im Ländervergleich USA/ Deutschland geht Neuhoff (2001) nach: Während sich statushohe und hochkulturell orientierte Personen in den USA durch einen breiten Musikgeschmack auszeichnen, der auch populäre Musikgenres einbezieht,[4] lehnen entsprechende Personen in Deutschland nonelitäre Musikarten eher ab. Eng damit verbunden ist die Frage, ob es möglicherweise „Gewinner" der Individualisierung gibt, die mehr Optionen auf dem Markt der kulturellen Möglichkeiten nutzen können, während für traditionell Benachteiligte mit einer Verschärfung der Zugangs- und Rezeptionsbarrieren zu rechnen ist. Anders ausgedrückt: Können sich nur Privilegierte selbst sozialisieren, während Benachteiligte der pädagogischen Unterstützung bedürfen, um Zugänge zu erhalten und Kompetenzen zu erwerben?

Josties (in diesem Band) stellt ihre Forschungsergebnisse über die pädagogisch angeleitete popmusikalische Praxis von Mädchen explizit in den Zusammenhang der hier skizzierten soziologischen Kontroverse: Sie konstatiert, dass die in ihren Fallstudien interviewten Mädchen in traditionellen sozialen Milieus leben, die von Individualisierungstendenzen eher unberührt seien. Ihre musikalische Aktivität sei abhängig von pädagogischer Förderung und nicht Ausdruck jugendkultureller Autonomie. Die Mädchen reproduzierten auch im Hinblick auf Geschlechterverhältnisse Vertrautes, wobei dieses allerdings biografisch aufgeladen würde.

Hill (in diesem Band) hinterfragt das Selbstsozialisationskonzept im Hinblick darauf, an welche sozialen Bedingungen gelingende Selbstsozialisationsprozesse gebunden sind. Um das Entwicklungspotenzial jugendkultureller Selbstsozialisationsprozesse auch gefährdeten und benachteiligten Jugendlichen verfügbar zu machen, sieht Hill es als Aufgabe der Jugendarbeit an, Jugendliche beim Kompetenzerwerb - z. B. bei der Gründung einer Band im Rahmen des „Rockmobil"-Projekts - zu unterstützen und dadurch ihre Entwicklungschancen zu verbessern. Nach Hill sind es die „Zugzwänge" der musikalischen Gruppenarbeit, die zum Kompetenzerwerb bei Bandmitgliedern beitragen: Wille zur Kooperation, kontinuierliche Mitarbeit, Engagement für ein gemeinsames Ziel.

---

4 Vgl. dazu die Untersuchungen von Bryson (1996) sowie von Peterson und Kern (1996).

Ausblick

Die in diesem Band versammelten Beiträge erhellen, wie Jugendliche Musik und Medien zur Selbstsozialisation und Identitätskonstruktion, zur Aneignung populärkulturellen Kapitals und audiovisuellen Symbolwissens, zur Lösung von Entwicklungsaufgaben und jugendspezifischen Problemen, zur sozialen Distinktion und Integration (sozialästhetisch), zur Beeinflussung der eigenen Befindlichkeit (emotionsästhetisch) gebrauchen. Zugleich wird deutlich, dass die Erforschung des sozialen Gebrauchs von Musik und Medien durch Jugendliche weiterhin den Fragen nachzugehen hat, ob und wie sich - neben ungleichen Zugangs- und Aneignungschancen audiovisueller Symbolwelten - soziale Ungleichheit im Gebrauch von Musik und Medien niederschlägt und wie Musik- und Medienkonsum soziale Grenzen reproduziert. Die Pop-Unfähigkeit und -Feindlichkeit in Wissenschaft und Bildung trägt ihren Teil dazu bei und stellt für die in diesem Band vertretenen und angesprochenen Wissenschafts- und Praxisfelder eine kontinuierliche Herausforderung dar.

Literatur

Adorno, Theodor W. (1962): Einleitung in die Musiksoziologie. Zwölf theoretische Vorlesungen. 7. Aufl. 1989, Frankfurt am Main: Suhrkamp.

Adorno, Theodor W. (1975): Culture Industry Reconsidered. In: Alexander/ Seidman 1990, 275-282.

Alexander, Jeffrey C./ Seidman, Steven (Hrsg.) (1990): Culture and Society. Contemporary Debates. Cambridge: Cambridge University Press.

Baacke, Dieter (1997): Neue Ströme der Weltwahrnehmung und kulturelle Ordnung. In: Baacke, Dieter (Hrsg.): Handbuch Jugend und Musik. Opladen: Leske + Budrich, 29-57.

Berry, Venise T. (1990): Rap Music, Self Concept and Low Income Black Adolescents. In: Popular Music and Society, 14:3, 89-107.

Berry, Venise T. (1994): Redeeming the Rap Music Experience. In: Epstein, Jonathan S. (Hrsg.): Adolescents and their Music: If it's too loud you're too old. New York: Garland, 165-187.

Bourdieu, Pierre (1968). Artistic Taste and Cultural Capital. In: Alexander/ Seidman 1990, 205-215.

Bourdieu, Pierre (1970): Zur Soziologie der symbolischen Formen. Frankfurt am Main 1974: Suhrkamp.

Bourdieu, Pierre (1979): Die feinen Unterschiede. Kritik der gesellschaftlichen Urteilskraft. 4. Aufl. 1991, Frankfurt am Main: Suhrkamp.

Brown, Jane D./ Kenneth Campbell (1986): Race and Gender in Music Videos: The Same Beat but a Different Drummer. In: Journal of Communication, 36, 94-106.

Bryson, Bethany (1996): „Anything but heavy metal": symbolic exclusion and musical dislikes. In: American Sociological Review, 61, 884-889.

Dollase, Rainer/ Rüsenberg, Michael/ Stollenwerk, Hans J. (1986): Demoskopie im Konzertsaal. Mainz: Schott.

Featherstone, Mike (1995): Undoing Culture, London: Sage.
Fiske, John (1992): The Cultural Economy of Fandom. In: Lewis, Lisa A. (Hrsg.): The Adoring Audience. Fan Culture and Popular Media, London/ New York: Routledge, 30-49.
Fiske, John (1994): Radical shopping in Los Angeles: race, media and the sphere of consumption. In: Media, Culture and Society, 16, 469-486.
Fromme, Johannes/ Kommer, Sven/ Mansel, Jürgen/ Treumann, Klaus–Peter (Hrsg.) (1999): Selbstsozialisation, Kinderkultur und Mediennutzung. Opladen: Leske + Budrich.
Goffman, Erving (1961): Role distance. In: Goffman, Erving (1961b). Encounters. Indianapolis: Bobbs-Merrill, 83-152.
Goffman, Erving (1963): Stigma. Über Techniken der Bewältigung beschädigter Identität. Frankfurt am Main 1972: Suhrkamp.
Hitzler, Ronald (2001): Erlebniswelt Techno. In: Hitzler/ Pfadenhauer 2001, 11-27.
Hitzler, Ronald/ Pfadenhauer, Michaela (Hrsg.) (2001): Techno-Soziologie. Opladen: Leske+Budrich.
Honegger, Claudia/ Hradil, Stefan/ Traxler, Franz (Hrsg.) (1999): Grenzenlose Gesellschaft? 29. Kongress der Deutschen Gesellschaft für Soziologie, 16. Österreichischer Kongress für Soziologie, 11. Kongress der Schweizerischen Gesellschaft für Soziologie. Freiburg im Breisgau 1998. Band I, 2 Teile. Opladen: Leske+Budrich.
Hurrelmann, Klaus (1983): Das Modell des produktiv realitätsverarbeitenden Subjekts in der Sozialisationsforschung. In: Zeitschrift für Sozialisationsforschung und Erziehungssoziologie, 3:1, 91-103.
Hurrelmann, Klaus/ Ulich, Dieter (1991): Gegenstands- und Methodenfragen der Sozialisationsforschung. In: Hurrelmann, Klaus/ Ulich, Dieter (Hrsg.): Neues Handbuch der Sozialisationsforschung. 4., völlig neubearbeitete Aufl., Weinheim und Basel: Beltz, 21-54.
Jugendwerk der Deutschen Shell (Hrsg.) (2000): Jugend 2000. Opladen: Leske + Budrich.
Krappmann, Lothar (1969): Soziologische Dimensionen der Identität. 5. Aufl., Stuttgart 1978: Enke.
Langer, Susanne K. (1942): Philosophie auf neuem Wege. Das Symbol im Denken, im Ritus und in der Kunst. Mittenwald 1979: Mäander.
Lazarsfeld, Paul F. (1932): Hörerbefragung der RAVAG. In: Mark, Desmond (Hrsg.) (1996): Paul Lazarsfelds Wiener RAVAG-Studie 1932. Der Beginn der modernen Rundfunkforschung. Wien, Muehlheim a. d. Ruhr: Guthmann-Peterson, 27-40.
Lewis, George H. (1978): The Sociology of Popular Culture. Current Sociology, 26:3.
McRobbie, Angela (1993): Shut up and dance: Youth culture and changing modes of feminity. In: Young, 1:2, 13-31.
Mead, George H. (1934): Geist, Identität und Gesellschaft, Frankfurt am Main 1968: Suhrkamp.
Müller, Renate (1995): Selbstsozialisation. Eine Theorie lebenslangen musikalischen Lernens. In: Jahrbuch Musikpsychologie, 11, 63-75.
Müller, Renate (1999): Musikalische Selbstsozialisation. In: Fromme/ Kommer/ Mansel/ Treumann 1999, 113–125.

Müller, Renate (2002): Perspectives from the Sociology of Music. In: Richard Colwell/ Richardson, Carol (Hrsg.): The New Handbook of Research on Music Teaching and Learning. New York: Oxford University Press, 584-603.
Müller, Renate/ Behne, Klaus-Ernst (1996): Wahrnehmung und Nutzung von Videoclips - Eine vergleichende Pilotstudie zur musikalischen Sozialisation. Forschungsbericht Nr. 6, Institut für Musikpädagogische Forschung an der Hochschule für Musik und Theater Hannover.
Neuhoff, Hans (2001): Wandlungsprozesse elitärer und populärer Geschmackskultur? Die „Allesfresser-Hypothese" im Ländervergleich USA/ Deutschland. In: Kölner Zeitschrift für Soziologie und Sozialpsychologie, 53:4, 751-772.
Niesyto, Horst (1999): Video als Ausdrucksmedium. Zur medienethnographischen Exploration jugendkultureller Symbolmilieus. In: Fromme/ Kommer/ Mansel/ Treumann 1999, 327-343.
Peterson, Richard A./ Kern, Roger M. (1996): Changing Highbrow Taste: From Snob to Omnivore. In: American Sociological Review, 61, 900-907.
Pfadenhauer, Michaela (1997): Zwischen Lokalkolorit und Universalstruktur. Sozialwissenschaftliche Annäherungen an das Thema 'Techno'. In: Soziologie 2, Mitteilungsblatt der Deutschen Gesellschaft für Soziologie, 33-36.
Rouner, Donna (1990): Rock music's use as a socializing function. In: Popular Music and Society, 14, 97-107.
Schulze, Gerhard (1992): Die Erlebnisgesellschaft. Kultursoziologie der Gegenwart, Frankfurt am Main, New York: Campus.
Schwichtenberg, Cathy (Hrsg.) (1993): The Madonna Connection. Representational Politics, Subcultural Identities, and Cultural Theory, Colorado: Westview Press.
Seidman, Steven (1990): Substantive Debates: Moral Order and Social Crisis - Perspectives on Modern Culture. In: Alexander/ Seidman 1990, 217-235.
Silbermann, Alphons (1957): Wovon lebt die Musik? Die Prinzipien der Musiksoziologie, Regensburg: Bosse.
Small, Christopher (1998): Musicking: The Meanings of Performing and Listening, Hanover and London: Wesleyan University Press.
Stauber, Barbara (2001): Übergänge schaffen. Jugendkulturelle Zusammenhänge und ihre Bedeutung für das Erwachsen(?)werden am Beispiel Techno. In: Hitzler/ Pfadenhauer 2001, 119-136.
Sun, Se-Wen & James Lull (1986). The Adolescent Audience for Music Videos and Why They Watch. In: Journal of Communication, 36, 115-125.
Winter, Rainer & Roland Eckert (1990): Mediengeschichte und kulturelle Differenzierung. Opladen: Leske + Budrich.

Klaus-Ernst Behne

Mediennutzung und Musikgeschmack

Medienforschung und Musik

Seit den erfinderischen bzw. unternehmerischen Großtaten von Thomas Alva Edison und Emil Berliner Ende des vorvorigen Jahrhunderts haben sich die Bedingungen, unter denen Musik gehört, erlebt aber auch gemacht wird, grundlegend verändert: Es gibt kaum ein wichtigeres Datum in der Geschichte der Musik als 1878 (Erfindung des Phonographen) bzw. 1887 (Grammophon). Das Verhältnis zwischen Musik-Produzenten und Musik-Hörenden hat sich seither fundamental verändert: Räumlich und zeitlich sind beide entkoppelt, durch Speichermedien kann die Musik beliebig oft reproduziert werden, gespeicherte Musik kann darüber hinaus bearbeitet, manipuliert, verfremdet werden: Zunehmend haben sich musikalische Idiome entwickelt, die ohne elektronische Bearbeitungsmöglichkeiten gar nicht denkbar gewesen wären.

Der Qualität dieser fundamentalen Veränderungen im Musikleben sind sich einige Zeitgenossen, vor allem kulturinteressierte Wissenschaftler (Benjamin, Adorno), schon früh durchaus bewusst gewesen; intelligente Essays vor dem 2. Weltkrieg belegen, dass man für die globalen kulturellen Auswirkungen eines medial geprägten Musiklebens sensibilisiert war. Spätestens seit Ende der 60er Jahre, als man in der Musikpädagogik begriff, dass die musikalischen Horizonte der Jugendlichen anders aussehen als jene der Lehrenden, als sich abzeichnete, dass da eigene musikalische Jugendkulturen entstehen, setzte eine zunehmend intensivere und differenziertere Auseinandersetzung mit dem Thema „Musik und Medien“ ein, so dass die einschlägige Literatur heute kaum noch überschaubar ist.

Genau genommen hieß das Thema - weil es mit den Nöten der Lehrer zu tun hatte - schon damals „Jugend, Musik und Medien“. Ein solches Thema, bei dem man von der Existenz musikalischer Jugendkulturen ausgeht, ist eo ipso ein (jugend-)soziologisches Thema. Soziologen haben sich jedoch diesem Thema bis in die 90er Jahre eher selten zugewandt, es waren vor allem Musik-Pädagogen, auch allgemeine Pädagogen, Musikwissenschaftler, vor allem aus der Systematischen Musikwissenschaft sowie Medien- und Kommunikationsforscher, die sich mit der „Mediamorphose der Musik“ (Blaukopf) auseinander setzten. Methodisch und in der Theoriebildung ist diese Forschung, sofern sie sich nicht in essayistischem Autismus gefällt, überwiegend psychologisch orientiert, weniger von der Soziologie beeinflusst, obwohl man auf deren Erkenntnisse beim Thema Jugendkultur auf keinen Fall verzichten darf. Deshalb begrüße ich es ganz besonders, dass die Tagung „Jugend, Musik und Medien“ von einer musiksoziologischen Forschungsstelle initiiert wurde und die Herkunft der Referentinnen und Referenten einen interdisziplinären Diskurs mit soziologischen Akzenten sicherlich begünstigt.

Auch wenn die Literatur über Musik und Medien bemerkenswert umfassend und vielfältig ist, muss es überraschen, wie viele Spezial-Themen, singuläre Aspekte diesbezüglich bisher gar nicht oder nur vergleichsweise selten aufgegriffen wurden. So stellt sich u. a. die Frage: „Gibt es Unterschiede in der Musikrezeption für die folgenden medialen Vergleiche:

- Live vs. Medien ?
- Radio vs. Schallplatte?
- Kopfhörer vs. Lautsprecher?
- Wohnzimmer vs. Auto?
- Analog vs. digital?
- Audio vs. audiovisuell?
- Mobile Walkman- vs. stationäre Lautsprecherrezeption?
- Hohe vs. niedrige Lautsprecherqualität?
- Video-Clip vs. Musikfilm?
- Musik vs. Filmmusik?“

Es handelt sich in jedem Fall um reizvolle wie auch wichtige Fragestellungen (für die Industrie, für die Musikpädagogik), die verfügbare Literatur zu diesen zehn Vergleichsaspekten ist jedoch nicht gerade reichhaltig.

Mediennutzung

Ein weiterer, sehr spezifischer Aspekt wird mit der Frage nach einem möglichen Zusammenhang zwischen Mediennutzung und musikalischen Präferenzen thematisiert. Dass Medien für die Entwicklung des Musikgeschmacks wichtig sind, ergibt sich aus der trivialen Feststellung, dass für die meisten Menschen in den Industrieländern 99,x % der gehörten Musik über Lautsprecher (bzw. Kopfhörer) rezipiert wird. Musik wird prinzipiell über alle Medien (auch Fernsehen und Film) transportiert, aber Schallplatte und Radio sind traditionell genuine Musikmedien. Es stellt sich dann die Frage, welche Aspekte der Mediennutzung im Hinblick auf die Entwicklung musikalischer Vorlieben relevant sind und sich nicht zu aufwändig, jedoch verlässlich erheben lassen. Es liegt nahe, Audio- und Video-Medien zu unterscheiden und die durchschnittliche, retrospektiv geschätzte tägliche Hör- und Sehdauer zu erheben.

Im Rahmen einer Längsschnittstudie[1] mit 150 (anfangs 11 Jahre alten) Jugendlichen wurden diese beiden Variablen an sieben Zeitpunkten jeweils mit der geschätzten täglichen Hördauer (*Wie viele Stunden hörst Du normalerweise pro Tag Radio, Schallplatte, Kassette oder ähnliches?*) und Sehdauer (*Wie viele Stunden siehst Du ungefähr pro Tag fern?*) erfragt. Diese Angaben sind einem erheblichen zeitlichen Wandel unterworfen, aber auch hinsichtlich Geschlecht sowie Schultypus z. T. sehr unterschiedlich. Die obere Graphik in Abb. 1 zeigt die zeitlichen Veränderungen der täglichen Hördauern für Jungen und Mädchen getrennt.[2] Man erkennt einen gravierenden Unterschied zwischen den beiden Geschlechtern: Während die Hördauer bei den Jungen im Mittel fast konstant um etwa drei Stunden pendelt, beginnen die Mädchen bei knapp 2 ½ Stunden, dies bleibt auch für etwa zwei Jahre unverändert, zwischen dem 14. und 15. Lebensjahr gibt es jedoch einen dramatischen Anstieg auf fast 3 ½ Stunden. Ob die Mädchen die Audio-Medien für sich neu entdecken (weil sie möglicherweise ein größeres Musikinteresse entwickelt haben) oder ob sie im Gegenteil Radio und Schallplatte einfach häufiger im Hintergrund laufen lassen und „nur mit einem Ohr" zuhören, kann hier nicht entschieden werden. Es wäre ebenfalls denkbar, dass die Mädchen - im Vergleich zu den gleichaltrigen Jungen - die Anschaffung von Audio-Medien für ihr eigenes Zimmer erst relativ spät durchsetzen können. In abgeschwächter Form ist auch bei den Jungen ab 1994 ein Anstieg der Hördauern zu erkennen.

Betrachtet man die Stichprobe als Ganzes, so erweist sich der Anstieg von L5 nach L6 als hochsignifikant, während der bei beiden Geschlechtern zu beobachtende Rückgang L7 - L8 immerhin noch auf dem 5%-Niveau signifikant ist. Diese nachlassende Nutzung von Audio-Medien lässt sich nur z. T. damit erklären, dass sich bei L8 etliche Schüler in der Berufsausbildung befinden und deshalb weniger Gelegenheit zur häuslichen Mediennutzung haben, denn auch bei den Gymnasiasten zeigt sich zu diesem Zeitpunkt ein (wenngleich schwacher) Rückgang. Die Unterschiede zwischen den Geschlechtern sind für sich genommen nur bei L3 signifikant, entscheidender ist aber in diesem Fall der auffällig disparate Verlauf für Jungen und Mädchen, der sich statistisch in einer entsprechenden (signifikanten) Wechselwirkung, zwischen Geschlecht und Zeit, niedergeschlagen hat.

---

1 Für methodische Einzelheiten der Längsschnittstudie sowie erste Ergebnisse sei verwiesen auf Behne (1996).

2 Die Effekte der Zeit (7 Befragungszeitpunkte) und des Geschlechts wurden multivariat (SPSS-Prozedur MANOVA) varianzanalytisch geprüft. Die Signifikanz von „Kontrasten" zwischen benachbarten Befragungszeitpunkten ist mit */ **/ *** vermerkt, Signifikanz bei bestimmten Befragungszeitpunkten für den Faktor Geschlecht bzw. Schultyp oberhalb der Jahreszahl indiziert.

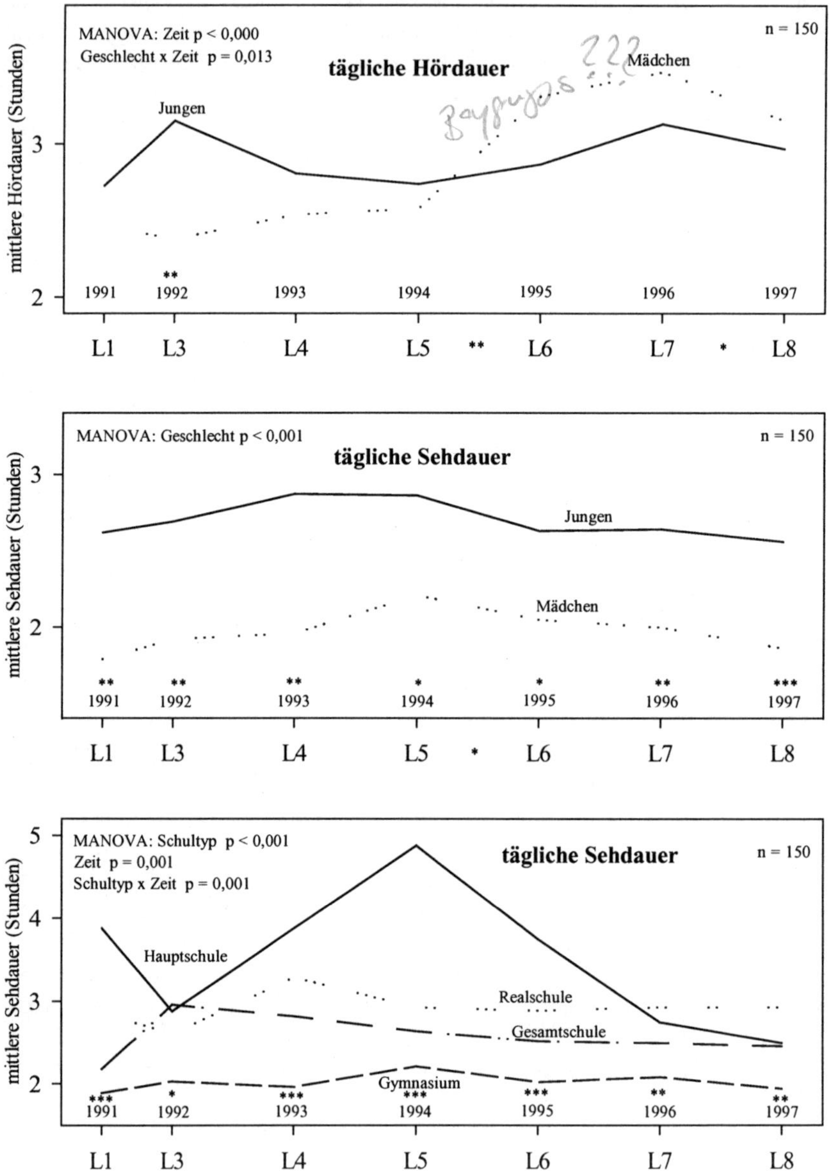

Abb. 1: Zeitliche Verläufe von Hör- und Sehdauer

Ein vollkommen anderes Bild ergibt sich für die täglichen Sehdauern (Abb. 1, Mitte): Hier übertreffen die Jungen die Mädchen auf allen Altersstufen ziemlich konstant um jeweils eine knappe Stunde. Fernsehen ist ganz eindeutig „Jungensache“, das lässt sich bereits bei den 11-Jährigen erkennen und bleibt über die nächsten sechs Jahre absolut unverändert. Die Abbildung zeigt darüber hinaus einen leichten Anstieg in den ersten zwei bis drei

Jahren und einen Rückgang ab dem 14. Lebensjahr. Dieser Zeiteffekt verfehlt global knapp das Signifikanzniveau,[3] allerdings erweist sich der Kontrast zwischen L5 und L6 - bei beiden Geschlechtern ein deutlicher Rückgang im 15. Lebensjahr - als signifikant. Beim Vergleich von Hör- und Sehdauern in diesem Zeitraum gibt es gewissermaßen ein „kommunizierendes" bzw. kompensierendes Verhältnis: Der Rückgang beim Fernsehen schafft die zeitlichen Freiräume für eine intensivere Zuwendung zu den Audio-Medien. So einleuchtend dieser Zusammenhang auch ist, so sollte doch zugleich hervorgehoben werden, dass er hier lediglich in einem Fall (zu einem Zeitpunkt) zu beobachten ist.

Bei der Interpretation der Schultypenunterschiede für die Sehdauer (Abb. 1, unten) ist einschränkend zu berücksichtigen, dass es sich bei den Hauptschülern nur um acht Jungen handelt. Trotzdem wird man feststellen können, dass diese Gruppe für die Zeit von 13 bis 15 Jahren das Fernsehen (bzw. Videokassetten) intensiv für sich entdeckt hat, sich in „fortgeschrittenerem Alter" aber wieder deutlich von der Mattscheibe abwendet. Diese „Fernsehsucht um 14" (mit täglich knapp fünf Stunden!) gibt es bei den übrigen Schultypen nicht. Im Gegenteil: Die Kurven verlaufen ganz gleichmäßig auf jeweils einem Niveau nebeneinander her, mit einer Ausnahme (L3) weisen die Realschüler (unabhängig von den Hauptschülern) stets die höchsten, die Gymnasiasten die niedrigsten Sehdauern auf, zwischen benachbarten Zeitpunkten gibt es keine nennenswerten Verschiebungen.

Interessanterweise zeigen sich diese Schultypenunterschiede (Rangfolge: Realschule, Gesamtschule, Gymnasium) bereits zu einem Zeitpunkt, als die Jugendlichen diese Schulen noch gar nicht besuchen, nämlich bei L1 und L3, also in der Orientierungsstufe.[4] Es sind deshalb weniger die Schultypen, die ein bestimmtes Medienverhalten prägen bzw. initiieren, als vielmehr relativ früh entwickelte Muster der Mediennutzung, die bestimmte schulische Laufbahnen begünstigen oder nicht. Hier sind schichtspezifische Effekte der Elternhäuser zu vermuten.

Auf eine eigene graphische Darstellung der schultypenspezifischen Hördauern wurde verzichtet, weil diese Unterschiede sich statistisch nicht als signifikant erwiesen haben. Allerdings sei erwähnt, dass die Gesamtschülerinnen und -schüler (mit Ausnahme von L3) stets (bei allen Messpunkten) etwas niedrigere Werte aufweisen als die übrigen Gruppen.

---

3 Für den Zeit-Effekt ergibt der multivariate Test p = 0,061, bei „averaged test" zeigte sich ein Wert von p = 0,020.

4 Die Orientierungsstufe ist eine spezifische Schulform in Niedersachsen. Nach der 4. Klasse wechseln die Schülerinnen und Schüler auf die Orientierungsstufe oder die Gesamtschule. Nach zwei Jahren auf der Orientierungsstufe entscheiden sie sich dann für die Haupt-, die Realschule oder das Gymnasium. Zum Zeitpunkt der Befragung L1 (August 1991, zu Beginn der 6. Klasse) war im Prinzip offen, auf welche weiterführende Schule die Kinder am Ende der 6. Klasse wechseln würden.

Hördauer (in Stunden)		Sehdauer (in Stunden) 0	1	2	3	4	5	6	Total	Total %
	1	**4**	**15**	10	1	2		1	33	22,0
	2	**3**	**16**	20	3	2	1		45	30,0
	3	2	12	20	*7*	*2*	*1*		44	29,3
	4		7	*8*	*4*	*4*	*2*		25	16,7
	5		1				*1*		2	1,3
	7					1			1	0,7
	Total	9	51	58	15	11	5	1	150	
	Total %	6,0	34,0	38,7	10,0	7,3	3,3	0,7		100,0

Abb. 2: Vier Mediennutzungstypen

In einem weiteren Schritt wurden dann die jeweils 7 Angaben über Hör- und Sehdauern pro Person zu einem Mittelwert zusammengefasst, der eine Aussage über die Intensität der Mediennutzung (Hör- bzw. Sehdauer) in dem gesamten Zeitraum 1991 - 1997 erlaubt. Diese beiden neu entstandenen Variablen (Hördauer total bzw. Sehdauer total) wurden dann kreuztabelliert (Abb. 2), so dass man einen Überblick über die Verteilung der Hör- und Sehdauern erhält. Sodann wurden von Hand vier Untergruppen (in Abb. 2 durch verschiedene Grautönungen hervorgehoben) gebildet, die für deutlich unterscheidbare Nutzungstypen stehen können:

Medienabstinente	geringe tägliche Hör- und Sehdauer
Viel-Hörer	niedrige Seh-, hohe Hördauer
Viel-Seher	niedrige Hör-, hohe Sehdauer
Viel-Nutzer	hohe Hör- und Sehdauer

Tab. 1: Vier Mediennutzungstypen

Diese vier Nutzungstypen umfassen nicht die gesamte Stichprobe, da die Fälle mit „mittlerer“ Hör- bzw. Sehdauer nicht berücksichtigt wurden.[5] Die in Abb. 2 umrandeten Gruppen sind jedoch z. T. unterschiedlich groß. Deshalb wurden die Grenzen (was in der Tabelle nicht darstellbar ist) nachträglich um einige Dezimalen verschoben. So entstanden schließlich vier Mediennutzungstypen, die von der Größe her besser vergleichbar sind und sich in der Geschlechterverteilung auffällig unterscheiden:

Die Jungen dominieren eindeutig bei den Viel-Sehern und Viel-Nutzern, während die Mädchen bei den Viel-Hörern in der Mehrzahl sind, Medien-Abstinenz ist hingegen geschlechtsunspezifisch ausgeprägt.

---

5 Es handelt sich um die Gruppe n=20, 3 Stunden Hördauer, 2 Stunden Sehdauer. Bedingt durch die im Folgenden beschriebene geringfügige Korrektur vergrößert sich diese Gruppe auf n=27 (vgl. Spalte 1 in Tab. 2).

	unberück-sichtigt	Abstinente	Viel-Hörer	Viel-Seher	Viel-Nutzer	
Jungen	17	15	9	17	20	78
Mädchen	20	15	18	10	9	72
	27	30	27	27	29	150

Tab. 2: Mediennutzungstypen und Geschlecht

Musikgeschmack

In der erwähnten Längsschnittstudie wurden außerdem verbale und klingende Musikpräferenzen umfassend erhoben. In der ersten Befragung wurde eine Liste mit 40 Begriffen vorgelegt, für die zunächst anzugeben war, ob der betreffende Musikstil grundsätzlich bekannt war oder nicht, falls ja, sollte er einer von vier wertenden Kategorien[6] zugeordnet werden. Um die Stichprobe als Ganzes methodisch befriedigend auswerten zu können, schien es sinnvoll, das Urteil *kenne ich nicht* als neutralen Punkt in die Mitte der Skala *sehr gut* bis *schlecht* zu legen.[7]

Außerdem wurden bei vier der acht Befragungen (L2, L4, L6, L8) klingende Musikpräferenzen erhoben, indem 26 kurze etwa einminütige Klangbeispiele, stilistisch zwischen Renaissance (John Bartlett) und Jimi Hendrix angesiedelt, jeweils auf einem Polaritätsprofil mit acht Skalen[8] beurteilt wurden. Die Beispiele waren nicht in der Absicht zusammengestellt, dass es zu den verbalen Kategorien jeweils ein „passendes" Klangbeispiel gäbe. Das wäre ein Vorgehen gewesen, für das es bisher noch kein befriedigendes Procedere gibt. Im Fall der relativ zahlreich vertretenen Beispiele aus dem Klassik-Bereich war es aber hier möglich, nachträglich bestimmte Beispiele zusammenzufassen und entsprechend auszuwerten.

Mediennutzung und Musikgeschmack

In den Abbildungen 3 bis 8 ist jeweils das Ergebnis einer multivariaten Varianzanalyse (MANOVA) angegeben, und zwar für den Zeit-Faktor, den Faktor Mediennutzungs-Typ sowie gegebenenfalls eine Wechselwirkung

---

6 *sehr gut*, *eher gut*, *eher schlecht* und *schlecht*

7 Bei der hier verwendeten Skalierung beträgt der Abstand zwischen *eher gut* und *eher schlecht* immerhin zwei Skalenstufen. Parallele Berechnungen mit einer „gestauchten" Skala mit den Stufen 1, 2, 2.5, 3 und 4 zeigten keine nennenswert unterschiedlichen Ergebnisse.

8 Es handelt sich um die Skalen: *vertraut - fremd, interessant - langweilig, angenehm - unangenehm, schnell - langsam, traurig - froh, geordnet - durcheinander, zum Träumen geeignet - nicht zum Träumen geeignet, zum Tanzen geeignet - nicht zum Tanzen geeignet.*

zwischen diesen beiden. Außerdem ist auch hier mitgeteilt, ob die Kontraste zwischen benachbarten Befragungszeitpunkten (L1 - L4, L4 - L5 etc.), d. h. ein Vergleich der zeitlich benachbarten Mittelwerte, signifikant sind (* = p<5%, ** = p<1%, *** = p < 0,1%). Oberhalb der Bezeichnung L1, L4 etc. ist schließlich das Ergebnis einer einfachen Varianzanalyse für jeweils eine Befragung (mit dem Faktor Mediennutzung) kenntlich gemacht. In Abb. 3 bedeutet dies beispielsweise, dass von den fünf möglichen Kontrasten nur der zwischen L1 und L4 signifikant ist (p < 1%), von den einzelnen Varianzanalysen jene für L1 (p < 1%) sowie für L4 signifikant sind (p < 5%). Oben rechts ist die in die jeweilige Analyse eingegangene Stichprobengröße (hier n = 113) mitgeteilt, diese Zahl variiert wegen fehlender Daten ein wenig.

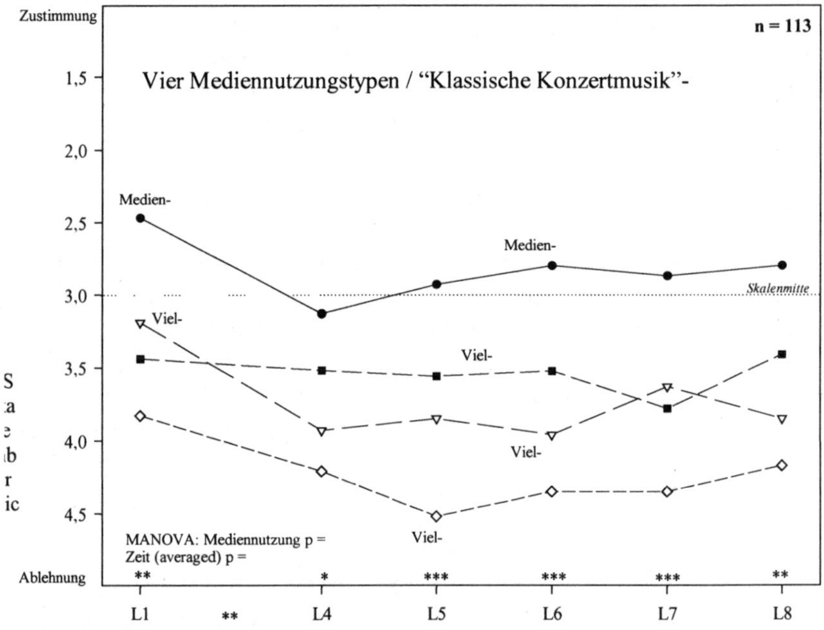

Abb. 3: Präferenzen für „Klassische Konzertmusik“

Für die Kategorie „Klassische Konzertmusik“ (Abb. 3) ergab sich zunächst ein ungewöhnlich großer Effekt der Mediennutzung: *Medien-Abstinente* urteilen stets am positivsten, *Viel-Nutzer* am negativsten, der Unterschied beträgt jeweils etwa eineinhalb Skaleneinheiten! *Viel-Hörer* bzw. *Viel-Seher* liegen im mittleren Bereich dazwischen, die Unterschiede bzw. Überschneidungen zwischen beiden erscheinen nicht bedeutsam. Dieser Mediennutzungstyp-Effekt ist bereits bei den Jüngsten, den Elfjährigen vorhanden und ändert sich auch im Verlauf der sechsjährigen Befragung nicht. Man kann generell sagen: Mediennutzung, im besonderen, wenn sie intensiv ausfällt, geht in ganz erheblichem Ausmaß einher mit geringerem Interesse an „Klassischer Konzertmusik“, dies gilt auch für *Viel-Hörer*, was insofern überraschend ist, als man ja auch von einem Klassik-Freund erwarten würde, dass er „viel“ Platten hört.

Bei der Interpretation dieses ungewöhnlichen Befundes muss man sich vergegenwärtigen, dass wir in einer Mediengesellschaft leben, medien-abstinent im ausgeprägten Sinne kann man - vor allem als Jugendlicher - eigentlich kaum sein, wer sich so verhält, wäre über vieles nicht informiert, würde ein Verhalten zeigen, das unter Jugendlichen überhaupt nicht „angesagt“ ist. Nun sind unsere medien-abstinenten Jugendlichen keineswegs vollkommen abstinent, sondern zeigen (über 6 Jahre) eine mittlere Seh-Dauer von weniger als einer, sowie eine mittlere Hör-Dauer von weniger als zwei Stunden. Man könnte auch vermuten: Sie nutzen diese Medien bewusster, gezielter, pflegen aber ansonsten etliche verschiedene andere Freizeitaktivitäten (z. B: Sport, Instrumentalspiel). Es liegt außerdem nahe, dass diese Medienzurückhaltung ein Kennzeichen des gehobenen Bürgertums ist, dass Medien-Abstinenz einem bestimmten hochkulturellen Klima entstammt, das wiederum positive Einstellungen gegenüber „Klassischer Konzertmusik“ begünstigt.

Abbildung 3 zeigt darüber hinaus einen deutlichen Negativtrend zu Beginn der Befragung (L1 - L4), ab dann aber weitgehende Stabilität (nur der erste Kontrast L1 - L4 ist signifikant).

Im Falle der „Klassischen Konzertmusik“ gab es nun die Möglichkeit zu einem unmittelbaren Vergleich mit den entsprechenden klingenden Präferenzen. Acht[9] der insgesamt 26 vorgespielten Beispiele wurden, wie entsprechende (Faktoren-) Analysen zeigten, in so hohem Maße ähnlich beurteilt, dass es sinnvoll schien, die Urteile über diese acht Titel (durch Mittelwertsbildung) zu einer Variable *Klassik klingend* zusammenzufassen, und zwar unter Berücksichtigung der Skalen *interessant-langweilig* und *angenehm-unangenehm*. Das heißt, jedem der Befragten wurde (für jede der vier Befragungen) ein Wert zugewiesen, der als Mittelwert aus 16 Einzelurteilen (2 Skalen x 8 Beispiele) berechnet wurde. Abb. 4 zeigt die Ergebnisse dieser neuen Variable *Klassik klingend* in Abhängigkeit von den vier Mediennutzungs-Typen und dem zeitlichen Verlauf (Faktor Zeit).

Das Ergebnis ist dem der verbalen Musikpräferenz („Klassische Konzertmusik“) verblüffend ähnlich, die Unterschiede sind z. T. recht subtil. Auch hier gibt es einen ungewöhnlich starken Effekt der Mediennutzung, zu jedem Zeitpunkt klaffen die Urteile der *Viel-Nutzer* und die der *Medien-Abstinenten* weit auseinander, die *Viel-Hörer* und *Viel-Seher* liegen jeweils dazwischen. Allerdings ergibt sich jetzt durchgängig, dass die *Viel-Hörer*

9 Die acht Beispiele stammen von Bach, Bartlett, Bartok, Beethoven, Berlioz, Brahms, Debussy und Mozart.

etwa eine halbe Skaleneinheit positiver urteilen als die *Viel-Seher*. Dies erscheint einleuchtender als die betreffende Konstellation in Abb. 3, da Audio-Medien häufiger als Musikmedium genutzt werden als Seh-Medien (ausgenommen bei Jugendlichen, die ausschließlich Viva und MTV sehen). Insgesamt wirkt sich die Mediennutzung auf die verbale Präferenz stärker aus als auf die klingende: Im ersten Fall beträgt die Differenz zwischen *Medien-Abstinenten* und *Viel-Nutzern* etwa eineinhalb von fünf Skaleneinheiten, bei der klingenden Präferenz ist es hingegen nur eine von sechs Skaleneinheiten. Dies könnte ein Indiz dafür sein, dass bei klingenden Präferenzen das Urteil offener, weniger von der bisherigen Biographie beeinflusst wird, weniger von dem, was „man" (in den Medien, in persönlichen Gesprächen mit Gleichaltrigen) über diese Musik denkt.[10]

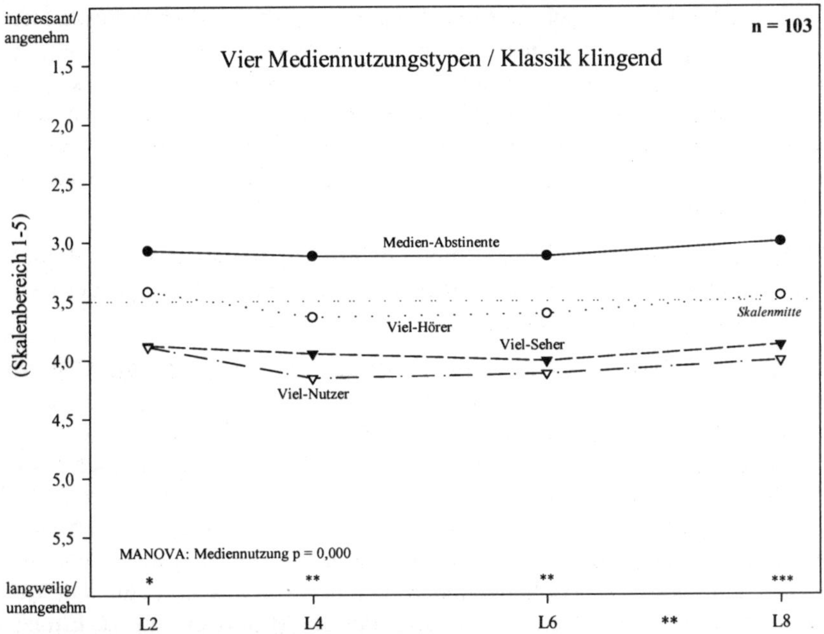

Abb. 4: Beurteilungen von 8 Klassikbeispielen

Bei der verbalen Klassik-Präferenz zeigt sich ein signifikanter Trend im ersten Zeitabschnitt (L1 - L4), der bei der klingenden Präferenz (L2 - L4) in der Graphik schwach zu erkennen, jedoch nicht signifikant ist. Demgegenüber erweist sich der klingende Urteilswandel L6 - L8 als signifikant, bei einem visuell sehr leichten Anstieg, für den es bei den verbalen Präferenzen jedoch kein Pendant gibt. Wollte man die unterschiedliche Position der jeweils signifikanten Kontraste (verbal am Anfang, klingend am Ende des Befragungszeitraumes) interpretieren, so scheint es nicht abwegig, den

10 Andere Befunde ergaben sich bei Müller (2000).

verbalen Negativ-Trend als Ausdruck eines *Man-Urteils* (soziale Geltung), die schwache positive Tendenz bei der Beurteilung der klingenden Beispiele hingegen als einen Wandel des *Ich-Urteils* (persönliches Gefallen, Behne 1987, 230) zu begreifen. Auch wenn die hier diskutierten Veränderungen sich vom Absolutbetrag her optisch gering ausnehmen, muss man sich vergegenwärtigen, dass die MANOVA ein sehr sensibles Instrument ist, das auch in relativ schwachen Veränderungen systematische Trends aufzudecken vermag, die auf entsprechende relative Urteilsverschiebungen zurückzuführen sind.

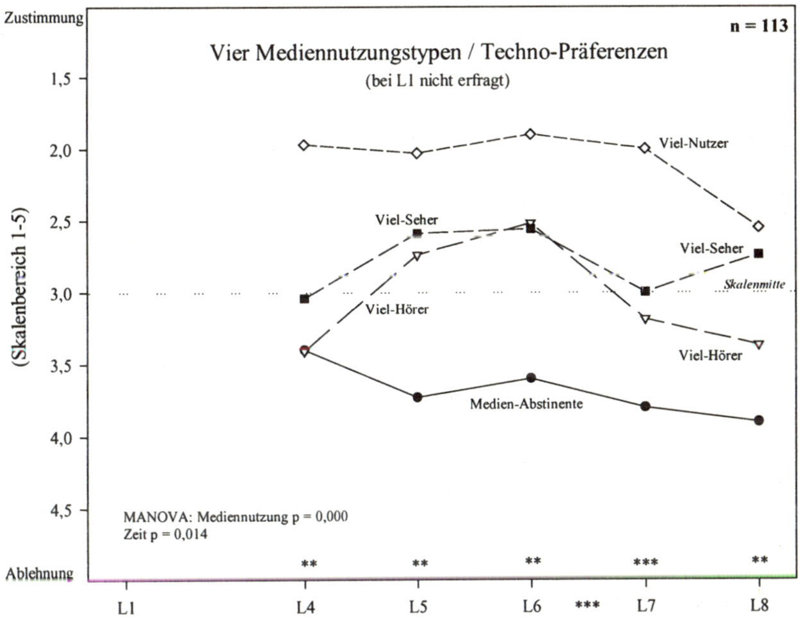

Abb. 5: Präferenzen für „Techno"

Eine gewissermaßen vollkommen andere Welt betreten wir mit den verbalen „Techno"-Beurteilungen (Abb. 5): Hier haben die *Viel-Nutzer* zu allen Zeitpunkten mit Abstand am positivsten votiert, die *Medien-Abstinenten* sind hingegen die ausgeprägtesten Techno-Kritiker. Auch hier umfassen die Differenzen zwischen diesen beiden extremen Gruppen wieder mehr als eineinhalb Skaleneinheiten. Bis zu einem gewissen Grade spiegelt sich hier auch ein Modetrend wider: Bei L6 wird generell am positivsten geurteilt, von L6 zu L7 zeigte sich hingegen für alle ein unterschiedlich ausgeprägter Negativtrend, wobei die *Viel-Nutzer* zwischen L7 und L8 deutlich auf Distanz gehen.

Techno ist Medienmusik schlechthin, wohl keine erfolgreiche Musikrichtung ist von ihrer Produktionsform her so ausschließlich als Medienmusik zu begreifen. Der Techno-Fan, bei dem im Zweifel den ganzen Tag „etwas läuft“, ist auch der Love Parade-Teilnehmer, der nicht mal, sondern ständig tanzt, und selbst für die Erholung nach dem Tanzen gibt es Chill-Out-Musik.

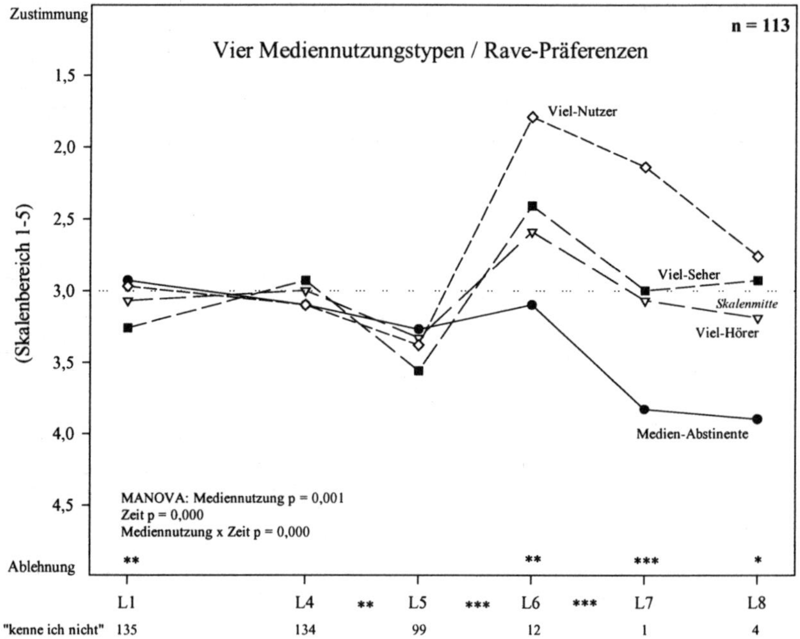

Abb. 6: Präferenzen für „Rave“

Diese Interpretation wird durch die Ergebnisse für die „Rave“-Präferenzen (Abb. 6) unterstützt. Hier muss man sich zunächst vergegenwärtigen, wie viele der 150 Jugendlichen erklärten, „Rave“ nicht zu kennen (in Abb. 6 zuunterst vermerkt).

Bis (März) 1995 war „Rave“ der Mehrheit unserer befragten Jugendlichen unbekannt, deshalb „pendeln“ die Profile zunächst im Bereich der Skalenmitte. Ab diesem Zeitpunkt ist Rave jedoch auf einmal „in“, die *Viel-Nutzer*, aber auch *Viel-Hörer* und *Viel-Seher* stürzen sich auf die verschiedenen Events, z. B. die Love-Parade, nur die *Medien-Abstinenten* verschließen sich diesem allgemeinen Trend und gehen ab L7 deutlich auf Distanz. Ein Jahr später ist - für diese Alterskohorte (!) - die Begeisterung jedoch einer Ernüchterung gewichen, bei L8 wird „Rave“ mehrheitlich abgelehnt.[11]

Independent ist sicherlich eine der eigenwilligsten Musikkategorien, sie definiert sich - was auf den ersten Blick absurd anmutet - durch die Größe bzw. Kleinheit der vertreibenden Labels. Jeder Eingeweihte weiß nun jedoch, dass sich dahinter denkbar verschiedene Musik verbergen kann. Trotzdem hat sich der Terminus etabliert (Gruber 1995) und dient u. a. in Schallplattenläden zur Orientierung! Was Independent am zutreffendsten auszeichnet, ist die Ablehnung von Musik, die dem Mainstream zugerechnet wird, und die als kommerziell gilt (wie immer dieses Urteil konkret entsteht). Independent als Sammelbecken für ausgefallene, unbekannte, experimentelle, kaum dem Schönklang zuzurechnende Popmusik, die nach dem Selbstverständnis ihrer Produzenten Popmusik (im Sinne von populär) gerade nicht sein will, ist vorrangig eine Minderheitenmusik. Solange die Labels klein sind, sind sie „independent“, großer Erfolg und damit großes Publikum birgt die Gefahr in sich, von einem major-Produzenten übernommen zu werden, die „independence“ zu verlieren. Deshalb ist auch hier (Abb. 7) der Anteil jener Jugendlichen (von insgesamt 150) mitgeteilt, die für Independent angaben *kenne ich nicht.*

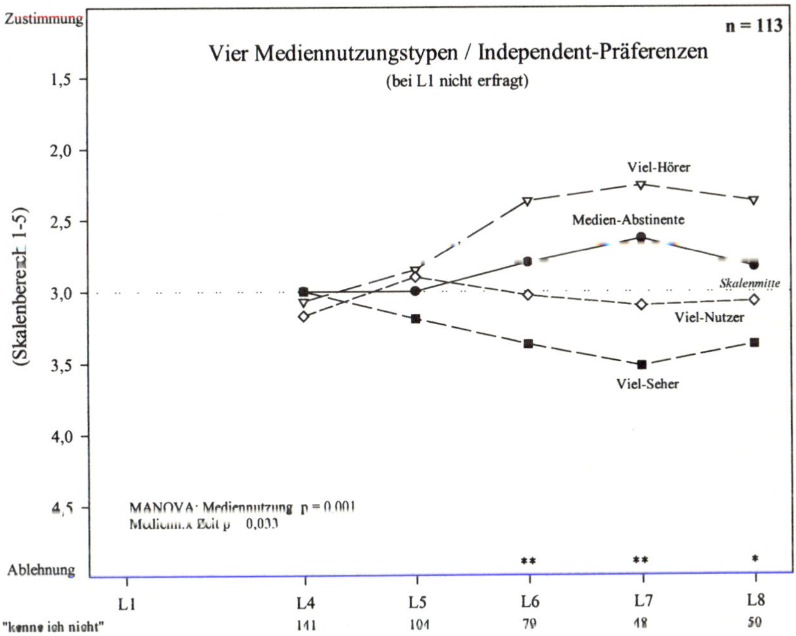

Abb. 7: Präferenzen für „Independent“

11 Es votierten 65 Befragte positiv, 81 negativ, und vier gaben an *kenne ich nicht.*

Erst den 15-Jährigen (L6) ist „Independent“ knapp zur Hälfte bekannt. Aber bereits hier zeigt sich ein wiederum anders gearteter Effekt der Mediennutzung: Die *Viel-Hörer* urteilen am positivsten, die *Viel-Seher* am negativsten. Wer sich in der denkbar heterogenen und unübersichtlichen Independent-Szene auskennen will, muss offensichtlich viel hören (Radio und Schallplatte bzw. CD). Nur für diejenigen, die stilistisch Ausgefallenes, Extremes suchen, macht es Sinn, sich positiv über ein „wirtschaftlich“ definiertes Musikgenre, das eigentlich keines ist, positiv zu äußern. Entwicklungspsychologisch ist es wohl nachzuvollziehen, dass die meisten Jugendlichen Orientierung zunächst über den Mainstream suchen. Daher ist es erst unter den etwas Älteren, den 15- und 16-Jährigen, eine Minderheit, die sich als „Sammler und Jäger“ auf „Indie“-Terrain bewegt. Das Mediennutzungs-Verhalten der „Indies“ ist - im Vergleich mit Disco, Techno und Rave - ausgesprochen Pop-untypisch!

Als Letztes seien die mediennutzungsspezifischen Ergebnisse für die Kategorie „Hard Rock“ mitgeteilt (ohne Abbildung), die wohl eigenwilligsten in diesem Zusammenhang, wiederum mit Differenzen von eineinhalb Skaleneinheiten zwischen den extremsten Kurvenverläufen. Es gibt einen signifikanten Zeit-Effekt (generell leichter Negativtrend, vor allem bei L5 - L6), keinen Mediennutzungs-Effekt ($p = 0{,}054$), hingegen eine ausgeprägte Wechselwirkung. Sie ist darauf zurückzuführen, dass von den 11- bis zu den 17-Jährigen sich jeweils eine andere Untergruppe am positivsten über „Hard Rock“ äußert: Zunächst (L1) sind es die *Viel-Nutzer*, eineinhalb Jahre später (L4), die *Viel-Hörer*, am Ende aber überraschenderweise die *Medien-Abstinenten*, die sich jeweils am meisten für „Hard Rock“ erwärmen können. Durchgängig kritische Distanz zeigt sich (ähnlich wie bei „Independent“) für die Fernseh-orientierten *Viel-Seher*.

Die *Viel-Nutzer*, bei denen es sich ja überwiegend um Jungen handelt, sind vielleicht solche Elfjährigen, die Musikzuwendung auch als Imponiergehabe begreifen, dann aber nach und nach immer mehr Interesse an „Hard Rock“ verlieren. Die *Viel-Hörer* ähneln in ihrer Motivation den „Independent“-Interessierten (viel hören, orientieren), während bei den 17-Jährigen die *Medien-Abstinenten* sich am positivsten über „Hard Rock“ äußern, vielleicht deshalb, weil sie in Einzelfällen Hard-Rock-Varianten begegnet sind, die ihnen musikalisch anspruchsvoller, auch längerfristig interessant erschienen. Die Ergebnisse belegen, dass sich das Publikum für „Hard Rock“ zwischen 11 und 17 Jahren in erheblichem Maße umstrukturiert.

Resümee

Die ausschnitthaft referierten Ergebnisse machen deutlich, dass es sich - im Kontext der Entwicklung musikalischer Vorlieben - bei Hör- und Sehdauer um zwei weitgehend unabhängige Mediennutzungsaspekte handelt, die sich bisweilen komplementär zueinander verhalten können. Die vier (hier ausnahmsweise nicht über eine Clusteranalyse sondern „von Hand“ gebildeten) Mediennutzungstypen unterscheiden sich erheblich hinsichtlich Geschlecht und Schultypus (und sicherlich auch im elterlichen Sozialstatus). Insofern kann man nicht sagen, dass die vier verschiedenen Arten der Mediennutzung unterschiedliche musikalische Präferenzen „verursachen“. Sinnvoller ist die Annahme von verschiedenen „medialen Milieus“ (bei Jungen, bei Mädchen, bei Hauptschülern, bei Gymnasiasten etc.), die mit unterschiedlichen musikalischen Präferenzmustern einhergehen. Wie weit die naheliegenden Faktoren hier interagieren, sich gar ursächlich auswirken, bleibt mit einem anderen methodischen Zugang (Pfadanalyse) zu klären. Außergewöhnlich erscheint der Befund, dass es im Bereich „Klassische Musik“ *einen* spezifischen Mediennutzungseffekt gibt, im Bereich der Popmusik i. w. S. jedoch (mindestens) vier verschiedene Konstellationen zu beobachten sind. Die Wertschätzung von „Techno“, „Rave“, „Independent“ und „Hard Rock“ korrespondiert jeweils mit unterschiedlicher Mediennutzung. Damit wird ein weiteres Mal (Behne i. V.) auf einer ganz anderen Ebene bestätigt, dass der Bereich der E-Musik von Jugendlichen in der Regel lediglich eindimensional erlebt wird, das Spektrum populärer Genres aber unterschiedliche Orientierungen anbietet, die, was bisher so nicht demonstriert werden konnte, mit jeweils anders gearteter Mediennutzung Hand in Hand gehen. Dabei überrascht es grundsätzlich, wie wenig sich das Ausmaß von Hör- und Sehdauer in den sechs Jahren der Längsschnittstudie verändert hat.

Literatur

Behne, Klaus-Ernst (1986): Hörertypologien. Regensburg: Bosse.

Behne, Klaus-Ernst (1987): Urteile und Vorurteile: Die Alltagsmusiktheorien jugendlicher Hörer. In: Schmidt, Hans-Christian (Hrsg.): Psychologische Grundlagen des Musiklernens. Handbuch der Musikpädagogik, Bd. 4, hrsg. von Helga de la Motte-Haber. Kassel: Bärenreiter, 221-272.

Behne, Klaus-Ernst (1996): Musikgeschmack in den 90er Jahren. Musikforum 84, 25-41.

Behne, Klaus-Ernst (i.V.): Entwicklung des Musikerlebens im Jugendalter. Eine Längsschnittstudie.

Gruber, Siegfried (1995): Das Konsumentenverhalten bei Independent-Tonträgern. Eine empirische Untersuchung der Käuferschaft von „unpopulärer Popularmusik“. Frankfurt am Main: Lang.

Hargreaves, David J. (1982): The development of aesthetic reactions to music. In: Psychology of Music, Special Issue, 51-54.

Müller, Renate (2000): Die feinen Unterschiede zwischen verbalen und klingenden Musikpräferenzen Jugendlicher. Eine computerunterstützte Befragung mit dem Fragebogen Autorensystem MultiMedia. In: Jahrbuch Musikpsychologie, 15, 87-98.

Stefanie Rhein

Bedeutungszuschreibungen an das eigene Musik-Fantum im Kontext aktueller Problembelastungen

Ergebnisse einer Befragung Jugendlicher mit dem MultiMedia-Computer

Teenie-Fantum: Fan, Star und weit darüber hinaus

Für die Teenie-Fans, d. h. die Fans im frühen Teenager-Alter, ist der Star viel wichtiger als die Musik - spätestens seit Bands wie *Take That* die Bühnen der Konzertsäle dieser Welt betraten, scheint dies zu einer Art Gemeinplatz geworden zu sein. Die Vorstellungen vieler davon, was es bedeutet, ein Fan zu sein, kreisen daher im Wesentlichen um die Fan-Star-Beziehung. Darüber hinaus wird das Fan-Sein gerade auf Grund seiner öffentlichkeitswirksamsten Erscheinungsform, der Fanhysterie, nicht selten als deviantes Verhalten kontaktarmer und identitätsloser (vornehmlich weiblicher) Jugendlicher begriffen.

Diese einseitige Sichtweise kann dem facettenreichen Phänomen des Fantums sicherlich nicht gerecht werden. Andere Dimensionen wie z. B. die sozialsymbolische Bedeutung und die Relevanz des Fan-Seins im Rahmen des Sozialisationsprozesses finden jedoch - auch in der wissenschaftlichen Behandlung des Themas - bislang nur wenig Beachtung. Erst in den letzten Jahren entstanden einige Arbeiten, die auch diese und andere Aspekte wie z. B. die Beziehungen zwischen den Fans in den Blick nehmen und Fan-Sein nicht nur auf die Fan-Star-Beziehung reduzieren (z. B. Fiske 1992; Weyrauch 1997). Allerdings wurde eine zentrale Frage auch hierin bislang nur marginal behandelt, obgleich die meisten Stereotype über Fan-Sein darum kreisen: Gibt es einen Zusammenhang zwischen der Problembelastung Jugendlicher und ihrem Fan-Sein? Und falls es ihn gibt: Wie ist er im Kontext anderer Dimensionen des Fan-Seins zu bewerten?

Im Folgenden werden einige ausgewählte Aspekte aus der Studie „Jugendliche Musikfans und die fanspezifische Nutzung populärmusikalischer Angebote“ (Rhein 1999) vorgestellt. Der Beitrag fokussiert zum einen die Bedeutungen, die Fans ihrem Fan-Sein zuschreiben. Zum anderen soll der Zusammenhang zwischen Fan-Sein und der Problembelastung der Fans in den Blick genommen und diskutiert werden.

Teenie-Fantum als Jugendkultur

Grundsätzlich ist davon auszugehen, dass das Fan-Sein des Einzelnen eingebettet ist in den sozialen Kontext der sogenannten *fan community*. Diese soziale Einbettung muss nicht notwendigerweise in tatsächlichen persönlichen Kontakten zu anderen Fans manifestiert sein, sie kann sich auch „nur" durch ein Gefühl der Verbundenheit zu diesem Fankontext äußern. Der persönliche Kontakt zu Gleichgesinnten, d. h. zu anderen, die ebenfalls Fan des Stars, der Musikgruppe oder der Musikrichtung sind, wird jedoch von vielen Fans aktiv gesucht - z. B. über Brieffreundschaften, Fanclubs oder beim Besuch von Konzerten:

> „Wir besuchten ca. 100 Kelly-Konzerte: Egal, wo sie spielten, wir wussten, wir würden dort eine Menge gut gelaunter Leute finden, mit denen wir uns verstanden und viel Spaß während und zwischen den Konzerten hatten." (Haag 1997, 6).

Die *fan community* fungiert als jugendkulturelle Gruppierung in der bestimmte kulturelle Praktiken und Umgehensweisen mit dem Objekt des Fantums entwickelt und realisiert werden (z. B. fan-talk) und neben anderen Stilmerkmalen als Erkennungsmerkmal der Fankultur dienen.

In der hier vorgestellten Studie wird davon ausgegangen, dass Teenie-Fantum bedeutet, einer solchen Jugendkultur anzugehören, die sich über ihren Musikgeschmack und durch spezifische Umgehensweisen mit populärmusikalischen Angeboten (z. B. Musik, Musikgruppen, Musikstars, Musikvideos, Musikinformationen) definiert.

Die Wahl und Gestaltung einer solchen Mitgliedschaft ist vor dem Hintergrund neuerer Sozialisationsansätze, bei denen die Eigenleistung des Individuums im Prozess der Sozialisation betont wird, als Akt der Selbst- und Peersozialisation (Müller 1995a; Müller 1999) und somit als Beitrag zur Identitätskonstruktion zu verstehen: Die Jugendlichen wählen den fankulturellen Kontext aus, in dem sie Mitglied sein möchten, machen sich mit der oft sehr spezifischen und komplexen Symbolwelt vertraut und eignen sich autodidaktisch und kooperativ bestimmte Kompetenzen und Wissensbestände an, die sich auf die Lieblingsmusik oder die Lieblingsstars beziehen. So üben Teenie-Fans z. B. Tanzschritte zur Lieblingsmusik ein, eignen sich Expertenwissen über ihren Lieblingsstar an und gehen fanspezifischen Unternehmungen wie dem Sammeln und Tauschen von Fanartikeln nach.

Über die Symbole aus dem fankulturellen Symbolvorrat präsentieren die Fans kulturelle und soziale Identität: Sie signalisieren zum einen ihre Identifikation mit der Fankultur und grenzen sich zum anderen von Außenstehenden ab - z. B. von Erwachsenen oder von Nicht-Fans. Die Symbole, Kompetenzen, Wissensbestände und Handlungsmuster, die sich die Fans aneignen, können als *populärkulturelles Kapital* begriffen werden (Fiske 1992). Nach Fiske stellen sich Fans über dieses Kapital selbst dar und gewinnen soziale Anerkennung - zumindest innerhalb des Fankontexts. Durch den Erwerb des populärkulturellen Kapitals grenzen sie sich von denjenigen ab, die über das verfügen, was Bourdieu als *legitimes kulturelles Kapital* bezeichnet (1987): Wissensbestände, Kompetenzen und Symbole aus dem Bereich der gesellschaftlich anerkannten Kultur - der sogenannten Hochkultur.

Welche Bedeutungen die Fans ihrem Fan-Sein und den fankulturellen Symbolen zuschreiben und mit welchem Engagement sie ihr Fan-Sein betreiben, kann variieren - so ist denkbar, dass beispielsweise die Einen eher den Star in den Mittelpunkt stellen, mit dem sie sich identifizieren oder für den sie schwärmen, während die Anderen eher das gemeinsame Erleben und die gemeinsamen Aktivitäten als zentral betrachten.

Die Fanstudie

Zur Überprüfung des skizzierten Konzepts von Fantum wurde im März 1999 eine Befragung von 11- bis 15-jährigen Jugendlichen an MultiMedia-Computern durchgeführt. Befragungsorte waren verschiedene Schulen und Jugendhäuser in und um Stuttgart. 217 Teenie-Fans und Nicht-Fans wurden befragt über ihren Musikgeschmack, der mittels verbal präsentierter Bezeichnungen musikalischer Stilrichtungen sowie anhand erklingender Musikbeispiele erhoben wurde. Ihnen wurden Fragen gestellt zu ihrem Eingebundensein in musikalische Fankulturen, ihren Umgehensweisen mit populärmusikalischen Angeboten, ihren musikbezogenen Freizeitaktivitäten und deren Einbettung in den sozialen Bezug des Freundeskreises bzw. der *fan community*. Außerdem wurde die aktuelle Problembelastung der befragten Jugendlichen erhoben.

Das zur Erstellung des Fragebogens verwendete *Fragebogen-Autorensystem MultiMedia FrAuMuMe* (Müller 1995b) ist so konzipiert, dass die Befragten nicht von einem Interviewer, sondern am Computer vom Computer befragt werden. Mögliche Verzerrungen durch Interviewereffekte werden dadurch reduziert. Die Antworten werden von den Befragten per Tastendruck eingegeben, was auch für am Computer Ungeübte sehr leicht erlern- und durchführbar ist. *FrAuMuMe* ermöglicht die Integration von Sounds, Musikstücken, Bildern und sogar Videos, so dass - wie bei der hier vorgestellten Untersuchung - audiovisuelle Fragebögen erstellt werden können.

Im Folgenden werden Ergebnisse dieser Studie zu den Themenbereichen Bedeutung von Fantum und Problembelastung präsentiert.

Fantum und was es bedeutet, ein Fan zu sein

Fans und Nicht-Fans

Als Fans von Musikgruppen oder -stars bzw. als Fans von Musikrichtungen sehen sich 76,5% der befragten Jugendlichen.[1] Dieser hohe Prozentsatz kann als Hinweis darauf gesehen werden, dass Musik bei Jugendlichen eine außerordentlich große Rolle spielt. Dafür spricht auch, dass diejenigen, die sich selbst nicht zu den Fans rechnen, ebenfalls eifrige Musikhörer sind: Rund 70% von ihnen geben an, täglich Musik über Tonträger zu hören. Lediglich eine einzige Befragte hört nach eigenen Angaben so gut wie nie Musik.

Die starke mediale Präsenz der weiblichen Teenie-Fans könnte den Schluss nahe legen, dass Fan-Sein im Teenie-Alter im Wesentlichen eine Mädchensache ist. Entsprechend stufen sich 85,6% der weiblichen Teilnehmer als Fans ein - aber auch bei den Jungen ist der Anteil der Fans mit 67% sehr hoch. Damit stellen die Mädchen 57,2% der Fans, die Jungen 42,8%. Die These von der Marginalität der Jungen in der Teenie-Fankultur kann folglich zumindest für diese Stichprobe nicht bestätigt werden.

Ein Fan zu sein, bedeutet für mich ...

Um zwischen den Fans in der Stichprobe differenzieren zu können, wurden insgesamt zwölf verschiedene Bedeutungsaspekte von Fantum erhoben. Zu diesen konnten die Fans über eine fünfstufige Antwortskala[2] Zustimmung bzw. Ablehnung äußern. Das Spektrum der erhobenen Bedeutungen umfasst eine Vielzahl unterschiedlicher Aspekte, die die folgenden theoretisch hergeleiteten Dimensionen von Fan-Sein abdecken (Tab. 1):

- die Beziehung zur Musik (*musik*)
- die Beziehung zum Star (*star*)
- das Engagement (*engagement*)
- die Zugehörigkeit zur *fan community* (*fan*)

---

1 Fan-Sein wurde im Rahmen eines Fragenblocks zur jugendkulturellen Orientierung über die beiden Items *Fans von Musikgruppen oder -stars* und *Fans einer bestimmten Musikrichtung* erhoben. Alle, die bei mindestens einem der beiden Items die Antwortkategorie *Ich rechne mich dazu* wählten, werden als Musikfan eingestuft. Alle anderen Befragten werden als Nicht-Fans bezeichnet

2 Die Antwortskala umfasst die Kategorien: *stimmt absolut* (1), *stimmt im Großen und Ganzen* (2), *manchmal trifft es zu, manchmal auch nicht* (3), *stimmt eigentlich eher nicht* (4), *stimmt überhaupt nicht* (5).

- die Abgrenzung von Nicht-Fans (*abgr*)
- die Selbstpräsentation/ die Selbstbestärkung (*selbst*).

Dimension	Variablen-label	Items *Ein Fan zu sein bedeutet für mich, ...*	Zustimmg. (Wert 1 u. 2)	Mittelwert	Platzierung[3]
musik	Musik	*die Musik gefunden zu haben, die mich begeistert.*	84,8%	1,66	1
	Auskennen	*Mich in einem best. Musikbereich besonders gut auszukennen.*	61,0%	2,30	2
star	Schwärmen	*für jemanden zu schwärmen und von ihm/ von ihr zu träumen.*	45,1%	2,75	7
	Bewundern	*Jemanden zu bewundern und so sein zu wollen wie er/ sie.*	45,1%	2,79	8
	ErfolgAnteil	*am Erfolg der Gruppe/ des Stars Anteil zu haben.*	33,5%	3,04	10
engagement	Freizeitbe-schäftigung	*eine Freizeitbeschäftigung zu haben, die mich vom Alltag ablenkt.*	57,3%	2,37	3
	gem.Untern.	*Gemeinsam mit anderen etwas zu unternehmen.*	50,6%	2,52	5
	Voll&Ganz	*voll und ganz hinter einer Sache zu stehen.*	51,2%	2,53	6
	Anderes Leben	*mein Leben ganz anders zu leben als es vorher war.*	26,8%	3,42	11
fan	Mitreden Können	*Mitreden zu können.*	57,9%	2,37	4
	gem.Untern.	*Gemeinsam mit anderen etwas zu unternehmen.*	50,6%	2,52	5
	FanComm.	*mich als Teil der Fangemeinschaft zu fühlen/ eine Art Familie gefunden zu haben.*	22,5%	3,50	12
abgr	Abgrenz. Erw.	*den Erwachsenen zu zeigen, dass mir im Leben andere Dinge wichtig sind als ihnen.*	40,8%	2,92	9
selbst	Auskennen	*mich in einem best. Musikbereich besonders gut auszukennen.*	61,0%	2,30	2
	ErfolgAnteil	*am Erfolg der Gruppe/ des Stars Anteil zu haben.*	33,5%	3,04	10

Tab. 1: Bedeutungsaspekte von Fan Sein

Auf der Basis der genannten Dimensionen von Fantum und der ihnen zugeordneten Items (vgl. Tab. 1) wird im Folgenden dargelegt, welche Bedeutungen Fans ihrem Fan-Sein zuschreiben.

3 Die Spalte Platzierung zeigt, welchen Rang der jeweilige Aspekt einnimmt, wenn alle erhobenen Aspekte nach der jeweils erzielten mittleren Zustimmung geordnet werden.

Betrachtet man die mittleren Zustimmungen zu den Dimensionen, so ergibt sich folgendes Bild: Während die musikbezogene Dimension für die Fans die wichtigste Rolle spielt, sind die Items der starbezogenen Dimension (z. B. *Schwärmen*) für sie weit weniger bedeutsam. Die Annahme, dass den Teenie-Fans der Star wichtiger ist als die Musik, wird durch diese Ergebnisse widerlegt: Die befragten Fans sehen in der Begeisterung für die Musik die zentrale Bedeutung ihres Fan-Seins. Durch die starke Zustimmung zu der Formulierung *„die Musik gefunden zu haben, die mich begeistert"* wird auch das emotionale Involvement angedeutet, welches einen wesentlichen Bestandteil des Fan-Seins darstellt.

Die verschiedenen Items der Engagementdimension werden als unterschiedliche Abstufungen von Engagement betrachtet, wobei *Freizeitbeschäftigung* die geringste, *AnderesLeben* die stärkste Ausprägung darstellt. Die Fan-Rolle wird demnach im Allgemeinen eher als Freizeitrolle gesehen, die allerdings gleichwohl mit Engagement und Überzeugung betrieben wird (*Voll&Ganz*). Auch der soziale Kontext, in den das Engagement eingebettet ist, spielt für über die Hälfte der befragten Fans eine Rolle: Ein Fan zu sein bedeutet für sie gemeinsame Unternehmungen mit anderen (*gem.Untern.*).

Nur von wenigen scheint das Fan-Sein dagegen als ein umfassender Gegenentwurf zum bisherigen Leben gesehen und gelebt zu werden (*AnderesLeben*). Dies korrespondiert mit den Ausführungen Baackes in einer frühen Untersuchung zum Beat-Fantum (1968, 59 ff.), die seither von verschiedenen Autoren auf das Teenie-Fantum übertragen wurden (z. B. Seffler 1999; Weyrauch 1997). Baacke sieht gerade darin ein wichtiges Potenzial des Fan-Seins, dass es Möglichkeiten zur Opposition bietet, die für jeden zugänglich sind und keine Entscheidung zu Radikalität oder Aggressivität verlangen: Einfache, von den alltäglichen Verhaltensmustern jedoch abweichende Freizeitaktivitäten - wie beim Teenie-Fantum z. B. das starke emotionale Verhalten - erzeugen Ablehnung v. a. bei den Erwachsenen und gleichzeitig Stabilisierung innerhalb der Peergroup. Die zwei Aspekte *MitredenKönnen* und *gem.Untern.*, die zur Zugehörigkeitsdimension (*fan*) gerechnet wurden und auf genau diese Stabilisierungsfunktion abzielen, sind für die jugendlichen Fans von entsprechender Bedeutung. Dagegen spielt die Abgrenzung (*abgr*) von den Nicht-Fans (hier erhoben am Beispiel der Erwachsenen) insgesamt nur eine geringe Rolle.[4] Für die befragten Teenie-Fans ist damit entgegen bisheriger Annahmen, die v. a. auf den Ausführungen Baackes basierten, das Integrationspotenzial ihres Fan-Seins insgesamt bedeutsamer als das Oppositionspotenzial. Im Teenie-Fantum spiegelt sich somit v. a. der Wunsch nach Akzeptanz durch die Peergroup und das Erle-

---

4 Das Muster, dass den Teenie-Fans sozialintegrative Aspekte ihre Fan-Seins wichtiger sind als Abgrenzungsaspekte, spiegelt sich auch in anderen Ergebnissen der Studie wieder (Rhein 1999; Rhein 2000).

ben von Zugehörigkeit und Gemeinsamkeit wider - und in weniger starkem Maße der Wunsch nach Abgrenzung.

Allerdings findet der Gedanke der *fan community* (*FanCommunity*), auf den sich der Wunsch nach Zugehörigkeit zuspitzt, nur bei wenigen Fans Zustimmung. Die Formulierung *„eine Art Familie gefunden zu haben“* impliziert, dass die Fangemeinde als eine Art Familienersatz angesehen wird. Diesen hohen Stellenwert erreicht die Musikgruppe bzw. der soziale Kontext der Fangruppe nur bei 22,5% der befragten Fans. Dies korrespondiert damit, dass das Fan-Sein mehrheitlich als eine Freizeitrolle betrachtet und nicht als Gegenentwurf zum bisherigen Leben - ebenso dient die Beziehung zum Star oder zum Fankontext nur bei Wenigen als Ersatz für bestehende soziale Kontexte. Sowohl der Aspekt *AnderesLeben* als auch der Aspekt *FanCommunity* können als die radikalste und umfassendste Bedeutung von Fan-Sein interpretiert werden. Es kann daher davon ausgegangen werden, dass diejenigen Fans, die hier Zustimmung äußern, dem Zentrum der Fankultur zuzuordnen sind.

Die Dimension der Selbstpräsentation oder Selbststärkung (*selbst*) durch das Fan-Sein wurde durch zwei Aspekte erfasst. Die Selbstpräsentation durch das Expertenwissen (*Auskennen*), das als populärkulturelles Kapital fungiert und durch das innerhalb der Peergroup Anerkennung gewonnen werden kann, wird als ein zentraler Aspekt des Fan-Seins betrachtet - 61% äußern hier Zustimmung. Dagegen spielt die Selbststärkung durch das Gefühl des Anteilhabens am Erfolg des Stars (*ErfolgAnteil*) insgesamt eher eine untergeordnete Rolle. Hier stimmen nur 33,5% der Fans zu. Diese Deutungsweise des Fan-Seins findet sich interessanterweise signifikant stärker bei den weiblichen als bei den männlichen Fans. Darüber hinaus finden die Mädchen auch den Aspekt des Schwärmens für sich signifikant bedeutsamer als die Jungen. Für die Mädchen scheint der Star damit zum einen eine Art Fantasiepartner darzustellen, der zum anderen stellvertretend für sie selbst - aber auch nur durch ihre Unterstützung - Erfolg hat. Darum ist aus dieser geschlechtsspezifischen Perspektive heraus sein Erfolg letztlich der Erfolg der Fans.

Superfans und andere Fantypen

Zur Differenzierung zwischen den Fans in der Stichprobe wurde eine Clusteranalyse über die zwölf oben beschriebenen Bedeutungsitems geführt. Erwartet wurde, dass die Fans sich untereinander *in der Art* ihres Fan-Seins unterscheiden - dass es also ein Cluster geben würde, bei dem die starbezogene Dimension im Mittelpunkt steht, eines, bei dem vor allem die Zugehörigkeit zum sozialen Fankontext eine Rolle spielt, usw.

Die Fancluster (Abb. 1) unterscheiden sich jedoch gerade nicht *in der Art* ihres Fan-Seins, sondern im *Grad* der Zustimmung zu den einzelnen Items.

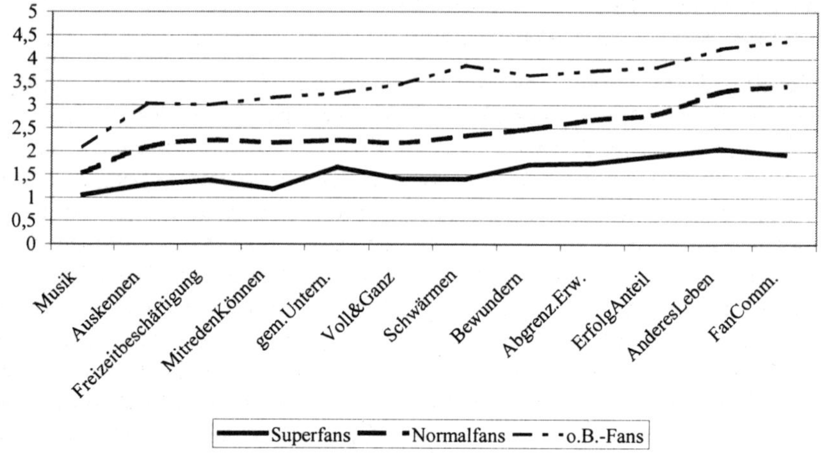

Abb. 1: Fancluster

Sie werden daher als unterschiedliche Intensitäten von Fantum gedeutet und wie folgt bezeichnet: Superfans, Normalfans und ohne-Bedeutung-Fans (o.B.-Fans). Letztere schreiben ihrem Fan-Sein kaum eine Bedeutung zu. Lediglich dem Item *die Musik gefunden zu haben, die mich begeistert* stimmen sie - allerdings auf vergleichsweise niedrigem Niveau - zu.

Definiert man die Musikbegeisterung als ein Mindestkriterium dafür, jemanden als Fan zu bezeichnen, so ist bemerkenswert, dass sich die o.B.-Fans trotz dieser geringen Zustimmung als Fans einstufen. Möglich ist zum einen, dass ein für sie zentraler Aspekt nicht erhoben wurde. Zum anderen ist denkbar, dass sich die o.B.-Fans in einer Art Grauzone zwischen Fan und Nicht-Fan befinden. Dies - wie auch die Ergebnisse der Clusteranalyse insgesamt - korrespondiert mit Fiskes Annahme (1992, 46), dass sich Fans von „normaleren" populären Publika nicht in der Art, sondern der Intensität der Zuwendung zu dem populärkulturellen Objekt unterscheiden: Die o.B.-Fans wären demnach im Bereich des fließenden Übergangs zwischen Fantum und Nicht-Fantum zu verorten.

Für die Superfans sind dagegen alle abgefragten Aspekte bedeutsam - auch die beiden Items, die im vorangegangenen Kapitel als die beiden radikalsten und umfassendsten Bedeutungsaspekte des Fan-Seins bezeichnet wurden: Sie erleben ihr Fan-Sein als Gegenentwurf zu ihrem bisherigen Leben (*AnderesLeben*) und die Beziehung zum Star oder zur Fangemeinde als einen neuen und zentralen sozialen Kontext (*FanCommunity*). Die Fans in diesem Superfan-Cluster sind dem Zentrum der Fankultur zuzuordnen.

Die Nicht-Fans stellen 23,7% der Stichprobe, die o.B.-Fans 29,8%, die Normalfans 31,6% und die Superfans 14,9%.

Fantum und Problembelastung

Fan-Sein wird in der Regel in engem Zusammenhang mit einer hohen Problembelastung und in Folge als abweichendes Verhalten angesehen. Jenson (1992, 13) bringt dies auf den folgenden Nenner:

> „To summarize, there is very little literature that explores fandom as a normal, everyday cultural or social phenomenon. Instead, the fan is characterized as (at least) an obsessed loner, suffering from a disease of isolation, or a frenzied crowd member, suffering from a disease of contagion."

Eine systematische Untersuchung des möglichen Zusammenhangs zwischen Problembelastung und Fantum liegt derzeit meines Wissens nicht vor. Im Rahmen der hier vorgestellten Fanuntersuchung soll im Folgenden ein erster Beitrag hierzu geleistet werden.

Problembelastung

Für zehn verschiedene jugendaltertypische Probleme (z. B. Ärger mit der Schule, Probleme mit Freundinnen oder Freunden, Einsamkeit, Sorgen um die Zukunft, Probleme mit dem eigenen Aussehen)[5] wurde erhoben, ob bzw. wie häufig sie die Jugendlichen in der letzten Zeit beschäftigten[6].

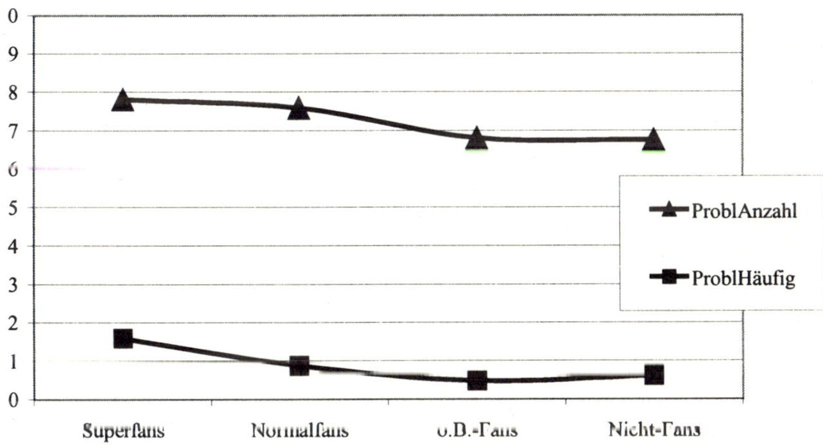

Abb. 2: Allgemeine Problembelastung

---

5 Die Problem-Items stammen aus einem von Behne entwickelten Fragenkatalog, den Glogner (2000) in seiner Untersuchung über die Umgehensweisen Jugendlicher mit der *Dr. Sommer-Beratung* der Zeitschrift *Bravo* verwendete.

6 Antwortkategorien: *sehr oft* (1), *oft* (2), *manchmal* (3), *selten* (4), *nie* (5).

Zur Erfassung der allgemeinen Problembelastung wurde für jede befragte Person der Indexwert *ProblHäufig* berechnet (Abb. 2). Dieser zeigt die Anzahl der Probleme, die in der letzten Zeit bei der befragten Person *sehr oft* auftraten. Außerdem wurde die Anzahl der überhaupt aufgetretenen Probleme ermittelt (*ProblAnzahl*).

Mittelwertvergleiche für beide Indexwerte zeigen, dass die Höhe der allgemeinen Problembelastung jeweils mit der Intensität des Fantums zunimmt - d. h. die Superfans beschäftigten in der letzten Zeit insgesamt signifikant ($p < 0,05$) mehr Probleme als die Normal- und o.B.-Fans, aber auch als die Nicht-Fans. Außerdem traten bei ihnen signifikant ($p < 0,01$) mehr Probleme sehr oft auf als bei letzteren. Es kann folglich von einer höheren Problembelastung insbesondere bei den Superfans ausgegangen werden. Allerdings sind die Unterschiede zwischen den Gruppen sehr viel geringer als gemeinhin vermutet: So beschäftigten die Superfans in der letzten Zeit durchschnittlich ca. 7,8 der 10 abgefragten Probleme, die Nicht-Fans immerhin ca. 6,8.

Interessant ist nun die Frage, ob es bestimmte Problembereiche gibt, bei denen die Belastung der Fans systematisch höher ist als bei den Nicht-Fans. Vergleicht man die Belastung bei den einzelnen erhobenen Problemen zwischen den Fantypen,[7] so zeigen sich signifikante Unterschiede nur bei den beiden sozialbezogenen Problemen *Einsamkeit* und *Probleme mit Freunden und Freundinnen* (jeweils $p<0,05$). Insbesondere die Super- und die Normalfans beschäftigten diese Probleme in der letzten Zeit häufiger als die anderen Fantypen. Festgehalten werden kann daher, dass ein Zusammenhang zwischen der Intensität des Fan-Seins und diesen sozialbezogenen Problemen besteht.

Zur differenzierten Untersuchung des Zusammenhangs zwischen Fantum und Problembelastung wurden Rang-Korrelationen[8] zwischen den Bedeutungsaspekten des Fan-Seins und der Häufigkeit des Auftretens der einzelnen Probleme gerechnet.

Problembelastung und Bedeutung von Fan-Sein

Verschiedene hochsignifikante Zusammenhänge zwischen bestimmten Problemen und bestimmten Bedeutungszuschreibungen an das Fan-Sein können gefunden werden, die jedoch insgesamt jeweils nur relativ schwach ausgeprägt sind (Tab. 2). Als ein zentrales Ergebnis lässt sich damit festhalten, dass Probleme weit weniger eng mit bestimmten Funktionen und

7 Zu diesem Zweck wurden Kreuztabellen in Verbindung mit Chi Quadrat-Tests für die einzelnen Probleme und die verschiedenen Fantypen gerechnet (ohne Tabelle).

8 Die Korrelationen wurden mit dem Spearman-Rho-Verfahren gerechnet.

subjektiv zugeschriebenen Bedeutungen des Fan-Seins korrelieren als gemeinhin angenommen.

	Zukunft	Schule	Familie	Freunde	Einsamkeit
Schwärmen				0,260**	0,284**
Abgrenz.Erw.	0,214**		0,248**	0,208**	
Freizeitbeschäftigung		0,209**			

Tab. 2: Problembelastung und Bedeutung von Fan-Sein[9]

Weitere Ergebnisse sind:

- *Probleme mit der Familie, mit Freundinnen und Freunden* sowie *Sorgen um die Zukunft* korrelieren damit, dass das Fan-Sein als Möglichkeit betrachtet wird, sich von den Werten der Erwachsenen abzugrenzen (*Abgrenz.Erw.*).
- Die sozialbezogenen Probleme *Schwierigkeiten mit Freunden oder Freundinnen* bzw. *mit Einsamkeit* gehen damit einher, dass Fans den Aspekt des *Schwärmens* besonders bedeutsam finden.
- Fans, die Probleme mit der *Schule* haben, sehen in ihrem Fan-Sein vor allem eine Freizeitbeschäftigung, die sie von ihrem Alltag ablenkt.

Eine mögliche Interpretation dieser stimmig erscheinenden Zusammenhänge ist, dass Fans ihr Fan-Sein zur Bewältigung ihre Probleme nutzen - d. h. sie weisen ihrem Fan-Sein genau die Bedeutung und Funktion zu, die ihnen dabei hilft, mit ihren Problemen umzugehen. Fan-Sein wäre somit als aktive Reaktion auf die aktuelle Problemlage zu sehen. Es bietet dabei verschiedene Möglichkeiten zum Umgehen mit unterschiedlichen Problemen:

In seiner umfassendsten Form kann das Fan-Sein als Gegenentwurf zu dem Leben der Eltern bzw. der Erwachsenen gelebt werden, das einen selbst in der Zukunft erwartet und dem man sich nicht gewachsen fühlt. Auch die Übernahme der Fan-Rolle lediglich als Freizeitrolle erlaubt z. B. einen immerhin temporären Ausbruch aus dem problembelasteten schuldominierten Alltag. Fan-Sein bietet außerdem die Möglichkeit zur Gestaltung einer eigenen (Fantasie-)Parallelwelt, in der man andere Rollen einnimmt und dem Star z. B. beim Schwärmen eine bestimmte Rolle zuweist, die im realen Leben vielleicht noch nicht besetzt sind. Ansätze wie das Konzept der parasozialen Interaktion zeigen auf, dass solche Beziehung zu fiktionalen, medialen bzw. hauptsächlich medial präsentierten Personen wichtige Funktio-

9 In der Tabelle sind jeweils nur die Variablen abgebildet, zwischen denen Koeffizienten gefunden wurden, die über 0,2 liegen. Außerdem wurden nur die Items in die Tabelle aufgenommen, zwischen denen hochsignifikante Korrelationen gefunden wurden.

nen bei der Identitätsentwicklung Jugendlicher spielen (Horton/ Wohl 1956; Götz 1997).

Allerdings könnte jedes der oben genannten Ergebnisse auch unter einem anderen Blickwinkel interpretiert werden: Wer z. B. viel schwärmt, bekommt Probleme mit Freunden und ist einsam, weil die anderen das nicht verstehen - oder wer versucht, durch sein Fan-Sein gegen die Erwachsenen zu rebellieren, bekommt Probleme mit seinen Eltern.

Ob Fantum eine Möglichkeit darstellt, mit bestehenden Problemen umzugehen, und von den Fans hierzu aktiv genutzt wird - oder ob Fantum viele der Probleme überhaupt erst schafft, lässt sich anhand der vorliegenden Daten nicht abschließend klären. Wahrscheinlich ist, dass beide Möglichkeiten sich nicht gegenseitig ausschließen, sondern nebeneinander existieren. So zitiert Hauk zwei 14-jährige Teenie-Fans. Während die Eine über ihr Fan-Sein sagt:

> „Man könnte schon sagen, dass die Band eine Art Familienersatz geworden ist, denn ich bin sehr oft alleine zuhause. Dann höre ich immer ihre Musik und beschäftige mich mit der Band." (Hauk 1999, 329),

äußert die Andere:

> „Ich finde, eine Band kann niemals eine Familie ersetzen. Eine Band kann mir bestimmt nicht über Probleme hinweghelfen. Die meisten Probleme habe ich ja erst durch die Boygroups" (Hauk 1999, 327).

Schlussbetrachtung

Durch die Ergebnisse der Studie kann zum einen gezeigt werden, dass Fans ihrem Fan-Sein ein ganzes Spektrum an verschiedenen Bedeutungen zuschreiben. Anhand dieser Vielfalt an Bedeutungen wird die Wichtigkeit des Fan-Seins im Prozess der Sozialisation anschaulich. Fan-Sein wird zur Präsentation soziokultureller Identität benutzt - es beinhaltet die autodidaktische und kooperative Aneignung populärkulturellen Kapitals, über das zumindest in der Peergroup Anerkennung erfahren wird.

Die drei Fancluster, die sich voneinander in der Intensität ihres Fan-Seins unterscheiden, wurden hinsichtlich ihrer Problembelastung mit der Gruppe der Nicht-Fans verglichen. Gezeigt wurde, dass es zwar einen signifikanten Zusammenhang zwischen Problembelastung und Fan-Sein gibt, dieser jedoch weniger ausgeprägt ist als gemeinhin angenommen. Zwei mögliche Deutungen der gefundenen Zusammenhänge zwischen den Problemen, die die Fans in der letzten Zeit beschäftigten, und den Bedeutungen, die sie ihrem Fan-Sein zuschreiben, wurden dargelegt und diskutiert.

Bislang dominiert eine negative Sichtweise die Beschäftigung mit dem Thema Fantum und somit auch das Umgehen mit den jugendlichen Fans.

Fans werden als Opfer ihres Fan-Seins betrachtet (Jenson 1992, 13). Die umgekehrte Sichtweise wird dagegen selten in Betracht gezogen - dass nämlich Fan-Sein zum einen wichtige Funktionen bei der Identitätsbildung und im Sozialisationsprozess erfüllt und zum anderen von den Fans aktiv zur Bewältigung jugendaltersspezifischer Probleme genutzt wird. Die Bedingungen zu erforschen, unter denen Fan-Sein Probleme schafft und verstärkt oder aber Probleme verringert und bei deren Bewältigung hilft, ist eine der zentralen Aufgaben zukünftiger Fanforschung.

Literatur

Baacke, Dieter (1968): Beat. Die sprachlose Opposition, München: Juventa.

Bourdieu, Pierre (1987): Die feinen Unterschiede. Kritik der gesellschaftlichen Urteilskraft. Frankfurt am Main: Suhrkamp.

Fiske, John (1992): The Cultural Economy of Fandom. In: Lewis, Lisa (Hrsg.): The Adoring Audience. Fan Culture and Popular Media. London/ New York: Routledge, 30-49.

Glogner, Patrick (2000): Selbstsozialisation und Identitätskonstruktion mit der Dr.-Sommer-Seite. Eine Befragung mit dem MultiMedia-Computer zur Rezeption der Jugendzeitschrift BRAVO. In: deutsche jugend, 48:7/8, 318-326.

Götz, Maya (1997): Die parasoziale Beziehung zu einem Medienstar. In: Feministische Studien, 1997:2, 52-66.

Haag, Sören (1997): Warum ich Kelly-Fan war. Ein Aussteiger berichtet. In: Biermann, Christine/ Fischer, Dietlind/ Janke, Klaus/ Liebau, Eckart/ Niehues, Stefan/ Tillmann, Klaus-Jürgen (Hrsg.): Schüler 1997 - Stars - Idole - Vorbilder. Seelze: Friedrich, 6-7.

Hauk, John (1999): Boygroups! Teenager, Tränen, Träume. Berlin: Schwarzkopf & Schwarzkopf.

Horton, Donald/ Wohl, R. Richard (1956): Mass Communication and Para-Social Interaction: Observations on Intimacy at a Distance. In: Psychiatry, 19, 215-229.

Jenson, Joli (1992): Fandom as Pathology: The Consequences of Characterization. In: Lewis, Lisa A. (Hrsg.): The Adoring Audience. Fan Culture and Popular Media. London/ New York: Routledge, 9-29.

Müller, Renate (1995a): Selbstsozialisation: Eine Theorie lebenslangen musikalischen Lernens. In: Jahrbuch Musikpsychologie, 11, 63-75.

Müller, Renate (1995b): Neue Forschungstechnologien: Der Multimedia-Fragebogen in der musiksoziologischen und musikpädagogischen Forschung. In: Rundfunk und Fernsehen, 43:2, 205-216.

Müller, Renate (1999): Selbstsozialisation Jugendlicher durch Musik und Medien. In: Bertelsmann Briefe, 142, 12-15.

Rhein, Stefanie (1999): Jugendliche Musikfans und die fanspezifische Nutzung populärmusikalischer Angebote. Eine empirische Untersuchung mit dem MultiMediaComputer. Magisterarbeit Kulturmanagement. Pädagogische Hochschule Ludwigsburg.

Rhein, Stefanie (2000): Teenie-Fans: Stiefkinder der Populärmusikforschung. Eine Befragung Jugendlicher am MultiMediaComputer über ihre Nutzung fankultureller Angebote. In: Heinrichs, Werner/ Klein, Armin (Hrsg.): Deutsches Jahrbuch für Kulturmanagement 1999. Baden-Baden: Nomos, 165-194.

Seffler, Daniela (1999): Boygroups. Kulturindustrielle Produkte als Objekte der Begierde. In: deutsche jugend, 47:2, 59-68.

Weyrauch, Jan (1997): Boygroups - Das Teenie-FANomen der 90er. Berlin: Extent.

Klaus Boehnke

Musik im Radio - Wegbereiter der Jugendentwicklung?

Ergebnisse einer Längsschnittstudie

Einleitung

Jugendliche nutzen ihren Lebenskontext aktiv, um sich selbst auf dem Wege zum Erwachsenen voranzubringen, so die inzwischen weitgehend akzeptierte und empirisch validierte These von Silbereisen in seinen Überlegungen zur Konzeptualisierung von „Entwicklung als Handlung im Kontext“ (Silbereisen 1986, 29). Diese These für den Bereich der Mediennutzung und den Umgang mit Musik zu prüfen, hat sich das Projekt „Hörfunk als Instanz der Jugendsozialisation in den alten und neuen Bundesländern“ zur Aufgabe gemacht (Münch/ Boehnke 1996).[1] Das Grundmodell des Projekts ist in Abb. 1 dokumentiert.

Die Graphik bringt folgende Annahmen zum Ausdruck: (A) Die Art und Weise wie Jugendliche den Hörfunk nutzen, ergibt sich (1) aus dem Stand und Verlauf ihrer Musiksozialisation und (2) aus ihrem persönlichen Entwicklungsstand, (B) Musiksozialisation und Entwicklungsstand stehen in einer Wechselwirkung und (C) sowohl Musiksozialisation als auch Entwicklungsstand sind von spezifischen und generelleren Lebenserfahrungen und Bedingungen beeinflusst.

Dieses Modell wurde in leicht modifizierter Form im ersten Abschnitt des Projekts, aus dem hier berichtet wird, überprüft. Es zeigte sich (Boehnke/ Hoffmann/ Münch/ Güffens 1998), dass sich in der Tat zumindest bestimmte Aspekte der Hörfunknutzung aus den von Jugendlichen zu ihrem eigenen

1 Das Projekt wurde zunächst von der DFG unter dem genannten Titel mit einer Sachbeihilfe an den Autor und an Thomas Münch (Hochschule für Musik Würzburg) gefordert, später dann mit einer Sachbeihilfe an die gleichen Antragsteller als Studie zum Thema „Jugendsozialisation und Medien: Zur Entwicklungsfunktionalität der Medienaneignung am Beispiel von Hörfunk, Musikfernsehen und Internet“. Diese wurde im Rahmen der DFG-Forschergruppe „Neue Medien im Alltag“ durchgeführt. Der hier vorgelegte Beitrag berichtet aus beiden Projektabschnitten.

Entwicklungsstand gemachten Angaben und aus ihrem Musikinvolvement (dem Grad der aktiven Hinwendung zur Musik) ableiten ließ. Auf eine ausführliche Diskussion der bisherigen Befunde muss an dieser Stelle verzichtet werden. Das verallgemeinernde Fazit des ersten Projektabschnitts lautete: Jugendliche nutzen das Radio, um in ihrer Entwicklung zum Erwachsenen voranzukommen, und zwar in einer Art und Weise, die in starkem Maße von ihren musikalischen Vorlieben und Handlungsweisen geprägt ist.

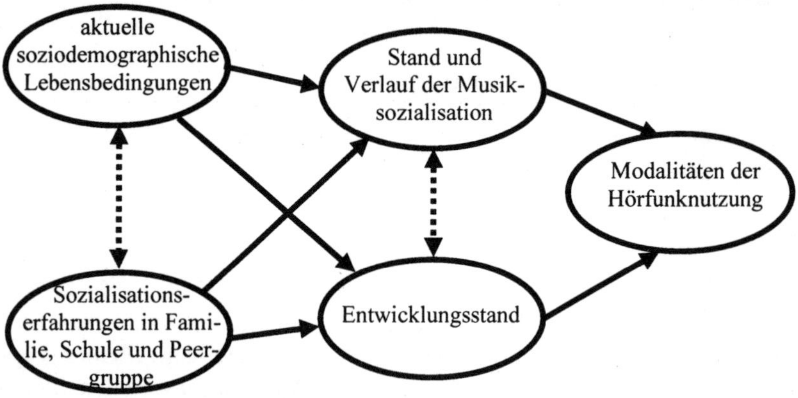

Abb. 1: Grundmodell zum Zusammenhang von Jugendentwicklung, Musik- und Mediennutzung

Dieser Befund bestätigt Ergebnisse qualitativer Studien (Theunert/ Gebel 2000), dürfte zudem einer der ersten Belege seiner Art aus einer quantitativen Studie sein, doch lässt er noch keinerlei Aussagen darüber zu, ob es Jugendlichen, die offenbar versuchen, durch eine bestimmte Art der Radionutzung auf dem Weg zum Erwachsenen voranzukommen, auch tatsächlich *gelingt*, diesen Weg durch die entsprechende Nutzung des Mediums Hörfunk und der darin angebotenen Musik erfolgreicher zu beschreiten. Diese Frage zu beantworten, war eine der Aufgaben des zweiten Projektabschnitts. Um zu verdeutlichen, wie im zweiten Projektabschnitt vorgegangen wurde, wird im Folgenden zunächst die Forschungsfrage konkretisiert.

Im ersten Projektabschnitt waren die an den Untersuchungsstandorten Oldenburg und Chemnitz befragten Jugendlichen u. a. um Auskunft darüber gebeten worden, wie sie selbst ihren Entwicklungsstand bezogen auf eine Reihe von jugendtypischen Entwicklungsaufgaben sensu Havighurst (1972) einschätzen. Gleichzeitig waren die Befragten aufgefordert anzugeben, in welchem Ausmaß sie sich in den nächsten 12 Monaten einen Entwicklungsfortschritt bezogen auf die zur Diskussion stehende Entwicklungsaufgabe erhoffen. Aus den Differenzen zwischen aktueller Selbsteinschätzung und erhoffter Weiterentwicklung ergab sich dann das, was das Projekt *Entwicklungsbedarf* nennt. Dieser indirekt erfasste Entwicklungsbedarf (bezogen auf Entwicklungsaufgaben wie Peergruppenintegration, Herausbildung einer politischen Orientierung, physische Reifung und Autonomiegewinnung, vgl. auch Noack 1990) stand nun - so unser empirischer Befund - in substanziellem Zusammenhang[2] mit dem Ausmaß, in dem die befragten Jugendlichen den Hörfunk parasozial-affektiv nutzen. Unter einer parasozial-affektiven Hörfunknutzung versteht man eine Nutzung, die darauf ausgerichtet ist, einerseits über das Medium in einen mittelbaren Kontakt mit anderen Menschen (Moderatoren, anderen Jugendlichen, Idolen etc.) zu kommen und andererseits seine aktuellen Gefühle über die Hörfunknutzung in den Griff zu bekommen. Eine derartige Nutzung des Mediums Hörfunk ist allerdings nicht nur aus dem Entwicklungsstand der Jugendlichen ableitbar, sondern hat in besonderem Maße auch etwas mit dem Stellenwert zu tun, den Jugendliche der Musik in ihrem Leben beimessen.[3]

Wenn nun belegt werden konnte, dass der Entwicklungsbedarf von Jugendlichen ihre Art der Hörfunknutzung in einem gewissen Maß bestimmt, so leitet sich hieraus quasi-automatisch die Folgefrage ab, ob es ihnen durch parasozial-affektive Hörfunknutzung auch tatsächlich gelingt, ihren Entwicklungsstand zu beeinflussen, ihren Entwicklungsbedarf zu reduzieren. Diese Frage ist Gegenstand einer Längsschnittstudie, die Teil der zweiten Projektphase war. Graphisch formalisiert ist die Forschungsfrage in Abb. 2 dargestellt.

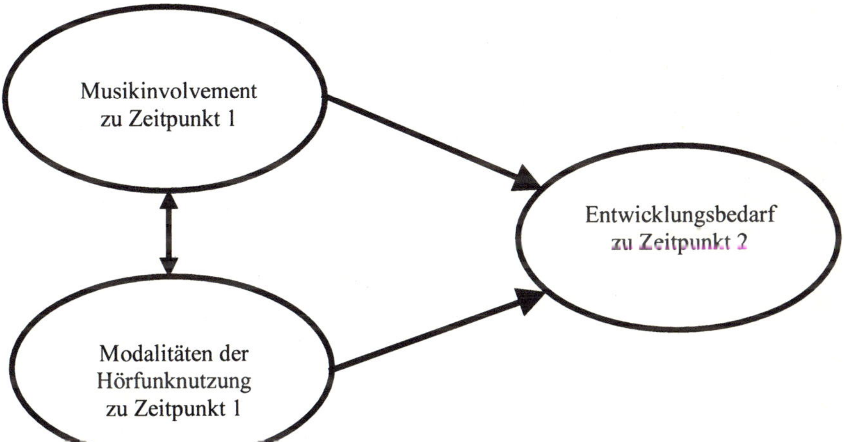

Abb. 2: Formalisiertes Modell zur Forschungsfrage des zweiten Projektabschnitts

Wie in Abb. 2 zum Ausdruck kommt, geht es im zweiten Projektabschnitt darum zu prüfen, ob späterer Entwicklungsbedarf tatsächlich von der Art

2 Die Varianzaufklärung lag bei knapp 6 %.
3 Der musikbezogene Aktivitätsgrad klärt 26 % der Varianz in der parasozial-affektiven Hörfunknutzung auf.

und Weise der früheren Hörfunknutzung und vom früheren Musikinvolvement beeinflusst wird. Erst wenn es Jugendlichen auch wirklich gelingt, durch eine bestimmte Art der Nutzung des Mediums Hörfunk in Kombination mit einer bestimmten Art mit Musik umzugehen, ihre Entwicklung zum Erwachsenen zu befördern, können die zentralen Thesen des Silbereisenschen Konzepts von der Entwicklung als Handlung im Kontext für den Bereich der Hörfunknutzung als belegt angesehen werden. Ein solcher Beleg würde nämlich zeigen, dass Jugendliche durch entwicklungsrelevantes Handeln im Kontext Medien durchaus erfolgreich ihre eigene Entwicklung gestalten können.

Die empirische Studie

Stichprobe

Für die Beantwortung der in Abb. 2 dargelegten Forschungsfrage konnte - wie bereits angemerkt - auf Datenmaterial aus einer Längsschnittstudie zurückgegriffen werden, die auch Grundlage der im Beitrag von Hoffmann (in diesem Band) durchgeführten Analysen ist. Waren in der Ersterhebung in Chemnitz und Oldenburg in den Klassen 5 bis 10 N=1011 Kinder und Jugendliche befragt worden, so ließen sich knapp drei Jahre später in einer postalischen Wiederholungsbefragung noch N=393 der ursprünglichen Befragten für eine erneute Beantwortung des im Projekt entwickelten Befragungsinstruments gewinnen. Das Durchschnittsalter lag bei der zweiten Befragung bei 16,7 Jahren (mit einem Range zwischen 13 und 21 Jahren). Aus dem Raum Chemnitz kamen 45 % der Befragten, aus Oldenburg und Umgebung 55 %, 37% waren Jungen, 63 % Mädchen. Aus Stadtregionen (also Oldenburg-Stadt und Chemnitz-Stadt) kamen 45 % der Befragten, 55 % lebten in den an die Städte angrenzenden Landkreisen. Ein Gymnasium besuchten 45 % der Befragten, der Rest der Befragten verteilt sich auf Mittelschulen (in Sachsen) und Haupt-, Real- und Gesamtschulen (in Niedersachsen).

Erhebungsinstrumente

Das im Projekt eingesetzte Erhebungsinstrument kann hier nur in den Fragen wiedergegeben werden, die für die hier behandelte Forschungsfrage relevant sind.

Entwicklungsbedarf wurde mit einem Instrument erfasst, das die Jugendlichen zunächst fragt, wie weit sie meinen, eine bestimmte Entwicklungsaufgabe bereits erfüllt zu haben (IST). Hierzu waren Angaben auf einer - verbal nur an den Endpunkten geankerten - Ratingskala von „(noch) gar nicht“=0 bis „völlig“=10 abzugeben. In einem zweiten Schritt sollte dann -

auf der gleichen Ratingskala - angegeben werden, wo man sich hinsichtlich der Erfüllung der Entwicklungsaufgabe wünschen würde (SOLL), in einem Jahr zu stehen. Beispielitems lauten: „Ich habe Freunde/ Freundinnen, mit denen ich immer etwas unternehmen kann“, „Ich habe schon einen richtigen Busen und sehe bald wie eine erwachsene Frau aus“ (Pendant: „Ich habe schon eine tiefe Stimme wie ein erwachsener Mann“), „Auch wenn Freunde oder Freundinnen mal weiter weg wohnen, komme ich alleine dorthin“ bzw. „Ich weiß genau, wie unser Staat regiert wird“. Der individuelle Entwicklungsbedarf wurde errechnet, indem IST-Werte von SOLL-Werten subtrahiert und über alle Items zu einer bestimmten Entwicklungsaufgabe aufsummiert wurden.

Parasozial-affektive Hörfunknutzung wurde durch zwei Skalen gemessen, die in einer Vorstudie gestestet und faktorenanalytisch validiert wurden. Die Skala „parasoziale Hörfunknutzung“ misst individuelle Tendenzen, mit Personen, die im Radio „auftreten“, symbolisch in Kontakt zu treten. Die Skala „affektive Hörfunknutzung“ misst Tendenzen, Hörfunk zur Stimmungsregulation einzusetzen. Beide Skalen bilden einen Faktor zweiter Ordnung. Beispielitems lauten für die parasoziale Hörfunknutzung: „Manchmal habe ich das Gefühl, dass die im Radio von mir reden“ bzw. „Wenn man Radio hört, ist man mit anderen Menschen in Gesellschaft“. Für die affektive Hörfunknutzung lauten Beispiele: „Wenn ich Radio höre, fühle ich mich gleich besser“ bzw. „Radio heitert mich auf, wenn ich bedrückt bin“.

Musikinvolvement wurde durch zwei Skalen gemessen, die ebenfalls in einer Vorstudie getestet und faktorenanalytisch validiert wurden. Die Skala „Wichtigkeit von Musik“ misst die individuelle subjektive Wichtigkeit von Musik im Leben des Jugendlichen. Die Skala „musikbezogene Aktivität“ misst das Ausmaß, in dem die Befragten Aktivität zeigen, sich z. B. Informationen über Musik zu beschaffen. Beide Skalen bilden ebenfalls einen Faktor zweiter Ordnung. Beispielitems für die Wichtigkeit von Musik lauten: „Ohne Musik würde mir etwas sehr Wichtiges fehlen“ bzw. „Wenn ich für längere Zeit keine Musik hören kann, werde ich ganz unruhig“. Für musikbezogene Aktivität lauten Items z. B.: „Ich lese Zeitschriften, um mich über Musik zu informieren“ oder „Ich sammle Texte, Bilder, Bücher usw. über Musik“. Alle eingesetzten Instrumente weisen eine gute Konsistenz auf; auf eine detaillierte Wiedergabe einzelner Koeffizienten wird an dieser Stelle verzichtet. Jenseits von Entwicklungsbedarf, parasozial-affektiver Hörfunknutzung und Musikinvolvement wurde das Geschlecht der Befragten, ihr Wohnort (Ost/ West; Stadt/ Land), ihr Alter und das Niveau ihrer Schulbildung (gymnasial vs. nicht-gymnasial) erhoben und in die im Folgenden berichteten Auswertungen einbezogen.

Ergebnisse

Die Auswertung der erhobenen Daten wurde in der Form einer Analyse von Strukturgleichungsmodellen mit dem Programm AMOS vorgenommen. In die Modellberechnung gehen als manifeste Variablen zunächst die Angaben zu Geschlecht, Wohnort (Oldenburg/ Chemnitz), Alter und Schulniveau ein. Weiterhin werden die Skalenwerte zu parasozialer und zu affektiver Hörfunknutzung herangezogen, die die latente Variable „parasozial-affektive Hörfunknutzung" bilden. Die latente Variable Musikinvolvement bilden die Skalenwerte der Skalen zur „Wichtigkeit von Musik" bzw. zu „musikbezogenen Aktivitäten". Abhängige Variable ist die Reduktion des Entwicklungsbedarfs, für die vier Indikatoren herangezogen wurden, nämlich die Differenzen im Entwicklungsbedarf zwischen der Erstbefragung und der Zweitbefragung hinsichtlich von vier Entwicklungsaufgaben, der Peergruppenintegration, der Herausbildung einer politischen Orientierung, der physischen Reifung und der Gewinnung von Autonomie. Diese selbst sind wiederum Skalenwerte über mindestens zwei Items aus den Soll-Ist-Differenzen zu den jeweiligen Items.

Die Berechnung soll an einem Beispiel verdeutlicht werden. Eine Befragte möge zu dem Entwicklungsaufgaben-Item „Ich habe schon einen richtigen Busen und sehe bald wie eine erwachsene Frau aus" in der Ersterhebung den Ist-Zustand mit „1" bewertet haben, was, ohne dass die Ratingskala diesen verbalen Anker aufwies, soviel bedeutet wie, „stimmt noch fast gar nicht". Als Soll-Wert möge dieselbe Person „7" angekreuzt haben, was in etwa soviel bedeutet wie „Ich möchte schon wesentlich weiter sein, aber ganz wie eine erwachsene Frau möchte ich doch noch nicht aussehen". Als Entwicklungsbedarf zum Zeitpunkt der Ersterhebung hätte sich hieraus ein Wert von 7-1=6 ergeben. Zum zweiten Erhebungszeitpunkt drei Jahre später möge dieselbe Person eine Einschätzung des Ist-Zustandes mit dem Rating „8" abgegeben haben, als Soll-Wert für die Zeit weitere 12 Monate später möge sie „10" angekreuzt haben. Als Entwicklungsbedarf zum Zeitpunkt der Zweiterhebung hätte sich hieraus ein Wert von 10-8=2 ergeben. Aus den beiden Entwicklungsbedarfswerten hätte sich dann eine Entwicklungsbedarfsreduktion von 6-2=4 errechnet.

Auf die beschriebene Art und Weise wurde für jede Entwicklungsaufgabe ein Bedarfsreduktionswert errechnet, dieser wurde mit anderen Items zur gleichen Entwicklungsaufgabe zu einem Skalenwert zusammengefasst, der seinerseits als manifeste Variable für die latente Variable „Entwicklungsbedarfsreduktion" fungierte.

In Abb. 3 ist das Strukturgleichungsmodell für die gesamte Längsschnittstichprobe dargestellt. Darin sind die Fehlerterme mit den im AMOS-Programm verwendeten Akronymen bezeichnet. In Abb. 3 kommt zum Ausdruck, dass parasozial-affektive Hörfunknutzung zum Erhebungszeitpunkt 1 einen signifikanten Einfluss auf die Reduktion des Entwicklungsbedarfs innerhalb von drei Jahren nach der Ersterhebung hat (ß=0,17). Parasozial-affektive Hörfunknutzung ihrerseits ist substanziell mit dem Musikinvolvement zum ersten Erhebungszeitpunkt korreliert (r=0,31).

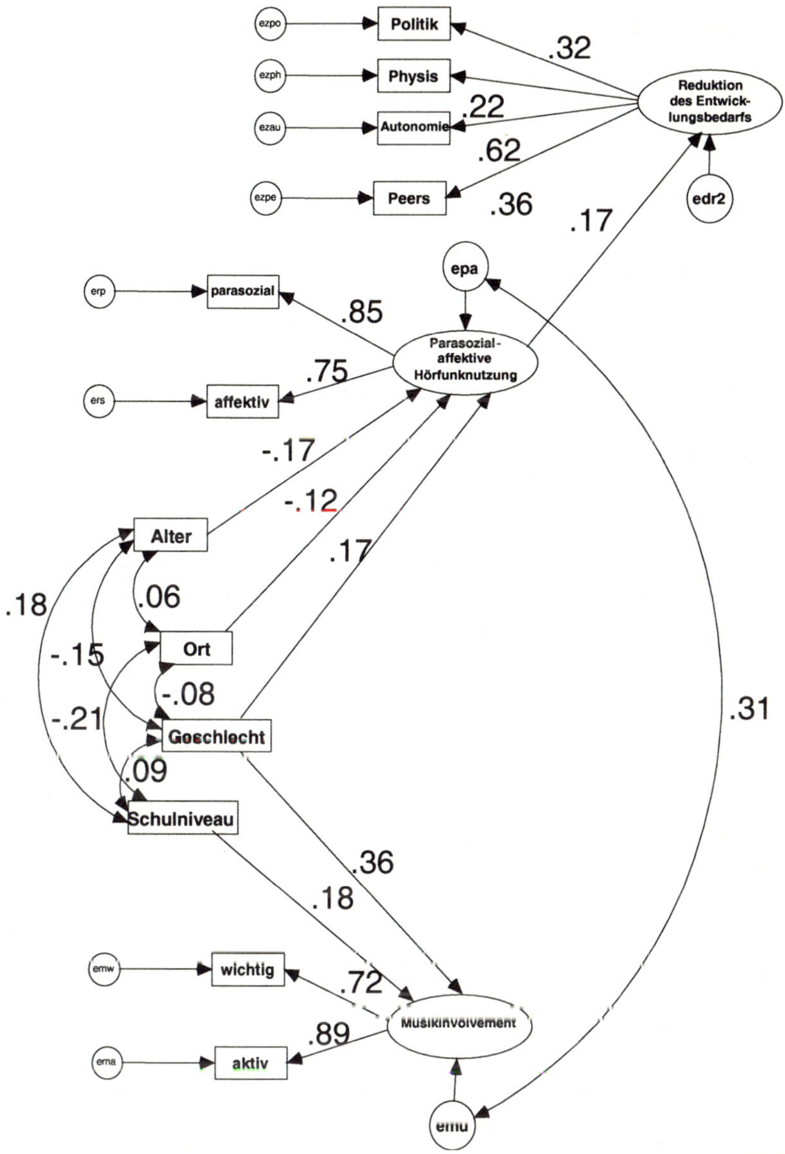

Abb. 3: Strukturmodell zum Zusammenhang der Reduktion des Entwicklungsbedarfs durch frühere Hörfunknutzung und früheres Musikinvolvement

Die vier in die Analysen einbezogenen so genannten exogenen Variablen Alter, Wohnort (Oldenburg/ Chemnitz), Geschlecht und Schulniveau haben z. T. einen erheblichen Einfluss sowohl auf die parasozial-affektive Hörfunknutzung als auch auf das Musikinvolvement. Letzteres ist bei Mädchen deutlich höher als bei Jungen (ß=0,36) und auch bei Gymnasiasten ausgeprägter als bei Schülerinnen und Schülern anderer Schultypen (ß=0,18). Mädchen nutzen zudem das Radio in stärkerem Maße parasozial-affektiv als Jungen (ß=0,17), gleiches gilt für Oldenburger im Vergleich zu Chemnitzern (ß=-0,12). Mit steigendem Alter nimmt die parasozial-affektive Hörfunknutzung ab (ß=-0,17).

Eine besondere Rolle nimmt die Variable Stadt/ Land ein. Einerseits hat sie keinen Einfluss auf das Ausmaß des Musikinvolvements und der parasozial-affektiven Hörfunknutzung (und taucht deshalb in Abb. 3 auch nicht auf). Andererseits fungiert der Lebenskontext Stadt vs. Land aber als Moderatorvariable. Das heißt, der Zusammenhang zwischen parasozial-affektiver Hörfunknutzung und Musikinvolvement auf der einen und Entwicklungsbedarfsreduktion auf der anderen Seite stellt sich in Stadt und Land substanziell unterschiedlich dar.[4] Dies wird in den Abbildungen 4a (Stadtjugendliche) und 4b (Landjugendliche) dargestellt.

Die Abbildungen machen deutlich, dass bei Stadtjugendlichen die Bedeutung der parasozial-affektiven Hörfunknutzung für die Reduktion des Entwicklungsbedarfs außerordentlich hoch ist. Etwa 10 % der Varianz in der Reduktion des Entwicklungsbedarfs gehen auf das Konto des Ausmaßes dieser Art der Hörfunknutzung zum Zeitpunkt der Ersterhebung (ß=0,33). Ganz anders bei Landjugendlichen. Bei ihnen besteht zwischen dem Ausmaß der parasozial-affektiven Hörfunknutzung bei der Ersterhebung und der Reduktion des Entwicklungsbedarfs in den nächsten drei Jahren kein Zusammenhang (ß=0,06).

Weiterhin gibt es auch deutliche Unterschiede zwischen Stadt und Land in der Bedeutung der Variablen Alter, Geschlecht und Wohnort (Oldenburg/ Chemnitz) für das Ausmaß der parasozial-affektiven Hörfunknutzung. Während in der Stadt keine Unterschiede zwischen Jüngeren und Älteren (ß=-.04) sowie zwischen Jungen und Mädchen (ß=.05) zu beobachten sind, spielt der Wohnort der Befragten dort eine große Rolle. In Chemnitz-Stadt wird wesentlich weniger parasozial-affektiv Radio gehört als in Oldenburg (ß=-0,22). Ganz anders bei den Landjugendlichen. Dort gibt es zwischen dem Erzgebirgsraum und dem Oldenburger Land keine Unterschiede im Ausmaß parasozial-affektiver Hörfunknutzung (ß=-0,03), während deutliche Alterseffekte (im Sinne einer mit dem Alter abnehmenden parasozial-affektiven Hörfunknutzung, ß=-0,29) und Geschlechtseffekte (deutlich aus-

4 Die Prüfung, ob auch die anderen exogenen Variablen als Moderatorvariablen fungieren, ergab, dass dies nicht der Fall ist.

geprägtere parasozial-affektive Nutzung durch Mädchen, ß=0,23) zu beobachten sind.

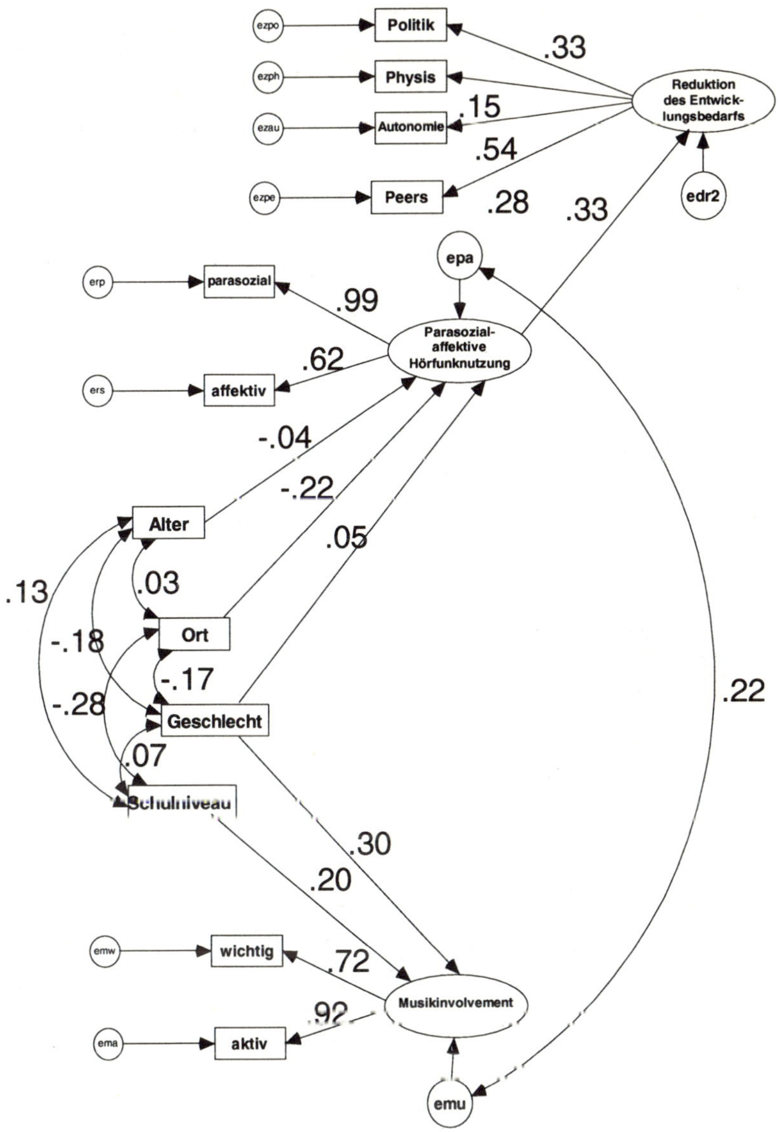

Abb. 4a: Strukturmodell zum Zusammenhang der Reduktion des Entwicklungsbedarfs durch frühere Hörfunknutzung und früheres Musikinvolvement (Stadtjugendliche)

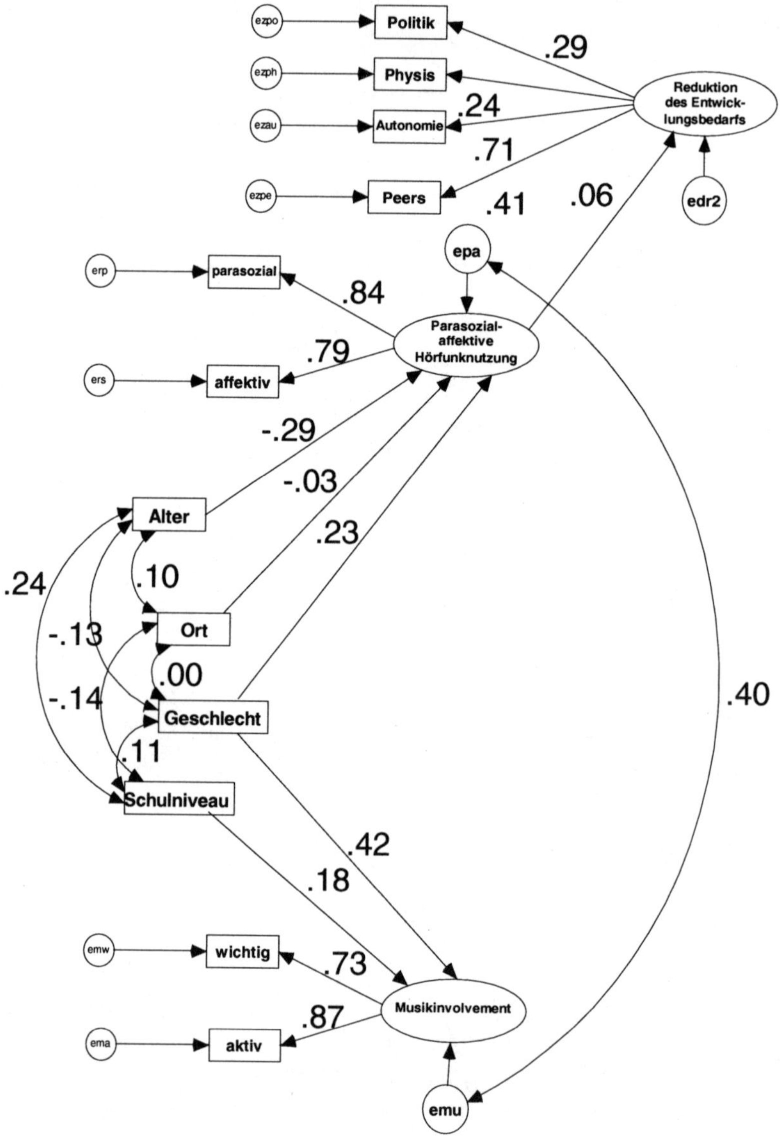

Abb. 4b: Strukturmodell zum Zusammenhang der Reduktion des Entwicklungsbedarfs durch frühere Hörfunknutzung und früheres Musikinvolvement (Landjugendliche)

Die Bedeutung des Musikinvolvement unterscheidet sich hingegen zwischen Stadt und Land kaum. In beiden Kontexten ist es bei Mädchen und bei Gymnasiasten höher als bei Jungen (Stadt: ß=0,30/ Land: ß=0,42) bzw. SchülerInnen anderer Schultypen (Stadt: ß=0,20/ Land: ß=0,18). In beiden

Kontexten ist Musikinvolvement auch substanziell mit der parasozial-affektiven Hörfunknutzung verknüpft, auf dem Land sogar noch etwas höher als in der Stadt (ß=0,22 vs. ß=0,40).

Fazit

Die an den Standorten Oldenburg und Chemnitz durchgeführte Längsschnittstudie bietet einige Antworten auf die im Titel dieses Beitrags aufgeworfene Frage an, ob Musik als Wegbereiter der Jugendentwicklung fungiert. In gewisser Weise lautet die Antwort „nein“. Sie lautet insofern „nein“, als kein unmittelbarer Einfluss des Musikinvolvements, also der aktiven Hinwendung zur Musik, auf die Reduktion von Entwicklungsbedarf im Jugendalter belegt werden konnte. Die vorgelegten Analysen zeigen vielmehr, dass der Musik eine große mittelbare Bedeutung zukommt. Prononciert formuliert, lässt sich festhalten, dass erhöhtes Musikinvolvement Jugendliche sozusagen in die Arme des Mediums Radio treibt und dort eine bestimmte Art fördert, dieses Medium zu nutzen, nämlich im Sinne symbolischer Kontakte mit der jugendlichen Lebenswelt und im Sinne von Affektmodulation. Zu bedenken ist bei dieser Interpretation allerdings, dass Musikinvolvement nur in einem sehr engen Sinne erfasst wurde. Eine breitere Erfassung auch der Motive für eine Beschäftigung mit Musik dürfte das Fazit deutlich relativieren (vgl. Münch in diesem Band). Einer parasozial-affektiven Art der Hörfunknutzung kommt erhebliche Entwicklungsrelevanz zu. Je stärker Jugendliche auf diese Art und Weise das Radio nutzen, umso stärker reduziert sich ihr Entwicklungsbedarf in einem Zeitraum von drei Jahren nach der Ersterhebung.

Zwei abschließende Bemerkungen scheinen noch nötig. Zum einen wäre der überraschende Befund zu Stadt-Land-Unterschieden zu deuten. Die oben berichtete Entwicklungsrelevanz einer bestimmten Art, das Medium Radio zu nutzen, ließ sich nämlich bei genauerem Hinschauen nur für Jugendliche zeigen, die in einem städtischen Umfeld leben, bei Landjugendlichen hat die Hörfunknutzung keine Entwicklungsrelevanz. Zu den Ursachen dieses Unterschiedes kann hier nur spekuliert werden. Auf die Tatsache, dass die Mediennutzung sich zwischen Stadt und Land unterscheidet, hat bereits Baacke (1993) hingewiesen, doch überraschen die Befunde dennoch. Wird oftmals davon ausgegangen, dass Jugendliche auf dem Lande, angesichts weniger umfangreicher anderer Angebote zur Freizeitgestaltung der Medien mehr bedürfen, so sieht es im Lichte der Befunde der hier vorgelegten Studie eher so aus, als wenn Landjugendliche ihre Entwicklung durch mediale - parasoziale - Kontakte nicht befördern können. Vielleicht, so mag man spekulieren, weil ihnen noch mehr soziale - nicht nur parasoziale - Kontakte zur Verfügung stehen als Stadtjugendlichen. Die Prüfung dieser These muss allerdings zukünftigen Studien überlassen bleiben. Belegt wurde aber zumindest das Baackesche Credo einer zwischen Stadt und Land deutlich unterschiedlichen Mediennutzung.

Einer weiteren Bemerkung bedarf die kausale Interpretation der vorgelegten Befunde, die oben ausgeführt wurde. Es wurde davon ausgegangen, dass Jugendliche ihren Entwicklungsbedarf reduzieren, *weil* sie auf eine bestimmte Art und Weise Radio hören bzw. gehört haben. Ein so weitreichender Schluss ist jedoch aus methodologischen Überlegungen prinzipiell nicht zulässig. Belegt wurde lediglich, dass unter den Jugendlichen, die innerhalb von drei Jahren ihren Entwicklungsbedarf reduziert haben, die sich also hinsichtlich verschiedener jugendtypischer Entwicklungsaufgaben *entwickelt haben*, ein überproportionaler Anteil von Jugendlichen zu finden ist, die auf eine ganz bestimmte Art und Weise Radio gehört haben. Es wäre durchaus denkbar, dass die Gruppe der Jugendlichen mit Entwicklungsbedarfsreduktion eine spezielle Gruppe darstellt, die z. B. zunächst einen besonderen Entwicklungsrückstand hatte oder - umgekehrt - aus nicht aus der Radionutzung ableitbaren Gründen zu den Schnellentwicklern gehört. Hierzu sind noch weitere Analysen notwendig, und zwar vor allem Analysen, die einem quasi-experimentellen Auswertungsplan folgen.

Einstweilen kann man jedoch bereits festhalten, dass in den Projekten „Hörfunk als Instanz der Jugendsozialisation in den alten und neuen Bundesländern" bzw. „Jugendsozialisation und Medien" die Entwicklungsrelevanz des Mediums Hörfunk - als einem stark von Musik geprägten Medium - belegt werden könnte und in diesem mittelbaren Sinne fungiert Musik auch als Wegbereiter der Jugendentwicklung.

Literatur

Baacke, Dieter (1993): Jugendkulturen und Musik. In: Bruhn, Herbert/ Oerter, Rolf/ Rösing, Helmut (Hrsg.): Musikpsychologie. Ein Handbuch. Reinbek: Rowohlt, 228-237.

Boehnke, Klaus/ Hoffmann, Dagmar/ Münch, Thomas/ Güffens, Friederike (1998): Radiohören als Entwicklungschance? Zum Umgang ostdeutscher Jugendlicher mit einem alltäglichen Medium. In: Zeitschrift für Pädagogik, 37. Beiheft, 53-70.

Havighurst, Robert J. (1972): Developmental task and education. New York: McKay.

Münch, Thomas/ Boehnke, Klaus (1996): Rundfunk sozialisationstheoretisch begreifen. Hörfunkaneignung als Entwicklungshilfe im Jugendalter. Überlegungen zu einem Forschungsprogramm. In: Rundfunk und Fernsehen, 44:4, 548-561.

Noack, Peter (1990): Jugendentwicklung im Kontext. Zum Umgang mit sozialen Entwicklungsaufgaben in der Freizeit. München: PsychologieVerlagsUnion.

Silbereisen, Rainer K. (1986): Entwicklung als Handlung im Kontext. Entwicklungsprobleme und Problemverhalten im Jugendalter. In: Zeitschrift für Sozialisationsforschung und Erziehungspsychologie, 6:1, 29-46.

Theunert, Helga/ Gebel, Christa (Hrsg.) (2000): Lehrstücke fürs Leben in Fortsetzung. Serienrezeption zwischen Kindheit und Jugend. BLM-Schriftenreihe, Bd. 63. München: Reinhard Fischer.

Thomas Münch

Musik, Medien und Entwicklung im Jugendalter

Einleitung

Die täglich zu beobachtende Allgegenwart von Musik im Jugendalter und das hohe Interesse an ihr (Feierabend/ Klingler 2002, 10; Six/ Roters/ Gimmler 1995, 42-44) legt die Vermutung nahe, dass sie eine Vielzahl wichtiger psychologischer und sozial-kommunikativer Funktionen erfüllt. Bestätigung findet diese Annahme durch verschiedene in der Literatur vorliegende Systematisierungsversuche (vgl. zusammenfassend Baacke 1997, 35). Nur selten stehen hinter den vorliegenden Zusammenstellungen von Musikfunktionen im Jugendalter explizit entwicklungstheoretische Annahmen und es wird, um zu allgemeingültigen Aussagen zu kommen, auch kaum auf den situativen Kontext Bezug genommen, in dem die Musiknutzung stattfindet. Die hier dargestellten Ergebnisse einer empirischen Studie zur Entwicklung im Jugendalter[1] begegnet diesen Forschungsdefiziten, indem sie sich in ihren theoretischen Annahmen auf das Konzept der Entwicklungsaufgaben sensu Havighurst (1982) bezieht und zudem nur einen Bereich der jugendlichen Musiknutzung thematisiert, nämlich den Umgang mit Medien.

Im Folgenden werden zunächst knapp die forschungsbestimmenden entwicklungstheoretischen Annahmen zur Musik- und Mediennutzung skizziert, um dann nach Vorstellung des Forschungsdesigns die Ergebnisse zum Zusammenhang zwischen Medienumgang und der Funktionalität von Musik im Jugendalter vorzustellen und zu diskutieren.

1 Der Artikel berichtet Ergebnisse aus dem DFG-Forschungsprojekt „Jugendsozialisation und Medien. Zur Entwicklungsfunktionalität der Medienaneignung im Jugendalter am Beispiel Hörfunk, Musikfernsehen und Internet“, das im Rahmen der DFG-Forschergruppe „Neue Medien im Alltag. Vom individuellen Nutzen zu soziokulturellem Wandel“ von Klaus Boehnke (International University Bremen) und dem Autor geleitet wurde.

Medien- und Musikaneignung aus entwicklungstheoretischer Perspektive

Ausgangspunkt unserer Überlegungen ist die entwicklungstheoretische Annahme, dass das Jugendalter durch die Auseinandersetzung mit spezifischen *Entwicklungsaufgaben* geprägt ist.[2]

> „Eine Entwicklungsaufgabe ist eine Aufgabe, die sich in einer bestimmten Lebensperiode stellt. Ihre erfolgreiche Bewältigung führt zu Glück und Erfolg, während Versagen das Individuum unglücklich macht, auf Ablehnung durch die Gesellschaft stößt und zu Schwierigkeiten bei späteren Aufgaben führt" (Havighurst 1982, 2).

Als Entwicklungsaufgaben, mit denen sich Jugendliche im europäisch-amerikanischen Kulturkreis auseinander zu setzen haben, lassen sich nennen: die Bewältigung der physischen Reifung, die Aufnahme enger Freundschaftsbeziehungen, das Erlernen von Fairness, die Berufsvorbereitung, die Eingliederung in die Gleichaltrigengruppe, die Aufnahme sexueller Beziehungen, die Herausbildung einer Persönlichkeit (die Jugendforschung spricht von Ich-Identität), der Umgang mit vermehrter Eigenständigkeit und Eigenverantwortlichkeit, die Herausbildung einer politischen Orientierung und die Vorbereitung auf Elternschaft (Boehnke/ Münch 2001). Wenn für Jugendliche eine Diskrepanz zwischen dem eigenen erlebten und dem gewünschten Zustand im Hinblick auf eine bestimmte Entwicklungsaufgabe besteht, sprechen wir von *Entwicklungsbedarf*. In der Auseinandersetzung mit diesen Entwicklungsaufgaben haben die Jugendlichen hohe Freiheitsgrade. Sie können zwischen verschiedenen Bearbeitungsfeldern und Strategien der Bearbeitung wählen. „Unfrei" sind sie dagegen in dem Sinne, dass sie mit den Entwicklungsaufgaben konfrontiert werden und sich dafür entscheiden müssen, wo und wie sie diese bearbeiten.

Jugendliche können sehr unterschiedliche Felder zur Bearbeitung ihres Entwicklungsbedarfs suchen, da durch den in den letzten Jahren explosionsartig gewachsenen Pool an kulturellen Zeichen und Symbolen und Freizeitangeboten die Auswahl heute größer denn je ist. Letztlich werden sie sich für die Bearbeitungsfelder entscheiden, von denen sie erwarten, die anstehenden Entwicklungsaufgaben am erfolgreichsten bearbeiten zu können. Eine im Jugendalter häufige genutzte Möglichkeit zur Bearbeitung von Entwicklungsbedarf sind die (Massen-)Medien (Hoffmann/ Boehnke/ Münch/ Güffens 1998). Diese werden - so unsere theoretische Grundlegung - zu einer sozialisationstheoretisch relevanten Instanz, da sie es verstehen, die Schlüsselthemen des Kindes- und Jugendalters wie etwa Entwicklungs-

---

2 Eine ausführliche Darstellung der theoretischen Grundannahmen findet sich bei Münch/ Boehnke 1996; zum Konzept der Entwicklungsaufgaben vgl. Dreher/ Dreher 1985; Havighurst 1982; Noack 1990; Oerter/ Montada 1998.

aufgaben symbolisch aufzubereiten und widerzuspiegeln. Zudem bieten sie prototypisch Modelle des Umgangs mit ihnen an. Jugendliche Rezipienten werden durch die Medien mit ihrer eigenen, realen Entwicklungssituation konfrontiert, was zwangsläufig die Beschäftigung mit ihnen induziert (Böhnisch 1996).

Wie aktiv Jugendliche sich Medien aneignen, zeigt eine qualitative Studie von Barthelmes und Sander (2000; 2001), die ausdrücklich auf das Konzept der Entwicklungsaufgaben Bezug nimmt. In einer Längsschnittstudie wurden bei 22 Jugendlichen jeweils die persönlichen Entwicklungsphasen, Themen und Lebenssituationen der Jugendlichen und Eltern, der Medienbesitz und Umgang mit Medien, sonstige kulturelle Aktivitäten, Freundschaftsbeziehungen u. a. erhoben, wobei ein besonderes Augenmerk auf der Fernsehnutzung lag. In ihren Ergebnissen arbeiten die Autoren u. a. heraus, dass Medien von Jugendlichen dafür genutzt werden, um mit ihrer Umwelt in Kontakt zu treten (Barthelmes 2001, 88). Medieninhalte zu aktuellen Lebensthemen werden zu Gesprächsanlässen mit Freunden, Geschwistern und Eltern, gerade auch heikle Themen, die ansonsten von den Eltern nur zögerlich angesprochen werden. Mediennutzung wird als ein aktiver Prozess verstanden, der „Selbstbildung“ ermöglicht.

> „Selbstbildung über Medien bedeutet für die befragten Jugendlichen, sich der eigenen Themen bewusst zu werden, diese Themen in den Medien mit Absicht zu suchen sowie durch das Medienerleben für sich selbst Medienerfahrungen zu machen“ (Barthelmes 2001, 88).

In einer Vielzahl von Medien ist Musik ein wesentlicher, wenn nicht der entscheidende Programmanteil: Im populären Radio werden nicht selten bis zu 90% der Sendezeit mit Musik gefüllt, Tonträger sind fast ausschließlich Musikmedien. Aber auch im Fernsehen, in Zeitschriften oder im Internet ist Musik fast immer ein unverzichtbarer Bestandteil für den Erfolg beim Publikum. Neben der medialen Vermittlung ist das Live-Erleben von Musik im Konzert, im Schulunterricht oder auch beim wochenendlichen Straßenfest heute ein vergleichsweise seltenes Ereignis. Medial vermittelte Musik ist für Jugendliche - so unsere Annahme - eine effektive Möglichkeit, Entwicklungsbedarf zu bearbeiten, da sie eine Vielzahl von Nutzungsmöglichkeiten erlaubt. Denkbare Zusammenhänge sind in Tab. 1 dargestellt. In der Literatur zum Thema Musiksozialisation finden sich bislang fast keine direkten Bezüge zum Konzept der Entwicklungsaufgaben. Dass Musik Entwicklungsfunktionalität zugesprochen wird, lässt sich - zumindest implizit - jedoch aus verschiedenen Systematisierungen zu Funktionen von Musik im Jugendalter herauslesen. So spricht z. B. Bastian (1989) von den „Funktionen des Selbstausdrucks, der Identitätsfindung, der Persönlichkeitsentfaltung“ durch Musik, und Baacke (1997, 35) spricht von der „sozial-psychologische[n] Funktion der Identitätsbildung in der Frage nach Authentizität“ durch Musik. Ausdrücklichen Bezug nimmt der Musikpsychologe Bruhn (1995), wenn er darauf hinweist, dass die Kenntnis des Entwicklungsaufgabenkonzepts hilfreich für das Verständnis für das Verhalten von Jugendlichen im Musikunterricht sei.

Entwicklungsaufgaben	Musik
1. Enge Freundschaftsbeziehungen/ soziale Bindungsfähigkeit	Gemeinsame Begeisterung für einen und intensive Auseinandersetzung mit einem musikalischen Bereich (z. B. Engagement in einem Fanclub; Mitglied in einer Punk-Clique)
2. frühe Selbständigkeit/Autonomie	Entwicklung eines eigenen Musikgeschmacks in Abgrenzung gegenüber dem Elternhaus
3. Berufsvorbereitung	Der Umgang mit Musik als Berufsziel (MusikerIn, MusikjournalistIn, MusiklehrerIn usw.); Erwerb von englischen Sprachkenntnissen
4. Politische Orientierung	Gewinnung politischen Wissens durch Songtexte, InterpretInnen usw.; politische Positionierung mit Hilfe von Musik
5. Zukunftsorientierung/ Leben als Erwachsene	Mitglieder musikbezogener Jugendkulturen oder InterpretInnen als Vorbilder in Erwachsenenrollen
6. Identitätsentwicklung/ Lebensstilorientierung	Mitglieder musikbezogener Jugendkulturen oder InterpretInnen als mögliche Identitätsentwürfe
7. Reife/Autonomieentwicklung	Hinwendung zu „erwachsener Musik" und eigenem Musikgeschmack (auch wenn dieser nicht von vielen anderen Jugendlichen geteilt wird)
8. Peergruppenintegration	Adaption der Musikpräferenzen des erhofften FreundInnenkreises; gemeinsames Musizieren
9. Physische Reifung	Extensive Körpererfahrungen durch Bewegung zu Musik
10. Sexuelle Beziehungen	erste Erfahrungen durch „parasozialen" Kontakt zu Stars, Moderatoren usw.; Verliebtsein in MusikinterpretInnen

Tab. 1: Zusammenhänge zwischen Entwicklungsbedarf und Musik

Auch außerhalb der musikbezogenen Wissenschaften finden sich nur selten Hinweise, die einen Zusammenhang zwischen dem Musikgebrauch und der Auseinandersetzung mit Entwicklungsaufgaben ansprechen. Ein Beispiel ist Schneider (1996), die Erscheinungsformen jugendlichen Mediengebrauchs unter Hinweis auf das Konzept der Entwicklungsaufgaben zu erklären sucht, wobei sie wiederholt und ausdrücklich den Umgang mit Musik anspricht. Aber auch hier bleibt ungeklärt, wie sich die spezifische Leistung der Musik manifestiert.

Forschungsdesign

In den bisherigen Erhebungen zur Entwicklungsfunktionalität von Musik wurde eine Item-Batterie eingesetzt, die das „Musikinvolvement", d. h. den Grad der Hinwendung zu Musik maß.[3] In Ergänzung hierzu wurde zunächst ein Fragebogen mit 50 Items zu Motiven der Musiknutzung konzipiert und im Großraum Chemnitz im Frühjahr 1999 in einem Pretest zur Entwicklung valider Item-Batterien erprobt.[4] Mittels einer Faktorenanalyse mit Varimax-Rotation konnten anschließend die Items zu fünf Motiven zusammengefasst werden:

	Mittelwert	α
Affektkontrolle (2 Items)	2,26	.63
Ausdruck von Autonomie und Lebensstil (2 Items)	1,37	.67
kommunikativ-soziale Erfahrungen (4 Items)	1,19	.73
Erleben der eigenen Körperlichkeit (3 Items)	1,14	.76
musikpraktische Erfahrungen (4 Items)	0,83	.79

Tab. 2: Motive der Musiknutzung[5]

Die Items für Motive der Musiknutzung beginnen alle mit „Manchmal höre ich gerne Musik, weil ...". Es folgt je ein Beispiel-Item für die gefundenen fünf Motive:

- Affektkontrolle: „... sie mich auf andere Gedanken bringt";
- Ausdruck von Autonomie und Lebensstil: „... sie mir dabei hilft, meinen Weg zu finden";
- kommunikativ-soziale Erfahrungen: „... ich dann etwas habe, worüber ich mich mit meinen Freundinnen und Freunden unterhalten kann";
- Erleben der eigenen Körperlichkeit: „... ich dabei meinen Körper spüre";
- musikpraktische Erfahrungen: „... ich selber Musik mache".

Das Motiv mit einer sehr hohen Zustimmung ist der Wunsch, über Musik die eigene Stimmung zu beeinflussen (Zillmann 1988). Deutlich weniger bedeutsam sind hingegen die Motive, z. B. Individualität über einen sehr speziellen Musikgeschmack zum Ausdruck zu bringen oder sich über Musik sozial zu positionieren. Musikpraktische Erfahrungen wie z. B. Instrumentalspiel oder Training des eigenen Gehörs stehen am Ende der Rangfolge, da nur ein kleiner Teil von Jugendlichen aktiv Musik macht. Zusätzlich wurde für die Musik der Grad der Bedeutsamkeit vom Musik mit einer Item-Batterie gemessen, die sich schon in den bisherigen Befragungen des

---

3 Vgl. hierzu ausführlicher Boehnke (in diesem Band).

4 N = 200; davon 64 % männlich bzw. 36% weiblich. Das Altersmittel betrug 15,45 Jahre. Vorausgegangen waren 7 Leitfadeninterviews mit Jugendlichen zu Motiven ihrer Musiknutzung (Münch/ Bommersheim/ Müller-Bachmann 2001).

5 Die Mittelwerte wurden aus den Items berechnet, die die Faktoren bilden. Die zugrundeliegende Ratingskala: 0 = *stimmt gar nicht* bis 3 = *stimmt völlig*

Forschungsprojekts bewährt hatte. Zwei Beispiel-Items: „Ohne Musik würde mir etwas sehr Wichtiges fehlen"; „Wenn ich für längere Zeit keine Musik hören kann, werde ich ganz unruhig".

Das Ausmaß an Entwicklungsbedarf wurde bei den befragten Jugendlichen in Hinblick auf zehn Entwicklungsaufgaben erhoben: 1) Peergruppenintegration, 2) enge Freundschaftsbeziehungen/ soziale Bindungsfähigkeit, 3) physische Reifung, 4) frühe Selbständigkeit/ Autonomie, 5) Berufsvorbereitung, 6) sexuelle Beziehungen, 7) Identitätsentwicklung/ Lebensstilorientierung, 8) Reife/ Autonomieentwicklung, 9) Politische Orientierung, 10) Zukunftsorientierung/ Leben als Erwachsene(r). Die Item-Batterie enthielt pro Entwicklungsaufgabe zwei Items mit jeweils 2 Skalen, die den Jetzt-Zustand (IST) und den erwünschten Zustand (Soll) in Hinblick auf die jeweilige Entwicklungsaufgabe maßen.[6] Zwischen dem Entwicklungsstand (IST) und der zweiten Antwort, dem „Entwicklungswunsch" (SOLL), wurde jeweils die Differenz errechnet. Je größer der positive Wert ist, umso höher ist der Entwicklungsbedarf, während ein geringer Wert zum Ausdruck bringt, dass keine große Notwendigkeit empfunden wird, sich mit einer bestimmten Entwicklungsaufgabe auseinanderzusetzen. Zusätzlich wurde eine neue Skala gebildet, die als Index den Gesamt-Entwicklungsbedarf maß.

Neben den hier näher vorgestellten Abschnitten zu Motiven der Musiknutzung und zum Stand ihrer Entwicklung enthielt der verwendete Fragebogen einen Mediennutzungsabschnitt zur Prävalenz der Mediennutzung. Für jeden Mediennutzertypus wurde im Fragebogen zudem ein spezieller Abschnitt zu medienspezifischen Nutzungsweisen integriert. Hier wurden die jeweiligen Umgangsweisen und Gewohnheiten mit dem jeweils präferierten Medium - Hörfunk, Musikfernsehen oder Internet - abgefragt. Für alle drei Populationen standen also je eigene Erhebungsinstrumente zur Verfügung. Insgesamt entwarfen wir, getrennt nach Geschlecht und medienspezifischen Vorlieben, sechs Fragebogentypen.

Stichprobe und Fragebogenkonstruktion

Die Erhebung, deren Ergebnisse nachfolgend diskutiert werden, wurde im Sommer 1999 bundesweit durchgeführt. Befragt wurden Jugendliche, die

6 Auf einer Ratingskala konnte ausgedrückt werden, in wieweit die Aussagen jetzt zutreffen, und inwieweit gewünscht wird, dass diese in einem Jahr für das eigene Leben zutreffend sind; z. B. Entwicklungsaufgabe Zukunftsorientierung/ Leben als Erwachsene(r): „Ich mache mir ziemlich viele Gedanken darüber, wie ich einmal als Erwachsener leben will." a) Trifft das jetzt auf dich zu? b) Möchtest du, dass das in einem Jahr so ist? 11-stufige Ratingskala (0 *[noch] gar nicht* .... 11 *völlig)*; für eine ausführlichere Darstellung der Fragebogenkonstruktion, vgl. Hoffmann, Münch und Boehnke (1996). Zur Berechnung des Entwicklungsbedarfs vgl. auch Boehnke (in diesem Band).

sich selbst als Intensiv-Mediennutzer in Hinblick auf eines von drei vorgegebenen Medien einstuften (Radio, Musikfernsehen, Internet). Als Kriterium für die eigene Einordnung galt die subjektive Wichtigkeit des Mediums im Vergleich zu anderen Medien sowie dessen Nutzungsdauer.

Anfänglich bestand das Vorhaben, die avisierten Intensivnutzer ausschließlich via Medienaufrufen im Radio, Fernsehen und Internet zu erreichen. Diese sollten sich bei uns melden und einen Fragebogen anfordern. Durch die Medienaufrufe sollte sichergestellt werden, dass tatsächlich Intensivnutzer erreicht werden, da vor allem diese - so unsere Annahme - bereit sein würden, sich auf das aufwendige Verfahren der Fragebogenbestellung einzulassen. In der Praxis erwies sich dieses Vorgehen als nicht ausreichend. Innerhalb von vier Monaten meldeten sich nur 343 Jugendliche und zudem lehnten es die Musikfernsehsender im Gegensatz zu den sehr kooperativen Radiosendern ab, unser Projekt durch einen Aufruf im Programm zu unterstützen. Deshalb wurden ergänzend Befragungen an Schulen im Großraum Kiel sowie unter Chemnitzer Schülerinnen und Schülern durchgeführt, die sich jeweils selbst einem der drei Nutzertypen zuordneten. Zur Akquisition der letzten Gruppe wurden Chemnitzer Studierende als Interviewer eingesetzt. Insgesamt nahmen 925 Jugendliche an der Erhebung teil, davon 327 Radio-Intensivnutzer, 321 Fernseh-Intensivnutzer und 277 Internet-Intensivnutzer. Das Durchschnittsalter betrug 16,6 Jahre.[7]

Ergebnisse

Nachdem sich in den ersten Analysen nur sehr wenige signifikante Unterschiede zwischen den drei Intensivnutzer-Typen in Hinblick auf den Zusammenhang zwischen Entwicklungsbedarf und Musik einerseits und Entwicklungsbedarf und Mediennutzung anderseits zeigten, bildeten wir mittels einer Clusteranalyse von Daten zur subjektiven Bedeutsamkeit und zur Nutzungsdauer der Medien Kassette/ CD/ Schallplatte, Fernsehen allgemein, Musikfernsehen, Video, Zeitschriften, Zeitungen, Radio, Computer, Internet, Bücher vier Mediennutzungstypen:[8]

- Typ 1: „Zuwendungs-Mediennutzer“: überdurchschnittliche Nutzung und Bedeutsamkeit von Medien mit erhöhtem Aufmerksamkeitspotenzial (Internet/Zeitungen/Bücher); geringer Stellenwert des (Musik) Fernsehens, Video und Kassette/CD; der Altersdurchschnitt beträgt 17,4 Jahre (N= 229);

7 Für eine ausführliche Darstellung der Stichprobenakquisition vgl. Bommersheim und Müller-Bachmann (2001).

8 Insgesamt wurden 914 Jugendliche den vier Typen zugeordnet, von 11 Jugendlichen fehlten hinreichende Angaben zur Mediennutzungsdauer und zur Bedeutsamkeit der verschiedenen Medien.

- Typ 2: „AllesIntensiv-Mediennutzer“: überdurchschnittliche Nutzung und Bedeutsamkeit der meisten Medien; keine unterdurchschnittliche Nutzung und Wertschätzung einzelner Medien; der Altersdurchschnitt beträgt 16,5 Jahre (N=196)
- Typ 3: „Wenig-Mediennutzer“: Interesse an neuen Medien; unterdurchschnittliche Nutzung und Bedeutsamkeit fast aller anderen Medien; fast 75% der Wenig-Mediennutzer sind männlich; der Altersdurchschnitt beträgt 16,4 Jahre (N=181)
- Typ 4: „konservative Mediennutzer“: durchschnittliche Nutzer traditioneller Medien; starke Ablehnung Neuer Medien (sehr geringe Nutzung und Bedeutsamkeit); 2/3 der Mediennutzer sind weiblich; der Alterdurchschnitt beträgt 16,3 Jahre (N=308)

Die Unterschiede bei den Mediennutzertypen in Hinblick auf die Bedeutsamkeit von Musik dokumentiert die nachfolgende Tabelle.

	Ø
Typ 1 „Zuwendungs-Mediennutzer“	1,88
Typ 2 „AllesIntensiv-Mediennutzer“	2,10
Typ 3 „Wenig-Mediennutzer“	1,68
Typ 4 „konservative Mediennutzer“	2,02

Tab. 3: Bedeutsamkeit von Musik[9]

Die nachfolgenden Tabellen dokumentieren die ermittelten signifikanten Zusammenhänge zwischen Motiven der Musiknutzung (Affektkontrolle; Entwicklung von Autonomie und Lebensstil, kommunikativ-soziale Erfahrungen, Erleben der eigenen Körperlichkeit, musikpraktische Erfahrungen), der Bedeutsamkeit von Musik und der Instrumentalpraxis[10] (gespieltes Instrument und öffentliche Auftritte) einerseits und dem Entwicklungsbedarf in Hinblick auf sieben Entwicklungsaufgaben sowie den Gesamtentwicklungsbedarf (Gesamt) andererseits. Die Koeffizienten entstammen multiplen Regressionsanalysen, in die die genannten musikbezogenen Variablen als Prädiktoren und der Entwicklungsbedarf als Kriterium eingingen.[11] Zentrale Ergebnisse werden im nächsten Abschnitt vorgestellt.

---

9 Ratingskala: 0 = stimmt gar nicht bis 3 = stimmt völlig

10 46,8 % der befragten Jugendlichen spielen bzw. spielten mindestens ein Instrument oder singen und 28,5 % sind schon einmal öffentlich als Musikerin oder Musiker aufgetreten.

11 Folgende Abkürzungen wurden verwendet: a) Entwicklungsaufgaben: Peer = Peergruppenintegration; Politik = Entwicklung einer politischen Orientierung; Identität = Identitätsentwicklung/ Lebensstilorientierung.; Physis = Physische Reifung; Sex = Aufnahme sexueller Beziehungen; Zukunft = Zukunftsorientierung/ Leben als Erwachsene; Autonomie = Reife/ Autonomieentwicklung; Gesamt = Gesamtdruck. Das Alter wurde auspartialisiert. Musik: soz. Erf. = kommunikativ-soziale Erfahrungen; Musikp. Erf. = musikpraktische Erfahrungen; Körperf. = Erleben der eigenen Körperlichkeit; Affektk. = Affektkontrolle; Autonomie = Autonomie und Le-

Gesamt		Entwicklungsaufgaben							
		Peer	Politik	Identität	Physis	Sex	Zukunft	Autonomie	Gesamt
Musik	soz. Erf.				$.11^{**}$		$.10^{**}$	$.09^{**}$	
	Musikp. Erf.								
	Körperf.		$.13^{***}$		$-.10^{**}$	$-.07^{*}$			
	Affektk.			$.09^{*}$		$.09^{*}$			
	Autonomie	$.11^{**}$					$-.12^{**}$		
	Wichtigkeit	$.11^{**}$		$.09^{*}$					
	gesp. Inst.		$.09^{*}$						
	öff. Auftritt								

Tab. 4: Musik und Entwicklungsbedarf (gesamt)[12]

Typ 2		Entwicklungsaufgaben							
		Peer	Politik	Identität	Physis	Sex	Zukunft	Autonomie	Gesamt
Musik	soz. Erf.						$.16^{*}$		
	Musikp. Erf.		$.18^{*}$						$.16^{*}$
	Körperf.			$-.19^{*}$		$-.19^{*}$			
	Affektk.				$.22^{**}$	$.25^{**}$			$.18^{*}$
	Autonomie						$-.23^{**}$		
	Wichtigkeit								
	gesp. Inst.								
	öff. Auftritt								

Tab. 5: Musik und Entwicklungsbedarf für Typ 2: „AllesIntensiv-Mediennutzer“[13]

Diskussion

Unter Einbeziehung aller Probanden zeigt sich eine Vielzahl signifikanter Zusammenhänge, die jedoch insgesamt nur wenig ausgeprägt sind (s. Tabelle 4). Prägnanter werden die Befunde, wenn zwischen den verschiedenen Medientypen unterschieden wird. Im Folgenden werden drei wesentliche Ergebnisse diskutiert.

bensstil; Wichtigkeit = Bedeutsamkeit von Musik; gesp. Inst. = Zahl der gespielten Instrumente; öff. Auftritt = öffentliche Auftritte (ja/ nein)

12 * signifikant ≤ 5%; ** signifikant ≤ 1%; *** ≤ 0.1 %

13 * signifikant ≤ 5%; ** signifikant ≤ 1%; *** ≤ 0.1 %

Zwischen den verschiedenen Arten eines (intensiven) Umgangs mit Musik und Entwicklungsbedarf bestehen sowohl positive als auch negative Zusammenhänge

Zwischen allen von uns erhobenen Musikmotiven, der allgemeinen Bedeutsamkeit von Musik und der instrumentellen Praxis einerseits und dem Entwicklungsbedarf hinsichtlich einzelner Entwicklungsaufgaben andererseits bestehen deutliche Zusammenhänge. Aus einer bestimmten Motivation heraus mit Musik umzugehen, sich Musik allgemein sehr aktiv zuzuwenden oder selbst Musik zu machen, kann bei der Bearbeitung verschiedener Entwicklungsaufgaben hilfreich sein. Gleichzeitig kann eine ganz bestimmte Entwicklungsaufgabe über verschiedene musikbezogene Umgangsweisen bearbeitet werden, d. h. es gibt keine endgültige „Festlegung", auf welche Weise Entwicklungsaufgaben „musikalisch" zu bearbeiten sind. Festgelegt ist allein, dass eine Auseinandersetzung mit den Entwicklungsaufgaben stattfinden muss. Die Zusammenhänge zwischen musikbezogenen Motiven und Umgangsweisen und Entwicklungsbedarf können sowohl positiv als auch negativ sein. Positive Zusammenhänge besagen, dass eine spezielle Art des Umgangs mit Musik dann besonders ausgeprägt ist, wenn der Entwicklungsbedarf im Hinblick auf eine spezifische Entwicklungsaufgabe besonders hoch ist. Diesen Befund deuten wir als vorläufigen Beleg dafür, dass mittels Musik Entwicklungsaufgaben bearbeitet werden können.

Positive Zusammenhänge überwiegen bei fast allen Typen, es finden sich aber auch verschiedene negative Zusammenhänge. So ist auffällig, dass wiederholt der Wunsch qua Musik die Möglichkeiten des eigenen körperlichen Erlebens zu erweitern mit *geringem* Entwicklungsbedarf einhergeht. Vermutlich müssen Jugendliche in ihrer Entwicklung recht weit fortgeschritten sein, um in dem von uns erfragten Sinne ihre Körperlichkeit über Musik zu erfahren (s. Tabelle 5). Eine weitere plausible Erklärungsmöglichkeit ist, dass bestimmte Möglichkeiten des Umgangs mit Musik zur Bearbeitung von spezifischer Entwicklungsaufgaben überdurchschnittlich selten genutzt werden, weil sie als zu wenig attraktiv und erfolgsversprechend hierfür angesehen werden. So scheint z. B. das Spielen eines Instruments für die Auseinandersetzung mit Entwicklungsaufgaben eine wenig attraktive Möglichkeit zu sein, vielleicht weil sie zu aufwendig ist und zu langfristig angelegt sein muss.

In Abhängigkeit von den genutzten Modi der Mediennutzung wird mit Musik unterschiedlich Entwicklungsbedarf bearbeitet

Beim Vergleich der vier verschiedenen Mediennutzertypen zeigt sich ein Zusammenhang zwischen der Intensität der Mediennutzung und dem Umfang der Auseinandersetzung mit Entwicklungsaufgaben mit Hilfe von Musik. „Zuwendungs-Mediennutzer" (Typ 1) und „AllesIntensiv-Mediennutzer" (Typ 2) haben neun bzw. acht statistisch bedeutsame Befunde, wobei jeweils sechs davon positiv sind. Bei den „Wenig-Mediennutzern" (Typ 3) und „konservativen Mediennutzern" (Typ 4) finden sich dagegen fünf bzw. vier statistisch bedeutsame Befunde, vier (Typ 3) bzw. zwei (Typ 4) davon positiv. D. h. die gezielte Zuwendung zu Medien vergrößert für Jugendliche die Chance, über (medial vermittelte) Musik ihre aktuell anstehenden Entwicklungsaufgaben zu bearbeiten. Je mehr Medien aktiv genutzt werden und je mehr dadurch mediale Erfahrungen zur Verfügung stehen, um so größer scheint das Repertoire an Möglichkeiten zu werden, sich mittels Musik mit Entwicklungsaufgaben über die Medien auseinander zu setzen. Da Musik heute zum überwiegenden Teil medial vermittelt wird und der größte Teil der musikbezogenen Aktivitäten durch die mediale Vermittlung beeinflusst ist und auch Bezug auf sie nimmt, macht der Befund Sinn: Wer Musik zur Bearbeitung von Entwicklungsbedarf nutzen will, benötigt dazu in der Regel Medien.

Zusätzliche Plausibilität erhalten diese Überlegungen durch den Befund, dass für die „AllesIntensiv-Mediennutzer" (Typ 2) der Umgang mit Musik die im Vergleich zu den anderen Mediennutzertypen größte Bedeutung hat, während der Umgang mit Musik für die „Wenig-Mediennutzer" (Typ 3) eine deutlich geringere Bedeutung hat (s. Tabelle 3).

Die Lockerung der Bindung an die Medien, wie sie sich in Typ 3 ausdrückt, verstehe ich hier als einen wesentlichen Schritt zu eigener Autonomie. Auch aus den Mediennutzungszahlen, wie sie etwa regelmäßig von der GFK vorgelegt werden, ist dieser Prozess erkennbar, in dem dort in der Gruppe der älteren Jugendlichen die Mediennutzungsdauer und die Wertigkeit gegenüber Kindern aber auch Erwachsenen deutlich geringer ist. Die Lockerung der Bindung an die Medien kann sich in einer bewussten Abkehr von ihnen zeigen oder aber auch nur in einer geringeren Aufmerksamkeit und Bedeutsamkeit, die ihnen entgegengebracht wird. Letzteres scheint für die „konservativen Medienbenutzer" (Typ 4) zutreffend zu sein. Sie nutzen die Medien gewohnheitsmäßig ohne sich ausreichend intensiv auf sie einzulassen, um darüber Entwicklungsbedarf bearbeiten zu können. Dieser Befund bedeutet jedoch nicht, dass die Musik für sie von geringer Bedeutung ist. Im Vergleich zu den anderen Mediennutzungstypen ist Musik für sie von fast so hoher Bedeutung wie bei den „AllesIntensiv-Nutzern" (Typ 2). Es ist deshalb zu vermuten, dass Musik für diese beiden Nutzergruppen unterschiedliche Funktionen hat.

Neben den angesprochenen positiven, statistisch bedeutsamen Zusammenhängen finden sich auch negative Zusammenhänge, was zeigt, dass durchaus nicht alle Möglichkeiten im Umgang mit Musik in dem hier diskutierten Sinne genutzt werden.

Auch in der Wahl des mit Musik zu bearbeitenden Entwicklungsbedarfs zeigen sich Unterschiede zwischen den vier Mediennutzergruppen. So hat

z. B. die instrumentale Musikpraxis für den „Zuwendungsmediennutzer“ (Typ 1) eine deutlich unterdurchschnittlich Bedeutung; für den „AllesIntensiv-Mediennutzer“ (Typ 2) ist hingegen besonders die Einflussnahme auf seine Stimmung (Affektkontrolle) bedeutsam.

Abschließend muss noch vermerkt werden, dass die Vielfalt der Möglichkeiten, Entwicklungsbedarf zu bearbeiten in keinem Zusammenhang mit dem Ausmaß des Entwicklungsbedarfs steht. Dieser unterscheidet sich zwischen den vier Nutzergruppen nur geringfügig.

Jugendliche nutzen zur Bearbeitung von Entwicklungsaufgaben Medien im „Mix“

Eine der Ausgangsthesen unser Studien besagt, dass jedes Medium in Abhängigkeit von seinen medialen Spezifika je eigene Möglichkeiten der Bearbeitung von Entwicklungsbedarf zur Verfügung stellt, und unterschiedliche Medien in Abhängigkeit vom je individuellen Entwicklungsbedarf genutzt werden. Diese These konnte nicht bestätigt werden. Die in unserem Sample erfassten Intensivnutzer von Radio, Fernsehen und Internet zeigen im Vergleich keine charakteristischen „Entwicklungsbedarf-Profile“.[14]

Als wesentlich aussagekräftiger erwies sich die Unterscheidung in Mediennutzertypen. Die Annahme ist hier, dass alle Jugendlichen eine Vielzahl von Medien nutzen, dies aber in ganz unterschiedlicher Weise tun. Während für die „konservativen Mediennutzer“ (Typ 4) Medien ein regelmäßiger aber nur wenig beachteter Alltagsbegleiter sind, können für die „AllesIntensivNutzer“ (Typ 2) Medien ein ganz wesentlicher Bezugspunkt zur Gestaltung des eigenen Lebensentwurfs sein.

Schlussbemerkung

Interessant ist an unserem Befund zunächst und vor allem, dass erstmals nicht nur in qualitativen Studien sondern auch im Rahmen einer quantitativ angelegten Untersuchung gezeigt werden konnte, dass über Medien und Musik Entwicklungsbedarf bearbeitet werden kann, was dem Theorem eine zusätzliche Bedeutsamkeit und Plausibilität gibt.

Die teilweise recht geringen Zusammenhänge bei Einbeziehung aller Probanden ergeben sich - nach meiner Überzeugung - u. a. aus dem noch nicht voll entwickelten Erhebungsinstrumentarium. Für weitere Studien wird es darauf ankommen, sowohl den Entwicklungsbedarf in Hinblick auf ein-

14 Allerdings ist hier als Erklärung auch die Möglichkeit zu bedenken, dass wir letztlich aufgrund mangelnder Unterstützung durch die Medien trotz intensiver Bemühungen teilweise keine „wirklichen“ Intensivnutzer erreichen konnten.

zelne Entwicklungsaufgaben als auch Musikmotive und musikalische Umgangsweisen noch differenzierter zu erfassen. Die pauschale Messung von Entwicklungsbedarf und die Unterscheidung von fünf Musikmotiven reicht wohl nicht aus, um die vielfältigen, vermutlich stark individualisierten Formen der Bearbeitung von Entwicklungsbedarf über Musik trennscharf erfassen zu können.

Interessant sind die Befunde auch in Hinblick auf die These von der Entfunktionalisierung von Musik. Anknüpfend an Behnes Meta-Analyse von Studien zur Funktionalität von Musik (2001) könnte durchaus vermutet werden, dass Musik heute keine *uniforme* Entwicklungsfunktionalität mehr habe, im Gegensatz etwa zu den 60er Jahren, als Musik in der Literatur als eine sehr wichtige Sozialisationsinstanz für das Gros der Jugendlichen angesehen wurde (Spengler 1987). Dabei darf jedoch nicht vergessen werden, dass man damals in der jugendkulturellen Diskussion leicht dazu neigte, Jugendliche als eine homogene Gruppe und damit als Mitglieder in einer einzigen großen Jugendkultur anzusehen.

Literatur

Baacke, Dieter (1997): Neue Ströme der Weltwahrnehmung und kulturelle Ordnung. In: Baacke, Dieter (Hrsg.): Handbuch Jugend und Musik. Opladen: Leske und Budrich, 29-57.

Barthelmes, Jürgen (2001): Funktionen von Medien im Prozess des Heranwachsens. Ergebnisse einer Längsschnittuntersuchung bei 13- bis 20-Jährigen. In: Media Perspektiven, 2, 84-89.

Barthelmes, Jürgen/ Sander, Ekkehard (2000): Medien in Familie und Peergroup. Vom Nutzen der Medien für 13- und 14jährige. 2. Aufl., Opladen: Leske + Budrich.

Barthelmes, Jürgen/ Sander, Ekkehard (2001): Erst die Freunde, dann die Medien. Medien als Begleiter in der Pubertät und Adoleszenz. Medienerfahrungen von Jugendlichen. Opladen: Leske + Budrich.

Bastian, Hans Günther (1989). Leben für Musik. Eine biographische Studie über musikalische (Hoch-)Begabungen. Mainz: Schott.

Behne, Klaus-Ernst (2001): Musik erleben: Abnutzung durch Überangebot? Eine Analyse empirischer Studien zum Musikhören Jugendlicher. In: Media Perspektiven, 3, 142-148.

Böhnisch, Lothar (1996): Pädagogische Soziologie. Eine Einführung. Weinheim/ München: Juventa.

Boehnke, Klaus/ Münch, Thomas (2001): Radio, Musikfernsehen und Internet in der Entwicklung Jugendlicher. In: Boehnke, Klaus/ Döring, Nicola (Hrsg.): Neue Medien im Alltag. Die Vielfalt individueller Nutzungsweisen. Lengerich: Pabst, 77-100.

Bommersheim, Ute/ Müller-Bachmann, Eckart (2001): Stichprobenakquisition im DFG-Projekt: Jugendsozialisation und Medien. Zur Entwicklungsfunktionalität der Medienaneignung im Jugendalter am Beispiel Hörfunk, Musikfernsehen und Internet. Oldenburg/ Chemnitz.

Bruhn, Herbert (1995): Jugendliche im Musikunterricht. In: Bruhn, Herbert/ Rösing, Helmut (Hrsg.): Musikpsychologie in der Schule. Augsburg: Wißner, 29-38.

Dreher, Eva/ Dreher, Michael (1985): Wahrnehmung und Bewältigung von Entwicklungsaufgaben im Jugendalter. Fragen, Ergebnisse und Hypothesen zum Konzept einer Entwicklungs- und Pädagogischen Psychologie des Jugendalters. In: Oerter, Rolf (Hrsg.): Lebensbewältigung im Jugendalter. Weinheim: Edition Psychologie, 30-61.

Feierabend, Sabine/ Klingler, Walter (2002): Medien- und Themeninteressen Jugendlicher. Ergebnisse der JIM-Studie 2001 zum Medienumgang Zwölf- bis 19-Jähriger. In: Media Perspektiven, 1, 9-21.

Havighurst, Robert J. (1982): Development tasks and education. (7) New York: McKay.

Hoffmann, Dagmar/ Münch, Thomas/ Boehnke, Klaus (1996): Zur Konstruktion von Erhebungsinstrumenten zum Entwicklungsstand und zur psychosozialen Befindlichkeit von Jugendlichen. Chemnitz/ Oldenburg (Arbeitsberichte der Projektgruppe 'Hörfunkstudie'; 3).

Hoffmann, Dagmar/ Boehnke, Klaus/ Münch, Thomas/ Güffens, Friederike (1998): Radiohörertypen und Entwicklungsbedarf. Hörfunknutzung im Kontext jugendlicher Entwicklung. In: Medienpsychologie, 10:2, 131-148.

Münch, Thomas/ Boehnke, Klaus (1996): Rundfunk sozialisationstheoretisch begreifen. Hörfunkaneignung als Entwicklungshilfe im Jugendalter. Überlegungen zu einem Forschungsprogramm. In: Rundfunk und Fernsehen, 44:4, 548-561.

Münch, Thomas/ Bommersheim, Ute/ Müller-Bachmann, Eckart (2001): Jugendliches Musikverhalten. Musikinvolvement, Nutzungsmotive und Musikpräferenzen - Ergebnisse einer explorativen Studie –. Oldenburg/ Chemnitz . Mskr.

Oerter, Rolf/ Montada, Leo (Hrsg.) (1998): Entwicklungspsychologie. München: Psychologie-Verlags-Union.

Noack, Peter (1990): Jugendentwicklung im Kontext. Zum aktiven Umgang mit sozialen Entwicklungsaufgaben in der Freizeit. München: Psychologie-Verlags-Union.

Schneider, Sylvia (1996): Michael Schwarzenegger talkt auf MTV im Turm - und andere Erscheinungsformen jugendlichen Mediengebrauchs. In: Stipp-Hagmann, Karin (Hrsg.): Fernseh- und Radiowelt für Kinder und Jugendliche. Stuttgart: Neckar-Verlag, 53-68.

Six, Ulrike/ Roters, Gunnar/ Gimmler, Roland (1995): Hörmedien. Eine Analyse zur Hörkultur Jugendlicher. Landau: Knecht.

Spengler, Peter (1987): Rockmusik und Jugend. Bedeutung und Funktion einer Musikkultur für die Identitätssuche im Jugendalter. Frankfurt: Brandes u. Apsel.

Zillmann, Dolf (1988): Mood Management. Using Entertainment to Full Advantage. In: Donohew, Lewis (Hrsg.). Communication, Social Cognition, and Affect. Hillsdale: Erlbaum, 147-172.

Dagmar Hoffmann

Radionutzung von Jugendlichen - individualisiertes Alltagshandeln oder Selbstsozialisation?

Einleitung

Betrachtet man die Freizeitpräferenzen von Jugendlichen, so entsteht ein Bild, nach dem der Alltag von Jugendlichen sehr von Medien dominiert ist. Dabei rangieren Fernsehen und Radio auf der Präferenzliste der bevorzugten Medien ganz oben (Fritzsche 2000; Feierabend/ Klingler 2002). Ein wesentliches Motiv für die Radionutzung besteht nach Oehmichen (2001) für junge Menschen darin, Musik zu hören, sich über Musik und Musikveranstaltungen zu informieren. Obwohl die tägliche Zuwendung zum Radio bei Jugendlichen über zwei Stunden beträgt und der Stellenwert dieses Mediums seit Jahren als sehr hoch eingeschätzt wird (Klingler/ Müller 2000; 2001), führt Radio in der Medienforschung nach wie vor ein randständiges Dasein. Im Folgenden sollen anhand von Längsschnittdaten aus zwei von der DFG geförderten Studien[1] makrosoziologische und sozialisationstheoretische Erklärungsmodelle zur jugendlichen Mediennutzung empirisch überprüft werden. Am Beispiel der Radionutzung soll der Frage nachgegangen werden, ob Jugendliche sich dem Radio zuwenden, weil a) die gesellschaftlichen Modernisierungsbedingungen Sozialisation via Medien forcieren oder b) es im Hinblick auf die Bewältigung jugendtypischer Entwicklungsaufgaben etwas anzubieten hat.

1 „Hörfunk als Instanz der Jugendsozialisation in alten und neuen Bundesländern“ und „Jugendsozialisation und Medien: Zur Entwicklungsfunktionalität der Medienaneignung im Jugendalter am Beispiel Hörfunk, Musikfernsehen und Internet”, Antragsteller beider Projekte: Prof. Dr. Klaus Boehnke, jetzt International University Bremen, und Prof. Dr. Thomas Münch, jetzt Hochschule für Musik Würzburg.

Sozialisationskontexte, Entwicklungsbedürfnisse und Radionutzung

Vor gut zwanzig Jahren wurden in der Jugendmedienforschung Versuche unternommen, die Sozialisationsperspektive einzuführen und dauerhaft zu etablieren (vgl. z. B. Bonfadelli 1981). Plädiert wurde für eine neue Begriffsbestimmung von Sozialisation, die möglichst interdisziplinär erfasst, dass das Individuum durch eigenaktives Handeln und durch das gezielte Aussuchen geeigneter Handlungsfelder und Instanzen versucht, seine Entwicklung zu begünstigen und seine Entfaltungsmöglichkeiten zu erhöhen. Der Prozess der Entwicklung einer Persönlichkeit erfolgt demnach in Abhängigkeit mit verschiedenen Sozialisationskontexten und über die aktive Auseinandersetzung mit den gegebenen Bedingungen.

Sozialisationskontexte entwickeln sich historisch-gesellschaftlich und unterliegen einem ständigen Wandel nicht zuletzt bedingt durch gesellschaftliche Modernisierungsprozesse. Es ist heute eher unwahrscheinlich geworden, dass zwei aufeinanderfolgende Jugendgenerationen gleiche Sozialisationskontexte erfahren (Köhler 2002). Versteht man nach Geulen (1994) dahingehend Sozialisation als evolutionären Prozess, so kann dieser soziale Realitäten neu produzieren, Stagnation und reaktionäre Entwicklungen aber nicht ausschließen. Wie die Sozialisation Jugendlicher aussieht, richtet sich stark nach individuellen Gegebenheiten wie etwa der ökonomischen Situation der Eltern, aber auch nach gesellschaftlichen sowie (sozial-)politischen Verhältnissen. Insgesamt kann für die letzten Jahrzehnte eine Tendenz festgestellt werden, die Sozialisationsverläufe immer mehr in Richtung Individualisierung formt. Der Übergang vom Jugendalter zum Erwachsensein gestaltet sich gegenwärtig wesentlich komplexer als noch zu Zeiten der Elterngeneration heutiger Jugendlicher: Es gibt weniger Verbindlichkeiten und weniger normative Vorgaben, mehr Entscheidungs- und Handlungsspielräume. Im Zuge der gesellschaftlichen Modernisierung scheinen traditionelle Sozialisationsinstanzen wie Eltern oder Schule an „Sozialisationsmacht“ einzubüßen, während institutionelle Angebote wie etwa Medien an Einfluss gewinnen. Ihre Attraktivität nimmt zu, weil sie wichtige Aspekte von Selbstsozialisation ermöglichen (Fromme/ Kommer/ Mansel/ Treumann 1999). Sie präsentieren Themenbereiche, die kulturelle Stile, kontingente Werte und Lebenskonzepte offerieren, die Jugendliche sich selektiv aneignen und in ihre Alltagswelt einordnen können, weil sie diese angemessen und für sich passend finden (Jäckel 1999a). Im folgenden soll paradigmatisch anhand ausgewählter Sozialisationsbedingungen kurz erläutert werden, inwieweit Jugendliche moderne Sozialisationskontexte erfahren und inwieweit diese Einfluss auf ihre Medienzuwendung nehmen (können).

Zunächst aus makrosoziologischer Perspektive betrachtet kann festgestellt werden, dass die *Marginalisierung von Jugendlichen* innerhalb der Gesellschaft bedingt durch niedrige Geburtenraten zusehends fortschreitet (Nauck/ Bertram 1995), was zur Folge hat, dass kulturelle Angebotsstrukturen sich entsprechend ändern, weil sie weniger nachgefragt und nutzbar gemacht werden können. Jugendliche partizipieren damit mehr - oftmals zwangsläufig - an den Erwachsenenwelten, die sich von den Jugendwelten weniger trennen lassen.[2] Auf der Suche nach Distinktion und der Emanzipation von den Erwachsenen können hier mediale Angebote für Jugendliche von großem Interesse sein, um etwa bewusst andere Geschmackskulturen zu leben (Moser 1995; Schulze 1992). Über die Rezeption z. B. bestimmter Musikstile oder Filmgenres erfahren sie alternative Sinnangebote, andere Wert- und Normvorstellungen. Plurale Familienformen und geringe Geburtenraten führen dazu, dass Jugendliche häufig *ohne Geschwister* aufwachsen und folglich keine „ebenbürtigen" Austauschpartner im familialen Kontext haben. Um in Beziehung zu anderen zu treten, müssen Verabredungen getroffen und Wege auf sich genommen werden. Medien können hier unter Umständen kompensatorisch als „Platzhalter" und zur Befriedigung der sozialen Bedürfnisse dienen.

Arrangements mit Eltern oder Geschwistern sind im Hinblick auf die Mediennutzung kaum notwendig, da Jugendliche in ihrem Alltag oftmals auf sich allein gestellt sind. Ihre Eltern sind mitunter beide berufstätig oder anderweitig eingespannt, was *große Handlungsspielräume* gewährleistet. Ihre disponible Zeit gestalten Jugendliche weitestgehend unkontrolliert, d.h. dort können sie ohne Autoritäten frei agieren. Zur Erfüllung ihrer anstehenden Entwicklungsaufgaben und in der Auseinandersetzung mit den Anforderungen einer sich modernisierenden Gesellschaft bedürfen sie aber in gewisser Weise der institutionellen Unterstützung, wobei sich Medien insbesondere im Prozess der Identitätsbildung anbieten. Medien präsentieren Jugendlichen Erfahrungsräume, die ihre Lebenswelt bisweilen nur ungenügend offeriert.

Abgesehen von der sozialen Positionierung, die Jugendliche im gesellschaftlichen und familialen Gefüge einnehmen, sind ein weiterer bestimmender Faktor für die Sozialisation von Jugendlichen die zur Verfügung stehenden *ökonomischen Ressourcen.* Ein geringes finanzielles Budget etwa erschwert Jugendlichen die Partizipation an kostenintensiven Freizeitoptionen (Lange 1996). Den Betroffenen bietet sich dann das zu Hause vorhandene Medienequipment zur Gestaltung der Freizeit an.

---

2 Sie sind u. a. weniger voneinander getrennt, weil Erwachsene jugendliche Attribute zu „konservieren" versuchen und sich Jugendräume zu eignen machen z. B. in Bezug auf Moden etc. (Ferchhoff 1999).

Ob Jugendliche ihr Leben flexibel und optionsreich gestalten können oder ob sie nicht gar Orientierungen verlieren und sozial sowie auch ökonomisch benachteiligt sind, hängt nicht zuletzt auch von ihrem *persönlichen Handlungspotenzial*, d. h. ihrer Mobilität und von ihren Selbstverwirklichungsansprüchen ab. Viele Lebensbereiche werden und müssen in modernen Gesellschaften weitgehend selbst „organisiert" werden. Biographien sind gestaltbar geworden, Lebensentwürfe wählbar. Medien können dabei Orientierungshilfe sein. Geht es beispielsweise um die berufliche Lebensplanung, geben nicht mehr unbedingt die traditionellen Sozialisationsinstanzen verbindliche Muster vor, sondern können Medien Leitfunktionen übernehmen (Barthelmes/ Sander 1997; Jäckel 1999b).

In den verschiedenen Sozialisationskontexten von Jugendlichen ist die Mediennutzung eingebettet, weil sich das in struktureller und kultureller Hinsicht anzubieten scheint. Nunmehr befinden sich Jugendliche allerdings in einer Altersphase, die nicht nur gesellschaftliche Erwartungen an sie stellt, sondern auch Anforderungen, die aus körperlichen Veränderungen und individuellen Bedürfnissen resultieren (Dreher/ Dreher 1985). Jugendliche sind mit Entwicklungsaufgaben konfrontiert, die ein aktives und zielbezogenes Handeln voraussetzen, um in einem bestimmten Kontext und Zeitrahmen bewältigt werden zu können. In Anlehnung an Havighurst (1948/ 1982) wird davon ausgegangen, dass nach der Bewältigung eines bestimmten Katalogs von Aufgaben der Übertritt in den nächsten Lebensabschnitt - in diesem Fall ins Erwachsensein - erfolgen kann, wenn sie etwa gelernt haben, mit Gleichaltrigen zurecht zu kommen, wenn sie die eigene körperliche Erscheinung akzeptiert haben und sexuelle Beziehungen aufbauen können und wenn sie von ihren Eltern nicht mehr emotional abhängig sind und sozial verantwortungsvolles Handeln übernehmen können.[3] Die Bewältigung von Entwicklungsaufgaben kann - so die zentrale These der eingangs erwähnten Projekte - über besondere Formen der Medienaneignung erfolgen. Diese entwicklungspsychologische Erklärung der Medienzuwendung von Jugendlichen ist in den vergangenen Jahren z. B. auch von Theunert (1995), Barthelmes und Sander (1997; 2001) und Gleich (1999) expliziert worden - allerdings nicht unter Berücksichtigung des Mediums Radio empirisch untersucht worden[4] (vgl. hierzu auch Boehnke in diesem Band). In Bezug auf das Radio kann sich ein Zusammenhang zum Beispiel wie folgt darstellen: Jugendliche, die *in die Gleichaltrigengruppe integriert* sein wollen, hören verstärkt die Radioprogramme, von denen sie annehmen, dass sie von ihren Peers auch gehört werden und erhoffen sich gegebenenfalls über die Rezeption einen inhaltlichen Austausch mit den ersehnten Freunden bzw. Freundinnen. Jugendliche, die dabei sind eine *poli*

3 Ausführlicher zum Entwicklungsaufgabenkonzept siehe Boehnke und Münch in diesem Band.

4 Radioforschung erfolgt in der Regel analytisch-deskriptiv und selten hypothesenprüfend (vgl. z. B. Lindner-Braun 1998).

tische Orientierung zu entwickeln, hören mitunter Sender, die über politische Aktualitäten informieren und diskutieren.

Fasst man die bisherigen Ausführungen zusammen, so stellen sich folgende Fragen:

- Erfolgt die Mediennutzung Jugendlicher (und funktioniert sie) aufgrund der gesellschaftlichen Bedingungen, die durch vielfältige Modernisierungen und Transformationen geradezu prädestiniert sind, Jugendliche an Medien zu „fesseln“ und sie kontinuierlich dafür zu begeistern?
- Steht die Medienaneignung von Jugendlichen in engem Zusammenhang mit der Bewältigung jugendtypischer Entwicklungsaufgaben?

Methode

Die Beantwortung der Fragen erfolgt anhand einer Paneluntersuchung. Befragt wurden mittels Fragebogen zu ihren Entwicklungsbedürfnissen, Sozialisationskontexten und zu ihrer Mediennutzung zum ersten Messzeitpunkt im Frühjahr 1996 1011 Schülerinnen und Schüler aller größeren Schultypen im Alter von 10-18 Jahren in Chemnitz (Stadt/ Land) und Oldenburg (Stadt/ Land). Zum zweiten Messzeitpunkt im Frühjahr 1999 nahmen dann 393 Jugendliche an der Wiederholungsbefragung teil.[5] Anhand der Daten wird im Weiteren untersucht, inwieweit die Zuwendung Jugendlicher primär im Kontext von Modernisierungs- und Individualisierungsprozessen erfolgt. Individualisierung ist nun aber ein Konstrukt, das in erster Linie an gesellschaftlichen Bedingungen und weniger am Verhalten und den Befindlichkeiten des Individuums festgemacht werden kann. Somit besteht eine wesentliche Schwierigkeit darin, die Auseinandersetzung mit Individualisierungsprozessen empirisch zu operationalisieren und mittels einer Skala zu messen. Lediglich die Tatsache, dass Individuen in einer sich modernisierenden Gesellschaft im Sinne von Selbstsozialisation ihre Lebensgestaltung weitgehend autonom verwirklichen wollen bzw. müssen, konnte hier für die Entwicklung von Items positiv genutzt werden.[6] Die sog. Individualorientierung von Jugendlichen wird demzufolge in Anlehnung an Fuchs (1983) über das selbstbestimmte Auswählen von Lebens(welt-)konzepten ermittelt z. B. wenn es um Entscheidungen über Schulangelegenheiten oder die Berufsfindung geht. Darüber hinaus werden subjektive Kompetenzen mit erfasst, die die Fähigkeit zur Selbstorganisation in lebensrelevanten Bereichen beinhalten. So lautet z. B. ein „Item zur Individualorientierung“ „Wenn ich ein persönliches Problem habe, gehe ich das selbstständig an.“

---

5 Details der Stichprobencharakteristika siehe Boehnke in diesem Band.

6 Zur Validierung des Instruments zur Erfassung der Individualorientierung vgl. Hoffmann (2000).

Items zur Individualorientierung		Faktor-Ladung	Item-Total-Korrelation
1.	Wenn ich ein Problem habe, gehe ich das selbstständig an.	0,61/ 0,55	0,42/ 0,41
2.	Ich glaube, dass ich viel über mich selbst erfahren kann, wenn ich Zeit für mich habe.	0,60/ 0,54	0,41/ 0,39
3.	Ich weiß ganz gut, wie man mit anderen zurecht kommt, ohne dass ich darüber ständig mit Eltern oder Freundinnen und Freunden sprechen muss.	0,61/ 0,63	0,44/ 0,48
4.	Wichtige Schulangelegenheiten regele ich eigenständig.	0,61/ 0,63	0,43/ 0,47
5.	Ich bin ganz ich selbst, wenn ich für mich allein bin.	0,52/ 0,57	0,37/ 0,43
6.	Liebe und Partnerschaft ist ein Thema, bei dem ich nicht unbedingt auf den Rat von Eltern und Gleichaltrigen angewiesen bin.	0,57/ 0,62	0,38/ 0,47
7.	Wenn es um Dinge geht, die meinen späteren Beruf betreffen, verlasse ich mich nur auf das, was ich selbst herausgefunden habe.	0,47/ 0,57	0,33/ 0,43
8.	Ob andere meine Lieblingsmusik mögen oder nicht, ist mir ziemlich egal.	0,51/ 0,60	0,38/ 0,46
9.	Wenn es um Musik geht, ist die Meinung anderer für mich eigentlich von geringer Bedeutung	0,49/ 0,62	0,37/ 0,48
	Skalenmittelwert	*1,64/ 1,74*	
	α =	*0,72/ 0,77*	

Tab. 1: Skala zur Individualorientierung von Jugendlichen im Längsschnitt[7]

Um herauszufinden, inwieweit Jugendliche in ihrem Alltagshandeln und in der Präferenz von Sozialisationsinstanzen „individualisiert" sind und Medien in diesem Sinne nutzen, wurde des weiteren danach gefragt, welche (traditionellen) Instanzen (Eltern und Peers) sie für ihre Entwicklungsbelange beanspruchen. Analog zur Skala der Individualorientierung sind z. B. folgende Items formuliert worden: „Wenn ich ein persönliches Problem habe, wende ich mich wahrscheinlich an meine Eltern" bzw. „Wenn ich ein persönliches Problem habe, wende ich mich wahrscheinlich an meine Freunde/ Freundinnen". Die Items konnten von den Befragten auf einer 4-

7 Der jeweils erste Wert bezieht sich auf den Messzeitpunkt 1 (1. MZP), der zweite auf den Messzeitpunkt 2 (2. MZP).

stufigen Ratingskala von „stimmt gar nicht“ bis „stimmt völlig“ beantwortet werden. Die Skalen umfassen für die Längsschnittuntersuchung jeweils 9 Items und erreichen Konsistenzen zwischen $\alpha = 0,67$ bis $\alpha = 0,77$. Tabelle 1 dokumentiert die Faktorladungen und Trennschärfekoeffizienten für die Skala „Individualorientierung“ für beide Messzeitpunkte.

Handlungskoordination (4 Items, $\alpha = 0,52/ 0,49$)[8]
Dinge, die ich tun muss, fallen mir mit Radio viel leichter.
Radio als Affektkontrolle (5 Items, $\alpha = 0,85/ 0,83$)
Wenn ich Radio höre, fühle ich mich gleich besser.
Radio als Parasozialer Kontakt (9 Items, $\alpha = 0,77/ 0,73$)
Wenn man Radio hört, ist man mit anderen Menschen in Gesellschaft.
Interesse an Musik im Radio (4 Items, $\alpha = 0,61/ 0,65$)
Vieles, was im Radio über Musik berichtet wird, kann ich gut „gebrauchen“.
Mediale Interaktion (4 Items, $\alpha = 0,53/ 0,59$)
Ich habe schon mal am Gewinnspiel eines Senders teilgenommen.
Radio zur Gestaltung sozialer Interaktion (3 Items, $\alpha = 0,78/ 0,78$)
Wenn ich mit meiner Freundin (bzw. Freund) zusammen bin, gehört für uns Radio dazu.
Postmediale Interaktion (4 Items, $\alpha = 0,70/ 0,70$)
Wenn ich was Interessantes im Radio gehört habe, muss ich es einfach jemandem erzählen.
Auseinandersetzung mit Medieninhalten (6 Items, $\alpha = 0,46/ 0,59$)
Es ist schon vorgekommen, dass mir etwas aus dem Radio nicht aus dem Kopf gegangen ist.
Interesse an Wortbeiträgen (4 Items, $\alpha = 0,57/ 0,64$)
Manchmal suche ich mir extra im Radio ein Programm oder eine bestimmte Sendung aus, wo ausführlicher über etwas berichtet wird.

Tab. 2: Skalen zur Erfassung der Radiorezeptionsmodi bei Jugendlichen[9]

Mittels der drei Skalen zur Eltern-, Peer- und Individualorientierung können jugendliche Orientierungstypen abgebildet werden. Dabei sind die Jugendlichen strikt dem Orientierungstyp zugeordnet worden, für den sie die höch-

8 Der jeweils erste Wert bezieht sich auf den Messzeitpunkt 1 (1. MZP), der zweite auf den Messzeitpunkt 2 (2. MZP).

9 Die Items für die Radiorezeptionsmodi *Handlungskoordination*, *Radio als parasozialer Kontakt*, *Interesse an Musik im Radio*, *Radio zur Gestaltung sozialer Interaktion*, *Postmediale Interaktion*, *Auseinandersetzung mit Medieninhalten* und *Interesse an Wortbeiträgen* wurden über eine 4-stufige Ratingskala von „stimmt gar nicht (0)“ bis „stimmt völlig (3)“ gemessen. Die Items für den Radiorezeptionsmodus *Radio als Affektkontrolle* wurden über eine 5-stufige Ratingskala von „nie (0)“ bis „immer (4)“ gemessen und die Items für den Radiorezeptionsmodus *Mediale Interaktion* über die dichotome Antwortvorgabe „nein (0) – ja (1)“.

ste Präferenz angegeben haben. Wer seinen höchsten Wert z. B. auf der Skala Elternorientierung erreicht, gilt als *dominant elternorientiert*. Es wird im folgenden von der Dominanz einer Orientierung gesprochen, da die Befragten nicht ausschließlich elternorientiert sind, sondern zugleich auch peer- und individualorientiert, eben nur nicht in demselben Maße.

Vor dem Hintergrund des Postulats der Selbstsozialisation von Jugendlichen gilt es im weiteren herauszufinden, inwieweit dominant individualorientierte sich über besondere Radiorezeptionsmodi gegenüber dominant eltern- und peerorientierten Jugendlichen hervorheben. Die Zuwendung zum Radio und die Aneignung von Radio ist mit insgesamt neun Skalen zu erfassen versucht worden. Bei der Konstruktion dieser Items ist das strukturanalytische Struktur- und Phasenmodell der Rezeption von Charlton und Neumann-Braun (1992) essentiell gewesen.[10] Jugendliche Hörer werden demzufolge als aktive und verantwortlich handelnde Personen betrachtet, die ihr Medienverhalten vor, während und nach der Rezeption durch selektive Zuwendung, aktive Assimilation und *Be*arbeitung bzw. *Ver*arbeitung der rezipierte Inhalte kontrollieren. Es wird davon ausgegangen, dass die Mediennutzung bestimmten Routinen wie kulturellen und strukturellen Rahmenbedingungen der Alltagsinteraktion unterliegen kann. Für die Konstruktion der Items wurden besonders soziale, situative und affektive Aspekte der Radionutzung berücksichtigt. Im folgenden werden die Skalen mit jeweils einem Beispiel-Item vorgestellt. In Klammern werden die Reliabilitäten der Skalen für beide Messzeitpunkte berichtet, die durchaus zufriedenstellend sind. Zunächst wurden die befragten Jugendlichen zu den jeweiligen Messzeitpunkten dem Orientierungstypus zugeordnet, den sie in erster Linie frequentieren, wenn es um ihre Sozialisationsbelange geht. Anschließend sollten diese Orientierungstypen mittels univariater Varianzanalysen nach ihren Rezeptionsmodi unterschieden werden.

Ergebnisse

Die befragten Jugendlichen sind entsprechend der Zuordnung zum ersten Messzeitpunkt mehrheitlich dominant peerorientiert, wobei westdeutsche Jugendliche etwas stärker als ostdeutsche Jugendliche peerorientiert zu sein scheinen. Im Jahr 1996 finden sich in der Chemnitzer Stichprobe deutlich mehr Schülerinnen und Schüler, die als dominant elternorientiert eingeschätzt werden können als in der Oldenburger Stichprobe. Zum zweiten Messzeitpunkt nimmt der Anteil der dominant elternorientierten Jugendlichen deutlich ab, was aus entwicklungspsychologischer Sicht beruhigt, da die Loslösung von den Eltern als Entwicklungsaufgabe in dem Alter bewältigt werden soll und dies entwicklungsbedingt auch tatsächlich erfolgt. Im

10 Ausführlich beschrieben ist die Konstruktion der Erhebungsinstrumente zur Radioaneignung bei Münch, Boehnke, Hoffmann und Güffens (1996).

Jahre 1999 findet sich insbesondere in der Chemnitzer Stichprobe gut ein Drittel Jugendliche, das dominant individualorientiert ist. Dieser Orientierungstyp verzeichnet einen Zuwachs von knapp 10%, während in Oldenburg diese Gruppe um knapp 5% wächst. Bemerkenswert bei der Verteilung der Orientierungstypen ist die über die Zeit sehr relevant bleibende Peerorientierung bei den befragten Jugendlichen.

Jugendtypen (1. MZP)	Chemnitz	Oldenburg	Gesamt
1 Elternorientierte	62 (34,8%)	50 (23,3%)	112
2 Peerorientierte	61 (34,3%)	83 (38,6%)	145
3 Individualorientierte	43 (24,2%)	60 (27,9%)	103
Missings	12 (6,7 %)	20 (10,2%)	32
Gesamt	178 (100%)	213 (100%)	392
Jugendtypen (2. MZP)	Chemnitz	Oldenburg	Gesamt
1 Elternorientierte	27 (15,2%)	22 (10,2%)	49
2 Peerorientierte	73 (41,0%)	112 (52,1%)	185
3 Individualorientierte	60 (33,7%)	69 (32,1%)	129
Missings	18 (10,1%)	12 (5,6%)	30
Gesamt	178 (100%)	215 (100%)	393

Tab. 3: Eltern-, Peer- und Individualorientierung von Jugendlichen in Chemnitz und Oldenburg (1996/ 1999)

Bevor im weiteren die Orientierungstypen nach ihren besonderen Radiorezeptionsmodi unterschieden werden, soll ein Hinweis auf die von Jugendlichen präferierten Radiosender erlaubt sein. Angegeben sind die drei am meisten favorisierten Radiosender zum ersten und zweiten Messzeitpunkt. Demnach bevorzugen Chemnitzer Jugendliche zu beiden Messzeitpunkten die Sender Energy (NRJ) und PSR (Privater Sächsischer Rundfunk), die sich in ihrem Format nicht wesentlich voneinander unterscheiden. Lediglich MDR Life (Mitteldeutscher Rundfunk) wurde 1999 von Antenne Sachsen auf dem dritten Rang abgelöst. Vermutlich werden Jugendliche durch die bei Antenne Sachsen gespielte Musik eher angesprochen, als das bei dem auf ein eher älteres Publikum ausgerichtete Programm von MDR life der Fall ist. In Oldenburg und Umgebung haben sich hingeghen in den drei Jahren signifikante Veränderungen ergeben: Das 1996 von jedem zweiten Befragten als Lieblingssender angegebene N-Joy-Radio (Jugendradio vom Norddeutschen Rundfunk) verliert deutlich Hörer und Hörerinnen zugunsten des Senders FFN (Funk + Fernsehen Nordwestdeutschland), der nunmehr von gut einem Drittel der niedersächsischen Befragten favorisiert wird. Eventuell sind nicht wenige Jugendliche dem Jugendsender N-Joy

„entwachsen“ oder aber das Format hat sich so verändert, das es den Bedürfnissen vieler Jugendlicher nicht mehr entspricht.[11]

Lieblingssender zum 1. MZP				Lieblingssender zum 2. MZP			
Chemnitz		Oldenburg		Chemnitz		Oldenburg	
Energy	46,6%	N-Joy	55,3%	Energy	40,7%	FFN	35,7%
PSR	26,4%	FFN	9,3%	PSR	29,6%	N-Joy	33,2%
MDR Life	7,9%	NDR 2	8,3%	Antenne Sachsen	12,3%	Radio Br 4	14,1%

Tab. 4: Präferierte Radiosender von Jugendlichen 1996 und 1999

Das Augenmerk ist im folgenden gerichtet auf die Rezeptionsmodi, die bei den Jugendlichen am stärksten ausgeprägt sind. Es fällt auf, dass zum ersten Messzeitpunkt die dominant peerorientierten Jugendlichen fast durchgehend bei allen Rezeptionsweisen die höchsten Skalenmittelwerte aufweisen. Bei den peerorientierten Jugendlichen besteht lediglich im Vergleich zu den elternorientierten Jugendlichen ein geringeres Interesse an den Wortbeiträgen im Radio. Insbesondere gegenüber den dominant individualorientierten Jugendlichen zeigen die peerorientierten Jugendlichen einen recht intensiven Umgang mit dem Radio. Bei den dominant individualorientierten Jugendlichen ist der Zuwendungsgrad zum Radio zu beiden Messzeitpunkten vergleichsweise sehr gering.

Rezeptionsmodi	Eltern	Peer	Individual
Handlungskoordination**	2,21	2,34	2,11
Affektive Nutzung**	2,06	2,28	1,93
Parasozialer Kontakt*	0,96	1,02	0,82
Musikinteresse**	1,64	1,70	1,39
Mediale Interaktion**	0,27	0,27	0,18
Soziale Interaktion**	1,24	1,44	1,13
Radio als Gesprächsthema	1,63	1,67	1,53
Auseinandersetzung mit Radio**	1,00	1,08	0,80
Wortinteresse*	1,35	1,25	1,14

Tab. 5: Rezeptionsmodi am Beispiel Radio und jugendliche Orientierungstypen zum 1.MZP[12]

11 Für weitere Interpretationen der Ergebnisse werden ausführliche Programmanalysen notwendig. Diese wurden in der ersten Studie durchgeführt und sind nachzulesen bei Boehnke, Müller-Bachmann, Hoffmann und Münch (2000).

12 Alter wurde als Kovariate auspartialisiert; ** $p \leq 0{,}01$; * $p \leq 0{,}05$.

Fühlen sich im mittleren Jugendalter (1. MZP) die dominant peerorientierten Jugendlichen eher dem Radio zugewandt, sind im späteren Jugendalter allerdings die dominant elternorientierten Jugendlichen diejenigen, die dem Radioprogramm viel abgewinnen können. Insgesamt weisen die Skalenmittelwerte darauf hin, dass Radio im späteren Jugendalter tendenziell mehr affektiv im Sinne von Stimmungsregulation benutzt wird und dass die Auseinandersetzung mit den Programminhalten deutlich zunimmt. Jugendliche unterhalten sich nicht mehr ganz so häufig über das Gehörte wie noch drei Jahre zuvor. Die elternorientierten Jugendlichen benötigen im Vergleich zu den altersgleichen peer- und individualorientierten Jugendlichen Radio mehr um parasoziale Kontaktbedürfnisse zu befriedigen. Auch interessieren sie sich eher für die Musik im Radio als die peer- und individualorientierten Jugendlichen.

Rezeptionsmodi	Eltern	Peer	Individual
Handlungskoordination	1,42	1,53	1,36
Affektive Nutzung**	2,30	2,41	2,01
Parasozialer Kontakt**	0,90	0,79	0,62
Musikinteresse**	1,64	1,47	1,21
Mediale Interaktion**	0,32	0,21	0,15
Soziale Interaktion*	1,46	1,56	1,30
Radio als Gesprächsthema**	1,17	0,99	0,84
Auseinandersetzung mit Radio**	1,78	1,61	1,45
Wortinteresse**	1,40	1,22	1,04

Tab. 6: Rezeptionsmodi am Beispiel Radio und jugendliche Orientierungstypen zum 2.MZP[13]

Fühlen sich im mittleren Jugendalter (1. MZP) die dominant peerorientierten Jugendlichen eher dem Radio zugewandt, sind im späteren Jugendalter allerdings die dominant elternorientierten Jugendlichen diejenigen, die dem Radioprogramm viel abgewinnen können. Insgesamt weisen die Skalenmittelwerte darauf hin, dass Radio im späteren Jugendalter tendenziell mehr affektiv im Sinne von Stimmungsregulation benutzt wird und dass die Auseinandersetzung mit den Programminhalten deutlich zunimmt. Jugendliche unterhalten sich nicht mehr ganz so häufig über das Gehörte wie noch drei Jahre zuvor. Die elternorientierten Jugendlichen benötigen im Vergleich zu den altersgleichen peer- und individualorientierten Jugendlichen Radio mehr um parasoziale Kontaktbedürfnisse zu befriedigen. Auch interessieren sie sich eher für die Musik im Radio als die peer- und individualorientierten Jugendlichen.

13 Alter wurde als Kovariate auspartialisiert; ** $p \leq 0{,}01$; * $p \leq 0{,}05$.

Diskussion

Die Motive der Hörfunknutzung von Jugendlichen stehen nicht im unmittelbaren Zusammenhang - so die Befunde der vorliegenden Untersuchung - mit der Auseinandersetzung um moderne gesellschaftliche Individualisierungsprozesse. Dominant individualorientierte Jugendliche bedürfen des Radios deutlich weniger als peer- und elternorientierte Jugendliche. Ihnen stehen unter Umständen andere Wege und Strategien zur Verwirklichung ihrer Sozialisationsbelange in einer sich modernisierenden Gesellschaft zur Verfügung. Dominant peerorientierte Jugendliche brauchen hingegen für eine gewisse Zeit die besondere Form der Vergemeinschaftung via Radio. Es ermöglicht ihnen etwa, *mit anderen* den komplexen gesellschaftlichen Gefügen entgegen zu treten. Die Radionutzung ist in diesem Sinne eine solitäre Beschäftigung, in der man sich keineswegs allein, sondern mit anderen in Kontakt stehend fühlt. Über die gehörte Musik, z. B. über die Charts, kann man sich austauschen, kann darüber geteilter und auch einer Meinung sein. Dabei müssen die medialen Inhalte gar nicht mal jugendtypisch sein, es reicht einfach das Wissen darüber, dass dies oder jenes gerade „in" ist. Radio kann mitunter hier als eine Art generalisierte bzw. *assoziierte Peers* fungieren. Das ist der „Push", der für peerorientierte Jugendliche Medien so attraktiv macht.

Doch was ist mit den Jugendlichen, die sich im späteren Jugendalter noch stark an den Eltern orientieren und sich nunmehr verstärkt dem Radio zuwenden? Diese in unserer Stichprobe Minderheit hat möglicherweise bestimmte anstehende Entwicklungsaufgaben noch nicht in Angriff nehmen können und benötigt Radio dahingehend zur Bewältigung z. B. zur Ablösung vom Elternhaus oder zur Peerintegration. Diesen Jugendlichen hat das Radio - folgt man der These des Projekts - möglicherweise etwas Nützliches anzubieten.

Literatur

Barthelmes, Jürgen/ Sander, Ekkehard (1997): Medien in Familie und Peergroup. Vom Nutzen der Medien für 13- und 14jährige. München: Deutsches Jugendinstitut.

Barthelmes, Jürgen/ Sander, Ekkehard (2001): Erst die Freunde, dann die Medien. Medien als Begleiter in der Pubertät und Adoleszenz. Medienerfahrungen von Jugendlichen. München: Deutsches Jugendinstitut.

Boehnke, Klaus/ Müller-Bachmann, Eckart/ Hoffmann, Dagmar/ Münch, Thomas (2000): Sag mir was Du hörst und ich sag Dir wo Du stehst: Zur Bedeutung von Radioprogrammen in der Jugendentwicklung. In: Fromm, Martin/ Haase, Frank/ Schlottke, Peter F. (Hrsg.): Inszenierte Wirklichkeiten - Lernen und Entwicklung in der Medienwelt. Baden-Baden: Nomos, 35-59.

Bonfadelli, Heinz (1981): Die Sozialisationsperspektive in der Massenkommunikationsforschung. Neue Ansätze, Methoden und Resultate zur Stellung der

Massenmedien im Leben der Kinder und Jugendlichen. Berlin: Volker Spiess.
Charlton, Michael/ Neumann-Braun, Klaus (1992): Medienkindheit - Medienjugend. Eine Einführung in die aktuelle kommunikationswissenschaftliche Forschung. München: Quintessenz.
Dreher, Eva/ Dreher, Michael (1985): Wahrnehmung und Bewältigung von Entwicklungsaufgaben im Jugendalter. Fragen, Ergebnisse und Hypothesen zum Konzept einer Entwicklungs- und Pädagogischen Psychologie des Jugendalters. In: Oerter, Rolf (Hrsg.): Lebensbewältigung im Jugendalter. Weinheim: Beltz, 30-61.
Feierabend, Sabine/ Klingler, Walter (2002): Medien- und Themeninteressen Jugendlicher. Ergebnisse der JIM-Studie 2001 zum Medienumgang Zwölf- bis 19-Jähriger. In: Media Perspektiven, 1, 9-21.
Ferchhoff, Wilfried (1999): Jugend an der Wende vom 20. zum 21. Jahrhundert. Lebensformen und Lebensstile. 2. Aufl., Opladen: Leske + Budrich.
Fritzsche, Yvonne (2000): Modernes Leben: Gewandelt, vernetzt und verkabelt. In: Jugendwerk der Deutschen Shell (Hrsg.): Jugend 2000. Band 1, Opladen: Leske + Budrich, 181-219.
Fromme, Johannes/ Kommer, Sven/ Mansel, Jürgen/ Treumann, Klaus-Peter (Hrsg.) (1999): Selbstsozialisation, Kinderkultur und Mediennutzung, Opladen: Leske + Budrich.
Fuchs, Werner (1983): Jugendliche Statuspassage oder individualisierte Jugendbiographie? In: Soziale Welt, 34:2, 341-371.
Geulen, Dieter (1994): Einige theoretische und forschungsstrategische Probleme bei der Erforschung des Wandels der Sozialisationsbedingungen. In: Geulen, Dieter (Hrsg.): Kindheit. Neue Realitäten und Aspekte. 2. Aufl., Weinheim: Deutscher Studien Verlag, 181-192.
Gleich, Uli (1999): Bedeutung der Medien im Leben Jugendlicher. In: Media Perspektiven, 11, 599-606.
Havighurst, Robert J. (1948/ 1982): Development tasks and education. 7th Ed., New York: McKay.
Hoffmann, Dagmar (2000): Postmoderne Familienwelten - neue Sozialisationskontexte für Kinder und Jugendliche in Ost- und Westdeutschland? In: Herlth, Alois/ Engelbrecht, Angelika/ Mansel, Jürgen/ Palentien, Christian (Hrsg.): Spannungsfeld Familienkindheit. Neue Anforderungen, Risiken und Chancen. Opladen: Leske + Budrich, 62-77.
Jäckel, Michael (1999a): Die kleinen und die großen Unterschiede. Anmerkungen zum Zusammenhang von Mediennutzung und Individualisierung. In: Latzer, Michael/ Maier-Rabler, Ursula/ Siegert, Gabriele/ Steinmaurer, Thomas (Hrsg), Die Zukunft der Kommunikation. Phänomene und Trends der Informationsgesellschaft. Innsbruck: Studien-Verlag, 277-291.
Jäckel, Michael (1999b): Zwischen Autonomie und Vereinnahmung. Kindheit, Jugend und die Bedeutung der Medien. In: Roters, Gunnar/ Klingler, Walter/ Gerhards, Maria (Hrsg), Mediensozialisation und Medienverantwortung. Baden-Baden: Nomos, 113-127.
Klingler, Walter/ Müller, Dieter K. (2000): MA 2000 Radio: Erstmals mit Telefoninterviews erhoben. In: Media Perspektiven, 9, 414-426.
Klingler, Walter/ Müller, Dieter K. (2001): MA 2001 Radio: Kontinuität bei Methode und Ergebnissen. In: Media Perspektiven, 9, 434-449.

Köhler, Thomas (2002): Jugendgenerationen im Vergleich: Konjunkturen des (Non-) Konformismus. In: Aus Politik und Zeitgeschichte. Beilage zur Wochenzeitung Das Parlament, B 5, 7-13.

Lange, Elmar (1996): Jugendkonsum im Wandel. Konsummuster, Freizeitverhalten, soziale Milieus und Kaufsucht 1990 und 1996. Opladen: Leske + Budrich.

Lindner-Braun, Christa (Hrsg.) (1998): Radioforschung. Konzepte, Instrumente und Ergebnisse aus der Praxis. Opladen: Westdeutscher Verlag.

Moser, Heinz (1995): Einführung in die Medienpädagogik. Aufwachsen im Medienzeitalter. Opladen: Leske + Budrich.

Münch, Thomas/ Boehnke, Klaus/ Hoffmann, Dagmar/ Güffens, Friederike (1996): Wie hören Jugendliche Radio? Zur Konstruktion rundfunkbezogener Erhebungsinstrumente. Arbeitsbericht Nr. 4. Chemnitz/ Oldenburg.

Nauck, Bernhard/ Bertram, Hans (Hrsg.) (1995): Kinder in Deutschland. Lebensverhältnisse von Kindern im Regionalvergleich. DIJ. Familien-Survey 5. Opladen: Leske + Budrich.

Oehmichen, Ekkehardt (2001): Aufmerksamkeit und Zuwendung beim Radio hören. In: Media Perspektiven, 3, 133-141.

Schulze, Gerhard (1992): Die Erlebnisgesellschaft. Kultursoziologie der Gegenwart. Studienausgabe. Frankfurt a.M. und New York: Campus.

Theunert, Helga (1995): Ethik des Fernsehens - Ethik des kindlichen Publikums. In: medien + erziehung, 39:2, 73-80.

Patrick Glogner

Altersspezifische Umgehensweisen mit Filmen

Teilergebnisse einer empirischen Untersuchung zur kultursoziologischen Differenzierung von Kinobesuchern

Dem Publikum von Film und Kino hat die Wissenschaft in der jüngeren Vergangenheit nur wenig Beachtung geschenkt. Insbesondere die intramedial differenzierende Erforschung der Publika verschiedener Filmarten steht noch am Anfang. Darüber hinaus interessieren sich die existierenden Untersuchungen zur Filmpublika-Differenzierung meist nur für soziodemographische Fragestellungen und es werden kaum kultursoziologische Theorien zur Erklärung der festgestellten Differenzen herangezogen. Die Studie „Filmpublika und ihre Umgehensweisen mit Filmen - Eine empirische Untersuchung zur kultursoziologischen Differenzierung von Kinobesuchern" (Glogner 2000a) reagiert auf diese Forschungssituation. Unter Bezug auf die theoretischen Ansätze von Bourdieu (1998), Schulze (1997), Lewis (1978) sowie die musiksoziologischen und -psychologischen Konzertpublika-Studien von Dollase, Rüsenberg und Stollenwerk (1974; 1978; 1986a) wird hier über die reine Ermittlung soziodemographischer Unterschiede in Abhängigkeit von Filmbesuch und Filmgeschmack hinaus ein besonderer Untersuchungsschwerpunkt auf Differenzen in den sozial-ästhetischen Umgehensweisen mit Filmen gelegt. Beispiele für diese sozial-ästhetischen Umgehensweisen sind Distinktion und soziale Integration durch Filmgeschmack sowie filmbezogener Nonkonformismus.

Als Ergebnis dieser Studie kann festgehalten werden, dass sich das *Kino*publikum in verschiedene *Film*publika differenzieren lässt. Die Filmpublika weisen nicht nur unterschiedliche Filmpräferenzen auf, sondern auch Unterschiede in der soziodemographischen Zusammensetzung sowie in den sozial-ästhetischen Umgehensweisen mit Filmen. Ohne aufgrund der vorliegenden Ergebnisse eine eindeutige Zuordnung der Publika zu sozialkulturellen Schichten oder Milieus leisten zu können, lässt sich doch ausgehend von den jeweils ermittelten Publikaeigenschaften eine Nähe und Distanz der einzelnen Publika zu den übergeordneten Kategorien des industriellen und postindustriellen Kulturmusters erkennen. Dabei wird als zentrales Merkmal des industriellen Kulturmusters ein enger Zusammenhang von Geschmackskulturen, spezifischen Umgehensweisen mit Kultur (wie z. B. Unterhaltung, Bildung, Distinktion) und sozialer Schichtung zugrunde gelegt. Demgegenüber ist das postindustrielle Kulturmuster durch die Auflösung dieses engen Zusammenhangs von Sozialstruktur und Umgehen mit Kultur gekennzeichnet.

Im Folgenden sollen nun jedoch nicht die Differenzen in den sozial-ästhetischen Umgehensweisen mit Filmen in Abhängigkeit von *Filmbesuch und Filmgeschmack* von Interesse sein (Glogner 2000a; 2002a; 2002b), sondern in Abhängigkeit vom *Alter* der Filmbesucherinnen und Filmbesucher. Zu diesem Zweck wurde der Datensatz der eben beschriebenen Studie einer Sekundäranalyse unterzogen.

Zu Beginn wird kurz auf die Problematik der Differenzierung zwischen Alters- und Generationseffekten in sozial- und kulturwissenschaftlichen Untersuchungen eingegangen. Es folgt eine Darstellung der zentralen Untersuchungsfragen sowie eine Erläuterung der Untersuchungsmethodik. Daraufhin werden ausgewählte Ergebnisse der Sekundäranalyse zu altersspezifischen Umgehensweisen mit Filmen vorgestellt. Die ermittelten Differenzen zwischen den einzelnen Altersgruppen werden unter Bezugnahme auf verschiedene kultur- und musiksoziologische Theorien und Untersuchungsergebnisse interpretiert und diskutiert.

Zur Differenzierung zwischen Alters- und Generationseffekten

Die Untersuchung altersspezifischer Umgehensweisen mit Filmen kommt nicht umhin, vorab theoretisch zwischen Alters- und Generationseffekten zu differenzieren. Unter Alterseffekt wird hier der Einfluss von mit dem Lebensalter parallelen Einflussfaktoren verstanden (Dollase/ Rüsenberg/ Stollenwerk 1986a, 180 f). Diese Einflussfaktoren können beispielsweise physiologischer, kognitiver oder sozialstruktureller Art sein (Schulze 1997, 189). Von Generationseffekten wird hingegen gesprochen, wenn Orientierungen, Einstellungen und Verhaltensformen von Menschen mit bestimmten einmaligen historischen Bedingungen als Einflussgrößen des Lebens in Zusammenhang gebracht und aus diesen Faktoren begründet werden (Gö schel 1991, 13; Mannheim 1964).

Von besonderer forschungsmethodischer Schwierigkeit ist nach Dollase, Rüsenberg und Stollenwerk (1986a, 181) die klare Unterscheidung von Alters- und Generationseinflüssen. Dies gilt insbesondere für Querschnittsuntersuchungen wie die hier vorliegende. Auch Schulze weist darauf hin, dass „eine zweifelsfreie Separierung von Lebenszyklus- und Generationseffekten nur selten möglich [ist]“ (Schulze 1997, 189).

Da die vorliegende Untersuchung die Sekundäranalyse einer Studie darstellt, die nicht die ursprüngliche Intention verfolgte, Alters- und Generationseffekte in den Umgehensweisen mit Filmen differenziert zu ermitteln, wurde die Möglichkeit einer Unterscheidung zwischen diesen Effekten methodisch auch nicht berücksichtigt. Hieraus ergibt sich einerseits eine Offenheit für verschiedene theoretische Erklärungsansätze. Gleichwohl zeigen sich in den ermittelten Untersuchungsergebnissen aber Parallelen zu anderen empirischen Studien, die diese Offenheit der Erklärungsansätze wieder einschränken. Darüber hinaus sollen die Ergebnisse als eine erste Ausgangsbasis für weitere Studien auf diesem bislang kaum bearbeiteten Forschungsgebiet zur alters- und generationsspezifischen Differenzierung von Film- und Kinobesuchern und ihren sozial-ästhetischen Umgehensweisen mit Filmen verstanden werden.

Untersuchungsfragen

Verschiedene Theorien und Untersuchungen der Kultursoziologie legen es nahe, dass Umgehensweisen mit Kultur und Medien sozial bedingt differieren und jeweils spezifische Funktionen - beispielsweise Distinktion, Kommunikationsanlass, Versicherung von Gruppenzugehörigkeit - erfüllen. Im Zuge der Entwicklung des postindustriellen Kulturmusters scheinen die sozialen Bedingungen jedoch an Bedeutung für die genannten Umgehensweisen zu verlieren, während gleichzeitig davon auszugehen ist, dass Faktoren wie Alter und Generationenzugehörigkeit in diesem Zusammenhang eine zunehmend herausragende Rolle spielen.[1]

Inwieweit jugendliche Kinogänger sich von anderen Altersgruppen in ihren sozial-ästhetischen Umgehensweisen mit Filmen unterscheiden, ist die zentrale Fragestellung der vorliegenden Sekundäranalyse. Im Einzelnen geht es um folgende Fragen:

Unterscheiden sich Jugendliche von anderen Altersgruppen

- in ihrer Nutzung von Filmen als Kommunikationsanlass und als Möglichkeit sozialer Integration?
- in Art und Ausmaß ihrer ästhetischen Distinktion gegenüber bestimmten Filmarten?
- in ihrem filmbezogenen Nonkonformismus?

---

1 Vgl. zu dieser Kontroverse Bourdieu 1998; Dollase/ Rüsenberg/ Stollenwerk 1986a; Lewis 1978; Schulze 1997.

Die Erhebungsmethode

Im April 2000 wurden insgesamt 364 Besucher der Filme „Die Asche meiner Mutter“, „Rent-A-Man“, „Anatomie“ und „Magnolia“ in verschiedenen Kinos befragt. Als Erhebungsmethode wurde der schriftliche Fragebogen gewählt. Die Methode der schriftlichen Befragung ermöglicht es, in kurzer Zeit eine größtmögliche Anzahl Filmbesucher zu erreichen. Dies ist ein wichtiger Aspekt bei der Methodenwahl, wenn man bedenkt, dass Kinobesucher ca. zwanzig Minuten vor Filmbeginn das Kino betreten und es sofort nach Filmende wieder verlassen. Darüber hinaus gibt es im Kino in der Regel auch keine Pause - wie beispielsweise in der Oper, im Konzert oder im Theater - in der eine Befragung durchgeführt werden könnte.

Der Fragebogen beinhaltet neben einer filmspezifischen Adaption und Erweiterung von Fragen aus der bereits erwähnten Konzertpublika-Studie „Demoskopie im Konzertsaal“ (Dollase/ Rüsenberg/ Stollenwerk 1986a; 1986b) auch Fragen zur Soziodemographie der Kinobesucher, zu ihren Filmpräferenzen, zu ihren kulturellen Interessen, zu ihrer Fernseh-, Kino- und Videonutzung, zu Entscheidungsfaktoren für den Filmbesuch im Allgemeinen sowie zur sozialen Situation des Kinobesuchs im Allgemeinen.

Entscheidend für die Auswahl der Filme war zum einen eine möglichst starke inhaltliche wie ästhetische Unterscheidung. Zum anderen schränkte der mögliche Befragungszeitraum die Filmauswahl ein, da in dieser Zeit nur eine begrenzte Filmauswahl in den Befragungskinos zu sehen war. Folgende Filme wurden für die Befragung ausgewählt:

1. „Die Asche meiner Mutter“ (Irland/USA 1999, Regie: Alan Parker)

- Thema: Schilderung einer Kindheit in den Slums einer irischen Stadt um 1900.
- Genrezuordnung: Drama

2. „Rent-A-Man“ (USA 1999, Regie: Mike Mitchell)

- Thema: Ein Fischteichreiniger in extremen Geldnöten lässt sich von einem Zuhälter zum Callboy umschulen, um seine Schulden begleichen zu können.
- Genrezuordnung: Comedy

3. „Anatomie“ (BRD 1999, Regie: Stefan Ruzowitzky)

- Thema: Eine Medizinstudentin findet heraus, dass am Heidelberger Anatomie-Institut Menschen bei lebendigem Leib seziert werden und gerät durch dieses Wissen selbst in größte Gefahr.
- Genrezuordnung: Thriller/Horror

4. „Magnolia“ (USA 1999, Regie: P. T. Anderson)

- Thema: In lose miteinander verknüpften Erzählsträngen werden neun Menschen auf ihrer Suche nach Liebe, Vergebung und Respekt begleitet.
- Genrezuordnung: Drama
- Verschiedene Preise: Goldener Bär Berlin 2000 (Bester Film), Golden Globe 2000 (Tom Cruise als bester Nebendarsteller), mehrere Kritikerpreise.

Da verschiedene Filme bzw. Filmgenres nicht in allen Kinotypen zu sehen sind, wurde für die Befragung in einer süddeutschen Mittelstadt sowohl mit dem Betreiber von sog. Boulevard-Kinos als auch mit dem Betreiber von Programmkinos kooperiert.[2] Damit war die Möglichkeit gegeben, die Publika verschiedener Filme in dem für den jeweiligen Film typischen Rahmen in einer Stadt zu befragen.[3]

Ausgewählte Ergebnisse der Sekundäranalyse

Rücklauf und Stichprobengröße

An sechs Erhebungsterminen wurden insgesamt N = 364 Filmbesucher befragt, was einem Anteil von 54 % an der Gesamtbesucherzahl von 680 Personen entspricht. Die Gesamtstichprobe verteilt sich folgendermaßen auf die vier Filme: Den größten Anteil der Gesamtstichprobe macht das „Magnolia“-Publikum mit 28 % (102 Befragte) aus, gefolgt vom „Anatomie“-Publikum mit 26 % (93 Befragte). Das Publikum des Films „Die Asche meiner Mutter“ stellt einen Anteil von 24 % (87 Befragte) und das „Rent-A-Man“-Publikum 23 % (82 Befragte). Die Anteile der vier Publika können als ausgewogen betrachtet werden.

Durchschnittsalter der Publika und Einteilung in Altersgruppen

Das Durchschnittsalter der Gesamtstichprobe beläuft sich auf 29,0 Jahre. Das älteste Publikum findet sich im Film „Die Asche meiner Mutter“ mit durchschnittlich 35,4 Jahren, gefolgt von „Magnolia“ mit durchschnittlich 31,8 Jahren. Das „Anatomie“-Publikum ist mit einem Durchschnittsalter von 25,2 Jahren und einer Standardabweichung von 5,4 bezogen auf das Alter am homogensten. Das jüngste Publikum findet sich in „Rent-A-Man“ mit einem Durchschnittsalter von 22,9 Jahren.

---

2 Den Kinobetreibern sei an dieser Stelle nochmals herzlich für ihre Kooperation gedankt.

3 Auf die Befragung in einem Multiplex-Kino wurde verzichtet, da die vorliegende Untersuchung film- und nicht kinosoziologischen Fragestellungen nachgeht. Damit ist nicht auszuschließen, dass auch der Kinotyp die Publikumzusammensetzung beeinflusst. Diese Problematik bedarf allerdings einer eigenen Untersuchung.

Film	Alter Ø	Std.Abw.	n=358
Die Asche meiner Mutter	35,4	12,3	86
Anatomie	25,2	5,4	90
Rent-A-Man	22,9	8,3	80
Magnolia	31,8	11,4	102
Gesamt	29,0	10,9	358

Tab.1: Durchschnittsalter der Publika

Die Zusammenfassung der Gesamtstichprobe in Altersgruppen erfolgte in Anlehnung an die Einteilung der Filmförderungsanstalt Deutschland (FFA) in den jährlichen Studien zum Kinobesuch in Deutschland (Neckermann 2001). Es wurden fünf Altersgruppen gebildet: *bis 19 Jahre* (17,3 % der Gesamtstichprobe), *20 - 24 Jahre* (25,1 %), *25 - 29 Jahre* (18,4 %), *30 - 39 Jahre* (21,8 %), *ab 40 Jahre* (17,3 %). Die *50 - 59-Jährigen* und die *60 - 69-Jährigen* konnten nicht gesondert berücksichtigt werden, da diese Altersgruppen für statistische Vergleichsuntersuchungen zu klein gewesen wären.

Alter	Anteil in %	n=358
bis 19 Jahre	17,3	62
20 - 24 Jahre	25,1	90
25 - 29 Jahre	18,4	66
30 - 39 Jahre	21,8	78
ab 40 Jahre	17,3	62
Gesamt	100,0	358

Tab. 2: Altersgruppen

Sozial-ästhetische Umgehensweisen mit Filmen

Welche sozial-ästhetischen Umgehensweisen mit Filmen bei den einzelnen Altersgruppen festzustellen sind und ob diesbezüglich signifikante Unterschiede bestehen, wurde mit den in Tab. 3 dargestellten Aussagen untersucht. Die Befragten konnten auf einer fünfstufigen Skala von *1* für *stimmt absolut* bis *5* für *stimmt überhaupt nicht* zu den Aussagen Stellung nehmen. Niedrige Werte bedeuten damit eine hohe Zustimmung.

Wegen der großen Anzahl an erhobenen sozial-ästhetischen Umgehensweisen erscheint es für weitere Zusammenhangsuntersuchungen angemessen, die entsprechenden Variablen zusammenzufassen. Dies geschieht in zwei Schritten. In einem ersten Schritt werden die Variablen über eine Faktorenanalyse gebündelt, die vier Faktor-Variablen ergibt (vgl. Tab. 3). In einem zweiten Schritt werden daraufhin die Mittelwerte aus den Variablen berechnet, die die Faktoren bilden. In Tab. 3 sind die so errechneten Mittelwerte für jeden Faktor dargestellt.

	Mittelwert	Faktorladung
Soz.-ästh. Orientierungslosigkeit	*4,12*	
Ich habe meinen Filmgeschmack schon mal geändert, nachdem mich jemand überzeugt hat.		,731
Es freut mich, wenn mein Filmgeschmack auf Unverständnis stößt.		,597
Ich fände es gut, wenn ich auch andere Leute von meinem Filmgeschmack überzeugen könnte.		,514
Es fällt mir schwer, Leute zu akzeptieren, die einen völlig anderen Filmgeschmack haben als ich.		,461
Wenn jemand meinen Filmgeschmack heftig kritisiert, macht mich das unsicher.		,440
Kommunikative Gemeinsamkeit	*2,45*	
In meinem Freundes-/ Bekanntenkreis empfehlen wir uns häufig Filme.		,814
Filme sind für mich ein gutes Gesprächsthema im Freundes-/ Bekanntenkreis.		,794
In meinem Bekanntenkreis haben alle Leute etwa den gleichen Filmgeschmack.		,442
Ästhetische Distinktion	*3,37*	
Es gibt Filmarten, die so unmöglich sind, dass man sie eigentlich nicht zeigen sollte.		,733
Einen guten Filmgeschmack kann man klar von einem schlechten unterscheiden.		,718
Integration	*3,73*	
Manche Filme sehe ich mir nur an, weil meine Freunde/ Bekannte sie auch sehen.		,820
Manche Filme sehe ich mir nur an, weil man sie einfach gesehen haben muss.		,793

Tab. 3: Dimensionen sozial-ästhetischer Umgehensweisen mit Filmen[4]

4 Die Faktorenanalysen wurden mit Varimax-Rotation durchgeführt. Zur Berechnung der Faktoren wurden Fälle mit Missing Values bei den Filmgenre-Variablen listenweise ausgeschlossen. Hieraus ergibt sich n = 321.

Aufgrund der sie konstituierenden Variablen werden die Faktoren als *Sozial-ästhetische Orientierungslosigkeit*, *Kommunikative Gemeinsamkeit*, *ästhetische Distinktion* und *Integration* interpretiert. Mit Ausnahme des Faktors *Sozial-ästhetische Orientierungslosigkeit* erscheinen die Faktoren in ihrer Zusammensetzung plausibel. Beim Faktor *Sozial-ästhetische Orientierungslosigkeit* steht hingegen das Item „Es freut mich, wenn mein Filmgeschmack auf Unverständnis stößt." im Widerspruch zu dem Item: „Wenn jemand meinen Filmgeschmack heftig kritisiert, macht mich das unsicher.". Auch die Variablen „Ich fände es gut, wenn ich auch andere Leute von meinem Filmgeschmack überzeugen könnte." und „Ich habe meinen Filmgeschmack schon einmal geändert, nachdem mich jemand überzeugt hat." stehen eher im Widerspruch zueinander. Da dieser Faktor insgesamt nur eine sehr geringe Zustimmung erfährt (Mittelwert m=4,12), kann er im Folgenden als eher unbedeutend angesehen werden und wird in weiteren Zusammenhangsuntersuchungen nicht berücksichtigt.

Ein Vergleich der Altersgruppen zeigt z. T. sehr aufschlussreiche Differenzen in den sozial-ästhetischen Umgehensweisen mit Filmen. Doch zuerst zu den Gemeinsamkeiten: Wie in Abb. 1 zu sehen ist, bestehen kaum Unterschiede in den hohen positiven Bewertungen des Faktors *Kommunikative Gemeinsamkeit.* Die bestehenden Schwankungen in der Bewertung sind nicht signifikant.[5] Damit stellen Filme altersübergreifend Gesprächsanlässe dar, die es erlauben, von einer gemeinsamkeitsstiftenden Funktion auszugehen.

Hochsignifikante Unterschiede bestehen allerdings in den Bewertungen der Faktoren *Ästhetische Distinktion* und *Integration.* Die Bedeutung des Faktors *Integration* nimmt mit zunehmenden Alter kontinuierlich ab. Während die Bedeutung bei den *bis 19-Jährigen* bei einem Wert von m=3,33 als eher mittelmäßig angesehen werden kann, sinkt sie bei den *30 - 39 Jährigen* auf m=3,89 und bei den *ab 40-Jährigen* auf m=3,97 ab. Die Unterschiede zwischen den *bis 19-Jährigen* und den *30 - 39-Jährigen* sowie den *ab 40-Jährigen* sind signifikant.

Zur Filmrezeption aus rein integrativen Gründen neigen damit am ehesten die Jüngeren, während sie für ältere Altersgruppen keine Rolle mehr zu spielen scheint. Erklärt werden kann diese tendenziell „jugendliche" Umgehensweise mit Filmen als Anpassungsversuch an die antizipierten Erwartungen der für sie relevanten Anderen. Sie kann als Versuch der Akzeptanzgewinnung in der Peergroup angesehen werden und damit als Beitrag zur jugendlichen Identitätsbildung, für die - wie eine Vielzahl an Untersu-

5 Zur Signifikanzprüfung wurde die Scheffé-Prozedur angewendet. Niveaus von $p < 0,05$ werden als signifikant, Niveaus von $p < 0,01$ werden als hochsignifikant bezeichnet.

chungen zeigt[6] - Medien und Musik von besonderer Bedeutung sind. Für eine Interpretation dieser Umgehensweise als Beitrag zur *jugendlichen* Identitätsbildung spricht darüber hinaus der rapide Bedeutungsverlust dieser Umgehensweise mit Filmen bei den übrigen Altersgruppen.

Der Faktor *Ästhetische Distinktion* hat bei den *bis 19-Jährigen* einen Mittelwert von m=3,17, um dann bei den *20 - 24-Jährigen* (m=3,54) und den *25 - 29-Jährigen* (m=3,72) in seiner Bedeutung abzusinken. Schließlich kommt es bei den *30 - 39-Jährigen* sowie bei den *ab 40-Jährigen* wieder zu einem Bedeutungsanstieg (m=3,35 bzw. m=2,91). Damit neigen vor allem die *bis 19-Jährigen* sowie die *ab 40-Jährigen* der Befragten zur Artikulation *ästhetischer Distinktion*, während sich die Altersgruppen dazwischen durch größere ästhetische Toleranz auszeichnen.

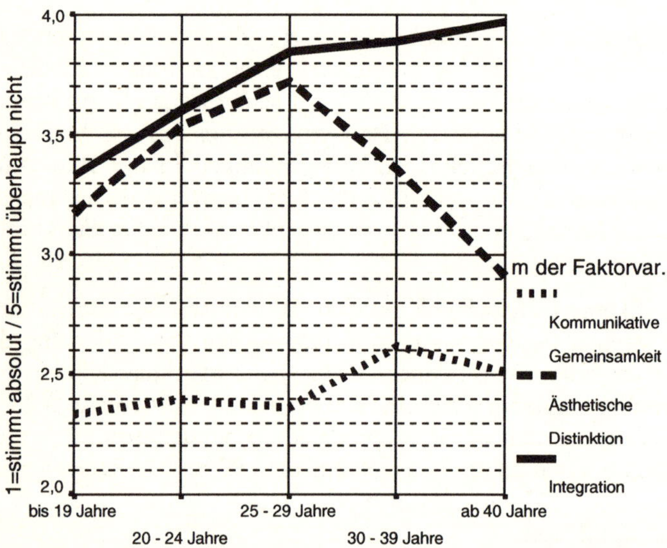

Abb. 1: Sozial-ästhetische Umgehensweisen mit Filmen der verschiedenen Altersgruppen (n=315)

Zu einem überraschend ähnlichen Ergebnis kamen auch Dollase, Rüsenberg und Stollenwerk bereits 1986 in den Konzertpublika-Studien, von denen der Fragebogen für die vorliegende Untersuchung in weiten Teilen adaptiert wurde. In jener Studie wurde sowohl bei jüngeren als auch bei älteren Konzertbesuchern ein hoher ästhetischer Rigorismus festgestellt, während die mittleren Altersgruppen zu einem geringeren ästhetischen Rigorismus neig-

6 Vgl. Glogner 2000b; Kreutle 1999; Müller/ Dongus/ Ebert/ Glogner/ Kreutle 1999; Müller 1999a, 1999b; Rhein 2000.

ten (Dollase/ Rüsenberg/ Stollenwerk 1986a, 185f). In Anlehnung an einen Interpretationsansatz dieser Studie könnten die hier bezogen auf Film vorliegenden höheren Ausprägungen ästhetischer Distinktion bei den Jüngsten und den Ältesten der Stichprobe damit erklärt werden, dass die *bis 19-Jährigen* identitätsmotiviert sind, während die älteren machtmotiviert sind: „Die einen sind so, weil sie ihren Weg und ihre geschmackliche Identität noch finden müssen, die anderen, weil sie die gefundene nun rigoros verteidigen wollen" (Dollase/ Rüsenberg/ Stollenwerk 1986a, 186). Eine andere Erklärungsmöglichkeit wäre jedoch auch, dass die Jüngeren so entschieden sind, weil sie ihre Stile neu gefunden haben, während die Entschiedenheit der Alten damit zu erklären ist, dass sie ihre Stile endlich (erfahrungsverifiziert) gefunden haben (vgl. hierzu Dollase/ Rüsenberg/ Stollenwerk 1986a, 186). Welcher dieser Erklärungsansätze zu favorisieren ist, kann letztendlich nur im Anschluss an weitere - v.a. qualitative - Forschungsarbeiten entschieden werden.

Dass es sich hier um einen Generationseffekt handeln könnte, ist jedoch mit großer Wahrscheinlichkeit auszuschließen. Die Studie von Dollase, Rüsenberg und Stollenwerk liegt über fünfzehn Jahre zurück und obgleich sie Konzert- und nicht Filmpublika untersucht, zeigen sich auffällige Parallelen zwischen den dort festgestellten Ausprägungen eines ästhetischen Rigorismus (Dollase/ Rüsenberg/ Stollenwerk 1986a, S.186) und den Ausprägungen ästhetischer Distinktion der hier vorliegenden Untersuchung bei den *gleichen* Altersgruppen. Bei einem Generationseffekt wäre zu erwarten, dass sich zumindest eine tendenzielle Verschiebung dieser Ausprägungen zwischen den Altersgruppen um den Zeitraum zeigen würde, den beide Untersuchungen auseinanderliegen: d.h. ungefähr 15 Jahre.

Von besonderem Interesse ist nun, in welchem Ausmaß die ästhetische Distinktion auch konkret artikuliert wird. Zur Klärung dieser Frage wurden diejenigen, die die Aussage „Es gibt Filmarten, die so unmöglich sind, dass man sie eigentlich nicht zeigen sollte." *nicht* ablehnten, danach gefragt, welche Filme sie meinen. Auch wenn sich in der Häufigkeit der Nennungen keine signifikanten Unterschiede zeigen, so fällt doch auf, dass die *ab 40-Jährigen* verstärkt zur konkreten Artikulation ihrer ästhetischen Distinktion neigen.

	bis 19 Jahre	20 - 24 Jahre	25 - 29 Jahre	30 - 39 Jahre	ab 40 Jahre
Nennung v. Filmen	46,7 %	44,6 %	35,0 %	51,0 %	61,9 %
n (= 234)[7]	45	56	40	51	42

Tab. 4: Nennungen „unmöglicher Filme"

7 Berücksichtigt werden nur die Filmbesucher, die auf die vorhergehende Frage „Es gibt Filmarten, die sind so unmöglich, dass man sie eigentlich nicht zeigen sollte" nicht mit „stimmt überhaupt nicht" geantwortet haben. Hieraus ergibt sich n=234.

Fasst man die Nennungen der Filmarten zusammen, so ist festzustellen, dass sich die Artikulation ästhetischer Distinktion der *ab 40-Jährigen* mit 21 Nennungen stark auf die Kategorie *Horror/Gewalt/Krieg* konzentriert, während bei den übrigen Altersgruppen keine eindeutigen Tendenzen festzustellen sind. Die Älteren richten sich damit vermutlich eher gegen einen - aus ihrer Sicht - „barbarischen Geschmack", den sie im Übrigen auch bei der Frage nach ihren Filmpräferenzen eindeutig ablehnen, indem sie Filme mit gewalttätigen und erotischen Inhalten negativ bewerten. Auffällig ist, dass die *bis 19-Jährigen* - die auf die Frage nach ihren Filmpräferenzen nur wenig Gefallen an anspruchsorientierten Filmen bekunden - diese hier nicht konkret benennen. Die ästhetische Distinktion der *bis 19-Jährigen* könnte damit entweder „inhaltslos" sein und damit eine Abgrenzung aus Selbstzweck, was aus pädagogischer Sicht durchaus nachvollziehbar wäre, oder sie ist Folge einer mangelnden Artikulationsfähigkeit der Jugendlichen und damit auch ein Problem forschungsmethodischer Art.

Filmbezogener Nonkonformismus

Inwieweit die verschiedenen Altersgruppen sich als nonkonform gegenüber der von ihnen vermuteten Filmbewertung durch die Bevölkerungsmehrheit einschätzen, wurde in Anlehnung an die Konzertpublika-Studien von Dollase, Rüsenberg und Stollenwerk (1986b) mit folgender Frage untersucht:

Jede Art von Spielfilmen hat ein bestimmtes ANSEHEN in der Bevölkerung. Bitte entscheiden Sie:

- Wie bewerten SIE PERSÖNLICH das Ansehen der folgenden Filmarten?
- Wie bewertet nach Ihrer Meinung DIE MEHRHEIT DER BEVÖLKERUNG das Ansehen jeder einzelnen Filmart?

Über eine Skala von *1* für *sehr hohes Ansehen* bis *5* für *sehr niedriges Ansehen* konnten insgesamt acht ausgewählte Filmgenres bewertet werden: Horrorfilme, Filmkunst, Zeitkritische Filme, Liebesfilme, Filmklassiker, Komödien, Problemfilme, Actionfilme.

Die allgemeine Ausprägung des filmbezogenen Nonkonformismus wird errechnet, indem die Differenz zwischen dem persönlichen Ansehen der acht vorgegebenen Filmarten und dem vermuteten Ansehen bei der Bevölkerungsmehrheit gebildet wird. Die insgesamt acht Differenzausprägungen werden in positive Werte umgewandelt und für jeden Fall summiert, um daraus einen Mittelwert - den sogenannten Nonkonformismus-Wert - je Altersgruppe zu ermitteln. Je höher der durch dieses Verfahren errechnete Wert ist, desto stärker ist das filmbezogene Nonkonformismus-Bestreben der verschiedenen Altersgruppen. Betont werden soll, dass mit der Frage nach dem vermuteten Ansehen bei der Bevölkerungsmehrheit nicht bezweckt wird, dieses als reale statistische Größe zu erheben. Da Nonkonformismus-Bestreben wie jedes menschliche Handeln immer unter Berücksichtigung der subjektiven Interpretation der Umwelt erfolgt, wird hier die subjektive Weltsicht der Filmbesucher erhoben.

Ein hochsignifikanter Unterschied im Nonkonformismus-Bestreben besteht zwischen den *bis 19-Jährigen* und den *ab 40-Jährigen*. Der durchschnittliche Nonkonformismus-Wert beläuft sich auf einen Mittelwert von 9,86. Die *bis 19-Jährigen* weisen einen Nonkonformismus-Wert von 8,16 auf, während der Wert der *ab 40-Jährigen* 11,73 beträgt, was eine Differenz von 3,57 ausmacht. Damit kann festgehalten werden: Je älter die Filmzuschauer im Kino sind, desto größer ist ihr filmbezogener Nonkonformismus. Und umgekehrt: Je jünger die befragten Kinogänger sind, desto eher besteht Konformität mit der angenommenen Bewertung des Ansehens von Filmen durch die Bevölkerungsmehrheit.

	bis 19 Jahre	20 - 24 Jahre	25 - 29 Jahre	30 - 39 Jahre	ab 40 Jahre	Gesamt
Nonkonformismus-Wert	8,16	9,62	9,59	10,20	11,73	9,86

Tab. 5: Nonkonformismus-Werte (n=342)

Der Nonkonformismus-Wert der *ab 40-Jährigen* legt es nahe, von einem verstärkten Streben nach filmbezogener Individualität bzw. Distanzierung gegenüber dem Massenurteil auszugehen. In Bezug auf den geringeren Nonkonformismus-Wert der Jüngeren sei erinnert an das Ergebnis, nach dem von den Jüngeren Filme eher aus sozial-integrativen Gründen genutzt werden, d.h., dass sie sich Filme ansehen, nur weil die Freunde es auch machen oder weil man manche Filme einfach gesehen haben muss. Damit würden die Jüngeren eher Anpassung als Abgrenzung signalisieren. Es ist jedoch auch nicht auszuschließen, dass die Jüngeren aufgrund eines Jugendzentrismus bei „Bevölkerungsmehrheit" eher an ihresgleichen denken und deshalb konformer sind, während Ältere dabei eher an all jene denken, von denen sie sich distanzieren wollen.

Zusammenfassung und Ausblick

Es konnte gezeigt werden, dass verschiedene Altersgruppen sich im Hinblick auf ihre sozial-ästhetischen Umgehensweisen mit Filmen zum Teil erheblich voneinander unterscheiden. Je nach Alter bestehen starke Unterschiede in der sozial-integrativen Filmnutzung, der ästhetischen Distinktion und der Signalisierung von filmbezogenem Nonkonformismus: Jugendliche nutzen Filme stärker sozial-integrativ als die anderen Altersgruppen und zeichnen sich durch den stärksten filmbezogenen Konformismus aus. Die Jugendlichen neigen darüber hinaus - ebenso wie aber auch die *ab 40-Jährigen* - zu einer verstärkten ästhetischen Distinktion im Vergleich zu den übrigen Altersgruppen. Bezogen auf diese Ergebnisse wurden verschiedene pädagogische wie kultursoziologische Erklärungsansätze geliefert, die als Diskussionsgrundlage zu verstehen sind und die Ausgangspunkt für weitere Forschungsarbeiten auf diesem Gebiet sein sollen. Dabei ist es sinnvoll, qualitative Methoden einzubeziehen, um mehr über die hinter den festgestellten Umgehensweisen stehenden Motive zu erfahren. Außerdem sollte die methodische Trennung von Alters- und Generationseffekten angestrebt werden.

Literatur

Bourdieu, Pierre (1998): Die feinen Unterschiede. Kritik der gesellschaftlichen Urteilskraft. 10. Auflage. Frankfurt am Main: Suhrkamp.

Dollase, Rainer/ Rüsenberg, Michael/ Stollenwerk, Hans J. (1974): Rock People oder Die befragte Szene. Frankfurt am Main: Fischer.

Dollase, Rainer/ Rüsenberg, Michael/ Stollenwerk, Hans J. (1978): Das Jazzpublikum. Zur Sozialpsychologie einer kulturellen Minderheit. Mainz: Schott.

Dollase, Rainer/ Rüsenberg, Michael/ Stollenwerk, Hans J. (1986a): Demoskopie im Konzertsaal. Mainz: Schott.

Dollase, Rainer/ Rüsenberg, Michael/ Stollenwerk, Hans J. (1986b): Demoskopie im Konzertsaal. Supplement: Fragebogen, Anmerkungen, Tabellen, Statistik. o. O. (Mskr.).

Glogner, Patrick (2000a): Filmpublika und ihre Umgehensweisen mit Filmen. Eine empirische Untersuchung zur kultursoziologischen Differenzierung von Kinobesuchern. Magisterarbeit am Institut für Kulturmanagement der Pädagogischen Hochschule Ludwigsburg.

Glogner, Patrick (2000b): Selbstsozialisation und Identitätskonstruktion mit der Dr.-Sommer-Seite. Eine Befragung mit dem MultiMedia-Computer zur Rezeption der Jugendzeitschrift BRAVO. In: deutsche jugend, 48:7/8, 318-326.

Glogner, Patrick (2002a): Filmpublika und filmbezogener Nonkonformismus. Ausgewählte Ergebnisse einer Befragung von Kinobesuchern. In: tv diskurs, 5:19, 76-79.

Glogner, Patrick (2002b): Sozial-ästhetische Umgehensweisen mit Filmen. Ausgewählte Ergebnisse einer empirischen Untersuchung von Kinobesuchern. In: Heinrichs, Werner/ Klein, Armin (Hrsg.): Deutsches Jahrbuch für Kulturmanagement 2001. Band 5. Baden-Baden: Nomos, 91-111.

Göschel, Albrecht (1991): Die Ungleichzeitigkeit in der Kultur. Wandel des Kulturbegriffs in vier Generationen. Stuttgart, Berlin, Köln: Kohlhammer.

Lewis, George H. (1978): The Sociology of Popular Culture. In: Current Sociology, 26:3.

Kreutle, Andreas (1999): Jugendliche Identitätsbildung durch Fernsehen. In: tv diskurs, 3:7, 42-52.

Mannheim, Karl (1964): Das Problem der Generationen. In: Mannheim, Karl: Wissenssoziologie. Auswahl aus dem Werk. Berlin, Neuwied: Luchterhand, 509-565.

Müller, Renate/ Dongus, Nadine/ Ebert, Sabine/ Glogner, Patrick/ Kreutle, Andreas (1999): Identitätskonstruktion mit Medien und Musik. Ein empirisches Forschungsprogramm mit MultiMedia-Fragebögen. In: medien praktisch, 22:1, 26-30.

Müller, Renate (1999a): Musikalische Selbstsozialisation. In: Fromme, Johannes/ Kommer, Sven/ Mansel, Jürgen/ Treumann, Klaus Peter (Hrsg.): Selbstsozialisation, Kinderkultur und Mediennutzung. Opladen: Leske und Budrich, 113-125.

Müller, Renate (1999b): Selbstsozialisation Jugendlicher durch Musik und Medien. In: Bertelsmann Briefe, 142, 12-15.

Neckermann, Gerhard (2001): Die Kinobesucher 2000. Strukturen und Entwicklungen auf Basis des GfK-Panels. Berlin.

Rhein, Stefanie (2000): Teenie-Fans: Stiefkinder der Populärmusikforschung. Eine Befragung Jugendlicher am MultiMediaComputer über ihre Nutzung fankultureller Angebote. In: Heinrichs, Werner/ Klein, Armin (Hrsg.): Deutsches Jahrbuch für Kulturmanagement 1999. Baden-Baden: Nomos, 165-194.

Schulze, Gerhard (1997): Die Erlebnisgesellschaft. Kultursoziologie der Gegenwart, 7. Auflage. Frankfurt am Main, New York: Campus.

Holger Schramm und Peter Vorderer

Musikpräferenzen im Alltag

Ein Vergleich zwischen Jugendlichen und Erwachsenen

Forschungshintergrund

Der im Folgenden dokumentierte Vergleich zwischen Jugendlichen und Erwachsenen bezüglich ihres situativen Umgangs mit Musik geht auf eine Sonderauswertung einer Telefonbefragung im Rahmen eines DFG-Projekts[1] zurück. Dieses Projekt hat zum Ziel zu klären, welche Menschen zu welcher Musik aus welcher Motivation heraus in bestimmten Situationen des Alltags greifen und welche Wirkungen das Hören der betreffenden Musik hat. So ist zum Beispiel anzunehmen, dass viele Menschen Musik zur Regulation ihrer Stimmung einsetzen. Ob dies jedoch nur auf bestimmte Menschen zutrifft, ob die Regulation nur bei bestimmten Stimmungen erfolgt, welche Musik dabei von den Hörern ausgewählt wird und ob die Musik auch den erhofften Effekt zeigt, ist weitestgehend noch ungeklärt. Um zunächst relevante Faktoren und Zusammenhänge aufzuspüren, wurden in einer ersten Projektphase vom 1. Mai 2000 bis 30. April 2001 Leitfadeninterviews durchgeführt und die gewonnenen Ergebnisse mit Hilfe einer repräsentativen explorativen Telefonbefragung konkretisiert. Auf Basis der Telefonbefragung wurden schließlich Hypothesen hergeleitet bzw. bestehende Hypothesen modifiziert (Vorderer/ Schramm im Druck), die wiederum in einer bereits geplanten zweiten Projektphase mit Hilfe von Experimenten überprüft werden sollen.

Das DFG-Projekt „Musikselektion" sieht sich in der Tradition einiger musikpsychologischer Studien, die sich auf unterschiedliche Weise der Erforschung situativer Musikauswahlprozesse widmeten (Konečni 1979, 1982; Schaub 1981; Behne 1984, 1986; Gembris 1990; North/ Hargreaves 1996). Ohne hier im Einzelnen die Besonderheiten und Ergebnisse der Studien zu

1 DFG-Projekt „Musikselektion: Explorative und experimentelle Untersuchungen situativer und individueller Einflüsse auf die Auswahl von Musik", Leitung: Peter Vorderer

benennen,[2] sei erwähnt, dass Konečni die Auswahl von Musik in Laborsituationen und mit künstlichen Musikstimuli untersuchte und die anderen Forscher auf Befragungen zurückgriffen, bei denen sich Probanden in bestimmte Situationen versetzen mussten, um Vermutungen darüber anzustellen, welche Musik sie in einer solchen Situation wohl auswählen würden. Im ersten Fall ist die externe Validität eingeschränkt, im zweiten Fall werden keine Handlungen im Sinne der tatsächlichen Auswahl von Musik, sondern Kognitionen abgebildet, die auch von stereotypen Musikwünschen und naiven Theorien der Befragten über die Wirksamkeit von Musik beeinflusst sein können (Behne 1984, 20). Eine neuere Laborstudie von Knobloch und Zillmann (im Druck) konnte das Problem der künstlichen Stimuli beheben, indem Musik aus den Charts zur Auswahl gestellt wurde. Allerdings konnten die Probanden dabei nur zwischen acht verschiedenen Musiktiteln auswählen, was wiederum nicht der Alltagsrealität entspricht. Nach Abwägung der Vor- und Nachteile verschiedener Methoden und Forschungsansätze muss eingeräumt werden, dass es den „Königsweg" zur Erforschung von Musikselektion nicht gibt. Die Art der Fragestellung, das zu erhebende Konstrukt und die Entscheidung für oder gegen eine hohe interne oder externe Validität entscheidet die Wahl für eine Methode bzw. einen Methodenmix.

Methode

Grundlage der in diesem Beitrag dargestellten Ergebnisse war die oben skizzierte explorative Telefonbefragung. 150 Personen im Alter von 14 Jahren und älter wurden im Dezember 2000 und Januar 2001 im Großraum Hannover per Telefon interviewt. Die angewählten Haushalte wurden per Zufallsauswahl aus dem entsprechenden Telefonbuch gezogen. Innerhalb des Haushalts wurde nach dem Geburtstagsschlüssel rekrutiert. War die Zielperson nicht zu erreichen, wurden bis zu fünf Anrufversuche getätigt. Erst danach wurde eine Ersatzperson aus dem jeweiligen Haushalt befragt. Die Stichprobe setzte sich schließlich aus 59 Prozent Frauen und 41 Prozent Männer im Alter von 14 bis 81 Jahren zusammen. 20 Prozent hatten einen Hochschulabschluss, 33 Prozent das Abitur, 30 Prozent den Realschul- und 15 Prozent den Hauptschulabschluss. 16 Prozent waren Schülerinnen und Schüler oder Studierende, neun Prozent arbeiteten halbtags, 40 Prozent ganztags, acht Prozent waren als Hausfrauen oder -männer tätig, drei Prozent waren arbeitslos und 23 Prozent in der Rente. Die Zusammensetzung der Stichprobe kann vor dem Hintergrund dieser Kennwerte und des Auswahlverfahrens mit kleinen Einschränkungen als nahezu bevölkerungsrepräsentativ angenommen werden.

2 Vgl. dazu den Überblick bei Schramm (im Druck).

Das Interview wurde computergestützt mit Hilfe einer HTML-Eingabemaske und einem Headset, das ein Benutzen beider Hände zum Eintippen der Antworten ermöglichte, durchgeführt. Die durchschnittliche Dauer des Interviews von M = 12 Minuten (SD = 3,05 Min., Min = 7 Min., Max = 26 Min.) wurde in der Regel als nicht zu lang von den Befragten empfunden. Dies belegt auch die geringe Anzahl von Interviewabbrüchen (n = 4). Zu Anfang wurden offene Fragen zur vermuteten Musikauswahl in acht verschiedenen Situationen gestellt. Es handelte sich hierbei zum einen um die vier prototypischen Gefühlszustände nach Thayer (1996), also

- Glück/ Freude,
- Trauer/ Melancholie,
- Wut/ Ärger und
- Ruhe/ Gelassenheit.

Zum anderen ging es um die vier Tätigkeitskontexte, die in den Leitfadeninterviews besonders häufig genannt worden waren und die nach Meinung des Projektteams möglichst unterschiedliche Situationen beschrieben. Hierzu zählten

- das monotone Arbeiten im Haus (Putzen, Waschen, Bügeln etc.),
- das romantische Dinner zu zweit,
- das Fahren von langen Strecken mit dem Auto und
- das konzentrierte Arbeiten (im Büro, beim Lernen).

Um den Befragten die Vorstellung der jeweiligen Situation zu erleichtern, wurde für jede der acht Situationen eine Vignette mit beispielhaften Assoziationen formuliert. Es folgt je ein Beispiel für einen Stimmungskontext und einen Aktivitätenkontext:

- „Stellen Sie sich einmal vor, Sie sind sehr traurig und melancholisch gestimmt (weil Sie z. B. einen geliebten Mensch verloren haben, Sie sich allein und verlassen fühlen oder Sie von einem Ihnen nahe stehenden Menschen sehr enttäuscht wurden). Bitte versuchen Sie die Musik, die Sie dabei hören würden, zu beschreiben!“
- „Wie ist das, wenn sie monotone Arbeiten verrichten (z. B. Putzen, Abwaschen, Bügeln)? Bitte versuchen Sie die Musik, die Sie dabei hören würden, zu beschreiben!“

Mit welcher Assoziation die Befragten nun die einzelnen Situation verbanden, war sicher interindividuell unterschiedlich. Ob ein Befragter also eher an eine traurige oder eher an eine melancholische Situation gedacht hat, ist nicht zu klären. Dieses sollte bei der Auswertung und der anschließenden Interpretation stets berücksichtigt werden. Die Reihenfolge der acht Situationen wurde im Übrigen für die zweite Hälfte der Stichprobe gespiegelt, um eventuelle Positionseffekte zu neutralisieren. Wenn die Antworten auf die acht offenen Fragen zur Musikauswahl in Form eines Genres, eines Titels und eines Interpreten/ einer Band ausfielen, so fragten die Interviewer:

„Was verbinden Sie stimmungsmäßig mit der von ihnen gewünschten Musik?“ Der Grund hierfür lag in dem Bestreben, eine abstraktere Auswertungsebene zu ermöglichen, auf deren Basis nicht nur Aussagen wie zum Beispiel „Wenn Jugendliche traurig sind, hören sie Popmusik“, sondern auch Aussagen wie „Wenn Jugendliche traurig sind, hören sie traurige oder romantische Musik“ getroffen werden können. Denn ein Musikgenre oder gar ein einzelner Musiktitel kann je nach Person unterschiedlich wahrgenommen werden und somit auch andere Funktionen erfüllen. Ist es also das Ziel, personenübergreifende Prinzipien der Musikauswahl zu formulieren, so sollte man sich von konkreten Musikgenres, -titeln oder -interpreten bzw. -interpretinnen lösen.

Die auf die oben gestellte Frage geäußerten Gefühle, Emotionen und Stimmungen wurden von uns auf drei Ebenen codiert: auf einer ersten elementaren Ebene als konkrete Gefühls- oder Stimmungszustände (wie zum Beispiel „Spaß“, „Romantik“ oder „Aggression“), auf der zweiten eher abstrakteren Ebene als emotionale Zustände, die entweder eher energiereich oder eher energielos sowie eher entspannt oder eher angespannt sind. Denn laut Thayer (1996) lassen sich alle Stimmungen und Emotionen auf diesen beiden Konstruktdimensionen verorten, wobei die vier oben bereits genannten Stimmungen idealtypisch auf den beiden Dimensionen laden (Glück/ Freude = energiereich-entspannt, Ruhe/ Gelassenheit = energiearm-entspannt, Wut/ Ärger = energiereich-angespannt, Trauer/Melancholie = energiearm-angespannt). Auf der dritten Ebene konnte schließlich dadurch ausgewertet werden, ob die Musik eher passend zur Stimmung bzw. stimmungskongruent (Isoprinzip[3]) oder eher entgegengesetzt zur Stimmung bzw. stimmungskontrastierend (Kompensationsprinzip[4]) ausgewählt wurde. Entscheidend bei diesem Vorgehen war, dass der Stimmungsausdruck der ausgewählten Musik nicht von uns interpretiert werden musste, sondern dass die Befragten selbst die Einordnung vornehmen konnten.

Nach der Frage, was die Befragten stimmungsmäßig mit der Musik verbinden würden, folgte stets die Nachfrage: „Und was möchten Sie mit dieser Musik erreichen?“ Der Sinn dieser Frage lag darin, den spezifischen Zweck der jeweiligen Musikauswahl zu erfassen und auch ihn anschließend im Sinne des Iso- und Kompensationsprinzips auszuwerten.[5] Eine Vercodung als Zweck im Sinne des Isoprinzips erfolgte, wenn die Befragten ihre Stimmung mit Hilfe der Musik unterstützen, beibehalten oder verstärken wollten, eine Vercodung als Zweck im Sinne des Kompensationsprinzips wurde vorgenommen, wenn die Befragten ihre Stimmung mit der Musik

3 Zum Begriff vgl. Schwabe (1978).

4 Der Begriff wird in Anlehnung an Behne (1984), der von Kompensation(seffekt) spricht, als Gegenstück zum Isoprinzip verstanden.

5 Zu Einzelheiten der Vercodung und Auswertung im Sinne des Iso- und Kompensationsprinzips vgl. Vorderer und Schramm (im Druck).

verändern bzw. kompensieren wollten. In einigen Fällen konnte die ausgewählte Musik und/ oder der Zweck dieser Musikauswahl nicht eindeutig einem dieser beiden Prinzipien zugeordnet werden. Hier wurden dann die Codes für „Musikauswahl nach keinem Prinzip" bzw. „Zweck uneindeutig" vergeben. Viele Befragte gaben überdies an, in bestimmten Situationen überhaupt keine Musik hören zu wollen. Da in diesen Fällen auch nicht nach dem Zweck der Musikauswahl gefragt werden konnte, veränderte sich die Basis der Befragten für diese zweite nachgeordnete Frage, was in den Tabellen 1-6 an den unterschiedlichen Gesamtfallzahlen zu erkennen ist.

Nach der Abfrage der Musikauswahl für die acht Situationen folgte ein stärker standardisierterer und größtenteils mit geschlossenen Fragen versehener Teil, in dem Musikpräferenzen, Musiknutzung, Tonträgerbesitz, musikalische Fähigkeiten, musikalische Tätigkeit und die allgemeine Bedeutung von Musik für die betreffende Person sowie soziodemografische Merkmale wie Schulbildung, Berufstätigkeit und Wohnsituation abgefragt wurden. Alter und Geschlecht wurden bereits zu Anfang des Interviews ermittelt.

Auswertungsfokus: Vergleich zwischen Jugendlichen und Erwachsenen

Wie von Müller (2001) im Vorfeld der Tagung „Jugend, Musik und Medien" beschrieben, betrachtete die soziologische Forschung Musik bisher primär als „soziokulturelles Unterscheidungskriterium, als Mittel der Distinktion und der Orientierung in der Gesellschaft. Dem steht die Vernachlässigung des rezeptiven und produktiven Umgehens Jugendlicher mit Musik durch die soziologische und medienwissenschaftliche Jugendforschung gegenüber". Da unsere Befragung den rezeptiven Umgang mit Musik thematisierte und wir sowohl Jugendliche wie auch Erwachsene befragt hatten, können die Ergebnisse zum Schließen der von Müller beschriebenen Forschungslücke zumindest ein Stück weit beitragen.

Es bot sich darüber hinaus an, nicht nur den situativen Umgang mit Musik von Jugendlichen darzustellen, sondern insbesondere über einen Vergleich zu den Erwachsenen Unterschiede und Besonderheiten herauszuarbeiten. Denn aufgrund entwicklungspsychologischer und musiksoziologischer Erkenntnisse war zu vermuten, dass insbesondere Jugendliche Musik anders nutzen als Erwachsene. So schreibt Dollase (1997, 356): „Bezogen auf die Quantität des Musikkonsums gibt es eine *Anstiegsphase* von etwa 10 bis 13 [Jahren], die in eine *Plateauphase* bis etwa 20 mündet und jenseits der 25 wieder deutlich abnimmt (*Abschwungphase*). [...] Den drei Phasen entsprechen auch qualitativ unterschiedliche Erlebensweisen und Funktionen von Musik." Dollase (1992; 1997) weist weiter darauf hin, dass sich in Abhängigkeit von individuellen Eigenarten in der Lebensgestaltung die oben beschriebenen Altersangaben verschieben können. So geht die Abschwungphase meist mit der Gründung einer Familie und den ersten Berufsjahren einher. Kognitive Kapazitäten und Zeit, die vorher für die Beschäftigung mit Musik gebraucht wurden, werden nun für andere zentrale Lebensaufgaben benötigt. Wenn eine Person jedoch bis zum 30. Lebensjahr studiert und sich erst danach diesen Lebensaufgaben zuwendet, so kann die Abschwungphase auch erst zu diesem späteren Zeitpunkt einsetzen.

Aufgrund dieser Überlegungen entschieden wir uns, die Jugendlichen nicht primär über ihr Alter, sondern über die Zugehörigkeit zu Schülern bzw. Schülerinnen und Studierenden zu definieren. Da sich bei Erwachsenen ab dem Austritt aus dem Berufsleben ebenfalls neue Freiräume und Kapazitäten ergeben, differenzierten wir in unserer Auswertung überdies die berufstätigen Erwachsenen von den Rentnerinnen und Rentnern. Tabelle 1 zeigt die Größe und das Durchschnittsalter der Gruppen, die sich nach diesem Verfahren ergaben.

	Jugendliche		Arbeitende Erwachsene		Rentnerinnen und Rentner		Gesamt	
Gruppengröße		n = 24		n = 91		n = 35		n = 150
Alter	M	21,3	M	40,4	M	68,7	M	43,9
	SD	4,5	SD	11,2	SD	6,7	SD	18,0

Tab. 1: Jugendliche, arbeitende Erwachsene und Rentnerinnen bzw. Rentner: Gruppengröße und Alter[6]

Die Auswertung wurde in zwei Schritten vorgenommen. Entsprechend wird zuerst der Umgang Jugendlicher mit Musik in den abgefragten acht Situationen beschrieben, um einen Gesamteindruck von der für das Tagungsthema relevantesten Gruppe, den Jugendlichen, zu erhalten. Anschließend werden die Ergebnisse mit denen der arbeitenden Erwachsenen sowie den Rentnerinnen und Rentnern verglichen und die wichtigsten Unterschiede herausgearbeitet.

Der situative Umgang Jugendlicher mit Musik

Positive Stimmungen

Fragt man Jugendliche nach ihren Musikwünschen, wenn sie positiv gestimmt sind, so fällt die Wahl der Musik eindeutig aus. Zunächst ist festzustellen, dass das Musikhören mit positiven Stimmungszuständen in hohem Maße einhergeht. Bei Glück/ Freude können sich alle 24 Jugendliche vorstellen, Musik zu hören. Bei Ruhe/ Gelassenheit sind es immerhin noch 23 Jugendliche. Zwar wollen die Jugendliche je nach Musikvorliebe verschiedene

6 In den Tabellen 1 und 2 gilt: M = arithmetisches Mittel; SD = Standardabweichung.

Musikgenres, -titel und -interpreten bzw. -interpretinnen hören, jedoch ist das dahinter stehende Selektionsprinzip oft identisch. Bei Glück/ Freude wählen 18 von den 24 Jugendlichen die Musik nach dem Isoprinzip aus, wollen also stimmungskongruente Musik hören. Auch bei Ruhe/ Gelassenheit ist dies der Fall: 15 Jugendliche wählen Musik entsprechend des Isoprinzips. Bezüglich des Zwecks der Musikauswahl sind die Ergebnisse noch eindeutiger: Sowohl bei Glück/ Freude als auch bei Ruhe/ Gelassenheit wollen 22 von 24 Jugendlichen den Stimmungszustand aufrecht erhalten bzw. ihn mit der Musik unterstützen oder sogar verstärken.

Negative Stimmungen

Bei den negativen Stimmungszuständen Wut/ Ärger und Trauer/ Melancholie ist auffällig, dass sich alle Jugendlichen vorstellen können, Musik zu hören. Auch in diesen Situationen wählen sie Musik primär nach dem Isoprinzip aus: Bei Wut/ Ärger präferieren 16 Jugendliche stimmungskongruente bzw. aggressive und energievolle Musik. Lediglich drei Jugendliche wollen hier kompensatorische Musik hören. Die gleiche Tendenz zeigt sich bei Trauer/ Melancholie: 14 Jugendliche wünschen sich stimmungskongruente und traurige Musik und nur fünf Jugendliche präferieren kompensatorische bzw. fröhliche oder aktivierende Musik. Nach dem Zweck dieser Musikwahl befragt, ergibt sich jedoch ein unterschiedliches Bild: Die Mehrzahl der Jugendlichen (n = 19) will die Wut bzw. den Ärger mit der Musik kompensieren bzw. sich abreagieren. Nur drei Jugendliche wollen diesen Zustand aufrecht erhalten oder verstärken. Bei Trauer/ Melancholie hingegen ist es nur etwa die Hälfte der Jugendlichen (n = 12), die diesen Zustand kompensieren möchte. Zehn Jugendliche können bzw. wollen gegen den Zustand der Trauer und Melancholie nicht ankämpfen, sondern ihn mit der entsprechenden Musik unterstützen und sogar verstärken. Angemerkt sei hier, dass auch bei der letztgenannten Gruppe die Kompensation der Trauer/ Melancholie oft bezweckt wird. Jedoch wird dieses Ziel erst nach einer Verstärkung der Trauerarbeit erreicht.

Aktivitätenkontexte

Beim *romantischen Dinner zu zweit*, das mit der positiven Stimmung der Romantik verbunden ist, verhalten sich Jugendliche ebenso eindeutig wie bei den oben genannten positiven Stimmungen: Nur ein Jugendlicher möchte keine Musik hören. Von den restlichen 23 Personen wünschen sich 20 stimmungskongruente bzw. ruhige, romantische Musik. 22 Jugendliche geben an, damit die romantische Stimmung noch verstärken zu wollen.

Auch bezüglich der *monotonen Hausarbeit* antworten die Jugendlichen übereinstimmend: Nur eine Person verrichtet lästige Hausarbeiten lieber ohne Musik. Von den restlichen 23 Jugendlichen wollen 21 der Monotonie entgegenwirken und hören zu diesem Zweck kompensatorische bzw. abwechslungsreiche und aktivierende Musik.

Die zwei übrigen Aktivitätenkontexte konnten nicht im Sinne des Iso- und Kompensationsprinzips ausgewertet werden, da ihnen kein eindeutiger Stimmungszustand zugeordnet werden konnte. Ob zum Beispiel ruhige Musik bei der langen Autofahrt im Sinne des einen oder anderen Prinzips ausgewählt wird, ist nicht zu entscheiden, da der Autofahrer ruhig *oder* gestresst sein könnte. Trotzdem sollen die Ergebnisse kurz vorgestellt werden:

Nur ein Jugendlicher gibt an, bei einer *langen Autofahrt* keine Musik hören zu wollen. Sieben Jugendliche präferieren entspannt-energiereiche bzw. heitere, fröhliche Musik, ein Jugendlicher entspannt-energielose bzw. ruhige Musik. Bei den restlichen Antworten konnte die angegebene Musik leider nicht eindeutig einer Ausdrucksstimmung zugeordnet werden. 13 Jugendliche bezwecken mit dem Musikhören, die Fahrt weniger monoton zu gestalten und sich zu unterhalten, fünf Personen wollen explizit das Einschlafen und das Ermüden verhindern, sechs Personen möchten mittels der Musik die Sinne schärfen und sich besser auf die Fahrt konzentrieren.

Beim *konzentrierten Arbeiten* will die Mehrzahl der Jugendlichen (n = 15) keine Musik hören. Von den verbleibenden neun Personen will die Mehrzahl (n = 6) entspannt-energielose bzw. ruhige Musik hören. In diesem Sinne geben sechs Jugendliche an, sich mittels der Musik auf die Arbeit konzentrieren zu wollen. Drei Personen beabsichtigen, eine ruhige Atmosphäre zu schaffen.

Folgendes Zwischenfazit kann nach der Auswertung der Jugendlichen gezogen werden:

- Jugendliche hören - außer wenn sie konzentriert arbeiten - in allen Situationen Musik.
- In positiven Stimmungskontexten der Romantik, der Freude und der Ruhe wird stimmungskongruente Musik ausgewählt, um die jeweiligen Zustände zu unterstützen.
- Bei Wut und Ärger reagieren sich die Jugendlichen mit aggressiver Musik ab.
- Bei Trauer und Melancholie wählen Jugendliche mehr traurige als freudige Musik aus. Jede zweite Person möchte (zumindest eine Weile) diese Stimmung ausleben und mit Musik unterstützen.

Der situative Umgang mit Musik: Unterschiede zwischen Jugendlichen, arbeitenden Erwachsenen sowie Rentnerinnen und Rentnern

Wenn sich Jugendliche vornehmlich in einer Anstiegs- und Plateauphase und Erwachsene in einer Abschwungphase in Bezug auf den Kontakt mit

Musik befinden, dann sollte sich dies auch in der allgemeinen Musiknutzung wiederspiegeln. Da wir im standardisierten Teil der Befragung hierzu ein paar Fragen gestellt hatten, wollen wir zunächst einmal überprüfen, ob Musik im Leben der Jugendlichen tatsächlich quantitativ und qualitativ einen anderen Stellenwert hat. Tabelle 2 zeigt, dass Jugendliche die allgemeine Bedeutung von Musik in ihrem Leben auf einer Skala von 1 (Musik ist mir sehr wichtig) bis 6 (Musik ist mir gar nicht wichtig) im Mittel höher einschätzen (*M* = 1,5) als arbeitende Erwachsene (*M* = 1,8) und Rentnerinnen und Rentner (*M* = 1,9). Auf einer Skala von 0 (musiziere nie) bis 6 (musiziere täglich) geben die Jugendlichen überdies an, häufiger selbst zu musizieren (*M* = 1,8) als die Erwachsenen (*M* = 1,7) und die Rentnerinnen und Rentner (*M* = 0,6).

	Jugendliche (n = 24)		Arbeitende Erwachsene (n = 91)		Rentnerinnen und Rentner (n = 35)		Gesamt (n = 150)	
Allgemeine Bedeutung von Musik	M	1,5	M	1,8	M	1,9	M	1,8
	SD	0,7	SD	0,8	SD	0,9	SD	0,8
Häufigkeit des Selbstmusizierens	M	1,8	M	1,7	M	0,6	M	1,5
	SD	2,0	SD	1,9	SD	1,3	SD	1,8
tägl. Hördauer (in Min.)	M	269	M	220	M	212	M	226
	SD	166	SD	191	SD	214	SD	192

Tab. 2: Allgemeiner Umgang mit Musik

Die Tatsache, dass sich bezüglich des Selbstmusizierens eigentlich nur die Rentnerinnen und Rentner nennenswert von den Jugendlichen unterscheiden, weist auf einen Generationseffekt hin. Wahrscheinlich bekam die Generation der heutigen Rentnerinnen und Rentner, die zu Kriegszeiten ihre entscheidenden Sozialisationsjahre durchlebte, damals kaum die Gelegenheit, ein Instrument zu erlernen.

Vergleicht man die täglichen Hördauern, so unterscheiden sich die Jugendlichen nun wieder nennenswert von beiden anderen Gruppen. Während Jugendliche viereinhalb Stunden Musik pro Tag konsumieren (*M* = 269 Minuten), so hören die arbeitenden Erwachsenen (*M* = 220 Minuten) und die Rentnerinnen und Rentner (*M* = 212 Minuten) im Durchschnitt weniger als vier Stunden täglich. Obwohl sehr hohe Standardabweichungen der letzten beiden Gruppen diese Aussage relativieren, deuten diese Ergebnisse dennoch darauf hin, dass Musik tatsächlich eine höhere Bedeutung im Leben Jugendlicher spielt, und zwar in quantitativer wie auch in qualitativer Hinsicht.

Musikauswahl	Jugendliche	Arbeitende Erwachsene	Rentnerinnen und Rentner	Gesamt (n)
Keine	0	34	16	50
nach keinem Prinzip	5	15	8	28
nach Isoprinzip	16	34	5 *	55
nach Kompensationsprinzip	3	8	6 *	17
Gesamt (n)	24	91	35	150

Tab. 3: Art der Musikauswahl bei Wut/ Ärger[7]

Beim situativen Umgang mit Musik unterscheiden sich Jugendliche bezüglich der abgefragten Aktivitätenkontexte und der positiven Stimmungszustände Glück/ Freude und Ruhe/ Gelassenheit nicht nennenswert von den arbeitenden Erwachsenen und den Rentnerinnen und Rentnern. Interessant ist allerdings der Vergleich bei den negativen Stimmungen. Tabelle 3 ist zu entnehmen, inwieweit die Gruppen unterschiedlich Musik auswählen, wenn sie wütend/ verärgert sind. Alle Jugendlichen möchten - wie oben bereits erläutert - in dieser Situation Musik hören. Bei den arbeitenden Erwachsenen sind es über ein Drittel (34 von 91 Personen), bei den Rentnerinnen und Rentnern fast die Hälfte (16 von 35 Personen), die sich nicht vorstellen können, in einer solchen Situation Musik zu hören. Es scheint, als ob mit steigendem Alter auf alternative Möglichkeiten, mit Wut und Ärger umzugehen, ausgewichen wird. Wenn die Rentnerinnen und Rentner jedoch auf Musik zurückgreifen, dann geschieht dies im Vergleich zu den anderen Gruppen tendenziell nach einem anderen Prinzip. Während die Jugendlichen (16 zu 3 Personen) und die arbeitenden Erwachsenen (34 zu 8 Personen) eher stimmungskongruente, aggressive Musik präferieren bzw. bei der Auswahl nach dem Isoprinzip vorgehen, lieben es die älteren Personen weniger aggressiv (5 zu 6 Personen). Sie wählen Musik eher nach dem Kompensationsprinzip bzw. ruhigere Musik aus (vgl. Tabelle 3).

Dass jedoch alle Gruppen mit ihrer Musikauswahl eher eine Kompensation der Wut und des Ärgers bezwecken, wird durch das Zahlenverhältnis in Tabelle 4 deutlich. Obwohl Jugendliche sowie Rentnerinnen und Rentner grundlegend andere Musik hören, verwundert es, dass beide die Stimmung kompensieren möchten. Dies könnte zum einen dadurch erklärt werden,

7 * $p < .05$. Ein Chi-Quadrat-Test wurde gerechnet, der jedoch die untersuchten Gruppen bezüglich ihres Prinzips der Musikauswahl nicht auf Gleichverteilung überprüfte, sondern mit den Randhäufigkeiten verglich. In diesem Fall zeigten die Rentner bzw. Rentnerinnen ein signifikant anderes Auswahlverhalten, da das Verhältnis von 5 Fällen, die nach dem Isoprinzip vorgingen, gegenüber 6 Fällen, die entsprechend des Kompensationsprinzips auswählten, sich systematisch von dem Verhältnis von 55 zu 17 der Gesamtstichprobe unterschied. Die signifikanten Ergebnisse in den nächsten Tabellen sind entsprechend zu lesen.

dass die Jugendlichen einen anderen Stimmungszustand beim Vorlesen der Vignette assoziiert haben. Eine andere Lesart der Zahlen wäre, bei den Rentnerinnen und Rentnern eine „echte“ direkte Kompensation anzunehmen, während die Jugendlichen beim Abreagieren ihre Wut und ihren Ärger in der Regel durch den Musikeinsatz im ersten Moment sogar verstärken, um anschließend über diesen „Umweg“ in einen ruhigen, ausgeglichenen Zustand zu gelangen. So gesehen hätte man die Antworten der Jugendlichen, wenn sie im Sinne des Abreagierens ausfielen, auch als Isoprinzip vercoden können. Auffällig ist weiterhin, dass die arbeitenden Erwachsenen vergleichsweise oft explizit geantwortet haben, sie wollten ihre Wut und ihren Ärger mit Musik verstärken. Bei ihnen scheint die Kompensation am wenigsten erwünscht. Vielleicht sind die Zahlen auch Ausdruck dessen, dass arbeitende Erwachsene oft Ärger im Beruf haben, der durch Musikhören nicht zu beheben ist.

	Jugendliche	Arbeitende Erwachsene	Rentnerinnen und Rentner	Gesamt (n)
Zweck uneindeutig	2	6	2	10
Stimmung beibehalten	3	13	2	18
Stimmung kompensieren	19	38	15	72
Gesamt (n)	24	57	19	100

Tab. 4: Zweck der Musikauswahl bei Wut/ Ärger

Musikauswahl	Jugendliche	Arbeitende Erwachsene	Rentnerinnen und Rentner	Gesamt (n)
Keine	0	14	8	22
nach keinem Prinzip	5	25	8	38
nach Isoprinzip	14	33	8 *	55
nach Kompensationsprinzip	5	19	11 *	35
Gesamt (n)	24	91	35	150

Tab. 5: Art der Musikauswahl bei Trauer/ Melancholie[8]

Auch bei Trauer und Melancholie unterscheiden sich Jugendliche von den beiden anderen Gruppen, indem sie eher zu Musik greifen (vgl. Tabelle 5). Alle Jugendlichen können sich vorstellen, in diesem Stimmungszustand Musik zu hören. 14 arbeitende Erwachsene und acht Rentnerinnen und Rentner wollen dagegen auf Musik verzichten. Jugendliche tendieren auch am stärksten dazu, in traurigen und melancholischen Zuständen traurige

8 Für Tabelle 5 und 6 gilt: * $p < .10$

und melancholische Musik zu hören. Während drei von vier Jugendlichen hier stimmungskongruente statt stimmungskontrastierender Musik präferieren (14 zu 5 Personen), sind es bei den arbeitenden Erwachsenen nicht einmal zwei von drei (33 zu 19 Personen). Die Rentnerinnen und Rentner wählen sogar eher fröhliche Musik nach dem Kompensationsprinzip aus (8 zu 11 Personen).

Die deutlichsten Unterschiede zeigt Tabelle 6: Während Jugendliche (10 zu 12 Personen) und arbeitende Erwachsene (36 zu 36 Personen) jeweils zu ca. 50 Prozent mit ihrer Musikauswahl beabsichtigen, die Trauer zu unterstützen und zu verstärken, gehen die älteren Menschen hier streng kompensatorisch vor (4 zu 21 Personen). Nur vier Rentnerinnen und Rentner wollen die Trauer beibehalten, der Rest setzt die Musik im Sinne einer positiven Stimmungsmanipulation ein.

	Jugendliche	Arbeitende Erwachsene	Rentnerinnen und Rentner	Gesamt (n)
Zweck uneindeutig	2	5	2	9
Stimmung beibehalten	10	36	4 *	50
Stimmung kompensieren	12	36	21 *	69
Gesamt (n)	22	77	27	128

Tab. 6: Zweck der Musikauswahl bei Trauer/ Melancholie

Es stellt sich die Frage, wieso ältere Menschen in Trauer und Melancholie mit Musik so instrumentell umgehen, wenn sie dieses Verhalten bei Wut und Ärger nicht an den Tag legen. Abgesehen davon, dass die Umfänge der Teilstichproben, die diesen Ergebnissen zugrunde liegen, keine Verallgemeinerung der Verhaltensunterschiede legitimieren, sind überdies unterschiedliche Lesarten bzw. Interpretationen der Ergebnisse möglich. Eine uns plausible Interpretation des letzten Ergebnisses wollen wir anbieten: Vielleicht sind es oft kleinere Anlässe, die Wut und Ärger zur Folge haben und die auch ohne Musik gut zu verarbeiten sind. Wut und Ärger werden überdies den Emotionen und nicht den Stimmungen zugerechnet. Sie sind also eher von kürzerer Dauer, haben einen konkreten Ausgangspunkt und beziehen sich meist auf andere Personen (Schwarz/ Clore 1996). Sucht man mit diesen Personen das klärende Gespräch, können die Emotionen oft sehr einfach und schnell abgebaut werden. Musik ist hierzu nicht unbedingt notwendig. Anders bei Trauer und Melancholie: Sie werden den länger andauernden Stimmungen zugerechnet, die auch ohne konkreten Anlass oder eine entsprechende Aktion einer anderen Person eintreten können (Schwarz/ Clore 1996). Zum Beispiel könnte sich Trauer über Jahre hinweg entwickeln, wenn ältere Menschen lange Zeit allein leben und keinen Kontakt zu anderen Personen haben. In solchen Lebensphasen könnte es helfen, sich zumindest für ein paar Stunden fröhlicher Musik zuzuwenden, um den deprimierenden Alltag für eine Zeit zu vergessen. Wir wollen nicht so weit gehen, die intensive Nutzung von Schlagermusiksendungen im Fernsehen oder entsprechender Radiosender allein darauf zurückzuführen (hier spielt der Generationseffekt bzw. die Tatsache, dass die Rentnerinnen und Rentner mit dieser Musik eher als die Jugendlichen aufgewachsen sind, sicher eine größere Rolle), aber die Erklärung sollte als zentrales Nutzungsmotiv nicht ausgeschlossen werden.

Die Jugendlichen haben ein sehr enges emotionales Verhältnis zur Musik. Das zeigt sich darin, dass sie in jeder Situation eher zu der Musik greifen, die ihrer momentanen Stimmung am besten Ausdruck verleiht: Sind sie traurig, hören sie traurige Musik, sind sie glücklich, hören sie fröhliche Musik, sind sie wütend, hören sie aggressive Musik, sind sie ausgeglichen, hören sie ruhige Musik. Diese Tendenz lässt vermuten, dass Jugendliche im Gegensatz zu älteren Menschen die Musik in ihrem Bewusstsein weniger zweckgerichtet einsetzen. Dass sie bei Wut und Ärger zu aggressiver Musik greifen, könnte zwar auch im Sinn einer gewissen Zweckmäßigkeit interpretiert werden, denn immerhin bauen die meisten Jugendlichen dadurch ihre Aggressionen ab. Ob die Musik jedoch bewusst dazu eingesetzt wird oder ob die Jugendlichen vielleicht doch eher instinktiv handeln, kann nicht geklärt werden. Für den zweiten Fall und damit auch für die These, dass Jugendliche Musik weniger zweckgerichtet einsetzen als Erwachsene, sprechen aber weitere Ergebnisse. In einer Stimmung der Trauer und Melancholie zu fröhlicher Musik zu greifen, um anschließend vielleicht besser gestimmt zu sein, erfordert unserer Meinung nach eine gewisse Überwindung und ein bewusst gesteuertes Handeln. Ältere Menschen tun dies nach unseren Ergebnissen in höherem Maße, betreiben also eher eine aktive Stimmungsregulation. Jugendliche scheinen hierzu in diesem Ausmaß noch nicht in der Lage zu sein und geben sich in der Mehrzahl ihrer Trauer und Melancholie hin.

Unsere Ergebnisse und Interpretationen sollten ein erster Schritt und Ansporn für weitere Forschung auf diesem Gebiet sein, das unseres Erachtens nur dann empirisch angemessen erschlossen werden kann, wenn man entwicklungspsychologische sowie musikpsychologische und -soziologische Überlegungen und Erkenntnisse in Zusammenhang bringt.

Literatur

Behne, Klaus-Ernst (1984): Befindlichkeit und Zufriedenheit als Determinanten situativer Musikpräferenzen. In: Jahrbuch Musikpsychologie, 1, 7-21.

Behne, Klaus-Ernst (1986): Die Benutzung von Musik. In: Jahrbuch Musikpsychologie, 3, 11-31.

Dollase, Rainer (1992): Mit 25 ist alles vorbei. Zur Entwicklungspsychologie jugendlichen Musikinteresses. In: Das Orchester, 40:4, 426-429.

Dollase, Rainer (1997): Musikpräferenzen und Musikgeschmack Jugendlicher. In: Baacke, Dieter (Hrsg.): Handbuch Jugend und Musik. Opladen: Leske + Budrich, 341-368.

Gembris, Heiner (1990): Situationsbezogene Präferenzen und erwünschte Wirkungen von Musik. In: Jahrbuch Musikpsychologie, 7, 73-95.

Konečni, Vladimir J. (1979): Determinants of aesthetic preference and effects of exposure to aesthetic stimuli: Social, emotional, and cognitive factors. In: Progress in Experimental Personality Research, 9, 149-197.

Konečni, Vladimir J. (1982): Social interaction and musical preference. In: Deutsch, Diana (Hrsg.): The psychology of music. New York, London: Academic Press, 497-516.

Knobloch, Silvia/ Zillmann, Dolf (im Druck): Mood management via the digital jukebox. In: Journal of Communication.

Müller, Renate (2001): Call for Papers: Herbsttagung „Jugend, Musik und Medien" der Sektionen Jugendsoziologie und Medien- und Kommunikationssoziologie der DGS in Kooperation mit dem Interdisziplinären Zentrum für Medienpädagogik und Medienforschung (IZMM) an der PH Ludwigsburg, 4./ 5. Oktober 2001.

North, Adrian C./ Hargreaves, David J. (1996): Situational influences on reported musical preference. In: Psychomusicology, 15, 30-45.

Schaub, Stefan (1981): Zum Einfluß situativer Befindlichkeit auf die musikalische Erwartung. In: Musiktherapeutische Umschau, 2:4, 267-275.

Schramm, Holger (im Druck): Musikrezeption und Radionutzung. In: Vorderer, Peter/ Mangold, Roland/ Bente, Gary (Hrsg.): Lehrbuch der Medienpsychologie. Göttingen: Hogrefe.

Schwabe, Christoph (1978): Methodik der Musiktherapie und deren theoretische Grundlagen. Leipzig: Barth.

Schwarz, Norbert/ Clore, Gerald L. (1996): Feelings and phenomenal experiences. In: Higgins, Edward T./ Kruglanski, Arie W. (Hrsg.): Social psychology. Handbook of basic principles. New York: The Guildford Press, 433-465.

Thayer, Robert E. (1996): The origin of everyday moods: Managing energy, tension, and stress. New York, Oxford: Oxford University Press.

Vorderer, Peter/ Schramm, Holger (im Druck): Musik nach Maß. Situative und personenspezifische Unterschiede bei der Selektion von Musik. In: Jahrbuch Musikpsychologie.

Eckart Müller-Bachmann

Neues im jugendkulturellen Raum? Kulturelle Positionen Jugendlicher

Einleitung: Musikzentrierte Jugend(kulturen)

Musik - und insbesondere Popmusik - nimmt einen zentralen Platz in der Freizeit der meisten Jugendlichen ein und zwar in quantitativer[1] als auch - und insbesondere - in qualitativer Hinsicht. Jugendliche hören die von ihnen präferierte Musik und auch andere Stile und Genres nicht völlig bedeutungs- und voraussetzungslos, sondern Musik lässt sich als „Bestandteil ihrer Existenzerfahrung“ (Baacke 1997, 14) begreifen.

Pauschal gesprochen, stellt Musik ein Verständigungsmedium für Jugendliche untereinander dar. Sowohl in Gesprächen als auch in der aktiven Aneignung - dem gemeinsamen Hören, Tanzen, Mitsingen, Texte lesen, Interpretieren, Übersetzen, sich bei Musik Schminken und Verkleiden etc. (Sander 1999, 227) - lässt sich Musik als erweitertes Ausdrucksmedium Jugendlicher fassen. Die durch die Musik transportierte Emotionalität, die gleichzeitig ggf. die individuellen Gefühle der einzelnen Jugendlichen verstärkt oder sie kanalisiert, und die Einstellungsmuster zu ganz unterschiedlichen Themenkreisen befähigen den einzelnen Jugendlichen, einen Anschluss an die Gefühle und Einstellungen anderer Jugendlicher zu finden. Kurz: Musik ermöglicht dem (jungen) Individuum aus der Isolation herauszutreten und eine verbindende Solidarität mit Gleichaltrigen zu erfahren.

Nach der Theorie des sozialen Gebrauchs von Musik (Müller 1990) werden Musikstile von Jugendlichen aber nicht nur aus individuellen Motiven genutzt, sondern auch - und insbesondere - aus sozialen. Demzufolge hängen die Rezeptions- und Aneignungsmodi der ausgewählten Musik stark von den soziokulturellen Kontexten ab, in denen sich Jugendliche bewegen und in denen der Musik eine bestimmte soziale Bedeutung und Symbolfunktion zugeschrieben wird. Geäußerte oder symbolisierte Musikpräferenzen kön-

1 Das Zeitbudget, das zur Nutzung von Tonträgern (Schallplatte, Kassette, CD, Tonband) aufgebracht wird, ist in den Altersgruppen der 14 – 19-Jährigen und der 20 – 29-Jährigen ein hohes: Im Jahr 2000 verbrachten die 14 – 19-Jährigen täglich 186 Minuten mit der Nutzung von Tonträgern, die 20 – 29-Jährigen sogar 254 Minuten (Media Perspektiven, Basisdaten 2000, 68).

nen derart als ein individuelles Bemühen verstanden werden, die kulturelle Umwelt durch Bezugnahme auf die Peergroup zu verstehen und zu strukturieren (Behne 1997, 345). Mit der Bevorzugung aber auch Ablehnung bestimmter Musikstile können Jugendliche folglich auch signalisieren, dass sie sich einem jugendkulturellen Stil zugehörig empfinden und sich somit gleichzeitig von anderen abgrenzen. Dieser Moment der (jugend)kulturellen Selbstpositionierung ist ein zentraler im Kontext der jugendlichen Musikaneignung und der Bekundung von Präferenzen für und zumeist auch gegen bestimmte Musik- und damit verknüpfte jugendkulturelle Stile.

Fokus und Vorgehensweise

Im folgenden Beitrag soll das Moment der (jugend-)kulturellen Selbstpositionierung in zwei Schritten nachgezeichnet werden. Zunächst soll in der Zusammenschau deskriptiver Daten aus drei empirischen Studien jüngeren Datums aufgezeigt werden, welchen musikbezogenen jugendkulturellen Stilen sich bundesrepublikanische Jugendliche zugehörig empfinden und ob sich anhand dieser zeitgebundenen Selbstpositionierungen Veränderungen im jugendkulturellen Raum nachweisen lassen. Dabei werden (fast) nur solche jugendkulturellen Stile fokussiert, die sich als „genuin musikbezogen" (Müller-Bachmann 2002) charakterisieren lassen.

In einem zweiten Schritt werden diese deskriptiven Daten durch die Positionen und Einstellungen Jugendlicher ergänzt, wenn sie einen aktuellen - „jugendkulturell besetzten" - Musikstil beurteilen. Am Beispiel des Techno (und House) soll gezeigt werden, dass Jugendliche diesem Stil - wie anderen auch - eine breite Palette negativ wie positiv besetzter Bedeutungen zuschreiben. Diese Beurteilungen werden von vielen Jugendlichen nicht ausschließlich auf die Musik selbst, sondern ebenso auf die eigenen Lebenszusammenhänge bezogen. Sowohl die heterogenen Einschätzungen als auch die stetige Ausdifferenzierung verschiedener Genres samt deren Stilnuancen verweisen auf die Pluralisierung musikbezogener jugendkultureller Stile. Gleichzeitig eröffnen sich für Jugendliche zahlreiche Aspekte der (jugend-)kulturellen Distinktion.

(Historischer) Hintergrund

Angeregt durch die Forschungen des Centre for Contemporary Cultural Studies (CCCS) zu britischen Jugendsubkulturen wurde in der deutschen Soziologie ab Anfang der 80er Jahre Unterscheidungsmerkmalen jugendlicher Lebenszusammenhänge, die ihren Ursprung in der Sozialstruktur der Gesellschaft nahmen und verzerrt in den jugendkulturellen Stilen zum Ausdruck kamen, verstärktes Interesse entgegengebracht.

Die Anhänger der britischen Jugendsubkulturen und deren kulturelle Praktiken wurden von den Forschenden des CCCS in der Tradition anthropologischer Feldforschung analysiert. In diesen qualitativ ausgerichteten Studien wurden die szenespezifischen Binnenperspektiven einer jeweiligen (jugend-)kulturellen Szene samt deren Träger beobachtet und analysiert. Allerdings ließen die Ergebnisse keine oder kaum Rückschlüsse auf die „Normalos" oder „Stinos" und deren proportionale Ausprägung zu den (jugend-)kulturellen Stilanhängern zu.

Um ein repräsentatives Abbild der (jugend-)kulturellen Ausrichtung *aller* bundesrepublikanischen Jugendlicher zu erlangen, wurden diese seit der Shell-Jugendstudie 1981 - und seit der des Jahres 1985 auch die „Postadoleszenten" - gebeten, sich selbst im jugendkulturellen Raum zu positionieren. Durch Zufallsstichproben wurden Jugendliche ausgewählt und mit standardisierten Instrumenten zu öffentlichen Gruppenimages befragt. Dabei wurde davon ausgegangen, dass öffentliche Stile allen Jugendlichen „einen Orientierungsrahmen für die alltagskulturelle Selbst- und Fremdverortung" (Strzoda/ Zinnecker/ Pfeffer 1996, 60) im jugendkulturellen Raum zur Verfügung stellen.

In den seit 1981 verwendeten „Hit- und Hasslisten" sollten die (Post-)Adoleszenten Präferenzen, Sympathien und Abneigungen für unterschiedliche, dem jeweiligen Untersuchungszeitraum der Studien entsprechend aktuelle oder „modische" Gruppenstile kundtun. Seit 1981 orientierte sich die Auswahl der abgefragten Gruppenstile an der Dreiteilung des CCCS hinsichtlich jugend- und subkultureller Erscheinungen. Gefragt wurde nach Zustimmung und Ablehnung für 1) mehrheitsfähige allgemeine Jugendkulturen (Fan-Kulturen); 2) dauerhafte expressive Ausdrucksstile von Subkulturen (Punks, Skinheads, Rocker etc.) und 3) politische Gegenkulturen (Soziale Protestbewegungen). In den Folgejahren und weiteren Shell-Jugendstudien kamen dann Skalen zu 4) aktuellen modischen Stilen der Jugendkultur (Popper, Techno, etc.); 5) Stilen mit kulturellen Tabuthemen, insbesondere Gewalt und Tod (neue Jugendreligionen, Grufties, etc.) und 6) modischen Sport- und Bewegungskulturen (Jogging, Bodybuilding etc.) hinzu.

Jugendkulturelle Selbstpositionierungen: Generelle Trends

Im Zeitreihenvergleich der Shell-Jugendstudien von 1981 bis zum Jahre 1997 lassen sich einige generelle Trends der Partizipation Jugendlicher an öffentlichen Gruppenstilen ausmachen: Bei einem deutlichen Rückgang in der aktiven Teilnahme an politischen Gegenkulturen und den „Neuen Sozialen Bewegungen" (Frauen-, Friedens-, Anti-Atomkraftbewegung etc.), bei gleichzeitig ansteigender „passiver" Sympathie für diese in den 90er Jahren wachsen seit 1991 die Zugewinne auf der Identifikations- und Sympathieskala für kommerzialisierte Freizeitkulturen - beispielsweise die Discofans - und für Fankulturen: Insbesondere die Musikgruppen sich wandelnder Couleur sind seit 1991 „ein jugendkultureller Dauerbrenner“ (Fritzsche 1997, 369). Zugleich sympathisieren die Jugendlichen mit mehreren Gruppenstilen gleichzeitig, identifizieren oder legen sich aber seltener auf einen einzigen fest.

Die Teilnahme an öffentlichen Gruppenstilen ist stark an das (junge) Alter gebunden. So bekennen sich ungefähr 80% der zwischen 13- und 18-Jährigen zu einem oder mehreren Stilen und ab dem 19. Lebensjahr nimmt dann der Anteil derjenigen zu, die sich keinem Stil mehr zugehörig empfinden. Gleichzeitig ist die Partizipation mit zunehmendem Alter eher eine männliche als eine weibliche Domäne und ostdeutsche Jugendliche beteiligen sich häufiger an Gruppenstilen als ihre westdeutschen Altersgenossen. Schließlich sind es weniger die Jugendlichen mit hohen als vielmehr die mit mittleren und niedrigen (antizipierten) Bildungsabschlüssen, die an den öffentlichen Gruppenstilen aktiv teilhaben (Fritzsche 1997).

„Jugend 1996“

Jugendkulturelle Stilgruppen	rechne mich selbst dazu*	Gegner/ Feinde von mir*
Fans von Musikgruppen	23,5%	7,2%
Discofans	18,5%	9,4%
Raver/ Raves	5,5%	24,1%
Hip-Hop/ Rapper	5,3%	26,5%
Streetball	3,9%	16,9%
Skateboarder	3,5%	16,5%
Heavy Metals	3,1%	40,6%
Punk	1,9%	44,2%
Sprayer/ Tagger	1,7%	42,0%
Grufties	1,1%	44,5%
Skinheads	1,0%	83,1%

Tab. 1: Hit- und Hassliste „Jugend 1996“ (N = 1671)[2]

Strzoda, Zinnecker und Pfeffer ermittelten im Jahr 1996 bei insgesamt 1671 bundesdeutschen Jugendlichen deren jugendkulturelle Selbstpositionierungen: Platz eins der jugendlichen Identifikationsskala (*rechne mich selbst dazu*) nehmen - wie für die Shell-Jugendstudien angedeutet - die Fans von

2 Legende: * = Mehrfachnennungen möglich; keine Darstellung der Items *Gehöre nicht dazu/ finde sie ganz gut*, *Gruppe ist mir egal* und *Noch nie gehört* (Darstellung der entsprechenden Items im Original nicht angeführt).

Musikgruppen mit 23,5% ein, dicht gefolgt von den Discofans mit einer Quote von 18,5%. In beträchtlichen Abstand folgen auf Platz drei die Raver (Techno-Anhänger) mit einem Wert von 5,5% der aktiven Identifikation, knapp dahinter auf Platz vier die Anhänger des HipHop - die Rapper - mit einem Wert von 5,3%. Streetball, Heavy Metals, Punks, Sprayer/ Tagger, Grufties und Skinheads liegen im unteren Segment mit geringen Identifikationsquoten zwischen 3,9 und 1% (Tab. 1).

In etwa proportional zu den Identifikationsquoten verhalten sich die Ablehnungsquoten (*Gegner/ Feinde von mir*). D. h. die auf dem letzen Platz abgeschlagenen Skinheads vereinen die höchsten „Hassquoten" auf sich (83,6%), die Gruppenstile der oberen Ränge in der Identifikation stoßen auf die niedrigsten Ablehnungsraten (Fans von Musikgruppen 7,9% und Discofans 9,4%). Die jugendkulturellen Stile der Raver, des Streetball, der Heavy Metals, Punks, Sprayer/ Tagger und Grufties polarisieren die sie bewertenden Jugendlichen relativ stark, hier liegen die Ablehnungsquoten zwischen 16,5% bei den Skateboardern als niedrigstem „Hasswert" und bei den Grufties mit 44,5% als höchstem.

„Jugend 1997"

Jugendkulturelle Stilgruppen	rechne mich selbst dazu*	gehöre nicht dazu/ finde sie ganz gut*	Gegner/ Feinde von mir*
Fans von Musikgruppen	45%	25%	0%
Discofans	31%	30%	0%
Technofans	12%	21%	4%
Punks	1%	11%	11%
Skinheads	1%	2%	35%
Autonome	1%	9%	6%
Faschos/ Neonazis	2%	8%	49%

Tab. 2: Hit- und Hassliste „Jugend 1997"
(N = 2102; Altersmittel 18,2 Jahre)[3]

Ein Jahr später wurden 2102 bundesdeutschen Jugendlichen im Rahmen der Shell-Jugendstudie 1997 in der Bezeichnung weitestgehend übereinstimmende Gruppenstile zur Bewertung vorgegeben. Auch 1997 lassen sich die Fans von Musikgruppen und die Discofans als unangefochtene Spitzenreiter der (Stil-)Identifikation bezeichnen, ihnen folgen die Fans des Techno mit einigem Abstand (HipHop und die artverwandten Stile des Streetball,

3 Legende: * = Mehrfachnennungen möglich; keine Darstellung der Items *Gruppe ist mir egal* und *Noch nie gehört.*

Sprayen/ Taggen und Skateboarding wurden nicht abgefragt, ebenso wenig wie der des Heavy Metal). Die „subkulturellen Ausdrucksstile" der Punks, Skinheads, Autonomen und Faschos/ Neonazis liegen auch 1997 abgeschlagen im unteren Identifikations- und Sympathiebereich (Tab. 2).

Auch 1997 zeigt sich die Kongruenz zwischen Identifikations- und Ablehnungsquoten: Die Discofans und die von Musikgruppen haben überhaupt keine *Gegner/ Feinde*, die Skinheads und Faschos/ Neonazis mit 35% bzw. 49% die meisten.

„(Medien-)Jugend 2000"

Jugendkulturelle Stilgruppen	rechne mich selbst dazu*	gehöre nicht dazu/ finde sie ganz gut*	Gegner/ Feinde von mir*
Fans von Musikgruppen	36,4%	23,5%	2,4%
Discofans	25,9%	25,8%	2,9%
Hip-Hop/ Rapper	16,0%	37,4%	7,0%
Techno/ Raver	12,4%	29,8%	9,2%
Heavy Metals	8,5%	23,4%	8,4%
Streetball	8,4%	37,4%	2,3%
Skateboarder	7,1%	43,3%	3,7%
Punks/ Hardcore	3,9%	23,3%	16,6%
Grufties	3,9%	15,1%	15,6%
Sprayer/ Tagger	3,9%	29,9%	10,2%
Autonome	2,8%	12,8%	6,5%
Faschos/ Neonazis	1,2%	3,5%	69,5%

Tab. 3: Hit- und Hassliste „(Medien)Jugend 2000" (N = 925; Altersmittel 16,8 Jahre)[4]

Nachdem die seit 1981 bestehende Tradition, die bundesdeutschen Jugendlichen alltags- und jugendkulturell populäre Gruppenstile einschätzen zu lassen, in der aktuellen Shell-Jugendstudie des Jahres 2000 aufgegeben wurde, liefert eine Studie von Boehnke und Münch (2001) die aktuellsten quantitativen Daten zur Selbstpositionierung im jugendkulturellen Raum. Im Jahr 2000 wurden 925 jugendliche Mediennutzer aus der gesamtem

4 Legende: * = Mehrfachnennungen möglich; keine Darstellung der Items *Gruppe ist mir egal* und *Noch nie gehört*

Bundesrepublik gebeten, gegenüber jugendkulturellen Stilgruppen Präferenzen und Abneigungen zu äußern (Tab. 3).[5]

Wie in den zuvor skizzierten Studien der Jahre 1996 und 1997 verbuchen auch im Jahr 2000 die Fans von Musikgruppen und die Discofans die höchsten Identifikationsanteile für sich. In der Rangskala der Identifikation schließen sich die „aktuellen" jugendkulturellen Gruppenstile des HipHop und Techno an. Mit einigem Abstand folgt der Gruppenstil des Heavy Metal, der ungefähr die gleichen Identifikationsanteile für sich verbuchen kann wie die „modisch-sportzentrierten" Gruppenstile des Streetball und Skateboarding. Nur noch wenige Jugendliche (jeweils 3,9%) fühlen sich selbst den symbolisch-dissidenten Jugendkulturen des Punk/ Hardcore, den Sprayern/ Taggern oder den Grufties zugehörig. Abgeschlagen auf den letzten Plätzen finden sich die gewaltbereiten Szenen des linken und rechten Spektrums.

Auffällig ist, dass insbesondere die „explizit" musikzentrierten jugendkulturellen Stile der HipHopper/ Rapper, der Raver (Techno), des Heavy Metal, des Punk/ Hardcore und (partiell) der Grufties alle ähnlich hohe Ablehnungsraten verzeichnen. In diesen Ergebnissen spiegelt sich die symbolische Distinktionsfunktion von jugendkultureller Musik in ihrem sozialen Gebrauch für Jugendliche und deren Entwicklungsprozesse wider.

Ebenso wie 1996 und 1997 zeigt auch die 2000er-Befragung, dass Jugendliche sich teilweise mehreren Stilen gleichzeitig zugehörig empfinden. Insbesondere die Bezeichnungen der weitere Stiloptionen einschließenden Fans von Musikgruppen und Discofans - diese beiden Gruppen können als generelle Kategorien jugendlicher Musik-, Tanz- und „Ausgehbegeisterung" verstanden werden - und deren hohe Identifikationswerte lassen vermuten, dass sich hier auch Anhänger und Träger weiterer Gruppenstile „verbergen".

Betrachtet man die generellen Sympathiebekundungen (*gehöre nicht dazu, finde sie ganz gut*) der einzelnen Gruppenstile, so ist auffällig, dass alle Stile (mit Ausnahme der Faschos/ Neonazis) hohe Werte für sich verbuchen können. Ohne auf Einzelheiten eingehen zu können, lässt sich festhalten, dass alle Sympathiewerte (mit Ausnahme der Grufties) durchweg höher als die Ablehnungsraten sind. Diese hohen Zustimmungsraten lassen zunächst auf einen generellen Bekanntheitsgrad und eine allgemeine Toleranz gegenüber den abgefragten jugendkulturellen Gruppenstilen schließen. Des Weiteren symbolisieren diese hohen Zustimmungsraten für mehrere unterschiedliche Gruppenstile einen generell individualistischen Umgang mit diesen, die befragten Jugendlichen zeigen Interesse und Sympathie für meh-

5 Im Rahmen der von der Deutschen Forschungsgemeinschaft finanzierten Studie zur Entwicklungsfunktionalität der Mediennutzung im Jugendalter erhob der Autor dieses Beitrages die im Folgenden präsentierten Daten.

rere Stile gleichzeitig. Insgesamt polarisieren im Sample der Mediennutzer die populären Stile wenig - die befragten Jugendlichen sind keine dogmatischen Anhänger *eines* Stils.

In den folgenden Abschnitten soll gezeigt werden, dass bereits ein einzelner jugendkultureller bzw. musikspezifischer Stil äußerst heterogene Bezugspunkte in den jugendlichen Lebenswelten eröffnet und verschiedenartige Facetten dieses Stils gleichzeitig Objekte der Identifikation, der Distanzierung und der symbolischen Distinktion sein können. Berücksichtigt man zudem, dass weitere Stile jeweils ähnlich heterogene Bezugspunkte in den jugendlichen Lebenswelten eröffnen und dass sich Jugendliche generell weniger auf einen Stil festlegen, so mag ein Eindruck von der Pluralität jugend- und musikkultureller Lebenswelten entstehen.

Techno: Positionen Jugendlicher

Die Befragten des Samples der Mediennutzer des Jahres 2000 wurden zusätzlich zur Selbstpositionierung darum gebeten, die Musikstile des Techno und House in wenigen Worten und Sätzen zu charakterisieren. Insgesamt antworteten 702 Probanden. Geht man mit Hitzler und Pfadenhauer (2001, 5) davon aus, dass europaweit mehr als zehn Millionen Jugendliche regelmäßig Techno-Veranstaltungen besuchen und nochmals zehn Millionen Jugendliche existieren, die dies gelegentlich tun, so unterstreichen die oben aufgeführten „Tabellenplätze" der Identifikation/ Sympathie mit diesem Stil und die ausgeprägte Bereitschaft der Befragten, sich zu diesem zu äußern, bereits die Popularität bzw. Präsenz desselben.

Die Einschätzungen der Jugendlichen zu den Stilen des Techno/ House lassen sich nach inhaltsanalytischen Kriterien in vier Positionen einteilen:

- Die „ablehnenden Einschätzungen" sind die von 296 Jugendlichen am häufigsten vertretene Position. Hier werden zu großen Anteilen die fehlende Authentizität der elektronischen Musik („keine handgemachte Musik"; „ein paar Knopfdrücke genügen") bzw. die absente konventionelle Instrumentierung („keiner der ‚Musiker' spielt ein richtiges Instrument") angemahnt. Die nicht fassbare diskursive Haltung der Musik bzw. Texte, die „nicht zum Nachdenken anregen", werden ebenso wie mangelnde gesellschaftliche oder persönliche Bezüge bzw. Reflexionsmöglichkeiten beanstandet. Weitere Unterpositionen lassen sich in der Kritik an der „Monotonie" und der sich wiederholenden Patterns („es gibt kaum Unterschiede zwischen den einzelnen Tracks"), an der Kommerzialität vieler Tracks, am Prinzip des Samplings und der „zu ausgeflippt(en)" und mit Drogenkonsum assoziierten Anhänger dieser Szene ausmachen.
- 134 Jugendliche vertreten eine als „tolerant" zu bezeichnende Position. Wenn man sich auch selbst nicht als Fan bezeichnet, so werden den (meisten) Anhängern, der Musik und deren Entwicklung wohlmeinende

Einschätzungen entgegengebracht und interessante Aspekte abgewonnen. Zudem werden die funktionalen Aspekte der Musik hervorgehoben, die im affektiven Bereich liegen und positive Grundstimmungen hervorrufen („Steh ich voll drauf - aber nur zum Tanzen! Abspacen auf Parties eben ...").
- Eine „differenziert positive" Position wird von 102 Jugendlichen eingenommen. Hier steht die Funktionalität der „Partymusik" im Vordergrund, die nur dem außerhäuslichen Tanzvergnügen dient. Dieses Vergnügen wird als gemeinschaftlich geteiltes verstanden. Zudem identifizieren und differenzieren die Befragten dieser Gruppe Techno und House nach verschiedenen Substilen und wollen keine allgemeingültigen Aussagen über deren Grenzen hinaus machen. Ähnlich der ersten Gruppe steht man den expliziten Fans und Anhängern ambivalent bis ablehnend gegenüber.
- Schließlich lassen sich 170 Jugendliche einer genuin „zustimmenden" Position zurechnen. Hier werden ausschließlich positive Assoziationen an Techno und House geknüpft. Neben der Betonung der funktionalen Aspekte („beste Partymusik"; „man muß einfach dazu tanzen"), die vornehmlich als individuelles Vergnügen geschildert werden, stellt diese Gruppe körperbezogene Bezüge her („man spürt den ganzen Körper beim Tanzen"; „die Musik geht direkt in den Körper"). Dazu gehört für die expliziten Fans auch ein entsprechendes Involvement: Nur durch ein starkes „sich einlassen" bedeutet „diese Musik für mich Freiheit" und wird somit als „super zum Abschalten" bewertet. In dieser Gruppe ist dann auch jugendkulturelles Engagement auszumachen, das sich explizit auf die Musik bezieht („Techno und House sind Teil meines Lebens"; „Ich bin seit sechs Jahren dabei"; „Ich will selber DJ werden").

Die heterogenen Positionen der Jugendlichen, die hier nur andeutungsweise skizziert werden können, weisen zahlreiche Bezüge zu medial geprägten und wissenschaftlichen Diskursen zum Phänomen respektive Oberbegriff „Techno" auf. Drei solcher diskursiven Aspekte, die sich sowohl in obigen Bewertungspositionen der Jugendlichen als auch in der sozialwissenschaftlichen Literatur finden lassen, sollen im Folgenden kurz skizziert werden. Sie lassen sich als eine Konkretisierung der jugendlichen Bewertungspositionen lesen und verweisen gleichzeitig auf die distinktiven Aspekte eines stark pluralisierten jugendkulturellen Stils.

Techno-Diskurse

Pluralität

Sowohl die verschiedenen Positionen als auch die heterogenen Assoziationen der Jugendlichen deuten auf die Pluralität der Techno-Szene(n). Hier spiegeln sich Ausdifferenzierungen und Distinktionen innerhalb der Techno-Szene(n), die oft nur aus wirtschaftlichen oder populistischen Motiven als eine Einheit gesehen wird: Beispielsweise grenzen sich ältere von jüngeren Anhänger oder Ravern ab, erstere bevorzugen eher intimere Clubs (im „Underground"), letztere sind häufiger auf Raves oder in Großraumdiskotheken („Mainstream") anzutreffen. Diese Differenzierungen verlaufen aber nicht nur zwischen Altersgruppen oder entlang der Authentizitätskriterien, sondern auch innerhalb vermeintlich homogener Subgenres und deren Anhängern.

In den szene- bzw. subgenretypischen Vergemeinschaftungsformen geht es immer um die Bedeutung und die Inszenierung von Gemeinsamkeiten, aber auch um die Präsentation der Individualität und Distinktion von anderen. Dies kommt in den Techno-Szenen in dialektischer und posttraditionaler Art und Weise zum Ausdruck: Die Pluralisierung der einzelnen Subszenen ist vor dem Hintergrund einer „massenhaften Individualisierung" innerhalb der Techno-Szene(n) zu verstehen. Die Mitgliedschaft ist frei an- und abwählbar und besitzt somit einen ungebundenen, individuellen Charakter. Diese gemeinsame Inszenierung von Individualität ist wiederum in manchen Fällen - wie beispielsweise auf der Love Parade - als Konvention zu bewerten. Hier wird zumindest äußerlich zur Schau getragene Individualität vereinheitlicht und vergesellschaftet. Dieses „massenhafte" Auftreten „der Raver" ist dann für viele jugendliche Anhänger dieses Stils wiederum ein Anlass, sich von der Masse abzugrenzen und die eigene Individualität in Subszenen zu demonstrieren.

Die Ästhetisierung des Körpers

Die äußerlichen Stilisierungen werden in Techno-(Sub-)Szenen - im Gegensatz zu denen vorangegangener Jugendkulturen - hauptsächlich am und durch den eigenen Körper vorgenommen und weniger ausschließlich und dogmatisch durch Kleidung und Accessoires demonstriert. Techno ist eine stark körperbezogene Musik und (Jugend-)Tanzkultur, die direkte körperliche Aktivität herausfordert. Die Ereignisformen von Techno-Veranstaltungen „passen" in eine erlebnisorientierte, sportive und körperfixierte Freizeitgesellschaft. Hier und insbesondere beim Techno erfüllt der Körper eine dreifache Funktion: er ist Inszenierungs-, Ausdrucks- und Kommunikationsmedium (Klein 1999). Im Rahmen von Techno-Veranstaltungen werden gemeinsam erlebte Grenzerfahrungen am und durch den eigenen Körper beim Tanzen erlebt und vermittelt, die mit, aber auch ohne Drogenkonsum in einem tranceartigem Rauschzustand münden können. Diese Erfahrungen werden wiederum gemeinschaftlich, aber auch individuell erlebt.

Zu einem gelungenen Rave oder Clubabend gehört dann auch die massenhafte Tanzbegeisterung der Menge, die sowohl für den DJ als auch für die Menge ein Gütekriterium des Abends darstellt. Diese Massenhaftigkeit macht nach Auskünften von Ravern die „eigentliche“ Qualität eines Raves aus, der eigene Körper wird als Teil eines „Kollektivleibs“ (Klein 1999, 99) empfunden, für dessen Wohlbefinden wiederum der DJ zuständig ist. Im Idealfall - der in den meisten Nächten eintritt - ist es dann so, dass das Publikum nach Verlängerung bzw. unendlicher Fortsetzung des durch Tanz, Masse, Musik und Drogen erreichten Glücksgefühls verlangt.

Diskursferne

Die von den Jugendlichen kritisierte Diskursferne der Techno-Szenen, das gebrochene Verhältnis zu konventionellen Formen der politischen Meinungsäußerung lässt sich als ein spezifisches Generationsphänomen - das der „89er“; der zu Zeiten der deutschen Wiedervereinigung ca. 16 - 20-Jährigen - fassen. Das jugendkulturelle Involvement in Techno-Szenen kann in dieser Perspektive als Abgrenzung von vorangegangenen Generationen und deren Diskursen verstanden werden:

Zunächst wird es als Absetzbewegung von der 68er Generation - oft die der Eltern - und deren als gescheitert empfundenen Idealen gelesen. Des Weiteren kann es als Absetzbewegung oder Nachfolge der 78er Generation - der der Friedens- und Ökologiebewegung - mit ihrem noch nicht ganz gebrochenen Verhältnis zur 68er Generation analysiert werden (vgl. Herma 2001). Im Übrigen existiert - zumindest in idealtypischer Perspektive - gleichzeitig ein umgekehrt negativ oder verständnisloses Verhältnis der 68er bzw. 78er Elternschaft zur technobegeisterten Jugend. Und schließlich lässt sich die diskursive Abstinenz der Techno-Anhänger als Distinktion von einer vorangegangenen, bis zum Ende der 80er Jahre reichenden, in Teilen stark kodierten Popkultur (Post-Punk, New Wave, No Wave, Industrial etc.) interpretieren. Diese verlangte von ihren Anhängern ein reichhaltiges Kanonwissen und schloss (nachrückende) Nicht-Experten aus.

Fazit

Interne und externe Grenzmarkierungen im jugend- und musikkulturellen Raum unterliegen einem Wandel, der sich auf mehreren Ebenen ausmachen lässt. Die Stilisierungen aktueller Jugendkulturen richten sich weniger durch ein symbolisches Aufbegehren gegen die gesellschaftliche Ordnung, sondern deuten vielmehr auf Distinktionen innerhalb der jugendkulturellen Szenen. Gegenwärtig finden innerhalb der gleichen oder der sich oftmals überschneidenden Szenen teilweise sehr angestrengte Distinktionsbemühungen statt, die auf der Popularisierung des eigenen Stils beruhen und sich nur noch dem Trendscout oder Eingeweihten der Szene erschließen. Zusätzlich wechseln Jugendliche in individuellen Entscheidungsprozessen zwischen den einzelnen jugendkulturellen (Sub-)Szenen und Stilen.

Darüber hinaus haben die jugendlichen Stilisierungen einen Bedeutungswandel in ihrer Substanz für die jugendliche Identitätsbildung erfahren. Vor dem Hintergrund sich ebenfalls wandelnder makrosozialer Strukturen und der risikobehafteten Integration Jugendlicher in die Arbeitsgesellschaft kommen jugendkulturellen Vergemeinschaftungsformen besondere Funktionen zu: Sie helfen beispielsweise immer schwieriger und unbestimmter werdende Übergänge von einem Lebensabschnitt zum nächsten zu erleichtern, prekärer werdende Arbeits- und Familienverhältnisse zu kompensieren und individiualisierte Risikostrukturen symbolisch und ästhetisch zu „bearbeiten". Sind die Übergänge aufgrund makrosozialer Risikolagen bei gleichzeitiger gesamtgesellschaftlicher Orientierung an einem Jugendlichkeitsideal in Fragen der Lebensstilwahl ohnehin schon immer schwieriger zu bestimmen (Klein 1999, 64f.), so helfen die kulturellen Selbstinszenierungen Jugendlichen ein Stück Selbstvergewisserung zu erlangen und (das Fehlen) diese(r) Übergänge kulturell auszufüllen. Nicht mehr nur die kategorische Erzeugung von Differenz gegenüber anderen und die Gemeinschaft unter Gleichgesinnten, sondern auch eine ästhetisch-kulturelle „Sinnfindung" aus individuellen, identitätsstiftenden Motiven begründen die Wahl eines bestimmten jugendkulturell orientierten Verhaltens-, Musik- und Lebensstils.

Zu den Techniken in der Erzeugung von Differenz und kulturell orientierter Identitätssuche und -ausbildung gehören in gegenwärtigen Jugendkulturen die sich scheinbar extremer gebärdenden Stilisierungen am und durch den eigenen Körper: Wurden in vorangegangenen Jugendkulturen vornehmlich Gestiken, die Collagierung von Kleidung, neue Redeweisen und Tanzstile konfliktionär erprobt, so ist mittlerweile der Körper das scheinbar letzte „Medium", das durch Bodybuilding, Tattoos, Branding und Piercing geformt und geschmückt, Signalwirkung vermitteln kann. Auch in generations- und geschlechtsspezifischer Perspektive können die körperbezogenen Selbstinszenierungen als ein Distinktion verschaffendes Medium verstanden werden: Insbesondere in der Techno-Szene steht ein neuartiges, generationsspezifisches Geschlechterverhältnis und ein eben solches Körperideal in antagonistischer Position zu den Vorstellungen und Idealen der älteren Generationen.

Zudem lassen sich die Identität generierenden Selbstinszenierungen als symbolisches Handeln ausmachen. Die symbolischen Kreationen schaffen aufgrund der Selbstpositionierungen und Abgrenzungen im jugendkulturellen Raum neue Wege zur persönlichen Identitätsbildung. Grundsätzlich bleibt demnach die Herstellung und die Präsentation von Differenz auf dem Wege der Selbstinszenierung ein identitätsstiftendes Merkmal für Jugendliche. Unter den Bedingungen der „Individualisierung des Erwachsenwerdens" in (post-)modernen Gesellschaften, in denen „die Fragmentierung zu einer zentralen Erfahrungs- und Bewältigungsebene" wird (Stauber 2001, 127), lässt sich Identitätsbildung allerdings nur noch als transistorischer

Prozess begreifen. Vor dem Hintergrund schwindender verlässlicher Wege der Identitätsfindung in (post-)modernen Gesellschaften spiegeln sich diese Suchprozesse insbesondere auf der „Präsentations-, Reflexions- und Darstellungsebene“ (Stauber 2001, 127). Jugendliche suchen sich entsprechende, Autonomie und Distinktion verschaffende Instrumente und Symbole, um die eigene Identität bei gleichzeitiger struktureller Außenstellung zur Gesellschaft festzuschreiben. Jugendkulturelle Stile und insbesondere die Musik stellen nach wie vor solche Instrumente und Symbole zur Etablierung sozialer und individueller Identitäten bereit.

Literatur

Baacke, Dieter (1997): Einleitung. In: Baacke, Dieter (Hrsg.): Handbuch Jugend und Musik. Opladen: Leske + Budrich, 9-26.

Behne, Klaus-Ernst (1997): Musikpräferenzen und Musikgeschmack. In: Bruhn, Herbert/ Oerter, Rolf/ Rösing, Helmut (Hrsg.): Musikpsychologie. Ein Handbuch. Reinbek bei Hamburg: Rowohlt, 339-353.

Boehnke, Klaus/ Münch, Thomas (2001): Radio, Musikfernsehen und Internet in der Entwicklung Jugendlicher. In: Boehnke, Klaus/ Döring, Nicola (Hrsg.): Neue Medien im Alltag: Die Vielfalt individueller Nutzungsweisen. Bd. 2. Lengerich: Pabst Sciences Publishers, 77-100.

Fritzsche, Yvonne (1997): Jugendkulturen und Freizeitpräferenzen: Rückzug vom Politischen? In: Jugendwerk der Deutschen Shell (Hrsg.): Jugend 97: Zukunftsperspektiven, Gesellschaftliches Engagement, Politische Orientierungen. Opladen: Leske + Budrich, 343-377.

Herma, Holger (2001): Generationelle Erfahrung und kollektive Mentalität. Techno als historischer Kommentar. In: Hitzler, Ronald/ Pfadenhauer, Michaela (Hrsg.): Techno-Soziologie. Erkundungen einer Jugendkultur. Opladen: Leske + Budrich, 137-158.

Hitzler, Ronald/ Pfadenhauer, Michaela (2001): Vorwort. In: Hitzler, Ronald/ Pfadenhauer, Michaela (Hrsg.): Techno-Soziologie. Erkundungen einer Jugendkultur. Opladen: Leske + Budrich, 5.

Klein, Gabriele (1999): Electronic Vibration. Pop Kultur Theorie. Hamburg: Rogner & Bernhardt bei Zweitausendeins.

Media Perspektiven (2000): Basisdaten. Daten zur Mediensituation in Deutschland 2000. Frankfurt am Main.

Müller-Bachmann, Eckart (2002): Jugendkulturen Revisited. Musik- und stilbezogene Vergemeinschaftungsformen (Post-)Adoleszenter im Modernisierungskontext. Münster: Lit.

Müller, Renate (1990): Soziale Bedingungen der Umgehensweisen Jugendlicher mit Musik. Theoretische und empirisch-statistische Untersuchung zur Musikpädagogik. Essen: Die Blaue Eule.

Sander, Ekkehard (1999): Medienerfahrung von Jugendlichen in Familie und Peergroup. In: Schell, Fred/ Stolzenburg, Elke/ Theunert, Helga (Hrsg.): Medienkompetenz. Grundlagen und pädagogisches Handeln (Medienpädagogik Bd. 11). München: KoPäd, 220-236.

Stauber, Barbara (2001): Übergänge schaffen. Jugendkulturelle Zusammenhänge und ihre Bedeutung für das Erwachsen(?)werden am Beispiel Techno. In: Hitzler, Ronald/ Pfadenhauer, Michaela (Hrsg.): Techno-Soziologie. Erkundungen einer Jugendkultur. Opladen: Leske + Budrich, 119-136.

Strzoda, C./ Zinnecker, Jürgen/ Pfeffer (1996): Szenen, Gruppen, Stile. Kulturelle Orientierungen im Jugendraum. In: Silbereisen, Rainer K./ Vaskovic, Laszlo A./ Zinnecker, Jürgen (Hrsg.): Jungsein in Deutschland. Jugendliche und junge Erwachsene 1991 und 1996. Opladen: Leske + Budrich, 57-83.

Ralf Hinz

Jugend, Popkultur und Arbeitswelt

Einleitung - die vergessene und verdrängte Welt der Lohnarbeit in der Popmusik

Arbeit als Thema von Songs und Tracks fristet in der Popmusik ein Schattendasein, was sich schon bei einer oberflächlichen Vergegenwärtigung ihrer Titel und Texte feststellen lässt. Die Gründe dafür liegen auf der Hand: ähnlich wie die im literarischen Bereich schriftstellerisch Tätigen sind die Musikerinnen und Musiker keine Arbeitnehmer im üblichen Sinn, die für den zeitlich festgelegten oder auch - wie neuerdings üblich - für den zeitlich flexiblen Verkauf ihrer Arbeitskraft ein Gehalt bzw. einen Lohn empfangen. Wer sich der Musik oder Literatur verschreibt, hat also zunächst einmal wenig mit dem Rhythmus von Arbeit und Freizeit zu tun, der den Tagesablauf der konventionell Beschäftigten in Büros, Läden und Fabriken bestimmt. Nach Verlassen des Arbeitsplatzes richtet sich das Interesse der abhängig Beschäftigten auf all das, was möglichst weit von der Berufssphäre entfernt scheint: die mit dem Berufsleben verknüpfte Mühe, Langeweile, geistige und körperliche Überbeanspruchung und den Zwang möchte man durch das Eintauchen in eine Welt der Abenteuer, Verbrechen, Leidenschaften, Sensationen, aber auch im Rahmen einer als Hobby gepflegten praktischen und handwerklichen Betätigung hinter sich lassen.[1]

1 Im Gegensatz zum konventionellen, eingeschliffenen Hantieren mit stark affektiv besetzten Unterscheidungen wie Arbeitswoche/ Wochenende, Arbeit/ Freizeit, Arbeit/ Hobby bekundet ein zugleich marxistisch geprägter und ästhetisch hochsensibler Intellektueller wie Adorno sein tiefes Befremden über die Aufsplitterung des Lebens in getrennte Sphären: „Wenn die illustrierten Zeitungen über einen jener Matadore der Kulturindustrie berichten, [...] so lassen sie es sich selten entgehen, über die hobbies der Betreffenden mehr oder minder Anheimelndes zu erzählen. Ich erschrecke über die Frage, wenn sie auch mir widerfährt. Ich habe kein hobby. Nicht dass ich ein Arbeitstier wäre, was nichts anderes mit sich anzufangen wüsste, als sich anzustrengen und zu tun, was es tun muss. Aber mit dem, womit ich mich außerhalb meines Berufs abgebe, ist es mir, ohne alle Ausnahme, so ernst, dass mich die Vorstellung, es handele sich um hobbies, also um Beschäftigungen, in die ich mich sinnlos vernarrt habe, nur um Zeit totzuschlagen, schockierte, hätte nicht meine Erfahrung gegen Manifestationen von Barbarei, die zur Selbstverständlichkeit geworden sind, mich abgehärtet." (Adorno 1969, 58).

Angetrieben davon, sich im Medium der Popmusik darzustellen und auszudrücken, abgestoßen von tatsächlicher oder auch nur imaginierter Arbeitserfahrung, setzen Musikerinnen ihren ganzen Ehrgeiz und ihr lebenskünstlerisches Geschick darauf, sich nur noch ihrer Musik widmen zu können. Schon vor diesem Hintergrund ist die Thematisierung der Arbeitswelt eher unwahrscheinlich. Zum Desinteresse der Konsumenten, die nicht daran erinnert werden möchten, wie der graue Arbeitsalltag aussieht, gesellt sich also der Abstand der Künstlerinnen zur Welt der zeitlich und rechtlich geregelten Arbeitsverhältnisse.

Natürlich ließen sich aus der reichen Geschichte der populären Musik genügend Beispiele für Songs anführen, die das Thema Arbeitswelt in seinen unterschiedlichen Facetten angehen, mithin den Gegenstand einer eigenen Studie abgäben. Dabei könnte man dann u. a. zwischen folgenden Bezugnahmen auf Arbeit differenzieren:

- die Darstellung und Verklärung der harten Arbeit von Bauern, Handwerkern und Arbeitern in der Tradition des Volksliedes (Folk);
- die aufklärerische, agitatorische Thematisierung kapitalistischer Arbeitsverhältnisse seit Beginn der Arbeiterbewegung, bis hin zu Liedermachern und Musikern wie z. B. Hannes Wader und Franz Josef Degenhardt, Billy Bragg und Robert Wyatt;
- das Beschwören der moralischen Dignität der arbeitenden Bevölkerung, deren Stolz auf ihre tendenziell verkannte Leistung für das nationale Gemeinwesen in der Country & Western Musik;
- die trotzige Bekundung der Vitalität der Arbeiterklasse im Mainstream-Rock, z. B. bei Bruce Springsteen (USA) und Jimmy Barnes (Australien);
- die aggressive Wendung gegen Arbeit als Unterdrückung aus einer anarchistischen Bohème Perspektive, die offensive Demonstration von Unlust an geregelter Arbeit im Punk;
- die entfremdungskritische und melancholische Bezugnahme auf (futuristisch antizipierte) Arbeitsverhältnisse im New Wave und Avantgarde-Pop seit den frühen achtziger Jahren.

Abseits dieser Muster steht z. B. *John Lennons* berühmter Song „Working Class Hero"; dort wird nicht - wie man erwarten würde - von einem politischen Aktivisten aus der Arbeiterklasse erzählt, der sich im Kampf gegen die Unterdrückung und Ausbeutung seiner Klasse engagiert, vielmehr blickt *Lennon* mit bitterer Ironie auf sein Bild in den Medien zurück, entlarvt das Ideologische der Geschichte vom möglichen Aufstieg aus kleinen Verhältnissen zum umjubelten Star (Garman 2000, 12f.). Noch bemerkenswerter als die Vielfalt der Thematisierung von Arbeitswelt in Texten der Popmusik scheint jedoch der schon skizzierte Umstand, dass Arbeit nur höchst selten zum Gegenstand in den wirkungsmächtigsten Ausprägungen der populären

Musik wird. Deshalb beschäftigt sich der vorliegende Aufsatz mit der Regel, nicht mit der Ausnahme.

Dazu wird im Folgenden zunächst die Lebenssituation von Jugendlichen, ihre tendenzielle Affinität zur Bohème umrissen, um den fast durchgängig negativen Bezug auf die Arbeitswelt in der Popmusik ein wenig zu erhellen. Anschließend werden einige Schlaglichter auf den Wandel in der Arbeitswelt seit Beginn der siebziger Jahre und den Prozess der Herstellung von Popmusik geworfen. Danach soll im Durchgang durch einige pophistorisch relevanten Stile samt ihrer sub- und jugendkulturellen Anhängerschaft deren jeweiliges Verhältnis zur Arbeit beleuchtet werden. Schließlich werden zwei Thesen vorgetragen, die den Zusammenhang von Jugend, Popkultur und Arbeitswelt unter der Frage thematisieren, ob Popmusik für ihr jugendliches Publikum ein Medium abgibt, das eine kritische Auseinandersetzung mit der Arbeitswelt befördert.

Jugend, Pop und Bohème

Jugendliche bewegen sich im Rahmen ihrer schulischen und universitären Ausbildung in einem institutionellen Gefüge, das sich durch andere disziplinäre Zwänge, Konkurrenzen als die in der Arbeitswelt üblichen und eine zunächst einmal geringere zeitliche Inanspruchnahme der jungen Leute auszeichnet. Entsprechend empfinden viele Jugendliche Schule und Hochschule als Freiraum, der noch für ein paar Jahre vor dem Ernst des Lebens, also der Arbeitswelt, bewahrt. Das schließt nicht aus, dass manche Jugendliche diese Institutionen (vor allem natürlich die disziplinarisch rigidere Schule) zeitweilig oder gar dauerhaft als Zwangsanstalten begreifen und erfahren. Vor allem natürlich, wenn sie aufgrund ihres Habitus als Resultat ihrer sozialen und familiären Existenz sich von den Anforderungen der Bildungsinstitutionen überfordert fühlen, sind sie bestrebt, möglichst schnell diese Sphäre gegen die der Arbeitswelt einzutauschen.

Die meisten Jugendlichen drängt es wohl eher nicht, sich vorzeitig in die Arbeitswelt zu begeben. Mit dem in Jobtätigkeiten selbst erarbeiteten und/ oder mit dem von den Eltern/ Staat zur Verfügung gestellten Geld partizipieren Jugendliche an der Warenwelt, wovon seit den Tagen des frühen Rock ‘n’ Roll ein erheblicher Teil in die Welt der Popmusik und ihrer ästhetischen Inszenierung fließt: Software und Hardware zur Produktion und Reproduktion von Musik, Kleidung, Styling, kostspielige modische Fortbewegungsmittel wie Auto, Roller, Motorrad, etc. Gerade für junge und aufstrebende Acts bilden zumeist Schülerinnen und Schüler sowie Studentinnen und Studenten das Kernpublikum; auch die Musikerinnen und Musiker kommen vielfach, bevor sie sich dann im Zuge erster größerer Erfolge beim Publikum oder durch vertragliche Bindung an ein Unternehmen der Musikindustrie professionalisieren, aus diesem schulischen und studentischen Milieu. Identifizieren sich viele Jugendliche mit der Welt der Musikschaffenden, träumen einige davon oder schaffen es tatsächlich, in diese Welt aufzusteigen, dann dürfte auch ihre Einstellung zur Arbeitswelt eine ähnliche sein.

So verwundert also nicht, dass Arbeit im Sinne wenig glamouröser Berufsarbeit nur selten ausdrücklich als Thema in der Popmusik vorkommt. Stattdessen stehen neben der alles überragenden Bedeutung des Leidens an nicht erwiderter, erkalteter und betrogener Liebe und der Wirrungen sexueller Leidenschaft u. a. folgende Themen im Zentrum von Popmusik: das Leben als Musiker (On-The-Road-Sein), existenziell überhöhte Unzufriedenheit mit der modernen Zivilisation, Hass auf Symbole und Repräsentanten der herrschenden Ordnung (Spießer, Politiker, Medienfiguren), sublimiertes Leiden an der gegenwärtigen Welt (melancholischer Weltschmerz, Einsamkeit), mehr oder weniger verschlüsselte Drogenerfahrungen positiver und negativer Art.

Trotz dieser weitgehenden Ignoranz gegenüber der Arbeitssphäre kann man dennoch die Haltung der Popmusik zur Welt der geregelten Arbeit bestimmen. Die Haltung ist eine fast durchgängig negative. Folgende Möglichkeiten sind u. a. anzutreffen:

- Die Realität des Arbeiten-Müssens wird schlicht ignoriert, statt dessen widmet man sich den Leiden und Freuden der Liebe und anderen traurigen, schönen, aufregenden und seltsamen Dingen des Lebens.
- Das Arbeitsleben gibt die negative Folie ab, auf der die Vergnügungen der Popkultur sich um so attraktiver abheben.[2]
- In seltenen Fällen nimmt man sich der Welt der Arbeit an; sie erscheint dann gewöhnlich als nervtötende, langweilige, entfremdete, durch Fremdbestimmung und Ausbeutung gekennzeichnete.

In einzelnen Fällen kommen Jugendliche zu dem Schluss, es nicht bei der üblichen zeitweiligen Flucht vor der Arbeit zu belassen, wie sie von konventionell Beschäftigten in ihrer Freizeit unternommen wird. Sie lassen sich vielmehr zu einer dauerhaften Flucht hinreißen, wofür sie u. a. das Ausüben von Gelegenheitsjobs, ein Leben auf der Straße, den Verzicht auf feste Wohnung, ein Unterkommen an wechselnden Orten in Kauf nehmen. Die vorherige bürgerliche soll sich in eine Bohème-Existenz verwandeln, die künstlerische Arbeit mit einem von disziplinarischen Zwängen befreiten Leben verknüpft.

2 Man denke z. B. an Filme wie „Saturday Night Fever"; überhaupt an die häufige Bezugnahme auf das Wochenende als Zeitraum, in dem man all das tun kann, was man sich sonst versagt (so lautet z. B. der Hit der Gruppe *Loverboy* aus dem Jahre 1981 „Working for the Weekend").

Zum Wandel der Arbeitsverhältnisse in den letzten 30 Jahren - eine Skizze

Seit ca. 30 Jahren lässt sich ein deutlicher Abbau von Beschäftigung in der klassischen Industrie feststellen, während ein Zuwachs an Arbeitsplätzen in den Bereichen Marketing, Beratung und Dienstleistung zu verzeichnen ist. Dem korrespondiert ein grundlegender Wandel in der Art, wie Menschen in der Privatwirtschaft und in staatlichen Institutionen zu arbeiten haben: Es ist weniger körperbetonte, physisch anstrengende Arbeit zu verrichten, die Beschäftigten sind vielmehr stärker geistig und psychisch gefordert, wobei natürlich die Auswirkungen auch einer solchen scheinbar körperlosen Arbeit weiter körperlich erfahrbar sind. Gehobene Tätigkeiten zeichnen sich dadurch aus, dass deren Ausführung nicht mehr von außen (z. B. durch technische Einrichtungen wie Stempel- und Stechuhren oder Computer), sondern von den Angestellten selbst kontrolliert werden. Die Vorgaben für diese scheinbar stärker selbstbestimmte Arbeit stammen jedoch vom leitenden Management oder übergeordneten Behörden.

Mit den in vielen Bereichen gewandelten Arbeitsverhältnissen geht eine Vermischung dessen einher, was früher deutlich entweder dem Arbeits- oder dem Freizeitbereich zugeordnet war. Beschäftigte in vielen Dienstleistungsberufen können während der Arbeit Musik hören oder fernsehen, sie können ihre Freizeitkleidung während der Arbeitszeit tragen. Den modernen Beschäftigten werden Spielräume gewährt, die jedoch für die Unternehmenszwecke funktional oder zumindest nicht dysfunktional zu sein haben. Die Arbeitskräfte müssen nicht nur Fachkompetenz besitzen, sondern das „Lächeln mit der Stimme" beherrschen, eine gute Ausstrahlung haben und Empathie besitzen. Ihnen wird auferlegt, „sich ständig neue Basisqualifikationen anzueignen und sich nicht nur verstandesmäßig, sondern auch emotional auf das Unternehmen einzulassen" (Möller 2000, 219). Im preislich gehobenen Verkaufs- und Dienstleistungsbereich wird von den Beschäftigten „[...] die Bereitschaft eingefordert, die Aura der Ware (Mode, Geschmack, Lifestyle etc.) und die dazu gehörende Erlebniswelt zu vermitteln und vorzuleben. Gelingt dies, erhöht sich die Nachfrage." (Möller 2000, 220). Um diese Fähigkeiten überzeugend im Berufsalltag ausspielen zu können, haben die Beschäftigten ständig an ihrer „Image-Pflege" zu arbeiten und dafür einen nicht unerheblichen Teil ihrer Einkünfte auszugeben.

She works hard for the money - Popmusik als Arbeitswelt

Musikschaffende, die ein größeres Publikum durch Konzerte und Tonträger erreichen wollen, müssen sich auf die Gepflogenheiten des Musikgeschäftes einstellen. Nicht anders als in anderen Feldern kapitalistisch organisierter Geschäftstätigkeit ist Arbeitskraft (künstlerische Leistung) Kapitalbesitzern oder ihren rechtlich legitimierten ausführenden Organen (Management, Geschäftsführung) zur Verfügung zu stellen, denen dann das entstehende Produkt gehört. Die dabei eingesetzten Arbeitskräfte werden auf rechtlich sehr unterschiedlich ausgestaltete Weise honoriert: z. B. per Künstlervertrag, der zumeist einen Vorschuss auf künftige Tonträgerproduktionen gibt, die noch einzuspielen sind. Der Vorschuss wird dann mit dem erzielten Verkaufserlös verrechnet. Auf der Ebene der Produktion von Tonträgern lassen sich Musikerinnen und Musiker als Angestellte der Plattenfirma betrachten. Als Inhaber von Rechten an den in Plattenform vorliegenden Songs, Tracks (an Text und Komposition) rücken sie in die Rolle der Empfänger von Tantiemen.[3]

Auch nur bescheiden erfolgreiche Musikerinnen und Musiker können zunächst einmal mit dem Vorschuss einer Plattenfirma eine Existenz führen, die ihnen zeitweilig die Zwänge des obligaten Arbeitnehmerdaseins (feste Arbeitszeit, fremdbestimmte Tätigkeit, Kämpfe um den Arbeitsplatzerhalt, um die eigene Position innerhalb der Rangordnung eines Betriebs) ersparen. Sind die einmal ausgehandelten Vorschüsse allerdings erschöpft, werden Musikerinnen und Musiker leicht zum Sozialfall oder müssen sich mit unterbezahlten und aufreibenden Jobs über Wasser halten. Dass sie immer wieder auch auf staatliche Unterstützung (Arbeitslosengeld, Arbeitslosenhilfe, Sozialhilfe) angewiesen sind, wurde im Frühjahr 1998 zum Politikum im *New Labour*-regierten England. Bei Treffen auf höchster politischer Ebene verwies der prominente Label-Chef *Alan McGee* darauf, dass die bisherige Form der Arbeitslosenunterstützung in der Independent-Musikszene als Nachwuchsförderung verstanden werde. Sie hielten dem von der *Blair*-Regierung eingeführten Zwang, die Zahlung von Unterstützung an die Bereitschaft zu binden, unliebsame Beschäftigungsverhältnisse einzugehen, entgegen, dass daraus nichts Gutes für die Zukunft der englischen Popmusik resultieren könne. Enttäuscht über die Hartnäckigkeit der Regierung, den Musikerinnen und Musikern keine Förderung in Gestalt von Arbeitslosengeld zukommen zu lassen, erklärten sie das Gespräch für gescheitert. Doch aus welchem politischen und ökonomischem Kalkül auch immer: Schon im Juni 1998 zeigte *New Labour* ein Einsehen und verabschiedete schließlich Ende Oktober 1999 den „New Deal for Musicians", der arbeitslose Musikerinnen und Musiker nicht zum Berufswechsel drängt, sondern finanzielle Unterstützung zukommen lässt, wenn sie aktive künstlerische Tätigkeit glaubhaft nachweisen können.[4]

3 Vgl. dazu Kap. 2.2 „Produktion, Distribution und Konsumtion der Ware Popmusik" in Hinz (1998, 21-39).

4 Über den Streit zwischen britischer Indie-Musikszene und New Labour informiert folgende Internetseite: http://www.urban75.com/Action/newdeal.html.

Zum Verhältnis von Popkultur und Arbeitswelt in einigen maßgeblichen Stilen der Popmusik

Mods und Beats

Zwar erscheint im bekannten Film „Quadrophenia" die Gruppe *The Who* als eine Lieblingsband der Mods (Kurzform von „Modernists"), doch ihre große Liebe galt dem rauen und schnellen Soul, der später als Northern Soul bezeichnet wurde. Allerdings definierten sich die Jugendlichen dieser vornehmlich britischen Subkultur, die zumeist kleinbürgerlichen Elternhäusern entstammen, nur bedingt über ihre musikalische Vorlieben. Charakteristisch für die Mods war vielmehr, dass sie auf eine für die weitere Entwicklung von Subkulturen folgenreiche Weise das Tragen von schicker (italienischer) Designer-Kleidung (aber natürlich auch der bekannten Parka), kultisch überhöhte Mobilität (Roller) und exzessiven Drogenkonsum (Aufputschmittel) kombinierten.[5] Neben der Abgrenzung gegenüber der Erwachsenenwelt, die bereits für die Rock 'n' Roller charakteristisch war, kommt nun bei den Mods die Abgrenzung gegenüber anderen Jugendkulturen (hier: gegenüber den Rockern aus der Arbeiterklasse mit ihrer Lederkluft und ihren schweren Motorrädern) hinzu (Ullmaier 1999, 60f.). Der unter exzessiven Pop-Fans ohnehin stark ausgeprägte negative Bezug auf die Arbeitswelt verschärft sich bei den Mods: Vom radikalen Hedonismus aufregender, aber sehr strapaziöser Wochenenden fällt das Umschalten auf den Berufs- und Schulalltag naturgemäß sehr schwer. Daraus ergeben sich jedoch vornehmlich individualistische, keine politischen Konsequenzen: Man unternimmt den Versuch, Musiker zu werden, betätigt sich im Drogenhandel oder strebt in moderne kreative Berufe (Werbung, Design).

Gegenkultur und Protest um '68'

Im Zusammenhang der aufkommenden Hippie- und Protestbewegung, die ihre Anhängerschaft vornehmlich im schulischen und studentischen Milieu rekrutiert, wird die in den Subkulturen der Rock 'n' Roller und Mods akzeptierte Trennung zwischen entfremdeter Arbeitswelt und scheinbar unentfremdeter, selbstbestimmter Freizeit nicht einfach als unangenehmer Tatbestand resignativ hingenommen, sondern in kulturrevolutionärer Weise in Frage gestellt. Das Zerfallen des Lebens in mühselige Arbeit und Glück verheißende Freizeit soll überwunden werden. Der Anteil von Frauen an dieser Bewegung ist höher als bei den vorangegangenen subkulturellen

---

Zu den genauen Bestimmungen des „New Deal for Musicians" vgl: http://www.mpg.org.uk/MPG-Education/newdeal.html; die ideologische Begleitmusik zu dem Gesetzesvorhaben liefert der folgende regierungsoffizielle Text: http://www.newdeal.gov.uk/english/press/presslisting.asp?468/99.

5 Immer noch maßgeblich zum Mod-Phänomen ist Cohen (1972).

Aufbrüchen, wenn Frauen auch eher selten in die Rolle von Musikerinnen schlüpfen. Die in der Popmusik verkörperte Aufrichtigkeit, Sensibilität und emotionale Energie soll daran mitwirken, eine von allen überflüssigen Zwängen befreite Lebensform zu entwickeln.

„Street Fighting Man" der *Rolling Stones* wird zur Hymne der militanten Fraktion der Studentenbewegung, woran sich noch heute Alt-68er mit sentimentalem Schauer erinnern. Die damalige und retrospektive Begeisterung für diesen Song stützt sich wohl vornehmlich auf den aggressiven Zug in *Mick Jaggers* Gesang und dem kraftvollen, von *Keith Richards'* Gitarre dominierten Sound, der Text hingegen desillusioniert hinsichtlich des erstrebten großen Zusammenschlusses von Revolte und Rock 'n' Roll: „but what can a poor boy do/ sell his soul for a rock 'n' roll band". Resümierend lässt sich sagen, dass seit „68" Intellektuelle immer wieder politische Ansprüche an Musik stellen, von der Musik eine subversive Haltung in inhaltlicher und formaler Hinsicht fordern. Alle Kultur, aber besonders populäre Kultur steht von nun an unter dem Verdacht, an der ideologischen Verschleierung gesellschaftlicher und politischer Verhältnisse mitzuwirken.

Polit-Rock

In den siebziger Jahren unternehmen einzelne Gruppen, Musikerinnen und Musiker den Versuch, politische Bestrebungen, die im Rahmen der Studentenbewegung auf die Tagesordnung gesetzt wurden, zu ihrem zentralen Anliegen zu erheben: so z. B. die DKP-orientierte Gruppe *Floh de Cologne*. Eine eher anarchistische Stoßrichtung zeichnete *Ton Steine Scherben* aus, die sich in ihrem Song „Ich will nicht werden wie mein Alter" radikal gegen den bürgerlichen Arbeitszwang und seine Folgen wenden. Von *Ton Steine Scherben* aus lassen sich Verbindungen zur Punk- und Hausbesetzer-Szene um 1980 ziehen.

Bekanntlich liegt das zentrale Problem von Pop- und Rockgruppen mit ausdrücklich politischen Absichten darin, dass sie häufig nur die ohnehin schon Bekehrten erreichen. Hinzukommt, dass auch die politisch interessierte Hörerschaft nicht einsieht, einer Musik nur wegen vermeintlich ehrenwerter politischer Absichten zu lauschen. Dem Publikum drängen sich folgende Fragen auf: Gibt es nicht bessere Wege als Liedtexte, um sich politische Zusammenhänge klarzumachen (z. B. Lektüre, Versammlungen, Schulungen)? Gibt es nicht Musik, die einen wirklich mitreißt und darauf verzichtet, mit einfach gestrickten Belehrungen zu nerven?

Punk

Phrasenhafte Politisierung in den Texten von Liedermachern und Polit-Rock-Gruppen, kitschiger Gefühlsbombast, ausgetretene Blues-Rock-Pfade, entsinnlichte Innerlichkeit, alles typische Erscheinungen der frühen und mittleren siebziger Jahre, sind dann auch folgerichtig die Zielscheibe der sinnzerstörenden Attacke durch Punk. Die allzu simple Erklärung des Punk als Sound der arbeitslosen Jugendlichen, deren vergleichsweise hohe Zahl Mitte bis Ende der siebziger Jahre in den Medien beklagt wird (damals war noch das Überschreiten der Millionengrenze bei der Arbeitslosenzahl bemerkenswert), greift daneben. Punk reagiert nur sehr bedingt auf wachsende Arbeitslosigkeit unter Jugendlichen, auf deren mangelnde Zukunftsperspektiven, sondern vor allem auf die erwähnte stilistische Erstarrung in der Popmusik.

Träger der stilistischen Neuerungen des Punk sind Studenten und Absolventen der britischen Art Schools, einer spezifisch britischen Institution, die nur bedingt mit den hiesigen Kunsthochschulen zu vergleichen ist. Was das Verhältnis der Punks zur Arbeitswelt anbelangt, so setzen sie durch den Do-It-Yourself-Gedanken (DIY) einen neuen Akzent: Sie wenden sich deutlich gegen das auch in Popmusikerkreisen hochgeschätzte Streben nach Professionalität, Kunstfertigkeit oder gar virtuoser Genialität. Ihren aggressiv vertretenen Anti-Kommerzialismus, der zur Gründung einer Vielzahl sog. Independent-Labels führte (das eindrücklichste Beispiel ist die Arbeit der Gruppe *Crass*), können die Punks dann allerdings nur bedingt durchhalten. Für das Leben in der Subkultur der Punks ist kennzeichnend, dass man sich am Rande des Existenzminimums durchzuschlagen hat (durch Betteln, Empfang von Sozialhilfe, durch Jobs in der Szene). Eine konventionelle Berufsexistenz wird zumeist nicht gewollt oder scheitert daran, dass man an seinem typischen Punk-Aufzug festhält, eben nicht zum Freizeit- oder Wochenend-Punk werden möchte.

Pop nach Punk

Zwar wurde Punk als höchste Verkörperung jener Ehrlichkeit und Aufsässigkeit gepriesen, die seit jeher Rockmusik ausgezeichnet habe, doch die gewitzteren Punk-Anhänger begriffen, dass durch Punk die ideologischen Grundlagen der traditionellen Rockmusik nachhaltig erschüttert worden waren. Werte wie handwerkliches Können und die Überzeugung, Rockmusik könne eine Gemeinschaft erzeugen, die den Individualismus und das konkurrierende Gegeneinander der Menschen überwindet, wurden der Lächerlichkeit preisgegeben. Die tatsächliche oder zynisch eingesetzte Naivität der Rockmusik zerstörte Punk mit dadaistischem Spott. Die dadurch schlagartig deutlich gewordene Künstlichkeit der Rockmusik, ihre Entlarvung als Ansammlung fertig abrufbarer Gesten und Posen öffnete Popmusik als Feld für bis dahin ungewöhnliche Stilisierungen, die entweder neu erfunden oder durch Rückgriff auf das reiche Inventar der historischen Popkultur wiederbelebt wurden.

Musikalisch erlebte die Feier des betont Künstlichen, Stilisierten seinen Höhepunkt mit dem unbekümmert kommerziellen, radikal genussorientierten 82er-Pop: beispielhaft sind Gruppen wie ABC, Scritti Politti, Heaven 17 und Soft Cell zu nennen. Die besondere Fähigkeit zur Selbststilisierung und -inszenierung unter den Protagonisten der neuen Pop-Szene, ihr Kult des Oberflächlichen kam natürlich dem Interesse der werbetreibenden Wirtschaft an einer attraktiven Präsentation der Ware Popmusik sehr entgegen. Künstlerischer Anspruch und Vermarktung zielten in die gleiche Richtung. Konsequent betriebene künstlerische Selbstkontrolle der jeweiligen Musikerin leistete das, was sonst die Musikindustrie mühsam aufzubauen hat.[6] So ist es nicht verwunderlich, dass aus dieser Pop-Szene das Personal engagiert werden konnte, das die im Verlauf der achtziger Jahre stark expandierende Kulturindustrie benötigte: Art-Direktoren, Designer, Werbeberater, Trendforscher, Redakteure neuer und alter Medien - die begehrten und z. T. medial überhöhten Berufe in der gegenwärtigen Arbeitswelt.

Techno

Der in jenen Pop-Idiomen, die stark an die afroamerikanische Musiktradition anknüpfen, ohnehin deutlich ausgeprägte Bezug auf den Körper erfährt in Acid-House, später in Techno seinen bisherigen Höhepunkt. Auffällig ist die Verbindung des Techno zu Avantgarde-Ideen des frühen 20. Jahrhunderts. Damals waren italienische und russische Avantgardisten bestrebt, die Kluft zwischen der Welt der Arbeit und der Welt von Kunst, Kultur und Freizeit zu schließen. Das sollte im Zuge einer ästhetischen Überhöhung der modernen, technisch hochentwickelten Arbeitswelt gelingen, die ansonsten eher als abstoßend empfunden wird und der man gemeinhin schnellstmöglich zu entfliehen versucht. Angesichts des Misslingens einer Verwirklichung dieser futuristischen Absicht ist es um so bemerkenswerter, dass es Techno gelungen ist, Klänge, die konventionell als maschinenförmig, metallisch, monoton, kalt, kurz: als unmenschlich betrachtet werden, einem recht breiten Publikum nahe zu bringen.

Es ist wohl nicht sinnvoll davon auszugehen, dass die Erfahrung von Lärm im Alltag (Geräusche von Fahrzeugen, Maschinen, Werkzeugen, Computern) und von permanenter Wiederholung unmittelbar zur Erzeugung einer Musik wie Techno anregen, die ihrerseits durch soundtechnisch bearbeiteten Lärm und durch mehr oder weniger monotone Repetition (Rhythmus-Maschinen, gesamplete Loops) geprägt ist. Geräusche und Lärm sind vielmehr potenzielles Material der ästhetischen Bearbeitung, nicht anders als bereits vorhandene musikalische Stilrichtungen mit ihren jeweiligen Song- und Klangstrukturen für die jeweils aktuelle Herstellung von song-orientierter Popmusik. Der entscheidende Anstoß, auf intensive Weise Musik erzeugen und erleben zu wollen, scheint die Erfahrung disziplinierender und

6 Vgl. dazu die Ausführungen zur Pop-Sensibilität in Hinz (1998, 97f.), die auf Arbeiten von Frith rekurrieren.

materieller Zwänge zu sein, denen junge Menschen in den Bildungsinstitutionen und im Büro, im Geschäft und in der Fabrik ausgesetzt sind. Das Aufgehen in der Musik gewährt den eigenen sinnlichen Interessen und Bedürfnissen größeren Spielraum als eine wie auch immer qualifizierte Tätigkeit in der konventionellen Arbeitswelt. Gerade im fast durchgängig instrumentalen Techno gilt, dass eine Thematisierung der Arbeitswelt so gut wie nicht vorkommt. Das intensive Erlebnis der Musik, das Abfahren auf der Tanzfläche setzt einen maximalen, auch durch Drogengenuss hergestellten Abstand zur Welt des Alltags, zur Sphäre der Arbeit und Mühsal voraus.

Thesen zum Verhältnis von Jugend, Popkultur und Arbeitswelt

Auf Grundlage der bisher angestellten Überlegungen sollen nun zwei resümierende Thesen vorgetragen werden:

1) Die Arbeitswelt erscheint vielen Arbeitnehmenden, aber auch großen Teilen der Jugendlichen, die sich nur aus zweiter Hand oder auf der Basis von Joberfahrung ein Bild von der Arbeitswelt machen können, vor allem aus zwei Gründen als eine niederdrückende Realität: Man hat zu lange wenig ansprechende Arbeit zu leisten, für die man zudem nur kärglich entlohnt wird. Als Hörerin oder Hörer einer wie auch immer hedonistisch oder rebellisch codierten Popmusik mag man vielleicht das Unangenehme dieser Situation stärker empfinden als andere Zeitgenossen. Doch das unmittelbare befriedigende Gefühlserlebnis, das sich beim Hören einer Musik und während des Zusammenseins in einer Gruppe oder Clique einstellt, wird dann in den meisten Fällen schon genügen, um hartnäckigere Unzufriedenheit in engen Grenzen zu halten; von den sozialen und ökonomischen Folgen, die mit Arbeitsverweigerung und mit einer Ablehnung der Zumutungen der Arbeitswelt einhergehen, einmal ganz abgesehen. Konsequente Parteigänger von Subkulturen richten sich zumeist in einer Nischenökonomie mehr schlecht als recht ein, Jugendliche, die eher lose Beziehungen zu subkulturellen Bestrebungen unterhalten, begnügen sich mit warenförmig zugänglichen Attributen eines subkulturell verbrämten Lebensstils. Es spricht also wenig dafür, dass aus der Unzufriedenheit mit den aktuellen oder zukünftig absehbaren Arbeits- und Lebensverhältnissen, die sich beim Publikum bestimmter Varianten der Popmusik einstellen mag, tatsächlich massenhafte Arbeitsverweigerung oder gar folgenreiche politische Opposition gegen die herrschenden politischen und ökonomischen Verhältnisse resultieren könne. Sub- und popkultureller Konsum mit all seinen Folgen kann deshalb nur ein Impuls unter anderen sein, der ausschließlich in Verbindung mit weitaus wichtigeren Voraussetzungen (komplexe individuelle, sozialisatorische und soziopolitische Bedingungen der Ausbildung von politischen Einstellungen)

die Wendung gegen bedrückende Arbeits- und Lebensverhältnisse befördern könnte.

2) Macht man sich die gesellschaftlichen und politischen Voraussetzungen und Grenzen der Wirkung von Popmusik hinreichend genau klar, ist es wenig sinnvoll, musikimmanente Forderungen nach intelligenteren und politisch gehaltvolleren Texten zu stellen. Ein solches Ansinnen blamiert sich schon allein dadurch, dass die Bedeutung der Texte in der Rezeption von Popmusik überschätzt wird. In der Orientierung am literarischen Medium, das auf konzentrierte Lektüre samt sinnerschließender Interpretation angelegt scheint, verkennt man, dass Texte in der Popmusik zumeist hoch selektiv, vielfach entlang von Reizworten, die die Stimmung und den Tonfall eines Songs ausmachen, wahrgenommen werden.[7] Den Fans einer unmittelbar politischen Musik sollte es zu denken geben, dass auch politisch sehr bewusste Musikerinnen und Musiker meist darauf verzichten, sich direkt mit politischen Angelegenheiten zu beschäftigen, ihr Anliegen eher in Interviews und sonstigen Auftritten vorbringen. Ernstgemeinte Allianzen von Pop und Politik sind weder einer ästhetisch aufregenden Musik noch einer Politik, die auf eine grundlegende Veränderung der bestehenden Lebens- und Arbeitsverhältnisse gerichtet ist, dienlich.

Literatur

Adorno, Theodor W. (1969): Freizeit. In: Adorno, Theordor W.: Stichworte. Kritische Modelle 2. Frankfurt am Main: Suhrkamp, 57-67.

Cohen, Stanley (1972): Folk devils and moral panics. The creation of the Mods and Rockers. London: MacGibbon & Kee.

Garman, Bryan K. (2000): A Race of Singers: Whitman's Working-Class Hero from Guthrie to Springsteen. Chapel Hill, London: The University of North Carolina Press.

Hinz, Ralf (1998): Cultural Studies und Pop. Zur Kritik der Urteilskraft wissenschaftlicher und journalistischer Rede über populäre Kultur. Opladen, Wiesbaden: Westdeutscher Verlag.

Möller, Carola (2000): Immaterielle Arbeit - die neue Dominante in der Wertschöpfungskette. In: Das Argument, 42: 235, 215-226.

Ullmaier, Johannes (1999): Subkultur im Widerstreit. In: Kemper, Peter/ Langhoff, Thomas/ Sonnenschein, Ulrich (Hrsg.): „alles so schön bunt hier". Die Geschichte der Popkultur von den Fünfzigern bis heute. Stuttgart: Reclam, 53-65.

7 Zur Überschätzung der Bedeutung von Songtexten in der Popmusik Hinz (1998, 183f.).

Matthias Rath

Identitätskonzepte und Medienethik

Bernhard Schleißheimer zum 80. Geburtstag

„Soziale Identität“ gehört gemeinhin zu den sozialwissenschaftlichen Kategorien. Philosophiegeschichtlich ist Identität als Begriff einer eineindeutigen Zuordenbarkeit menschlichen Verhaltens zu einer dieses Verhalten steuernden Person und zum Selbstverständnis dieser jedoch unter- bzw. überbestimmt.

Identität in der neuzeitlichen Philosophie

Identität tritt in der Philosophiegeschichte eher in der Logik und in der Philosophie der Mathematik auf. Darin meint Identität oder „identische Relation eine ausgezeichnete Beziehung, die in jedem Gegenstandsbereich sinnvoll ist. Identität bezeichnet die zweistellige Relation, in der jeder Gegenstand zu sich selbst steht“ (Lorenz 1976, 144). Im Gegensatz zur Gleichheit, die logisch nur in Bezug auf eine Vergleichsgröße ausgesagt werden kann, besagt die Identität ohne Vergleichsgröße die Gleichheit des jeweiligen Gegenstands mit sich selbst.

Diese formale Bestimmung dessen, was Identität meint, nenne ich daher hier und in Bezug auf mein Thema *unterbestimmt*, weil in dieser logischen Definition die für die Frage nach der Identität von Menschen notwendigen Relationen unberücksichtigt bleiben: die Relation des Menschen zu seiner (Um-)Welt, zu den ihn definierenden und bestimmenden Rollenerwartungen, und die notwendige Relation des Menschen zu sich selbst, sofern er reflexiv auf seine Identität reagieren und diese normativ bewerten kann. Dies ist kein Mangel der philosophischen Betrachtung, zeigt aber, dass für eine anthropologische Deutung der Identität die logische Betrachtungsweise notwendig auf einem Auge blind ist, dem der inhaltlichen Bestimmung dieser Identität.

Im Rahmen des Deutschen Idealismus wird Identität seit Schelling als jener erste Indifferenzpunkt aufgefasst, in dem Natur und Geist, Ideelles und Reelles, Philosophie und System als Einheit und Ganzheit begriffen werden können (Zeltner 1976, 151-152). Wahre, d. h. seit Schelling „absolute Identität“ kommt nur der Vernunft zu. Und da Vernunft das Medium und herausragende Werkzeug der Philosophie ist, kann auch nur von ihr, der Philosophie, die Klärung dessen, was Identität konkret und in Bezug auf den Menschen meint, erwartet werden. Identität im eigentlichen und damit allein idealistisch interessanten Sinne sei lediglich die, mit Hegel gesprochen, „Identität des Geistes mit sich in verschiedenen geschichtlichen Entwicklungsstufen“ (Sandkühler 1976, 157).

Diese idealistische Bestimmung der Identität nenne ich daher hier und in Bezug auf mein Thema *überbestimmt*, weil im eigentlich idealistischen Sinne Identität nur dem Geist schlechthin, der Vernunft oder, ontotheologisch (Schaeffler 1997, 59-60), Gott zukommt. Diese Identität steht zwar im Wandel der geschichtlichen Entwicklungen, wird durch sie aber nicht geformt oder geprägt, sondern sie kommt nur im Prozess der historischen Selbstentfaltung des Geistes zu sich selbst. Der Mensch als Träger der Vernunft wird somit in seiner konkreten Existenz zu einer zu vernachlässigenden Größe. Diese idealistische Betrachtung, die sich trefflich in den Dienst ideologischer Welterklärungs- und Veränderungstheorien stellen ließ, ist ebenfalls für eine anthropologische Deutung der Identität notwendig auf einem Auge blind, dem der individuellen, biographischen Selbstbestimmung der personalen und sozialen Identität.

Damit kommen wir zu einer Grundfrage in der Auseinandersetzung mit dem Identitätsbegriff in philosophischer Absicht, nämlich die Verortung des Identitätsbegriffs in einer Anthropologie, näherhin, in einer zeitgemäßen Anthropologie, die den Menschen als Produkt und Gestalter seiner, auch medialen Realität versteht.

Ich kann hier keine (mediale) Anthropologie der Identität entwerfen, aber ich möchte doch auf einige Punkte hinweisen. Trotz der philosophiegeschichtlich feststellbaren Blindheiten dem Identitätsbegriff gegenüber ist die philosophische Anthropologie sehr wohl mit den in den Sozialwissenschaften damit benannten Sachverhalten vertraut, wenn auch aus einer anderen Perspektive.

Identität als „Person“

Fetz (1988) hat den Terminus Identität als Epochenbegriff charakterisiert und gezeigt, welche Terminologie der klassischen Philosophie die Identität seit den siebziger Jahren des letzten Jahrhunderts zu besetzen begann. Es war vor allem der Personbegriff. In ihm spiegeln sich alle jene Bestimmungsstücke wieder, die im sozialwissenschaftlichen Identitätsbegriff anklingen, nämlich die subjektive, lebensweltliche, soziale und eben personale Rückgebundenheit des Individuums an sich selbst und das reflexive Vermögen der Person, eben diese Rückgebundenheit für sich selbst in den Blick zu nehmen.

Interessant ist der Verweis auf die klassische Unterscheidung zwischen einer *generischen* und *numerischen* Identität, d. h. die Zugehörigkeit des Individuums zu einer Gattung (*generisch*) sowie die Identifizierbarkeit des Individuums als es selbst (*numerisch*) (Fetz 1988, 88-90). Beide Identitäten sind basal und nicht für den Menschen konstitutiv, d. h. sie gelten für alles, was als Einzelding auftritt. Für den Menschen jedoch kommt der zusätzliche Aspekt ins Spiel, sich selbst als identisch zu *identifizieren*. Diese „Selbstidentifizierung" (Fetz 1988, 90) spricht sich in der Fähigkeit aus, sich selbst mit „ich" zu bezeichnen. Erst mit dieser Fähigkeit ist das gegeben, was Fetz mit Habermas „natürliche Identität" (Fetz 1988, 90) nennt. In einer Anwendung der Piagetschen und Kohlbergschen Theorien der kognitiven Entwicklung entwirft Fetz, worauf ich hier nicht eingehen will, eine personale Entwicklungstheorie, von der natürlichen über die konventionelle hin zur autonomen Identität.

Ich möchte vielmehr darauf hinweisen, dass der Mensch als Person und in seiner Identität mit einer, wie in der klassischen Anthropologie üblich, generischen Identität nicht hinreichend bestimmt ist, dass zugleich aber auch die rein numerische Identifizierung des Menschen als der, der er selbst eben ist, im Sinne einer absoluten Selbstgleichheit, dem Personsein nicht gerecht wird.

Beides jedoch, die generische Bestimmung des Menschen als Gattungswesen - die sich anthropologisch in den klassischen Wesensdefinitionen des Menschen ausspricht - sowie die numerische Identifizierung eines Individuums als an diesem Raum-Zeit-Punkt mit einem Individuum an anderen Raum-Zeit-Punkten identisch - die sich in der Selbstidentifizierung durch die Verwendung des Pronomens Erste Person Singular ausdrückt - sind notwendige Bedingungen der Bestimmung des Individuums als Person und damit als Zielgröße für eine ethische, auch medienethische, Beurteilung.

Identität als „hermeneutische Selbstauslegung"

Wie aber könnte eine Anthropologie aussehen, die diese Selbstidentifizierung des Individuums als identische Person auffängt? Dafür möchte ich kurz einen Gedanken von Frank (1988) aufgreifen. Ausgehend von der These vom Verlust und Verschwinden des Subjekts diskutiert Frank die anthropologischen Kategorien Subjekt, Person und Individuum. Vor allem der Ich-Bezeichnung des Individuums gilt seine Aufmerksamkeit. Angesichts der Veränderungen, denen ein Individuum trotz aller „lebensgeschichtlichen Kontinuität" (Frank 1988, 21) unterliegt, bedarf diese Ich-Bezeichnung der ständigen Selbstauslegung durch das Individuum. D. h., so Frank (1988, 22) wörtlich: „Es gibt keinen festen Kern, keine fixe Identität eines Individuums."

Diese Feststellung führt somit nicht zu einer klassischen, inhaltlich fixierten generischen Wesensdefinition des Menschen, z. B. *animal rationale*, noch zu einer biographisch mit dem Abschluss der Identitätsentwicklung zur konventionellen oder autonomen Identität festgelegten Personnatur im Sinne von Fetz, sondern zu einer „Hermeneutik des Selbstverständnisses" (Frank 1988, 28), die auf die andauernde, vom Ich-sagenden Individuum zu leistende Selbstauslegung verweist.

Damit ist die anthropologische Konstante des Menschen benannt, die für die aktuellen Fragen nach dem „Wesen" des Menschen und den ethischen Leitlinien seines Handelns notwendig ist, die hermeneutische Fähigkeit, sich selbst und seine Welt zu verstehen und auszulegen. Diese Welt und wir in ihr sind uns nicht direkt, im Sinne einer Repräsentation von Wirklichkeit zugänglich, sondern nur als zu deutende Symbole. In dieser Hermeneutik wird die Welt erst aufgespannt, in der die Frage nach einer Ethik überhaupt sinnvoll ist. Diese anthropologische Konstante formuliert zu haben, kann Cassirer für sich in Anspruch nehmen.

Der Mensch als „animal symbolicum"

Warum Cassirer? Cassirer suchte einen Zugang zum Menschen, der die anthropologische Besonderheit des Menschen erfasst und zugleich den ganzen Reichtum menschlicher Welt- und Selbstgestaltung zulässt, ja erklärt.

In seiner „Philosophie der symbolischen Formen" (1923/ 1953; 1925/ 1964; 1929/ 1954) bricht Cassirer mit einer selbstverständlichen Voraussetzung der klassischen Erkenntnistheorie, die ein unveränderliches Sein des Seienden postuliert, das der menschlichen Erkenntnis prinzipiell zugänglich sei. Danach könnte die Welt unserem Erkenntnisvermögen wie einer *tabula rasa* als Abbild eingeprägt werden. Dem gegenüber hätten wir nach Cassirer in der Neuzeit lernen müssen, dass das Erkennen der Welt prinzipiell vorgeprägt ist, und zwar nicht durch die zu erkennende Welt, sondern vielmehr durch uns selbst. Wir formen die Welt je schon vor, die Begriffe, Kategorien und Theorien des Menschen über sich und die Welt sind „selbstgeschaffene intellektuelle *Symbole*" (1923/ 1953, 5, Herv. im Orig.).

Doch anders als Kant meinte, ist diese Vorprägung nicht intersubjektiv für jedes Individuum, sofern es ein „vernünftiges Wesen" ist, überzeitlich gleich, sondern diese Symbole unterliegen einer Wandlung: einer Wandlung, die als Ganzes die Kultur einer Zeit, einer Gesellschaft ausmacht. Die im und durch das Symbol geleistete Erfassung der Welt ist nicht eine „Gestaltung [...] *der* Welt", sondern eine „Gestaltung *zur* Welt" (Cassirer 1923/ 1953, 11, Herv. im Orig.). Die Welt ist keine der „bloßen Eindrücke", sondern „des reinen geistigen *Ausdrucks*" (Cassirer 1923/ 1953, 12, Herv. im Orig.) - ein Produkt des Menschen.

Diese symbolische Hervorbringung von Welt ist jedoch nicht beliebig, sondern wird für die jeweilige Kulturstufe durch eine „Grundform des Geistes" (Cassirer 1923/ 1953, 13) geprägt, die mit einem absoluten Anspruch auftritt. Diese Grundformen nennt Cassirer „symbolische Formen". Soweit die Grundstruktur seiner Kulturtheorie.

In seinem Werk „Versuch über den Menschen" aus dem Jahr 1944 wendet Cassirer seine „Philosophie der symbolischen Formen" ins Anthropologische und bestimmt die Symbolisierung von Welt als das eigentliche Charakteristikum des Menschen, als seine Bestimmung, ja sein Wesen. Programmatisch überschreibt er das kurze, aber zentrale zweite Kapitel des „Versuchs" mit „Ein Schlüssel zum Wesen des Menschen: das Symbol" (Cassirer 1944/ 1996, 47). Die symbolische Hervorbringung von Welt gilt jedoch auch für den Menschen selbst, sofern er sich reflexiv in den Blick nimmt. Auch er, als Teil seiner eigenen Welt, produziert sein Selbstverständnis im Zuge der Selbstauslegung seiner symbolischen Präsentation. Mit dieser Interpretation der Selbstidentifizierung des Menschen gewinnt Franks hermeneutische Deutung des individuellen Selbstverständnisses eine anthropologische Basis.

„Medialität" als anthropologische Kategorie

Die grundsätzliche Symbolhaftigkeit, oder wie ich sagen möchte, diese anthropologisch begründete *Medialität* der Welt, drückt sich in einem sozial und kulturell vermittelten „Symbolsystem" (Cassirer 1944/ 1996, 49) aus. Die symbolische und begriffliche Vermittlung der Menschenwelt ist die Folge dieses Symbolsystems, das nicht dem Menschen per Gattung zukommt, sondern als ein „Gespinst menschlicher Erfahrung" (Cassirer 1944/ 1996, 50) zu verstehen ist: „Der Mensch lebt nicht mehr [wie das Tier, MR] in einem bloß physikalischen, sondern in einem symbolischen Universum" (Cassirer 1944/ 1996, 50). Ja mehr noch, selbst in der praktischen und theoretischen Auseinandersetzung mit Welt hat es der Mensch statt mit den Dingen (was immer das auch sei) „ständig mit sich selbst zu tun" (Cassirer 1944/ 1996, 50). Er ist das Wesen, das sich seine Welt symbolisch erschließt, ja dem die Welt nur und ausschließlich in Symbolen erscheint. Er ist das *animal symbolicum.*

Die Leistung des *animal symbolicum*, das Ganze seiner Welt als ein je schon gedeutetes vorzustellen und in diesem Sinne sich die ganze Welt und sich selbst jeweils zu schaffen, läuft auf kulturell tradierte Beschreibungen dieser „Welten" hinaus, die von den Menschen im Zuge der Sozialisation gelernt werden. Diese Weltinterpretationen sind es, die Cassirer mit dem Ausdruck „symbolische Formen" belegt und die einen grundlegenden Formcharakter, d. h. Interpretationsrahmen für die Mitglieder einer kulturell tradierten symbolischen Form bereitstellen.

Cassirer war nach 1945, seinem Todesjahr, weitgehend in Vergessenheit geraten. Doch seine symboltheoretische Anthropologie gewinnt m. E. gerade in unserer heutigen, medial geprägten Zeit, an Bedeutung. Die grundsätzliche *Medialität* menschlicher Welterfassung ist zugleich die jeweilige Kennmarke einer spezifischen Kultur, in der Menschen leben. Das Symbol und mit ihm die Medialität des Menschen wird zum anthropologischen Datum, das sich zwar unter den Gegebenheiten der jeweiligen Kultur wandelt, aber als Faktum nicht hintergehbar ist (Rath 2001a).

Unter den Bedingungen einer medialen Welt sind diese Erkenntnisse von Cassirer auch normativ von besonderer Bedeutung. Medienethisch sind natürlich die klassischen Themen wie Gewalt, Pornographie, Wahrheit, Urheberrecht usw. immer noch nicht obsolet. Ganz im Gegenteil, denken wir nur an die *Copyright*-Problematik und die Hilflosigkeit nationaler Regelungsversuche des Internets im Bereich Pornographie, ebenso die sozialethischen Fragestellungen nach den sozialen Folgen medialer Rezeption, zum Beispiel in der Wissenskluftforschung (Rath 1999), der Gender-Forschung usw.

Aber wir müssen uns besonders der Identitätsthematik annehmen, da sie, zusammen mit der Frage nach Realität und Virtualität, in Zukunft für die Erziehung und Bildung der zukünftigen Generationen angesichts der Medialisierung unserer Lebenswelt virulent werden wird, wenn nicht schon ist.

Realität und Virtualität als Themen der Medienethik

Realität und Virtualität sind spätestens seit der Rede von der „virtuellen Realität" paradoxal miteinander verschränkt. Wie der Münsteraner Philosoph Müller (1999) deutlich dargelegt hat, ist die Rede von einer *virtuellen* Realität paradox, weil sie eine *reale* Realität voraussetzt. Demnach wäre Realität etwas, was zunächst vom Realsein im Sinne von „wirklich existent" unterschieden sei. Was meint dann noch Realität?

Mit dieser Frage ergibt sich uns auch schon sprachlich das Kriterium eines so verstandenen Realseins, nämlich wirklich, d. h. wirkend zu sein. Damit wird das Maß der Realität am Effekt festgemacht. Erst wenn etwas wirkt, ist es real. Diese sehr pragmatische Bestimmung entspricht aber nicht unserer gängigen Verwendung. Realität meint zunächst einmal Sein, Existenz als das, was es ist. Virtualität, als Terminus aus dem Lateinischen im Sinne von Möglichkeit, meint, dass etwas als real vorgestellt werden kann. Virtuelle Realität wäre dann „mögliche Existenz".

Wenden wir diese paradoxale Verwendung von Realität und Virtualität auf den Menschen an, so stellt sich die Frage, wie das wirkliche Existieren des Individuums zu fassen ist. Ist die Identität, die z. B. ein Nutzer im Internet annimmt, virtuell, d. h. möglich im Sinne der virtuellen Realität? Eröffnet also die mediale Präsentation seiner selbst dem Menschen eine Pluralität von Identitäten, die u. U. gleichberechtigt nebeneinander zu stehen kommen?

Die bereits feststellbaren Entwicklungen bei einer gewissen Mediennutzung, z. B. das sogenannte *gender hopping* im Internet, machen es ethisch interessant, die Frage nach der Bedeutung unterschiedlicher medialer Vorbilder - ich denke hierbei z. B. an die Medienhelden-Forschung (Paus-Haase 1999) und die Frage nach der Bedeutung medialer Selbstentwürfe - zu stellen.

Identität als Thema der Medienethik

Denn bei aller Unterschiedlichkeit der theoretischen Ansätze, die Identität des Menschen ist ebenso nach den klassischen (z. B. Erikson, Mead, Goffman, Hurrelmann) wie auch nach den neueren sozialwissenschaftlichen Identitätstheorien (z. B. *Patchwork*- oder „moderne" Identität) durch die Gesellschaft und die Auseinandersetzung mit den Mitgliedern dieser Gesellschaft bestimmt. Allerdings ist die gegenwärtige soziale Realität dergestalt, dass das Individuum einer Vielzahl unterschiedlicher, auch medial vermittelter (Röll/ Maurer 2001), Lebenswelten und sozialer Realitäten ausgesetzt ist, die heterogen und unverbunden nebeneinander stehen. Die Identitätsarbeit (Keupp/ Höfer 1997) - auch ein beliebter Terminus der letzten Jahre - des Individuums bringt quasi den Einzigen vielfach hervor, ein multiples Ich. In diesem Zusammenhang wird zugleich die Problematik deutlich, die eine allein an der Pluralität und *Patchwork*-Haftigkeit der modernen Identität orientierte Theorie bekommt, wenn sie diese Parallelität der Identitäten ohne Rekurs auf ein wie auch immer geartetes *Subjekt* als *Träger* dieser Identitäten konstruiert. Die Angemessenheit der jeweiligen Identität in den verschiedenen realen und/ oder virtuellen Lebenswelten zu entscheiden, ist ohne ein *interpretierendes Subjekt* nicht denkbar.

Die medialen Angebote sind zugleich Identifikationsangebote, die die Angebotsvielfalt für frühere Generationen bei weitem übersteigen. Zugleich bieten interaktive Mediennutzungsformen die Chance, diese Identifikationsangebote auszuprobieren, sich also eine oder mehrere Identitäten, verstanden als die Selbstdeutung des Individuums, nicht nur sich selbst, sondern auch der realen und virtuellen sozialen Umwelt gegenüber, anzueignen und unter ihr zu agieren. Dennoch, und darauf hat Pörnbacher (1999) hingewiesen, sind Jugendliche keineswegs *identity hopper*, die bereitwillig und häufig Identitäten, d. h. Selbstdeutungen, wechseln oder gar souverän parallel führen. Pörnbacher fasst ihr Fazit sehr deutlich:

> „Zusammengenommen zeigen die Befunde [...], dass die Jugendlichen in den Darstellungen ihrer Identitätsarbeit ein deutlich anderes Bild vermitteln, als es die Theorien der Identität in der fortgeschrittenen Moderne

zeichnen. Sie präsentieren sich, um es auf einen Nenner zu bringen, insgesamt konservativer, als es die Theorien [Pörnbacher meint hier vor allem die Theorie der Patchwork-Identität von Keupp und der ‚modernen Identität' von Lohauß, MR] nahe legen, d. h. interessierter an Kohärenz und, wo diese nicht zu erreichen ist, eher dazu neigend, dies als einen Verlust, nicht als einen Gewinn zu werten." (Pörnbacher 1999, 191)

Medienethisch ist m. E. die Identifikationsmöglichkeit qua Medien (Nutzung wie Angebot) interessant, sofern mit Identitäten immer auch Bewertungen und Weltinterpretationen verbunden sind. So hat z. B. Nassehi (2001) auf die kulturell unterschiedlichen Identifikationsleistungen von europäischen und asiatischen Kindern anhand des Medienerfolgs „Pokémon" hingewiesen, in dem sich bei aller Globalisierung der Medienwelt kulturell unterschiedliche Präferenzen, Kommunikationsstile und Identifikationsobjekte unterscheiden lassen.

Doch es geht nicht nur um Vorbilder, sondern auch um Authentizitäts- und Identitätsversprechen, wie sie Medienangebote machen, angefangen von vermeintlich „echten" Menschen bei Big Brother (Rath 2001b) oder vermeintlich „wahrer" Kommunikation in Chatrooms. *Authentizitätsvermutung* und *Authentizitätsillusion* sind, nehmen wir einen hermeneutischen Identitätsbegriff ernst, moralisch relevante Faktoren für die ethische Vertretbarkeit medialer Angebote.

Der Beitrag der Medienethik zur interdisziplinären Identitätsforschung: ein Beispiel

Doch diese Frage ist nicht allein aus dem Blickwinkel einer Disziplin zu leisten. Interdisziplinarität scheint mir eine Grundanforderung zu sein, wenn wir versuchen, dem Querschnittsphänomen *Medialität* gerecht zu werden. Die „Ravensburger Stiftung" hat beispielsweise das Projekt „Ravensburger Jugend-Medienstudie" in Auftrag gegeben, das den Mediengebrauch der 10- bis 16-Jährigen untersuchen wird. Fragen, die dabei beantwortet werden sollen, sind etwa: Wie halten es 10- bis 16-Jährige in ihrer Freizeit mit den Medien? Wie oft nutzen sie Radio, Fernsehen, Zeitschriften, Bücher, Hörkassetten, Computer, Internet, Mobiltelefon? Wie viele dieser Medien werden von den 10- bis 16-Jährigen gleichzeitig genutzt, wo und warum? Solche Fragen sind schon häufiger untersucht worden, zum Beispiel in der Jugendmedienstudie von Lukesch et al. (1989).

Die „Ravensburger Jugend-Medienstudie" will jedoch darüber hinaus Themen behandeln, z. B.: Wie verändern neue Gewohnheiten die Kinder selbst und ihr soziales Umfeld? Welche Prognosen zum Mediengebrauch lassen sich daraus ableiten? Welche Folgen haben diese Mediennutzungsformen auf die eigene Selbstinterpretation? Wie lassen sich die Nutzungsformen und Angebote aus medienethischer Sicht beurteilen? Welche Folgerungen sind aus kulturtheoretischer und kulturwissenschaftlicher Sicht zu ziehen? Dieses Themenspektrum zeigt, das Medienwirkungsforschung im weitesten Sinne, und darum handelt es sich hier, nur als ein interdisziplinäres Projekt sinnvoll ist (Rath 2000a; 2000b; im Druck). Die „Ravensburger Stiftung" hat daher mit dieser Studie unterschiedliche Fachbereiche betraut: Medienwissenschaft, Psychologie, Kulturwissenschaft, Medienökonomie sowie Philosophie und Medienethik.

Es wird u. a. darum gehen, die Bedingungen medial vermittelter Identitätsangebote für Kinder und Jugendliche zu untersuchen. Philosophisch und ethisch wird dabei vor allem in der Konzeption von Identität als ethischer Grundgröße ein Beitrag liegen. In der Auswertungsphase wird zu fragen sein, welche Identifikationsformen einer ethischen Beurteilung nach wünschenswert sind und welche nicht. Dabei gilt es festzuhalten, dass Identität als Zielgröße, also da, wo sie über eine empirisch feststellbare Bestimmung des Begriffs als generische und numerische Identität hinaus geht, zunächst inhaltlich gefüllt werden muss. Die Stufenordnung, wie wir sie bei Fetz gesehen haben, von der natürlichen über die konventionelle zur autonomen Identität, ist selbst eine Interpretation dessen, was eine „gelungene Identität" genannt werden kann, d. h. sie ist selbst normativ. Dazu gehört meines Erachtens auch die Frage, was einen Jugendbegriff normativ ausmacht, d. h. wo Jugend, verstanden als Übergangsphase, ihre Zielgröße hat. Diese Frage kann ohne die Antwort auf die Zielgröße Identität nicht beantwortet werden.

Literatur

Cassirer, Ernst (1923/ 1953): Philosophie der symbolischen Formen. Teil 1. Die Sprache. Darmstadt: Wissenschaftliche Buchgesellschaft.

Cassirer, Ernst (1925/ 1964): Philosophie der symbolischen Formen. Teil 2. Das mythische Denken (2. Auflage). Darmstadt: Wissenschaftliche Buchgesellschaft.

Cassirer, Ernst (1929/ 1954): Philosophie der symbolischen Formen. Teil 3. Phänomenologie der Erkenntnis (2. Auflage). Darmstadt: Wissenschaftliche Buchgesellschaft.

Cassirer, Ernst (1944/ 1996): Versuch über den Menschen. Einführung in eine Philosophie der Kultur. Hamburg: Meiner.

Fetz, Reto Luzius (1988): Personbegriff und Identitätstheorie. In: Freiburger Zeitschrift für Philosophie und Theologie, 35:1-2, 69-106.

Frank, Manfred (1988): Subjekt, Person, Individuum. In: Frank, Manfred/ Raulet, Gérard/ van Reijen, Willem (Hrsg.): Die Frage nach dem Subjekt. Frankfurt: Suhrkamp, 7-28.

Keupp, Heiner/ Höfer, Renate (Hrsg.) (1997): Identitätsarbeit heute. Klassische und aktuelle Perspektiven der Identitätsforschung. Frankfurt/Main: Suhrkamp.

Lorenz, K. (1976): Identität. In: Historisches Wörterbuch der Philosophie, Band 4. Basel: Schwabe, 144-148.
Lukesch, Helmut/ Kischkel, Karl-Heinz/ Amann, Anne/ Birner, Sieglinde/ Hirte, Mechthild/ Kern, Rainer/ Moosburger, Renate/ Müller, Luise/ Schubert, Bärbel/ Schuller, Hans (1989): Jugendmedienstudie. Eine Multi-Medien-Untersuchung über Fernsehen, Video, Kino, Video- und Computerspiele sowie Printprodukte. Regensburg: Roderer.
Müller, Klaus (1999): Verdoppelte Realität - Virtuelle Realität? Erkenntnistheoretische, sozialphilosophische und anthropologische Konsequenzen der „Neuen Medien". In: Funiok, Rüdiger/ Schmälzle, Udo F./ Werth, Christoph H. (Hrsg.): Medienethik - die Frage der Verantwortung. Bonn: Bundeszentrale für politische Bildung, 75-92.
Nassehi, Armin (2001): Das Geheimnis ihres Erfolgs. Pokémon und die Globalisierung der Kinderzimmer. In: Frankfurter Allgemeine Zeitung, Nr. 203, 8.
Paus-Haase, Ingrid (1999): Medienhelden und Kinder-Peergroups im lebensweltlichen Zusammenhang. In: Fromme, Johannes/ Kommer, Sven/ Mansel, Jürgen/ Treumann, Klaus–Peter (Hrsg.): Selbstsozialisation, Kinderkultur und Mediennutzung. Opladen: Leske + Budrich, 163-182.
Pörnbacher, Ulrike (1999): Ambivalenz der Moderne: Chancen und Risiken der Identitätsarbeit von Jugendlichen (Forschung Soziologie, Band 40). Opladen: Leske + Budrich.
Rath, Matthias (1999): Haben und Nichthaben. Die Wissensgesellschaft auf dem Prüfstand. In: Rheinischer Merkur, Nr. 2, 28.
Rath, Matthias (Hrsg.) (2000a): Medienethik und Medienwirkungsforschung. Wiesbaden: Westdeutscher Verlag.
Rath, Matthias (2000b): Medienwirkungsforschung in Deutschland - eine Annäherung. In: Kerlen, Dietrich/ Kirste, Inka (Hrsg.): Buchwissenschaft und Buchwirkungsforschung (VIII. Leipziger Hochschultage für Medien und Kommunikation). Leipzig: Institut für Kommunikations- und Medienwissenschaft, 89-98.
Rath, Matthias (2001a): Das Symbol als anthropologisches Datum. Philosophische und medienkulturelle Überlegungen zum animal symbolicum. In: Belgrad, Jürgen/ Niesyto, Horst (Hrsg.): Symbol. Verstehen und Produktion in pädagogischen Kontexten. Hohengehren: Schneider, 34-45.
Rath, Matthias (2001b): Die Pflicht zur Würde. Überlegungen zu einem medienethischen Problem. In: Medienheft 15, Dossier, 1-10 (http://www.medienheft.ch/dossier/bibliothek/d15_RathMatthias.html).
Rath, Matthias (im Druck): Medienqualität zwischen Empirie und Ethik. Zur Notwendigkeit des normativen und empirischen Projekts „Media Assessment". In: Karmasin, Matthias (Hrsg.): Medien und Ethik. Stuttgart: Reclam.
Röll, Franz Josef/ Maurer, Manuela (2001): Medien als Mittler von Identitätskonstruktionen. Lebenswelterkundung in der Mediengesellschaft. In: medien praktisch, 25:1, 26-31.
Sandkühler, H. J. (1976): Identitätssystem, Identität, Indifferenz. In: Historisches Wörterbuch der Philosophie, Band 4. Basel: Schwabe, 153-157.
Schaeffler, Richard (1997): Religionsphilosophie (Handbuch Philosophie). 2. durchges. und erw. Aufl. Freiburg/ München: Alber.
Zeltner, H.: (1976), Identität, Ich-Identität. In: Historisches Wörterbuch der Philosophie, Band 4. Basel: Schwabe, 148-152.

Norbert Schläbitz

Eine „Ästhetik der Existenz" im Zeitalter neuer „Technologien des Selbst"

Die soziale Herkunft und die ökonomische Lage bestimmten einst den Spielraum, innerhalb dessen Entfaltung möglich war und so das Selbstbild. Menschliche Lagen waren dabei vom Mangel verwaltet, denn der Mangel war es, der zu früheren Zeiten das Leben vornehmlich regierte. Das Leben hatte seinen Sinn, wenn im persönlichen Einsatz der Mangel zu beheben war und so elementare, menschliche Bedürfnisse erfüllt werden konnten. Ein verorteter Mangel war aber nicht allein Folge persönlicher Lebensumstände, sondern gleichsam Folge gesamtgesellschaftlicher Knappheit, womit die *Verfügbarkeit* von Produkten angesprochen ist. Aus der Knappheit rekrutierte sich sodann der Wert des zum Mangel Erhobenen, und Bedürfnisbefriedigung hieß so - im Rahmen des gelebten sozialen Gefüges - den Wert des eigenen Selbstbildes festzulegen. Im Zuge der Optimierung von Lebensverhältnissen wurde das vormals knappe Gut nicht nur verfügbar, sondern nahezu überflüssig, sodass der aus der Knappheit des Gutes gewonnene Wert sich proportional zu der Deckung des Mangels verloren hatte. Der persönliche Stil ist heute nicht mehr der sozioökonomischen Lage geschuldet, sondern in Zeiten des Überflusses frei wählbar. So ist der „Wählende" zur „paradigmatischen Gestalt der Gegenwart" (Schulze 1996, 407) geworden. Eine der Wahl geschuldete „ästhetische Existenz", die sich im Theater spielen gefällt, ist auf den Weg gebracht.

„Ästhetik der Existenz"

Eine „Ästhetik der Existenz" gründet in einer auf sich selbst bezogenen Moral, die nicht obligatorisch, sondern eher fakultativ gewendet wird. Moral bei Foucault ist so eher ethisch, reflexiv verwendet. Daraus bezieht sich „Selbstbeherrschung" und „Subjektwerdung". Sie ist getragen von Praktiken einer „Sorge um sich selbst".

> „Diese Vorschrift, ‚auf sich selbst zu achten', galt den Griechen als einer der zentralen Grundsätze der Polis, als Hauptregel für das soziale und persönliche Verhalten und für die Lebenskunst" (Foucault 1998, 447).

Indem der Mensch die Selbstachtung betreibt, ist es ihm aus der auf sich selbst bezogenen wie in der Praxis vollzogenen Lehre gegeben, auch Sorge für das gemeinschaftliche Wohl zu tragen. Foucault sieht diese Lebenspraxis der christlichen Moralvorstellung entgegengesetzt.

> „Wir sind Erben der christlichen Moraltradition, die in der Selbstlosigkeit die Vorbedingung des Heils erblickt. [...] [U]nsere Moral, eine asketische Moral, unterstellt, man könne das Selbst zurückweisen“ (Foucault 1998, 449f.).

Indem das Selbst nun seine elementare Berücksichtigung erfährt, zeigt es sich mündig und fähig, Selbstverantwortung sich und anderen gegenüber zu tragen. Es geht ein Bewusstsein damit einher, das sich weniger um den Status Quo, als vielmehr um die Zukunft sorgt. Der Kontingenz wird damit ein maßgeblicher Stellenwert eingeräumt. Im Folgenden wird unter einer „Ästhetik der Existenz“ eine sich selbst erprobende, sich permanent differenzierende verstanden. Mithilfe der Neuen Technologien und mehr noch mit dem daraus entworfenen Nicht-Ort sind immer wieder variierbare dezentrale Subjektpositionen einzunehmen, was heißen soll, dass - wer „ich“ sagt - eine Summe von Facetten spiegelt, die das ansonsten kernlose „Ich“ ausmachen.

> „Identität ist - anders als dies der Begriff nahe legt - kein Zustand, also kein Mit-sich-identisch-Sein, sondern eine fiktionale Bewegung auf etwas Einheitliches zu“ (Heinrichs 1999, 56).

Insofern kann dann das Internet als nahezu idealer Ort für Selbstbeschreibungsprozesse angesehen werden, wo „Nicht-Ort“ und „Nicht-Ich“ aufeinander treffen.

„Nicht-Ort“ Internet

„Identität wäre unverständlich“, schreiben Berger und Luckmann, „wenn sie nicht ihren Ort in einer Welt hätte“ (1995, 186). Orte bieten Geschichten und Standpunkte, an denen das Selbst aufzurichten ist, sind einem Geflecht von Wegweisern gleich, gebaut aus kulturellen, geschichtsträchtigen Zeugnissen mit ihren eingeschriebenen Ideen. Im Gegensatz zum materiellen Ort in seiner räumlichen Ausdehnung mit seinen evidenten Fixierungen und seinem Zentrum, ist der Ort im Netz ein flüchtiger, der die Fixierung im Prozess auflöst. Die Welt des Netzes - das Cyberspace - ist ein ortloser, „allein in Photonen und Elektronen existierende[r] Zwischenraum“ - mit Bruce Sterling - „ein Nirgendwo“ (zit. n. Freyermuth 1996, 36). In dem Maße, wie das Internet ein Nirgendwo, ein Nicht-Ort ist, kann man es als verwirklichte „Utopie“ begreifen, denn Utopie heißt wörtlich übersetzt nichts anderes als ebendies [gr. *ou(ch), ouk* ‚nicht’ und gr. *tópos* m. ‚Ort’] (Kluge 1999, 871). Das Netz erweist sich als ein Ort, wo Traumwelten wohl nah heranrücken, indem sie sich verwirklichen, wiewohl nie vollenden, wo das „Nicht“ geradezu programmatisch auf die prinzipielle *Absenz* verweist. Thomas Mores

1516 geprägter Begriff Utopia sieht praktisch in der „blauen Blume“ der Romantik seine Entsprechung und im Internet seine unbedingte Verwirklichung. Das Internet kann so als „Technologie des Selbst“ verstanden werden, weil es nahe legt, das „Ich“ nicht als Kern freizulegen, sondern dasselbe mannigfaltig ästhetisch anzureichern („Nicht-Ich“). Das wiederum ist Folge seiner dezentralen Struktur.

Von den „Technologien des Selbst“

„Technologien des Selbst“ sind nach Foucault gleichzusetzen mit gesellschaftsbestimmenden Diskurspraktiken, die den Selbstentwurf möglich machen, ihn nahe legen, ihn aber auch wieder verändern lassen.

> „Öffentliche Rede, Berichte, Theater- und Rollenspiele, Tagebücher, Briefe, Literatur - mannigfaltige Formen wurden im Laufe der Jahrhunderte entwickelt, um Identität zu gestalten und mögliche Formen von Subjekt-Sein zu explorieren“ (Becker 2000, 19).

In einem erweiterten Sinn sind Diskurspraktiken und Selbstverhältnisse auch aus dem Umfeld, in dem der Mensch steht und wohnt, gewonnen: so beispielsweise der „Stadt“, in der das „Ich“ - ohne den Sanktionen einer Dorfgemeinschaft ausgesetzt zu sein - sich in einem anonymen Raum ausprobieren wie stilisieren kann. Ein nicht-normiertes Selbstverhältnis vermag sich so im Schutz des städtischen Durcheinanders besser zu entwickeln als im dörflichen Miteinander. In der Stadt muss man zudem „die relevanten Daten aus dem Rauschen auswählen und/oder dem Sinnlosen einen Sinn geben“ (Bauman 1997, 205), was den Spaziergänger, der sich faszinieren lässt, zum die Oberfläche goutierenden *Flâneur* (Benjamin) werden lässt. Nunmehr führt der Weg den Flaneur zum Internet, der in simulierten Umwelten sich selbst setzend zelebriert, wo ein ästhetisches Sein auf den Weg gebracht ist, was an die Stelle der Selbstergründung (wie und wer bin ich?) die Selbstgestaltung (wie möchte ich bloß sein?) setzt.

Musikalische Netzexistenz

Beispielhaft für eine mögliche Entwicklung steht der virtuelle Pop-Star *Kyoko Date*, die von dem japanischen Medienunternehmen *HoriPro* 1996 ins Leben gerufen und mit einer kompletten Biographie versehen wurde. Fans wissen auch um ihre musikalischen Vorlieben (Mariah Carey, TLC, Enya) der zeitlos 17-Jährigen, ihre Schwächen (Schokolade) und vieles anderes mehr.[1] Dem Projekt, bei dem der Schein zum Sein erhoben wird, ist weltweit bislang allerdings wenig Erfolg beschieden, nur in Japan konnte *Kyoko Date* lokal Popularität erlangen. Sie ist mittlerweile wieder weitgehend von

---

1 http://www.geocities.com/Tokyo/Flats/2135/

der Monitorbildfläche verschwunden, was allerdings nicht unbedingt gegen virtuelle Stars spricht. Gerade im flüssigen Medium Internet ist Veränderung - wie im realen Leben - vonnöten, um die lose Kopplung zwischen Star und Publikum stabil zu halten. Fehlt diese, erlahmt auch das Interesse. Von Kyoko Date sind immer nur dieselben Bilder und Geschichten präsentiert worden, was zuletzt das Vergessen beförderte.[2] Neben der zeitlos jungen *Kyoko Date* bevölkern indessen noch vereinzelt weitere Avatare die Welt des Internets. Zu erinnern sei an *Diki* aus Korea und an die Avatare *Busena* und *E-Cyas*.

Dass die notorische Erfolglosigkeit kein grundsätzliches Problem des virtuellen Seins ist, zeigt das Beispiel der Kultfigur *Lara Croft* aus dem Computerspiel *Tomb Raider*, die zudem in Bild (Kinofilm: „Lara Croft - Tomb Raider") und Ton (Videoclip: „Ein Schwein namens Männer"; *Die Ärzte*) Erfolge vorweisen kann. Mit dem Titel „Beautiful days" suchte sie darüber hinaus selbst die Musikwelt zu bereichern. Ein weiterer Versuch, mit Hilfe virtueller Stars respektive von Avataren die Musikwelt zu erobern, ist mit *Gorillaz* gemacht. Hinter dem Namen stehen Musiker aus verschiedenen Musikbereichen (Vom HipHop bis zum Musiker Ibrahim Ferrer vom *Buena Vista Social Club*). „Herausgekommen ist dabei eine äußerst spannende und verführerische Mixtur aus Dub, Pop, Punk und einer großen Portion HipHop."[3] Das recht erfolgreiche Projekt *Gorillaz* ist konstruiert und will auch so wirken. *Gorillaz* stellt sich als eine Summe von schrägen Comicfiguren dar, deren Musik auch Opel aus der Krise führen soll. Avatare sind nicht allein im Popmusikbereich oder im Spielesektor zu verorten, auch die so genannte E-Musik bedient sich ihrer, um neue Spielformen auszuprobieren. Schoeners Netzoper „virtopera" beschäftigt sich zentral mit dem virtuellen Künstler *Cold Genius*.[4]

Wo der Mensch in Rückkopplung mit dem anderen sich erfährt und ausgestaltet, mögen solche Kunstprodukte als Vorbild wirken, an dem das eigene Sein sich ausrichtet. Die schon angeführte *Lara Croft* ist zudem ein Beispiel, wie das dann grundsätzlich Hyperreale (Baudrillard) sich mit der materiellen Welt rückkoppelt und dort Wirkung zeigt. Das Simulakrum wird zum Vorbild für die Wirklichkeit, ist dieser vorgelagert; mehr noch: sie ist die Wirklichkeit, zu der nachbildend sich verhalten wird. In einer Fabel von Borges wird von einer Landkarte erzählt, die schließlich im 1:1-Maßstab zur Wirklichkeit steht, mit dieser zur Deckung kommt.

> „Heutzutage funktioniert die Abstraktion nicht mehr nach dem Muster der Karte, des Duplikats, des Spiegels, des Begriffs. [...] Die Karte ist

2 http://www.japanlink.de/mk/mk_medien_virtinterview.shtml
3 http://www.kultur.ort.at/orton/kultur/010402-5251/5253text_story.html
4 http://www.virtopera.de

dem Territorium vorgelagert, ja sie bringt es hervor“ (Baudrillard 1978, 7ff.).

Das Model Nell McAndrew mag beispielhaft stehen für die Selbstmodellierung nach einer ins Bild gesetzten Zeichenstruktur, die die Referenz verweigert.[5] Nell McAndrew gibt sich als recht gelungene reale Replikantin des virtuellen Vorbildes *Lara Croft* und der Film mit Angelina Jolie in der Hauptrolle leistet ein Übriges. *Lara Croft* ist sich selbst bedeutend und tritt als Begehren in die Hardware- und Wetware-Welt hinein.

Interessant macht die Auseinandersetzung mit den genannten Fällen die Frage, ob aus solchen virtuellen Stars sich generell Projektionsflächen für das eigene „Ich“ ableiten lassen. Da das Internet nicht viel mehr als ein Spiegel der realen und gleichsam virtuellen Welt ist, ist ein „Ja“ proklamiert.

> „In gewisser Weise dupliziert das System [Internet, N.S.] diese Weltgesellschaft, stellt es [...] eine Zweitfassung der Gesellschaft in der Gesellschaft dar, von der dann üblicherweise gesagt wird, sie sei virtuell, üblicherweise auch ohne Angabe dessen, was denn nun als nicht-virtuelle Realität angesehen werden müsse“ (Fuchs[6]).

„Boygroups“ - „Girlie-Bands“

Diese Zweitfassung findet ihren Spiegel in der gegenwärtigen Popkultur, welche als inszenierte sich präsentiert. Boygroups und Girlie-Bands ist die Inszenierung Lebenselixier, sie sind eine Projektionsfläche für Wünsche, was sie von Jugendlichen als die persönliche Wirklichkeit bereichernd erfahren lässt. Diese Bands sind im Allgemeinen nicht gewachsen, sondern reine aus wirtschaftlichen Gründen in die Welt gesetzte Kunstprodukte, wie beispielsweise. auch *No Angels*. Und die Idee Inszenierung mit ökonomischen Interessen zu verbinden ist ja nicht neu. Man denke dazu nur an die 60er Jahre und die Gruppe *The Monkees*, die kaum ihre Instrumente beherrschte, aber geschickt vermarktet wurden (Farin 2001, 56f.). Was immer Boygroups und Girlie-Bands vorstellen, das gebotene Bild ist Täuschung, und darum wird gewusst. Die Fans wissen „um die Hintergründe und Fakten“ (Messner 1997, 240), und gerade aus diesem Wissen heraus wird die Vorstellung gewonnen, das Gegenüber genau zu kennen. „Wir alle spielen Theater“, so lautet der Titel von Goffmans lesenswerter Studie über zwi-

---

5 Andere Models sind: Natalie Cook, Rhona Mitra wie auch Vanessa Demouys. Die *wirkliche* Lara ist die *virtuelle* und soll es auch bleiben. „Um zu verhindern, dass die ‚wahre', die unsterbliche Lara unerwünschte Konkurrenz von ihren Verkörperungen erhielt, indem sie etwa mit diesen ‚verwechselt' wurde, durfte keine der jungen Frauen länger als ein Jahr als offizielles Lara-Croft-Model auftreten“ (Deuber-Mankowsky 2001: 66f.). So bleibt die Virtualität Vorbild und als eigentliche Realität anerkannt.

6 http://www.uni-wh.de/de/wiwi/virtwirt/theorie/fuchs_t.htm

schenmenschliche Beziehungen. Goffman hält darin fest, dass ein jeder mehr oder weniger gekonnt eine Rolle seiner selbst nach außen hin präsentiert. Das Wesentliche dabei ist, dass die Darstellung überzeugt, aber nicht, ob Darstellung und Innerlichkeit kongruent zur Deckung kommen (Goffman 1997, 66). Gleich dem Schauspieler auf der Bühne, der dem Bühnentext mit schauspielerischen Mitteln Leben einhaucht und Unmittelbarkeit suggeriert, wird Alltagsgeschehen ähnlich (bewusst wie unbewusst) präsentiert. Und trotz des Wissens um das Schauspiel auf der Bühne im Theater, besteht die Bereitschaft beim Publikum, darin Wirkliches anzunehmen bzw. Wirklichkeit gespiegelt zu sehen. Gesellschaftliche Prozesse, so Goffmans These, sind so dem Theaterspiel verwandt, wo

> „der normale gesellschaftliche Verkehr ebenso aufgebaut ist wie die Szene eines Theaterstückes, bestehend aus dem Aneinanderreihen dramatisch überhöhter Handlungen, Reaktionen und abschließender Erwiderung. [...] Natürlich ist nicht die ganze Welt eine Bühne, aber die entscheidenden Punkte, in denen sie es nicht ist, sind nicht leicht zu finden" (Goffman 1997, 67).

Das Verhaltensrepertoire von Bands in der Musik muss danach nicht authentisch sein, es muss allein den Vorstellungen gemäß sein, die davon gemacht werden, es muss den projizierten Erwartungen entsprechen, um vom Publikum angenommen zu werden. Die Überzeichnung, das hyperreale Ereignis machen die „Lüge" offenbar, aber gerade durch die Überzeichnung erlebt die Lüge ihre Transformation zum (Schau-)Spiel des „Als-ob". Schulze (1999, 11) nimmt in seinem Buch „Kulissen des Glücks" den Gedanken des Theaters auf und konstatiert eine Kulissenmentalität, bei dem das Hyperreale eine Kulisse für eigene Selbstfindungen bietet:

> „Kulissen sind gemeinsame erschaffene und ständig weiterentwickelte Projektionsflächen für Gefühle, Wünsche, Phantasien, des Menschsein überhaupt. [...] Die Inszenierungen der Gegenwart sind nicht lügnerisch, sondern spielerisch; sie sind eine unserer Kultur eigentümliche Form der Wirklichkeit. Das Wesen dieser Form besteht darin, dass Menschen sich selbst wirklich machen, indem sie sich in Szene setzen".

Die *Kelly Family* stellt eine komplette Familie vor, mit der zu identifizieren eingeladen wird, die sich trotz aller in ihr statthabenden Umbrüche (der Tod der Mutter, der Schlaganfall des Vaters) nach außen hin weiterhin als geschlossen funktionierende Einheit darbietet, als ein Ort, der ein Aufgehobensein garantiert. Und wenn eine solche Einheit „dann dazu auch noch musiziert, ist der Automatismus des Erfolgs in Gang gesetzt. [...] Der Erfolg der 'Kelly-Family' ist auch ein Erfolg der 'Widerständigkeit der Familie in den Wirren der Geschichte' (René König)" (Lau 1996, 163f.). Die hyperreale Idee wird angenommen, die Fans stehen vor Konzerthallen und werden von Animateuren auf das Konzert entsprechend eingestimmt, damit die Inszenierung in der Halle und für die Medienöffentlichkeit stimmig ist. Utopie und Phantasie treffen hier zusammen. Es sind Versuche einem „Nicht“ (kernlos eben) in einem Schaffungsprozess einen signifikanten Ort zu geben. Die Bemühung ist angezeigt, ein nicht zu Repräsentierendes gleichwohl repräsentabel zu machen.

Es ist ein Prozess, der nie zum Ziel, zu keinem Abschluss führen kann - mit der Folge: Der Weg zur Ich-Findung ist daher wesentlich von Trauerarbeit begleitet: „Identifizierung ist an das *Begehren* gebunden. Dem Begehren ist eine Trauer inhärent: vom begehrten Objekt getrennt zu sein und es, trotz starkem Wunsch, immer zu verfehlen“ (Heinrichs 1999, 57). Im Vorfeld ist von Schoeners Internet-Oper und dem zentralen Protagonisten *Cold Genius* die Rede gewesen. Eine nähere Beschäftigung mit den Ausführungen zum Protagonisten der Internetoper lohnt, da in *Cold Genius* ein ästhetisches Sein proklamiert wird, das auf der Summe mannigfaltiger Informationen beruht. Schoener schreibt:

> „Er ist die Ansammlung sämtlicher Informationen ohne ihren Wert zu erkennen. Weil jedoch seine Informationen von Menschen vermittelt wurden, hat er auch eine unbestimmte, für ihn nicht erklärbare Sehnsucht, seine Grenzen zu überwinden. Er ist erlebnis- und erkenntnishungrig, weiß aber nichts über die Bedeutung dieser Gefühle. [...] Ein neues Wesen ist entstanden“.[7]

Ein Suchender, dem ein unbefriedigtes Begehren innewohnt, ist so geboren. Dem Begehren, das nach Lacanscher Diktion dem Spiegelstadium des Kindes entspringt und daraus abgeleitet ist, dass die in der Bespiegelung imaginierte Einheit (Ich) eines Kindes real im Zuge noch mangelhaft ausgeprägter motorischer Fähigkeiten nicht verfügbar, nicht mit sich identisch ist, ist die Sehnsucht nach dem anderen im Spiegel und dessen Einvernahme grundsätzlich innewohnend (Lacan 1991, 64, 67). Wo Körpererfahrung zuvor nur zerstückelt möglich war, bietet der Spiegel dem Kinde zum ersten Mal die Möglichkeit eine Ganzheit wahrzunehmen, die mit dem „Ich“ gleichgesetzt wird. Es ist ein „sich erkennen“ wie zugleich „verkennen“, aus dem in der Spiegelung das Begehren erwächst, wo das imaginäre „Ich“ die Trennung zwischen Psyche und Körperbild erlebt und doch vereinigt sehen möchte. Diese Identifizierung ist aus dem Gegenüber gewonnen, einem praktisch ausgelagerten, so fremden „Ich“, mit dem in der Vereinnahmung die Herrschaft und Autonomie zum „Ideal-Ich“ (Lacan) angestrebt wird, aber doch nicht möglich ist. Der andere und das Fremde daran bleiben konstitutiv erhalten. „So ist, und das ist ein wesentlicher Punkt, die erste Wirkung der *Image*, die beim menschlichen Wesen erscheint, eine Wirkung der *Entfremdung* des Subjekts. Es ist der andere, in dem sich das Subjekt identifiziert und sogar allererst erfährt“ (Lacan, zitiert nach Welsch

---

7 http://www.virtopera.de/virtopera/deutsch/index_frame.php3?Nation=Deutsch. Um Text zu lesen: „Button“ zur Entstehung der Oper anwählen.

1996, 276f.). Was als Einheit autonom regieren will, bedingt als Zweiheit die Entfremdung und so das Begehren, die Zweiheit aufzuheben, was den anderen als Fremden negiert, wo das „Ich" in dem anderen aufscheint.

In der Manifestation des Internets, das symbolisch geordnet ist, ist gleichsam nur das auf anderer Ebene fortgesetzte Spiegelstadium gespiegelt. Die Nicht-Verfügbarkeit des anderen wird über die symbolisch kalkulierte Ordnung zum Bild transformiert und sodann in der Imagination kompensiert. Das Thema der Internetoper ist so die Geschichte vom Menschen und seiner Bewusstwerdung, der die Illusion des einzigartigen „Ich" in Oberflächenkalkulationen zur Disposition stellt. Die Spiegelung gleicht einer zweifachen, sozusagen einer Spiegelung hinter dem Spiegel, operiert reflexiv, daher auf der Ebene des Beobachters 2. Ordnung, denn *Cold Genius* demonstriert in der Bezugnahme auf „die" anderen und mehr noch auf deren „Informationen", die ja als „sämtliche" apostrophiert werden, eine Vielheit, eine zerstückelte, eine plurale Identität, die den Kern vermissen lässt. Der Weg zum „Ich" führt nur über eine symbolische Ordnung: Konsequenz der Arbeit am „Ich", die dem Begehren nicht genügen kann. Mit dem Bezug auf die Informationen, von den anderen zugeführt, ist die Präsenz und damit die „Ich"-Idealität in Vernetzungen von Signifikanten aufgehoben. Damit aber ist eine zentrumslose Vielheit angesprochen, denn woraus sich bedeutungsvolle, symbolische Ordnungen erst zusammensetzen, die dem „Ich" vorübergehend Halt verleihen, das ist der „Verkettung" einer symbolisch codierten Wirklichkeit geschuldet, was die Präsenz auf Distanz bringt. Schoeners Beschreibung des *Cold Genius* liest sich insgesamt wie die Anleitung zur „Ich"-Findung im Allgemeinen und der im Internet im Speziellen. Er schließt seine Ausführungen: „Ein neues Wesen ist geboren", und dieses Wesen gleicht so dem Kind, das zum ersten Mal sich über das Außen selbst erfährt und ein Verhältnis zu sich aufbaut.

Lacan führt den Mangel, dass das „Ich" über das Außen sich setzt und nicht eingelöst findet und auf symbolischem Wege Trauerarbeit leistet, „auf die *spezifische*[ ] *Vorzeitigkeit* der menschlichen *Geburt*" zurück, die ein Drama ohne Abschluss in Szene setzt. Durch die Nichtangepasstheit sind Verschiebungen in Selbstdeutungsformeln notwendig impliziert. Der Mensch ist reizoffen für Umweltreize oder - wie Gehlen (1963, 39) feststellte - grundsätzlich „reizüberflutet". Nicht umsonst scheint daher die Rede von „sämtlichen" Informationen, die geführt wird, um in *Cold Genius* begrifflich fassbar zu werden. Die Überfülle an Information aber ist dem Internet wesentlich und notwendig, um aus Rohdaten effektiv Sinn zu erschließen. *Cold Genius* bedarf der Vielfalt, des Überflusses an Informationen. Aus dem Zuviel an Information erst optiert die Wahl, die die Sehnsucht zwar nicht aufhebt, aber die Richtung so oder anders erst bestimmen lässt. Die Reizüberflutung, die ansonsten eher negativ attributiert wird, macht die Individuation des nicht festgestellten Tieres nicht nur im Internet erst möglich. Das mit dem Internet fortgesetzte (sowie das darin zugleich gespiegelte) Spiegelstadium hebt das Begehren zwar nicht auf, aber setzt es konstruktiv um, wo das „Undenkbare des absoluten Subjekts“ (Lacan 1991, 68) in einer Vielzahl von Subjekt-Projektionen verarbeitet, durchgearbeitet wird. Es ist die in praktischer Arbeit geleistete Anerkennung, dass „das Ich außer sich geraten muss [...], um zu sich selbst zu kommen“ (Heinrichs 1999, 59). Die Nähe zum Selbst ist nur über die Distanz und den Fremden zu erreichen.

Das Individuum, das sich in diesem Ort der Ortslosigkeit einfindet und einrichtet, beginnt sich sodann auf eine andere Weise zu verstehen, indem es sich der Perspektivlosigkeit bedient, um sich zu finden. Perspektivlosigkeit ist dann positiv konnotiert und meint die Negation eines bestimmten Blickwinkels zugunsten stetig wechselnder Blickwinkel. „Das Ziel besteht in der Übernahme so vieler Perspektiven wie möglich, um sich mit ihnen zu identifizieren“ (Bolter 1995, 366), was sich dann im durchaus üblichen Wechsel von Geschlechterrollen beim Reisen im Cyberspace offenbaren kann.

Wishful thinking: Performing individuals

In welche Richtungen das zielen kann, zeigen schon die Persönlichkeitsprofile, mit denen in den MUDs und MOOs[8] experimentiert wird (Turkle 1999). „MUDs bedeuten für die Selbsterfahrung Unterschiedlichkeit, Heterogenität und Zersplitterung“ (Turkle 1999, 298). Diese multiplen Identitäten sind nicht allein der Netzwelt charakteristisch, sondern auch sie stellen Übersetzungen dessen dar, was die Welt jenseits des Monitors dem Individuum schon längst abverlangt. Der Weg führt zu einer ästhetischen Existenz im Foucaultschen Sinne, die bei Nietzsche ohnehin, aber allerdings auch schon bei Novalis vorformuliert ist, wenn dieser von der „Lebensgenusslehre“ spricht und schreibt, dass das „Ich“, abgelöst von aller Natur „ein artistisches - eine Kunst - ein Kunstwerck“ sei (zitiert nach Schmid 2000, 330).

Ein solches Kunstwerk in Szene zu setzen ist bspw. auch das Anliegen des Plattenlabels „Tunnelrecords“, das die Landkarte Borges, um das Bild Baudrillards noch einmal aufzunehmen, dem Territorium von vornherein vorzieht und dem Raum der Hyperrealität Seinsqualitäten zubilligt. Denn dieses Label ist aus einem Kunstprojekt geboren und reine Fiktion, nichtexistent und hat sich trotzdem zur Aufgabe gemacht, Künstlerexistenzen

8 MUD: Multi User Dungeons = Mehrbenutzer Verliese. Virtuelle Räume respektive modifizierte Chat-Rooms, die zum Aufbau einer eigenen Welt und zum Rollenspiel einladen. MOO: Multi User Dungeons Object Oriented = objektorientierte Mehrbenutzer Verliese – den MUDs vergleichbar, mehr auf Kooperation, Intellekt und Gewaltverzicht aufbauend.

wie beispielsweise. Girlie-Bands zu schaffen.[9] Es handelt sich hierbei um ein Experiment von Künstlerinnen, die den außenstehenden Flaneur dazu einladen, an den gewerkelten „Images" der Bands mitzukonstruieren. So wird jede Band mit einer Bandbiographie ausgestattet, „Life-style"-Informationen und Informationen zu Fans werden geliefert, Texte und Klangdateien zur Verfügung gestellt. Von Zeit zu Zeit werden neue Künstlergruppen zur Gestaltung freigegeben, für die Ideen eingebracht werden können. Über ein „Casting", bei dem sich interessierte Flaneure bewerben können, werden Personen ausgewählt, die dann im Internet die Gruppe imagegerecht präsentieren.[10] Ein Leben im Kunstwerk nimmt Gestalt an. Ein Projekt wie das von „tunnel-records" setzt den „Akt der Wahl" obligatorisch, wo in Auseinandersetzung nicht mit dem eigenen „Ich", sondern in Auseinandersetzung mit einer ausgelagerten Vorstellung gedankliche Form ins Konkrete transformiert wird. Diese Auseinandersetzung ist reflexiv, da sie als Kunst den Abstand hält, aber als handanlegende zugleich performativ arbeitet. Geboten wird hier ein Schauspiel eines möglichen sozialen Wirkens. Bezogen auf MUDs sagt eine Mitspielerin: „Es ist wie ein Theaterstück, nur dass der Text nicht vorgegeben ist. Die Persönlichkeit ist vorgegeben, aber nicht der Text" (Turkle 1999, 301). Das Musikprojekt operiert ähnlich: Die grobe Richtung ist mit dem Musikgenre vorgegeben; innerhalb dieser Vorgabe ist die Entwicklung frei, wobei das Endergebnis von den Vorbildern oder den Klischees, die mit dem Genre verbunden sind, begleitet und auch stilbildend bestimmt wird.

Das heißt wiederum nichts anderes, als dass das Verhandlungsergebnis dann „Wirklichkeit" bietet oder „wirklich" „ist", denn „[b]ei inszenierten Ereignissen verständigen sich Menschen über das Objektive: über die von ihnen gemeinsam angenommene Wirklichkeit" (Schulze 1999, 84). Dieses und jenes Detail gehört dazu, damit eine Heavy-Metal Gruppe jenem Sozialfeld dazugehörig scheint, fehlt ein solches, wird die inszenierte Wirklichkeit, die für das Bezugssystem Wirklichkeit steht, mit einem Makel behaftet empfunden. Zugleich ist das vertraute Bezugssystem materielle Welt eine bedeutungsvolle Zeichenwelt, demnach - über Boygroups und Girlie-Bands hinaus - auch nicht „wirklich" an sich, sondern immer inszeniert, da sie gleichsam den Ansprüchen eines kommunikativen Handels entsprechen muss. So wird soziale Gemeinsamkeit möglich und Wirklichkeit erlebbar. Dieses Spiel ist eine Transformation von einer Welt in die andere und nicht spiegelbildgleich, sondern „übersetzt", womit die Alteration, die Variation impliziert ist. Man kann mit Wittgenstein auch von „Familienähnlichkeiten" zwischen den beiden Spielwelten sprechen, die „ein kompliziertes Netz von Ähnlichkeiten [vorsehen], die einander übergreifen und kreuzen. Ähn-

9 Natürlich ist der Begriff der „Fiktion" dort, wo das 1:1-Korrelat gegeben ist, problematisch geworden.

10 http://www.tunnel-records.com

lichkeiten im Großen und Kleinen“ (Wittgenstein 1990, 138). Das Bild des Netzes macht deutlich, dass von Anfang und Ende, von Vorbild und Kopie nicht die Rede sein kann. Die Beziehungen zwischen beiden Spielwelten sind verflochten, „wie wir beim Spinnen eines Fadens Faser an Faser drehen. Und die Stärke des Fadens liegt nicht darin, dass irgendeine Faser durch seine ganze Länge läuft, sondern darin, dass viele Fasern einander übergreifen“ (Wittgenstein 1990, 139). Ein sich gegenseitig bedingendes Geflecht, das im Spiel Wirklichkeit entspinnt.

Dem Ganzen steht der Gedanke des „Als-ob“ vor. Das „Als-ob“ bei dem genannten Internetprojekt ist mehr „frei“ als „gebunden“, wiewohl es der einen wie anderen Seite sich verbunden fühlt. Es ist frei, weil das entworfene Identitätsprofil der erfundenen Schwermetall-Band sich nicht in sozialen Gründen handelnd bewähren muss; es ist gebunden, weil die einzelnen angegliederten Identitätspartikel sehr wohl in sozialen Gründen wurzeln. Mit der Schwerpunktverlagerung zum „frei“ wird die Phantasie angeregt, sich einzubringen, anzureichern, zu verändern. Was Gestalt annimmt, wird bis in die Einzelheiten wohl aufeinander abgestimmt, und doch bleibt die Gemachtheit gerade in der Überzeichnung deutlich. Das Theater wird deutlich, das gespielt wird, das „Rollenbewusstsein“, das sich daraus ableitet, und zuletzt ein „Kontingenzbewusstsein“, geschuldet dem Spiel mit dem und den anderen.

Wie sagte schon Goethe: „Die Existenzen fremder Menschen sind die besten Spiegel, worin wir die unsrige erkennen können“ (Goethe, an Charlotte von Stein. 9.9.1783).

Literatur

Baudrillard, Jean (1978): Agonie des Realen. Berlin: Merve.

Bauman, Zygmunt (1997): Flaneure, Spieler und Touristen. Hamburg: Hamburger Edition.

Becker, Barbara (2000): Elektronische Kommunikationsmedien als neue „Technologien des Selbst“? Überlegungen zur Inszenierung virtueller Identitäten in elektronischen Kommunikationsmedien. In: Huber, Eva (Hrsg.): Technologien des Selbst. Basel/ Frankfurt am Main: Stromfeld/ Nexus, S. 17-31.

Berger, Peter/ Luckmann, Thomas (1995): Die gesellschaftliche Konstruktion der Wirklichkeit. Frankfurt am Main: Fischer.

Bolter, David Jay (1995): Schuld und Verantwortung in einer vernetzten Kultur. In: Kunst- und Ausstellungshalle der Bundesrepublik Deutschland GmbH (Hrsg.): Das Böse. Göttingen: Steidl, S. 358-373.

Deuber-Mankowsky, Astrid (2001): Lara Croft. Modell, Medium, Cyberheldin. Frankfurt am Main: Suhrkamp.

Farin, Klaus (2001): generation kick.de. Jugendsubkulturen heute. München: Beck.

Foucault, Michel (1998), ausgewählt und vorgestellt von Pravu Mazumdar. ‚Philosophie jetzt', hrsg. v. Peter Sloterdijk. München: Diederichs.
Freyermuth, Gundolf (1996): Cyberland. Berlin: Rowohlt.
Fuchs, Peter: Realität der Virtualität. Aufklärungen zur Mystik des Internets. http://www.uni-wh.de/de/wiwi/virtwirt/theorie/fuchs_t.htm; download: 09. 2001.
Gehlen, Arnold (1963): Studien zur Anthropologie und Soziologie. Neuwied am Rhein/Berlin: Luchterhand.
Goffman, Erving ([6]1997): Wir alle spielen Theater. München: Piper.
Heinrichs, Hans-Jürgen (1999): Der Mensch hat eine Zukunft. Kreuzlingen/ München: Diederichs.
http://www.geocities.com/Tokyo/Flats/2135/; download: 10. 2001.
http://kultur.orf.at/orfon/kultur/010402-5251/5253text_story.html; download: 07. 2001.
http://www.tunnel-records.com; download: 07. 2001.
http://www.virtopera.de; download: 12. 2000.
Japanlink im Gespräch mit dem Kölner Producer für virtuelle Charaktere Sascha Lammers: Die Virtuellen werden die Lebendigen nicht verdrängen. http://www.japanlink.de/mk/mk_medien_virtinterview.shtml; download: 09. 2001.
Kluge, Friedrich (1999): Etymologisches Wörterbuch der deutschen Sprache. Bearbeitet von Elmar Seebold. 23., erw. Aufl.. Berlin/ New York: Walter de Gruyter.
Lacan, Jacques ([3]1991): Das Spiegelstadium als Bildner der Ichfunktion. In:Lacan, Jacques: Schriften I. Weinheim/ Berlin: Quadriga.
Lau, Thomas (1996): Kelly Family: Wir machen euch fertig. In: Testcard Nr. 2, S. 160-174.
Messner, Monja (1997): „Sie sind so süüüß...". Boygroups und ihre Fans - Fans und ihre Boygroups. In: SPOKK (Hrsg.): Kursbuch JugendKultur. Stile, Szenen und Identitäten vor der Jahrtausendwende. Mannheim: Bollmann, S. 235-243..
Schmid, Wilhelm (2000): Auf der Suche nach einer neuen Lebenskunst. Frankfurt am Main: Suhrkamp.
Schoener, Eberhard zur „Virtopera" und zur Figur des „Cold Genius". http://www.virtopera.de/virtopera/deutsch/index_frame.php3?Nation=Deutsch; download: 12. 2000.
Schulze, Gerhard ([6]1996): Die Erlebnisgesellschaft. Frankfurt am Main/ New York: Campus.
Schulze, Gerhard (1999): Kulissen des Glücks. Frankfurt am Main/ New York: Campus.
Turkle, Sherry (1999): Leben im Netz. Identität in Zeiten des Internet. Reinbek bei Hamburg: Rowohlt.
Welsch, Wolfgang ([2]1996): Vernunft. Die zeitgenössische Vernunftkritik und das Konzept der transversalen Vernunft. Frankfurt am Main: Suhrkamp.
Wittgenstein, Ludwig (1990): Tractatus logicus philosophicus. Philosophische Untersuchungen. Leipzig: Reclam Leipzig.

Christopher Wallbaum

Ein philosophischer Begriff ästhetischer Praxis - nützlich für die empirische Untersuchung der Frage, ob Jugendliche in ihrer musikalischen Praxis Entwicklungsaufgaben bewältigen?

Dieser Beitrag zu der interdisziplinär angelegten Tagung „Jugend, Musik und Medien" stellt einen philosophischen Begriff von ästhetischer Praxis dar, der auch für soziologische Forschungen nützlich sein könnte.

Zur Methode pragmatischer Philosophie

Die philosophisch-pragmatische Methode leitet wesentliche Strukturmerkmale ästhetischer Praxis (und daraus hervorgehender Erfahrungen) aus Situationsbeschreibungen ab, die z. B. in Form ästhetischer Kritiken, Gespräche und Reflexionen vorliegen. Die Methode beschränkt sich aber nicht allein auf die Analyse der verwendeten Sprache und der Begründungsweisen,[1] sondern sie zieht auch Situationswissen heran, das dem Forscher ausschließlich in der Teilnehmerperspektive und Selbstbeobachtung zugänglich ist. Sie kombiniert also sprachanalytische und phänomenologisch-hermeneutische Verfahren (Seel 1991; 2000; Kleimann 2002). Ihre Ergebnisse gründen letztlich in den Situationsbeschreibungen vieler Menschen, die ihrerseits aus der Teilnehmerperspektive sich selbst, Phänomene und kommunikative Interaktionen wahrnehmen und beschreiben. Diese erforschte Perspektive oder mit anderen Worten Form der Praxis mit den ihr gemäßen begrifflichen Unterscheidungen entspricht grundsätzlich auch der Perspektive von Jugendlichen in ihren ästhetischen Praxen. Damit liegt ein begriffliches Instrumentarium vor, um sich mit gezielten Fragen den Wahrnehmungen und kommunikativen Interaktionen zu nähern, die Jugendliche

1 Seel (1985) geht über Habermas (1981) hinaus, der in seiner Bestimmung grundlegender Rationalitäten diese allein auf die Sprache zurückführte, statt auf praktische Situationen. Wo Habermas der ästhetischen Rationalität keinen Eigensinn zubilligt und sie mit dem Geltungsanspruch der Wahrhaftigkeit gleichsetzt, da formulieren Seel und Kleimann (2002) eine eigensinnige ästhetische Rationalität.

in ihren jeweiligen musikalisch-ästhetischen Praxen vollziehen - und es wird möglich, verschiedene Arten ästhetischer Praxis zu unterscheiden, die ihrerseits Rückschlüsse auf die Bildungsrelevanz der jeweiligen Praxis erlauben.

Ein relationaler Begriff ästhetischer Praxis

In einem Satz zusammengefasst: Unter ästhetischer Praxis verstehe ich einen Komplex von Handlungen, der durch das Interesse an erfüllten Wahrnehmungsvollzügen bestimmt ist, der aber auch die Kommunikation über diese Wahrnehmungen und ihre Gegenstände einschließt.

Beispiel: Else legt eine Platte auf, um die Stimmung der augenblicklichen Situation zu intensivieren, und die Reaktion ihres Freundes Werner zeigt, dass er offenbar die Platte ebenso intensivierend wahrnimmt wie Else. Beide sind sich in ihrem ästhetischen Urteil einig. Sie handeln im Sinne einer ästhetischen Praxis.

Warum nenne ich diesen Begriff relational? Die kurze Definition ästhetischer Praxis macht deutlich, dass der Eigensinn des Ästhetischen zunächst über die Wahrnehmung, und nicht etwa über allgemeine Merkmale von ästhetischen Objekten zu fassen ist. Insofern ist dieser Begriff subjektorientiert. Mit anderen Worten: Wenn wir ein Objekt nicht *ästhetisch* (= in ästhetischer Einstellung), sondern zum Beispiel moralisch oder kaufmännisch-instrumentell *wahrnehmen*, dann kann es uns auch nicht *ästhetisch erscheinen*. Das bedeutet allerdings nicht, dass die Gestalt des Objekts beliebig wäre. Denn ein Musikstück bzw. Objekt kann unserem jeweiligen ästhetischen Wahrnehmungsinteresse mehr oder weniger entgegenkommen. Wenn wir, wie Werner und Else oben, eine Atmosphäre intensivieren wollen, dann werden wir eine andere Musik wählen, als wenn wir uns zum Beispiel in eine reine Klangsinnlichkeit verlieren oder ein neues, etwas merkwürdiges Stück nachvollziehen wollen. Insofern liegt in der *Relation* zwischen dem ästhetischen Interesse und der Beschaffenheit des Objekts die Bedingung für erfüllte Wahrnehmungsvollzüge - nicht allein im Objekt (sei es Popsong, Kunstwerk oder ein Stück Natur) und nicht allein im wahrnehmenden Subjekt

Ein dreidimensionaler Begriff ästhetischer Praxis

Zweifellos gibt es zahllose ästhetische Wahrnehmungsinteressen und ihnen entsprechende ästhetische Objekte. Es dürfte ebenso viele geben, wie es Kulturen bzw. Teilkulturen gibt.[2] Trotz dieser unendlichen Vielfalt er-

---

2 Kulturen und Teilkulturen verstehe ich etwa im Sinne von Baackes Jugendkulturen (1993), Papes Jugendszenen (1998; 2001), Troges abstrakten Institutionen(1993),

scheint eine Unterscheidung von drei Dimensionen ästhetischer Wahrnehmung hilfreich, die zu mehr oder weniger großen Anteilen an allen Konkretionen ästhetischer Praxis beteiligt sind. Sie ergeben sich bei der Analyse von verbalen Äußerungen (bzw. Urteilen) über ästhetische Erfahrungen. Eine Art dieser Äußerungen ist bestimmt durch Gefühlsurteile,[3] mehr oder weniger bewusste Korrespondenzen zu ethischen Lebenseinstellungen, eine zweite durch objektivierende Beobachtungen und Kontextinformationen und eine dritte durch konstruierende Deutungen, die die vorigen ästhetischen Wahrnehmungen durch eine sinnstiftende Interpretation zu einem kritischen Urteil zusammenzufassen trachtet. Diese verschiedenen Arten, über ästhetische Wahrnehmungen zu sprechen, verweisen auf drei Dimensionen der ästhetischen Wahrnehmung, die differenzierter beschrieben werden können, wenn wir phänomenologische Aspekte einbeziehen (Kleimann 2002; Rolle 1999; Seel 1991; 2000; Wallbaum 2000). Wir können sie als atmosphärisch-existenzielle, bloß sinnlich-kontemplative und als sinnkonstruierend-imaginative Dimensionen der Wahrnehmung unterscheiden.

Schließlich lassen sich im Anschluss an die Unterscheidung verschiedener ästhetischer Wahrnehmungen ästhetische Praxen unterscheiden, in denen jeweils eine ästhetische Dimension überwiegt. Ich erinnere noch einmal an den o. g. Begriff: Unter ästhetischer Praxis verstehen wir einen Komplex von Handlungen, der durch das Interesse an erfüllten Wahrnehmungsvollzügen bestimmt ist, der aber auch die Kommunikation über diese Wahrnehmungen und ihre Gegenstände einschließt.

Die atmosphärisch-korresponsive ästhetische Wahrnehmung

Die atmosphärisch-korresponsive ästhetische Wahrnehmung beurteilt Erscheinungen danach, ob sie mit dem Lebensstil der Wahrnehmenden einschließlich ihrer ethisch-existenziellen Werte korrespondieren. Wenn zum Beispiel Werner und Else eher eine lebensbejahende, den Spaß betonende und nahezu anti-politische Einstellung teilen, dann wird Else im obigen Beispiel eher Techno oder HipHop als Oi-Musik, Reggae oder Beethoven aufgelegt haben. Atmosphärisch-existenziellen ästhetischen Praxen geht es darum, bestehende Situationen zu intensivieren. Sei es in einsamer Rezeption im Jugendzimmer oder unter der Walkman-Glocke, sei es beim Zusammensein mit Gleichgesinnten. Im Vordergrund steht die positive Intensivierung, erst in zweiter Linie, wenn auch damit zusammenhängend, die

---

Willis' Jugendstilen (1991), Wallbaums Jugendwelten (1993) oder Wittgensteins Sprachspielen (1989). Zum Konzept eines nicht-kulturrelativen und nicht-ästhetischen Musikbegriffs etwa im Sinne von „Schallfiguren" vgl. Wallbaum (1998).

3 Zum Zusammenhang von Gefühlsurteil und Erfahrungen vgl. Roth (1994), speziell zum Zusammenhang von Kommunikation und Gefühl vgl. Habermas (1996) und Kleimann (2002).

eher negative Funktion der sozialen Distinktion, die Bourdieu (1982) so treffend herausgearbeitet hat.[4] Wenn wir zu Hause eine Geselligkeit vorbereiten, dann richten wir die Wohnung auch musikalisch ein, wenn wir ein Lokal betreten, beurteilen wir die (oder auch das) Soundscape wie die Möbel und das Outfit der Gäste.

Die bloß sinnlich-kontemplative ästhetische Wahrnehmung

Die bloß sinnlich-kontemplative ästhetische Wahrnehmung sieht von jeglichem Sinn, von jeglicher atmosphärisch-existenziellen Bewertung und von jedem imaginativen Deutungsversuch ab. In solcher Einstellung können wir zum Beispiel eine Ampelanlage als bloßes Lichterspiel wahrnehmen oder bei einem Vortrag nur noch der Akustik von Stimme und Raum lauschen, egal, was da gesagt wird. Es gibt auch musikalische Praxen, die diese bloß sinnlichen Vollzüge in den Vordergrund stellen. Manch vielstimmige Polyphonie, die repetitiven Stücke der Minimal Music, einige Produktionen aus der elektro-akustischen Kunst, Zufalls-Musiken aus dem „E"- oder „U"-Bereich. Oder wenn wir uns in einer Diskothek vor eine zwei Meter hohe Bassbox stellen und uns dem überlassen, was die Techno-Klänge und Lichteffekte mit uns machen: aufgelöst die Grenze zwischen Ich und Welt, ohne Zeit schwebend in der zeitlosen Gegenwart des Klangs.[5]

Die sinnkonstruierend-imaginative ästhetische Wahrnehmung

Die sinnkonstruierend-imaginative ästhetische Wahrnehmung unterbricht wie die bloß sinnliche ästhetische Wahrnehmung andere Tätigkeiten. Sie kann nicht im Hintergrund mitlaufen wie die atmosphärische Wahrnehmung. Sie wendet sich ihren - mit Vorliebe rätselvollen - Objekten mit voller Aufmerksamkeit zu und lässt sich auf ungewohnte Konstellationen ein. Nun gibt es in unserem Alltag stets Problemsituationen, in denen wir auf eine Lösung sinnen müssen. Diese Problemsituationen unterscheiden sich aber von ästhetischen Vollzügen dadurch, dass die ästhetischen nicht auf eine instrumentell-zweckmäßige Problemlösung zielen, sondern dass sie sich im Vollzug des Wahrnehmens erfüllen. Es geht um die erfüllte Zeit des Vollzugs. Als Parade-Beispiel für eine durch imaginative ästhetische Wahrnehmungen bestimmte ästhetische Praxis gilt die Praxis der Kunst. Ihr Interesse ist es, uns in einen Zustand des Rätselns zu locken, in dem unsere Wahrnehmung zwischen atmosphärisch-existenziellen, bloß sinnlichen und

---

4 Diesen Unterschied hat Rhein (in diesem Band) mit ihrer empirischen Untersuchung zum Fantum bekräftigt.

5 Entsprechende Wahrnehmungsbeschreibungen gibt es nicht nur bei Cage (1976). In diese Richtung weisen auch Baldemair (2001), Nolteernsting (1998) und Mitterlehner (1996) in Bezug auf Techno. Auf veränderte Bewußtseinszustände in der Wahrnehmung polyphoner Mehrstimmigkeit hat auch Behne (1993) hingewiesen.

imaginativen Wahrnehmungen wechselt, ohne in einer dieser Einstellungen gleichsam einzurasten.

In solche Praxis hätte Werner aus unserem obigen Beispiel finden können, wenn er etwa Else noch nicht lange gekannt hätte, vielleicht zum ersten Mal mit zu ihr gekommen wäre, und die Platte, die sie auflegte, ihm fremd gewesen wäre. Er hätte widersprüchliche Korrespondenzen registrieren, ungewohnte Klangkonstellationen mitvollziehen und nach Interpretationsweisen suchen müssen, die all das zusammenfassen. Als ein Mensch, dessen Verhaltensweisen imaginativ-ästhetische Praktiken einschließen, hätte er ein Gespräch über die Musik beginnen können, etwa mit der Frage, wie Else die Passagen wahrnimmt, die für Werner korresponsiv unstimmig klingen (z. B. der Gitarren-Groove klingt nach Heavy Metal, der Gesang nach HipHop).

Ästhetische Praxis und Bildung (bzw. sinnverwandt: Selbst-Sozialisation)

Bildung (bzw. sinnverwandt: Selbst-Sozialisation) verstehe ich kurz gesagt als einen Prozess, in dem wir unsere Art der Weltzuwendung umbauen; und zwar im Sinne einer Erweiterung unserer Möglichkeiten (vgl. in diesem Sinne Rolle 1999). Die Gewinnung neuer Wahrnehmungsperspektiven ist so eine Erweiterung. Von hier aus wird der Zusammenhang zwischen ästhetischen Praxen und Bildung deutlich: Atmosphärisch-korresponsive ästhetische Praxen zielen auf die Intensivierung der bestehenden Einstellungen und stehen damit Bildungsprozessen eher entgegen. Bloß sinnlich-kontemplative Praxen erzeugen mit der Abwendung von jeglicher Sinndeutung zunächst zwar eine Relativierung *jeder* Perspektive und tragen insofern den Keim zur Toleranz gegenüber Andersdenkenden in sich, aber eine sinnlich-sinnabgewandte Praxis kann allein begriffslogisch keinen neuen Sinn, keine neuen Sichtweisen eröffnen. Als geradezu auf Bildungsprozesse zielend müssen dagegen imaginativ-ästhetische Praxen beschrieben werden, denn sie setzen - wenn auch spielerisch - gewohnte Sichtweisen aufs Spiel, indem sie sich auf ungewohnte und rätselvolle Gegenstände bzw. Situationen einlassen. Damit suchen Menschen in imaginativ-ästhetischen Praxen die Anregung von Bildungsprozessen geradezu auf.

Eine Umformulierung der Forschungsfrage „Bilden sich Jugendliche in ihren musikalischen Praxen?“

Die Umformulierung lautet: Nehmen Jugendliche Musiken nie, manchmal oder häufig imaginativ-ästhetisch wahr?

Bei einer Untersuchung der verschiedenen Musikpraxen in Bezug auf die drei Grundformen gilt es allerdings zu bedenken, dass es keine spezifischen

Objekte für eine Art der musikalisch-ästhetischen Praxis, keine notwendige Zuordnung zwischen einem Musikstück oder -stil und einer Art seiner Wahrnehmung gibt. Wir können zum Beispiel eine CD kaufen und auflegen, weil wir sie *imaginativ*-ästhetisch attraktiv finden, wir können dieselbe aber beim nächsten Besuch etwa einer Freundin oder eines Berufskollegen auch auflegen, um damit - nun in *atmosphärisch-korresponsiv*-ästhetischer Praxis - etwas über uns auszudrücken. Nicht zuletzt dürfte uns das ästhetische Interesse, eine *korresponsiv* attraktive neue Musik zu entdecken, immer wieder zu *imaginativ*-ästhetischen Wahrnehmungen veranlassen.

Um die Frage beantworten zu können, ob Jugendliche sich in ihren musikalischen Praxen bilden, wäre also zu untersuchen, wie Jugendliche Musikstücke (oder Musikvideos o. a.) in verschiedenen Hörsituationen *innerhalb eines Stilbereichs* sowie *im Wechsel zwischen Stilbereichen* wahrnehmen: atmosphärisch-korresponsiv-, bloß sinnlich-kontemplativ- oder imaginativ-ästhetisch.

Literatur

Baacke, Dieter (1993): Jugend und Jugendkulturen. Weinheim: Juventa.

Baacke, Dieter (1998) (Hrsg.): Handbuch Jugend und Musik. Opladen: Leske + Budrich.

Baldemair, Andrea (2001): Trancezendenz. Trancezustände beim Tanzen auf Techno-Parties und das Praktizieren religiös-ritueller Körperhaltungen nach Felicitas Goodman. In: Phleps, Thomas (Hrsg.): Beiträge zur Popularmusikforschung 23 27/ 28. Karben: Coda, 253-270.

Behne, Klaus-Ernst (1993): Singen und Würfeln: Zur Psychologie kreativer musikalischer Prozesse. In: Behne, Klaus-Ernst (1994): Gehört, gedacht, gesehen: Zehn Aufsätze zum visuellen, kreativen und theoretischen Umgang mit Musik. Regensburg: Con Brio, 87-112.

Bourdieu, Pierre (1982, [7]1994): Die feinen Unterschiede: Kritik der gesellschaftlichen Urteilskraft. Frankfurt am Main: Suhrkamp.

Cage, John (1976): Rede an ein Orchester. In: Metzger, Heinz-Klaus/ Riehn, Rainer (Hrsg.) (1990): John Cage I. München: edition text+kritik, 56-62.

Habermas, Jürgen (1981): Theorie des kommunikativen Handelns Bd.1 und 2. Frankfurt am Main: Suhrkamp.

Habermas, Jürgen (1996): Sprechakttheoretische Eräuterungen zur Theorie des kommunikativen Handelns. In: Zeitschrift für philosophische Forschung, 50:1/ 2, 65-71.

Kleimann, Bernd (2002): Das ästhetische Weltverhältnis. Eine Untersuchung zu den grundlegenden Dimensionen des Ästhetischen. Berlin: Dissertation.

Mitterlehner, Ferdinand (1996): Let's fly together! Zur Untersuchung veränderter Bewusstseinszustände während einer Techno Party. In: Rösing, Helmut (Hrsg.): Beiträge zur Popularmusikforschung 18. Karben: Coda, 23-35.

Nolteernsting, Elke (1998): Die neue Musikszene: Von Techno bis Crossover. In: Baacke, Dieter (1998) (Hrsg.): Handbuch Jugend und Musik. Opladen: Leske + Budrich. 275-292.

Pape, Winfried (1998): Jugend, Jugendkulturen und Jugendszenen und Musik. In: Phleps, Thomas/ Rösing, Helmut (Hrsg.): Beiträge zur Popularmusikforschung 23. Karben: Coda, 99-122.

Pape, Winfried (2001): Jugend, Jugendkulturen und Jugendszenen und Musik - die Fortsetzung. In: Phleps, Thomas (Hrsg.): Beiträge zur Popularmusikforschung 27/ 28. Karben: Coda, 233-252.

Rolle, Christian (1999): Musikalisch-ästhetische Bildung - Über die Bedeutung ästhetischer Erfahrung für musikalische Bildungsprozesse. Kassel: Bosse.

Roth, Gerhard (1994): Das Gehirn und seine Wirklichkeit - Kognitive Neurobiologie und ihre philosophischen Konsequenzen. Frankfurt am Main: Suhrkamp.

Seel, Martin (1985): Die Kunst der Entzweiung: Zum Begriff der ästhetischen Rationalität. Frankfurt am Main: Suhrkamp.

Seel, Martin (1991): Eine Ästhetik der Natur. Frankfurt am Main: Suhrkamp.

Seel, Martin (2000): Ästhetik des Erscheinens. Wien: Hanser.

Troge, Thomas Alexander (1993): Zwischen Gesangverein und Musikcomputer: Strukturen und Entwicklungstendenzen des Musiklebens in Mitteleuropa. Frankfurt am Main: Peter Lang.

Wallbaum, Christopher (1993): Musik in Jugendwelten: Ein Literaturüberblick, ein Wunsch und zwei Thesen. In: Eckart-Bäcker, Ursula (Hrsg.) (1996): Musik-Lernen - Theorie und Praxis. Studien zur Theorie der Musikpädagogik. Sitzungsbericht 1993 der Wissenschaftlichen Sozietät Musikpädagogik. Mainz: Schott, 55-88.

Wallbaum, Christopher (1998): Musik, Musik, Musik und Musik: Schwierigkeiten mit der Integration einiger Beschreibungen musikalischer Erfahrung. In: Pfeffer, Martin/ Vogt, Jürgen/ Eckart-Bäcker, Ursula/ Nolte, Eckhard (Hrsg.): Systematische Musikpädagogik oder: Die Lust am musikpädagogisch geleiteten Nachdenken. Augsburg: Wißner, 48-66.

Wallbaum, Christopher (2000): Produktionsdidaktik im Musikunterricht. Perspektiven zur Gestaltung ästhetischer Erfahrungssituationen. Kassel: Bosse.

Willis, Paul (1991): Jugend-Stile. Zur Ästhetik der gemeinsamen Kultur. Hamburg, Berlin 1991: Argument.

Wittgenstein, Ludwig (1989): Werke. Frankfurt am Main: Suhrkamp.

Matthias Harnitz

Musikalische Identität Jugendlicher und Konflikte im Musikunterricht

Eine empirische Studie in der Sekundarstufe I

Jugend - Musik - Medien: Konflikte?

Die Reihung der drei Schlagworte der Tagung „Jugend, Musik und Medien" spannt ein thematisches Feld auf, mit dem sich insbesondere die Musikpädagogik auseinandersetzen muss. Es sind gerade die Musiklehrerinnen und -lehrer, die tagtäglich mit neuen musikgebundenen jugendlichen Lebensstilen konfrontiert werden und nicht selten hilflos von Situationen berichten, „in denen zwei verschiedene Kulturen aufeinanderprallten" (Bäßler 1995, 9). Wenn die soziologische Forschung angesichts wahrgenommener jugendkultureller Entwicklungen sich selbst auf ihre Musik- und Kulturfähigkeit hin prüfen muss, findet dies seine Entsprechung in der problembeladenen Alltagspraxis des Musikunterrichts. Neben zahlreichen äußeren Problemen wie „Fachlehrermangel - Burn-out-Syndrom - Abwahl des Faches durch die SchülerInnen mangelnde politisch-administrative Akzeptanz des Fachs - weitgehend verkrustete Musiklehrerausbildung" (Nimczik 2001, 2), die den Musikunterricht gefährden, dürfen fachimmanente Schwierigkeiten nicht übersehen werden, die besonders in einer Betrachtung vor dem Fragenhorizont dieser Tagung ihre außerordentliche Relevanz offenbaren. Gesellschaftliche Phänomene, gesellschaftliche Tendenzen und Veränderungen bedeuten zugleich eine Veränderung der Schülerinnen und Schüler, eine Veränderung der Bedingungen, in denen unterrichtliche Kommunikation zwischen Schülerinnen und Schülern auf der einen und Lehrerinnen und Lehrern auf der anderen Seite stattfindet. Bewältigen Jugendliche ihre Entwicklungsaufgaben durch ihre Auseinandersetzung mit Musik und Medien, und dienen Musikgeschmack und Musikkonsum, Medienpräferenzen und Mediennutzung der Präsentation jugendlicher Lebensstile, liegt es nicht fern, einen Zusammenhang zwischen der musikalischen Identität Jugendlicher und Konflikten im Musikunterricht zu vermuten.

Es ergeben sich im Interesse einer empirischen Untersuchung, die nach den Ursachen für Konflikte im Musikunterricht forschen will, um das schmale Faktenfundament für die oftmals rein spekulativen Lösungsansätze auszubauen, folgende Leitfragen, welche die weiteren Schritte bestimmen:

- Wie sieht die Generation der Schülerinnen und Schüler von heute aus?
- Wie werden ihre für den Musikunterricht relevanten Eigenschaften ablesbar?
- Gibt es einen Zusammenhang zwischen Konflikten im Musikunterricht und diesen Eigenschaften - der musikalischen Identität der Schülerinnen und Schüler?

Zunächst erachte ich eine theoretische Bestimmung des Identitäts- und Konfliktbegriffs für notwendig, um eine Ausgangsbasis für die Konzeption der empirischen Erhebung und die spätere Datenauswertung zu schaffen. Erst die Betrachtung der Ergebnisse kann einen Ausblick auf begründete Vorschläge zur Lösung von Konflikten im Musikunterricht gewährleisten.

Annäherung an den Begriff der Identität

Mit dem Identitätsbegriff werden verschiedenartige Problemdiskussionen verbunden (Uhle 1997, 15 ff.). Von historisch-kulturellen Erörterungen, einer neuzeitlich-philosophischen Ethik (Rath in diesem Band), der Exegese von Gottesbeschreibungen bis hin zu ästhetischen Reflexionen und natürlich zur Sozialisationsforschung - überall wird mit dem Terminus Identität operiert. Zum Zweck einer klaren Hypothesenbildung und Operationalisierung ist daher der Versuch einer Definition unverzichtbar.

Von Interesse ist für mich in erster Linie eine Anbindung des Ausdrucks an die letztgenannte Disziplin. Sozialisation lässt sich in aller Knappheit fassen „als der Prozess der Entstehung und Entwicklung der Persönlichkeit in wechselseitiger Abhängigkeit von der gesellschaftlich vermittelten sozialen und materiellen Umwelt" (Geulen/ Hurrelmann 1980, 51). Diese Definition beinhaltet eine zweigeteilte Strukturierung des Sozialisationsprozesses. Auf der einen Seite wird der Vermittlungsprozess zwischen verschiedenen gesellschaftlichen Ebenen und dem Individuum, auf der anderen Seite die Sozialisation als biographische Entwicklung des Individuums in Phasen betrachtet, die in westlichen Industrieländern in hohem Maße institutionell vorgeprägt sind (Tillmann 1997, 15). Dem daraus ersichtlichen interdisziplinären Anspruch versuche ich bei der Bestimmung des Identitätsbegriffs durch den Einbezug sowohl psychologischer, subjektbezogener als auch soziologischer, gesellschaftsbezogener Theoriebildung gerecht zu werden. So spielen in meiner Studie der sozialpsychologische Identitätsbegriff Eriksons und die Theorie des symbolischen Interaktionismus eine herausragende Rolle. Beide Ansätze haben verstärkt in die jugend- und musikbezogene Forschung hineingewirkt und stellen je eigene Möglichkeiten bereit, den

Begriff einer musikalischen Identität und den Gedanken, dass aus ihr ein musikunterrichtsspezifisches Konfliktpotenzial erwachsen kann, näher zu umreißen.

Erik H. Erikson: Jugend und Ich-Identität

Erikson zufolge verläuft die Entwicklung eines Individuums in acht Phasen, die - ausgehend von den psychoanalytischen Betrachtungen Freuds - jeweils durch eine besondere Krise gekennzeichnet sind. Das Heranreifen einer stabilen und gesunden Persönlichkeit ist nur durch positive Bewältigung der inneren Konflikte möglich. Ich möchte meine Aufmerksamkeit an dieser Stelle ausschließlich auf den fünften Lebensabschnitt, das Jugendalter, richten. Adoleszenten ringen in dieser Zeit um die vorläufige erstmalige Erfahrung der Integration aller Bestandteile ihres Ichs und werden dabei mit außergewöhnlichen Anforderungen konfrontiert:

- Der Prozess der physiologischen Reifung bringt rasche Veränderungen des eigenen Erscheinungsbildes mit sich, die eine fortwährende Korrektur der Vorstellung von sich und dem eigenen Körper, des Selbstbildes, erfordert.
- Neue Körpererfahrungen und das Erwachen sexueller Bedürfnisse müssen in die Persönlichkeit integriert werden.
- Die Phase kommt einem Moratorium bis zum Eintritt in das Erwachsenenleben gleich, in dem aber die neue Rolle bereits geübt werden muss. Eigene Handlungsspielräume wachsen mit den Erwartungen der Umwelt und schwanken zwischen Kindheit und Erwachsensein.

Mit Ich-Identität bezeichnet Erikson die Überzeugung, „dass man sich zu einer bestimmten Persönlichkeit innerhalb einer nunmehr verstandenen sozialen Wirklichkeit entwickelt" (Erikson 1993, 107). Dem setzt er die Gefahr der Identitätsdiffusion gegenüber, bei der es den Heranwachsenden nicht möglich scheint zu einer Integration ihrer Ich-Bestandteile zu gelangen. Die Suche nach Leitbildern in populären Idolen, Peergroups und Medienfiguren und das Bestreben, sich deutlich von anderen abzugrenzen, können als Schutzmechanismen angesehen werden, die dazu dienen, der Gefahr des Auseinanderbrechens des eigenen Selbst entgegenzutreten.

George H. Mead: Identität im Symbolischen Interaktionismus

Der Sozialisationsprozess und die Entstehung von Identität sind nach Mead eine Folge kommunikativen gesellschaftlichen Handelns. Kommunikationsprozesse stehen unter dem Einfluss nicht immer klar definierter Erwartungen, Normen und Interessen, die einer Ausdeutung durch das Subjekt bedürfen, welches darauf mit selbst entworfenem Handeln reagiert. Die Identität des Individuums ist an die jeweilige Kommunikationssituation gebunden und stellt sich dar als ein Balanceakt zwischen dem Erfüllen von

Kommunikationserwartungen anderer und der Präsentation der eigenen Persönlichkeit (Role-making). „Das Individuum muss also deutlich machen, dass es so ist wie niemand und dass es so ist wie alle" (Müller 1995, 70), damit es weder durch totale Anpassung noch durch rücksichtslose Selbstdarstellung den Abbruch eines Kommunikationsaktes riskiert. Die eigene Ich-Identität wird erfahren in einem selbstreflexiven Prozess, in dem sich das Individuum aus der Sicht Anderer betrachtet (Role-taking). Grundlage dafür ist die Erfahrung von Interaktion, hier gedacht als intrapersonale Kommunikation. Indem Mead die Identität „die für sich selbst Objekt werden kann" als eine „gesellschaftliche Struktur" bezeichnet, die „aus der gesellschaftlichen Erfahrung" erwächst (Mead 1968, 182), verweist er auf die Interaktion als konstitutives Element von Subjekt und Gesellschaft.

Musikalische Identität

Meine Vorstellung von musikalischer Identität basiert zunächst auf der Konvergenz der Theorien Eriksons und Meads in einem zentralen Punkt, den ich zum Kern der weiteren Begriffsbestimmung machen möchte: „Identität beinhaltet danach die Definition einer Person als einmalig und unverwechselbar durch die soziale Umgebung wie durch das Individuum selbst" (Oerter/ Montada 1987, 296). „Entscheidend ist dabei das Bewusstsein, das eine Person von sich selbst hat" (Zimbardo 1995, 752). Eine Übertragung mit Bezug zum vorliegenden Forschungsgegenstand ergibt folgende Definition: Musikalische Identität ist das Bewusstsein einer Person von ihren einmaligen und unverwechselbaren musikalischen Eigenschaften. Es erscheint mir anhand des gegenwärtigen Forschungsstandes (vgl. z. B. Behne 1986; Müller 1990; Bastian 1998) naheliegend, musikalische Identität in drei Bereiche der Selbstwahrnehmung musikalischer Eigenschaften zu gliedern:

- Musikgeschmack (Interesse bzw. Desinteresse an bestimmten musikalischen Stilrichtungen)
- musikalische Kenntnisse (instrumentale und gesangliche Fähigkeiten sowie jegliches Wissen über Musik)
- Umgehen mit Musik (Zugangsweisen, Nutzung und Funktion von Musik).

Damit ergibt sich auch die Möglichkeit eines Abgleichs mit den „drei Säulen des Musikunterrichts: Hören - Handeln - Wissen" (Ehrenforth 1993, 15).

Bestimmte Faktoren des Sozialisationsprozesses, die den Erwerb der individuellen musikalischen Identität mitbestimmen, werden meist unter dem Ausdruck musikalische Sozialisation zusammengefasst. Zur musikalischen Sozialisation gehört eine Vielzahl von Einflussfaktoren, z. B. wurde nachgewiesen, dass Instrumentalaktivitäten der Eltern Einfluss auf den Musikgeschmack und die musikalischen Umgangsweisen ihrer Kinder haben (Behne 1986), dass die Instrumentalaktivitäten Jugendlicher - und damit einhergehend der musikalische Kenntnisstand - abhängig sind vom Sozialstatus der Eltern (Bastian 1998) und dass Einflüsse durch Szene-Orientierung, die Orientierung an Peers und Medienumgang auf die Musikgeschmacks- und damit die Identitätsbildung Jugendlicher wirken (Müller 1998). Analog zur obigen Definition von Geulen und Hurrelmann ließe sich musikalische Sozialisation begreifen als der Prozess der Entstehung und Entwicklung musikbezogener Persönlichkeitsmerkmale in wechselseitiger Abhängigkeit von einer gesellschaftlich vermittelten sozialen und materiellen Umwelt, die mehr oder minder musikalisch durchwoben ist. Berücksichtigt man den enormen Stellenwert, den Musik in ihrer ganzen Pluralität im Leben heutiger Jugendlicher besitzt (vgl. z. B. Jugendwerk der Deutschen Shell 1997, 343; Beyer/ Festenberg/ Mohr 1999), zeigt sich zum einen, dass gerade den drei Bereichen musikalischer Identität eine besondere Bedeutung zukommt: Mit ihnen lässt sich gleichermaßen Ich-Identität konstruieren (im Sinne Eriksons) und präsentieren (nach Mead). Zum anderen wird dem Forschenden eine differenzierende Betrachtungsweise auferlegt, denn es gibt weder „die Jugend" noch „die Musik" und damit wahrscheinlich auch kein einheitliches Konfliktpotenzial (s. u.) für den Musikunterricht.

Konflikte im Musikunterricht

Da meine Untersuchung lediglich interpersonale Konflikte zwischen Schülerinnen bzw. Schülern und Lehrerinnen bzw. Lehrern thematisiert, möchte ich den weiteren Ausführungen folgende Definition des Konfliktbegriffs zugrunde legen (Neubauer/ Gampe/ Knapp 1992, 6 ff.): Ein interpersonaler Konflikt manifestiert sich, wenn nicht zu vereinbarende Handlungstendenzen aufeinander stoßen, die aus einem Konfliktpotenzial in Form differierender Handlungsdispositionen von zwei oder mehr interagierenden Parteien resultieren. Das Konfliktpotenzial als bloßes Gegenüber verschiedener Standpunkte wird also unterschieden von der Konfliktmanifestation als tatsächlichem Negativ-Verhalten zueinander, seien es nun verbale Attacken oder demonstrative Passivität. Die Situation ausbalancierter Interaktion, wie Mead sie schildert, stellt einen Idealfall dar. Die Organisationsform des Schulalltags hingegen bringt eine weitgehende Vorstrukturierung und Beschränkung der sozialen Erfahrungs- und Handlungsmöglichkeiten der Schülerinnen und Schüler mit sich, so dass die Pflicht zur Erfüllung von Erwartungen gegenüber der Möglichkeit zur Präsentation der eigenen Identität überwiegt. Es ist anzunehmen, dass der nur bedingt realisierbare Wunsch danach, die eigene (musikalische) Identität in den Unterricht einzubringen, ein erhebliches Konfliktpotenzial birgt. Dies gilt aufgrund der hohen Alltagsbedeutung von Musik insbesondere für den Musikunterricht.

Empirische Untersuchung und Ergebnisse

Hypothesen

Hypothese 1: Es gibt ein Konfliktpotenzial im Musikunterricht, welches in einem Mangel an Raum für die Teilaspekte der musikalischen Identität der Schülerinnen und Schüler liegt.

Hypothese 1.1: Es gibt auf Schülerinnen- und Schülerseite einen erlebten Widerspruch zwischen den eigenen Musikpräferenzen und den im Musikunterricht behandelten Musikrichtungen.

Hypothese 1.2: Es bestehen Diskrepanzen zwischen dem musikalischen Kenntnisstand der Schülerinnen und Schüler und den im Musikunterricht gestellten Anforderungen.

Hypothese 1.3: Es gibt auf Schülerinnen- und Schülerseite einen erlebten Widerspruch zwischen den eigenen musikalischen Umgangsweisen und den musikalischen Umgangsweisen im Musikunterricht.

Hypothese 1.4: Das Erleben dieser Diskrepanzen ist typbedingt. Tendenzen gesellschaftlicher Pluralisierung schaffen verschiedene Typen musikalischer Identität.

Hypothese 2: Das Konfliktpotenzial führt zur Konfliktmanifestation, indem die Schülerinnen und Schüler Handlungstendenzen zeigen, die denen der Lehrerinnen und Lehrer entgegengerichtet sind.

Aufbau des Erhebungsinstruments

Anhand der drei übergeordneten Variablen Musikgeschmack, musikalische Kenntnisse und musikalische Umgangsweisen sollen mit Hilfe geeigneter Indikatoren per Fragebogen Aspekte musikalischer Identität gemessen werden. Entlang sechsfach gestufter, an das Schulnotensystem angelehnter Likert-Skalen machen die Schülerinnen und Schüler Angaben zu ihrem Interesse an bestimmten Musikrichtungen, zur Häufigkeit unterschiedlicher musikalischer Umgangsweisen in ihrem Alltag und zum Grad ihrer Kompetenz in verschiedenen musikalischen Anforderungsbereichen. Dazu erfolgt entsprechend eine Einschätzung, mit welcher Häufigkeit verschiedene Musikrichtungen und musikalische Umgangsweisen im Musikunterricht vorkommen und ob die im Musikunterricht gestellten Anforderungen als angemessen empfunden werden. Beim Ausfüllen des Fragebogens ergibt sich so für jeden Teilbereich der musikalischen Identität eine Gegenüberstellung zum Musikunterricht, anhand derer jeweils die dichotome Frage beantwortet werden soll, ob die Befragten mit dem Musikunterricht in den betrachteten Punkten zufrieden sind oder nicht. Die Zufriedenheit der Schülerinnen und Schüler ist der Indikator, mit dem das Konfliktpotenzial gemessen wird. Sind sie unzufrieden, werden die Schülerinnen und Schüler gebeten, weitere Angaben zur Häufigkeit verschiedener Formen devianten Verhaltens (Konfliktmanifestation) zu machen. Bereits die Fragebogenkonstruktion soll sicherstellen, dass tatsächlich die Beziehung von Konflikt und musikalischer Identität gemessen wird, denn die Daten zur Zufriedenheit lassen sich direkt an den von den Jugendlichen erlebten Diskrepanzen und Übereinstimmungen festmachen. Zum besseren Nachvollzug seien an dieser Stelle mit den Bereichen „Bewegung zur Musik" als eine mögliche Form des Umgehens mit Musik und „verbaler Protest" als eine mögliche Form devianten Verhaltens einige Beispiel-Items vorgelegt:

1 Wie gehst Du im Alltag mit Musik um? Beurteile bitte, inwieweit die folgenden Aussagen auf Dich zutreffen.
Ich bewege mich zur Musik. (1=sehr häufig, 6=nie)

1.2 Schätze bitte ein, wie häufig die folgenden Dinge in Deinem Musikunterricht gemacht werden.
Bewegung zur Musik (1=fast nur, 6=nie)

1.3 Bist Du damit zufrieden, wie Musik in Deinem Musikunterricht behandelt wird?
❐ Ich bin eigentlich zufrieden. ❐ Ich bin eher unzufrieden.

1.4 Beantworte diese Frage bitte nur, wenn Du eben „unzufrieden" angekreuzt hast. Zeigst Du Deine Unzufriedenheit, wenn Du nicht einverstanden damit bist, wie Musik in Deinem Musikunterricht behandelt wird? Überlege Dir, in welcher Weise die folgenden Aussagen auf Dich zutreffen.
Ich sage dem Lehrer, was mir nicht passt.(1=oft, 6=nie)

Ich möchte noch einmal hervorheben, dass die unternommene empirische Untersuchung explorativen Charakter hat und einen ersten Versuch darstellt, das Konfliktpotenzial musikalischer Identitäten Jugendlicher für den Musikunterricht zu untersuchen. Es erfolgt keine Prüfung der Hypothesen im Sinne der analytischen Statistik, gleichwohl werden einige deutliche Tendenzen mitgeteilt, die sich aus den Ergebnissen ablesen lassen.

Exemplarisch vorgestellte Ergebnisse

Die Befragung wurde im November und Dezember 1999 mit einem Sample von 153 Schülerinnen und Schülern aus sechs hannoverschen Gymnasialklassen der Jahrgangsstufe 10 durchgeführt. 81% der Fragebögen wurden so ausgefüllt, dass sie für die Auswertung zu gebrauchen waren, womit sich die Gesamtzahl der tatsächlich analysierten Fälle auf N_{gesamt}=128 beläuft. Die Befragten hatten ein Durchschnittsalter von etwa 15½ Jahren und es gab mit 52% männlichen und 48% weiblichen Untersuchten eine annähernd gleiche Geschlechterverteilung. Die Datenauswertung und Interpretation der Ergebnisse führt in Anbindung an den gesetzten theoretischen Bezugsrahmen durchaus zu einer Bestätigung der aufgestellten Hypothesen. Betrachten wir zunächst das Konfliktpotenzial. Es zeigt sich in allen drei Feldern des Musikunterrichts eine bedenklich hohe Unzufriedenheit: 73% aller Schülerinnen und Schüler sind bezüglich der behandelten Musikrichtungen unzufrieden, 52% bezüglich der gestellten Anforderungen und 47% in Anbetracht der musikalischen Umgangsweisen. Die Gründe dafür möchte ich anhand der Bereiche Musikgeschmack und musikalische Umgangsweisen etwas detaillierter darlegen.

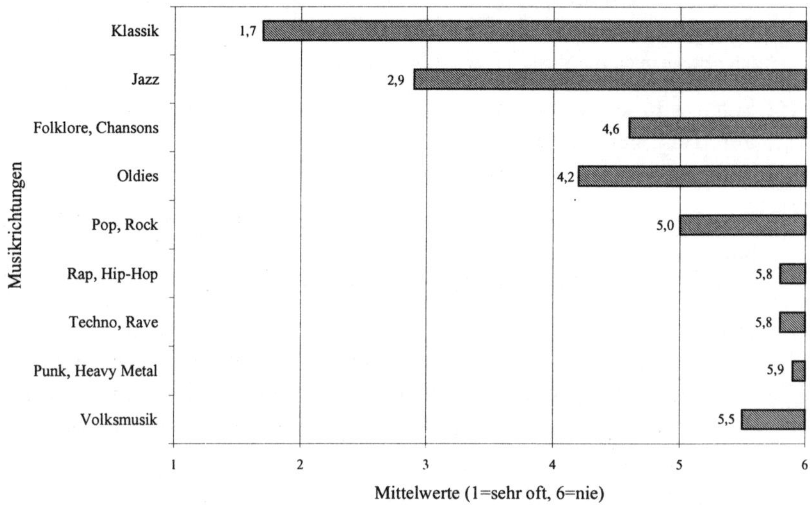

Abb. 1: Häufigkeit der verschiedenen Musikrichtungen im Musikunterricht

Die Mittelwertbildungen in Abb. 1 und Abb. 2 führen vor Augen, dass die Schülerinnen und Schüler den Musikunterricht als ausgesprochen „Klassik"-orientiert und musiktheorielastig wahrnehmen. Um diese Einschätzungen zu den individuellen musikalischen Identitäten in Beziehung zu setzen - und mit Blick auf Hypothese 1.4 - wurden jeweils zu den Identitätsbereichen clusteranalytisch Typen zufriedener und unzufriedener Schülerinnen und Schüler ermittelt.[1] Die folgenden Tabellen 1 und 2 zeigen die Cluster-Mittelwerte des Interesses an verschiedenen Musikrichtungen, und zwar für die Schülertypen, die mit den im Musikunterricht behandelten Stilrichtungen unzufrieden sind (Tab. 1) und für diejenigen, die damit zufrieden sind (Tab. 2). Die Tabellen 3 und 4 zeigen die Cluster-Mittelwerte der Häufigkeit alltäglicher musikalischer Umgangsweisen, und zwar für die Schülertypen, die mit den im Musikunterricht behandelten musikalischen Um-

1 Die Clusteranalyse wurde durchgeführt mit SPSS nach dem Verfahren „Average Linkage (Between Groups)". Als Distanzmaß diente die Quadrierte Euklidische Distanz.

gangsweisen unzufrieden sind (Tab. 3), und für diejenigen, die damit zufrieden sind (Tab. 4). Es wurde versucht, das jeweilige Musikrichtungs- bzw. Umgangsweisenprofil sinnvoll auf einen Typus musikalischer Identität hin zu interpretieren und unter einem charakteristischen Namen zusammenzufassen, um dann jeden Typus musikalischer Identität mit der Gesamteinschätzung der im Musikunterricht behandelten Schwerpunkte (Abb. 1 und Abb. 2) zu vergleichen.

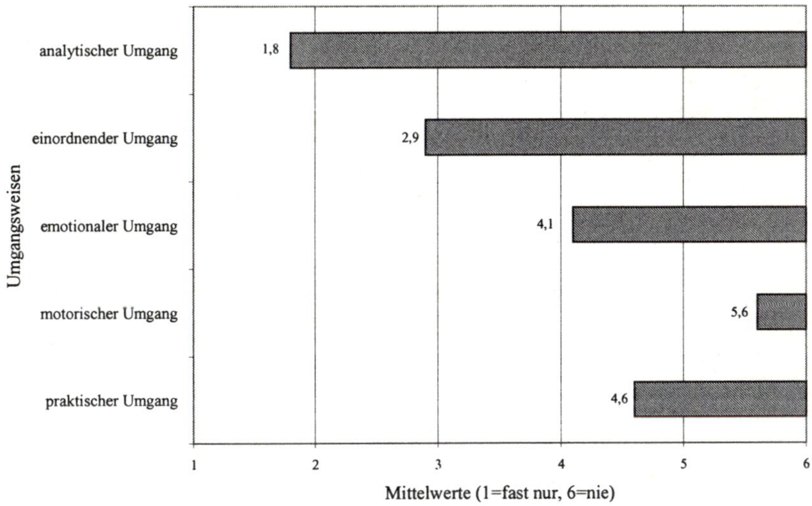

Abb. 2: Häufigkeit der musikalischen Umgangsweisen im Musikunterricht

Der Vergleich legt nahe, dass das gemessene Konfliktpotenzial hervorgerufen wird durch einen typspezifischen Mangel an Interaktionsfreiheit zur Darstellung der Teilbereiche der eigenen musikalischen Identität. In Tab. 1 finden sich die folgenden Schülertypen:

- Typ 1 (50%): Die indifferent popularmusikalisch Orientierten
- Typ 2 (12%): Die radikalen Hip-Hopper
- Typ 3 (8%): Die Harten
- Typ 4 (2%): Die vielfältig interessierten Kritischen

Den jeweils mehr oder minder stark ausgeprägten Vorlieben im popularmusikalischen Sektor der Typen 1-3 wird im Unterricht nach Einschätzung der Befragten kaum entsprochen, statt dessen werden verstärkt Richtungen behandelt, an denen nur geringes Interesse besteht. Die „radikalen Hip-Hopper" sind ein besonders anschauliches Beispiel dafür, dass Unzufriedenheit entsteht, wo der Musikunterricht dem in diesem Fall sehr einseitigen Musikgeschmack der Schülerinnen und Schüler in keiner Weise entgegen kommt. Auch die vielfältig interessierten Kritischen äußern sich negativ, obwohl einige ihrer präferierten Musikrichtungen im Unterricht vertreten sind. Vermutlich stoßen sie sich an der wahrgenommenen Diskrepanz zwischen der pluralistischen musikalischen Realität, an der sie selbst partizipieren, und dem einseitigen Angebot des Musikunterrichts.

Musikrichtungen	Typ 1	Typ 2	Typ 3	Typ 4
Klassische Musik	4,3	5,3	4,4	2,0
Jazz	4,7	4,6	5,6	2,7
Folklore, Chansons	5,5	5,6	5,8	6,0
Oldies	3,6	5,4	5,1	2,0
Pop, Rock	2,2	3,8	4,0	2,0
Rap, Hip-Hop	1,7	1,0	4,9	1,7
House, Techno, Rave	3,2	4,7	3,3	4,7
Hard Rock, Punk, Heavy Metal	3,0	5,3	2,4	6,0
Schlager, Volksmusik	4,5	6,0	5,5	4,7

Tab.1: Interesse an verschiedenen Musikrichtungen - Typen unzufriedener Schüler

In Umkehrung von Hypothese 1 zeigt Tab. 2 Typen, die sich mit dem Unterricht arrangieren können, weil ihren musikalischen Präferenzen vermutlich voll oder zumindest teilweise entsprochen wird - sie also Raum zur Präsentation ihrer eigenen musikalischen Identität vorfinden.

- Typ 1 (6%): Die Klassik-Interessierten
- Typ 2 (19%): Die vielfältig interessierten Genügsamen

Musikrichtungen	Typ 1	Typ 2
Klassische Musik	1,6	2,9
Jazz	3,8	3,6
Folklore, Chansons	5,3	5,0
Oldies	3,9	3,4
Pop, Rock	4,4	2,2
Rap, Hip-Hop	5,3	2,2
House, Techno, Rave	5,9	3,5
Hard Rock, Punk, Heavy Metal	5,9	3,7
Schlager, Volksmusik	5,6	4,8

Tab.2: Interesse an verschiedenen Musikrichtungen - Typen zufriedener Schüler

Ähnlich verhält es sich beim Umgehen mit Musik. In Tab. 3 finden sich mit den im Musikunterricht behandelten Umgangsweisen unzufriedene Schülertypen, deren alltägliche musikalische Umgangsweisen sich vermutlich nicht mit denen des Musikunterrichts decken.

- Typ 1 (23%): Die Nicht-Kognitiven
- Typ 2 (3%): Die gefühlsstarken Praktiker
- Typ 3 (26%): Die emotionalen Tanz-Musiker

- Typ 4 (2%): Die „Musikmuffel“

Musikalische Umgangsweisen	Typ 1	Typ 2	Typ 3	Typ 4
distanzierter Umgang	4,4	4,3	3,2	4,5
einordnender Umgang	3,7	3,8	3,3	5,0
emotionaler Umgang	2,2	1,5	1,5	6,0
motorischer Umgang	3,7	4,8	1,7	4,0
praktischer Umgang	5,9	2,3	2,4	6,0
diffuser Umgang	3,1	5,0	3,0	2,0

Tab.3: Musikalische Umgangsweisen - Typen unzufriedener Schüler

Die „Nicht-Kognitiven“ stehen dem distanziert-analytischen, etwas weniger dem einordnenden Umgang ablehnend gegenüber. Sie haben besonders auf affektiver Ebene Zugang zur Musik, wie auch die Typen 2 und 3, deren Unzufriedenheit vor allem darin begründet liegt, dass in der Schule ausgeprägtes praktisches und motorisches Interesse kaum Berücksichtigung findet. Der „Musikmuffel“ erinnert an einen in Behnes Hörertypologien erfassten gleichnamigen Typus (Behne 1986, 152 ff.), der mit seiner musikalischen Identität hinsichtlich des musikalischen Umgangs nicht nur entgegengesetzt, sondern sogar neben dem Musikunterricht liegt. Ein Vergleich mit Schülertypen, die bezüglich der Formen des musikalischen Umgangs im Musikunterricht zufrieden sind (Tab. 4), zeigt wiederum höhere Übereinstimmungen mit den Inhalten des Unterrichts.

Musikalische Umgangsweisen	Typ 1	Typ 2	Typ 3
distanzierter Umgang	2,6	3,9	2,7
einordnender Umgang	3,0	3,4	3,7
emotionaler Umgang	1,6	1,7	3,3
motorischer Umgang	2,3	2,9	5,7
praktischer Umgang	2,3	5,3	6,0
diffuser Umgang	4,2	2,5	5,3

Tab.4: Musikalische Umgangsweisen - Typen zufriedener Schüler

- Typ 1 (20%): Die Auch-Kognitiven
- Typ 2 (21%): Die emotionalen Nicht-Praktiker
- Typ 3 (2%): Die recht gefühlvollen Analytiker

Das tatsächliche Aufkommen konfliktträchtiger Handlungstendenzen entspricht dem hohen Konfliktpotenzial nur bedingt. Die meisten der unzufriedenen Schülerinnen und Schüler fügen sich stillschweigend in ihre Situation und „schalten innerlich ab“, so wie es 21% der Untersuchten bei Desinteresse an behandelten Musikrichtungen tun. Obwohl knapp 40% der Schülerinnen und Schüler mit allen drei Bereichen des Unterrichts unzufrieden sind, zeigen lediglich 8% in jeder Hinsicht deviantes Verhalten

(Protest, auffällige Störungen, „Abschalten"). Es wird sozusagen nur die Spitze des Eisbergs in einer tatsächlichen Konfliktmanifestation sichtbar, was aber dennoch ausreichen dürfte, den flüssigen Verlauf einer Unterrichtsstunde empfindlich zu hemmen.

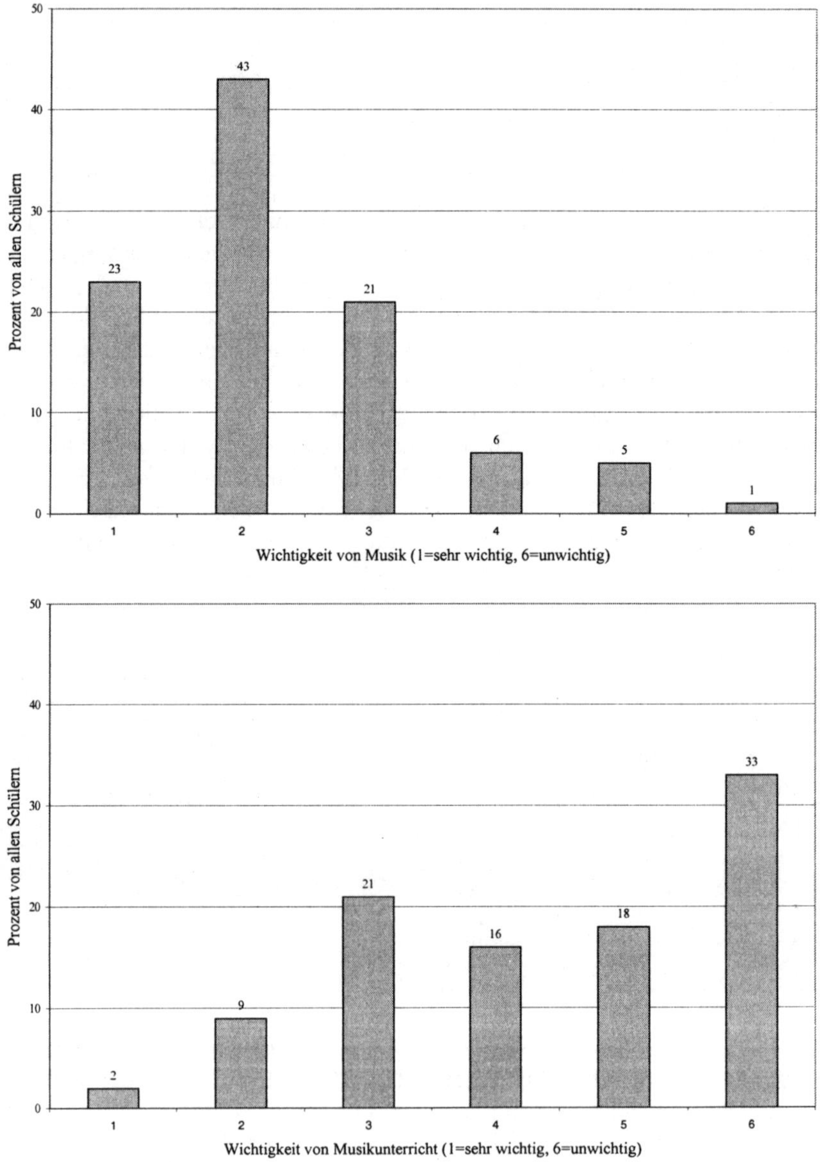

Abb. 3: Wichtigkeit von Musik - Wichtigkeit von Musikunterricht

Schockierend erscheint die Auswertung der Antworten zu zwei ergänzenden Fragen, die sichtbar macht, dass Musikunterricht, entgegen der hohen Alltagsbedeutung von Musik, nur geringes Ansehen genießt (Abb. 3). Der konsequente Schluss aus dieser Antwortenverteilung kann nach den oben dargestellten Ergebnissen nur lauten, dass Musikunterricht für die Schülerinnen und Schüler nicht wichtig werden kann, solange sie in ihm keinen Raum für ihre eigene Identität finden.

Ausblick

Auf den ersten Blick mögen die Untersuchungsergebnisse zu der Annahme verleiten, Konflikte im Musikunterricht bewältigen zu wollen, indem mit Hilfe der Katalogisierung vielgestaltiger Identitäten auf deren individuelle Berücksichtigung gepocht wird, um so bestehende Differenzen zu beseitigen. Doch jede Lehrperson weiß, dass ein solches Vorhaben mit einer 30-köpfigen Schulklasse wohl kaum zu realisieren ist. Ich möchte daher abschließend mit folgender Gedankenskizze die weitere Diskussion anregen: Ist es vielleicht möglich, widerstreitende musikalische Identitäten unter Einbezug eines Unterrichtsspektrums von Dufay bis DJ Ötzi, von Tanz bis Tonsatz auf dem Boden grundlegender gemeinsamer menschlicher Erfahrungen, wie sie sich in Musik niederschlagen (vgl. z. B. Ehrenforth 1993), wieder in einen Dialog zu bringen und so vergessene Knotenpunkte zwischen Lehrerinnen und Lehrern, Schülerinnen und Schülern, Musik und Welt neu zu knüpfen?

Literatur

Bäßler, Hans (1995): Jugend - Kultur - Identität. In: Musik und Bildung, 27:4, 8-13.

Bastian, Hans Günther (1998): „Jugend musiziert" oder Jugend und klassische Musik. In: Baacke, Dieter (Hrsg.): Handbuch Jugend und Musik. Opladen: Leske + Budrich, 117-153.

Behne, Klaus-Ernst (1986): Hörertypologien. Zur Psychologie des jugendlichen Musikgeschmacks. Regensburg: Bosse.

Beyer, Susanne/ Festenberg, Nikolaus von/ Mohr, Reinhard (1999): Jugend '99 - die pragmatische Generation. In: Der Spiegel, Nr. 28 vom 12.07.1999, 94-103.

Ehrenforth, Karl Heinrich (1993): Musik als Leben. Zu einer lebensweltlich orientierten ästhetischen Hermeneutik. In: Musik und Bildung, 25:6, 14-19.

Erikson, Erik H. ([13]1993): Identität und Lebenszyklus: 3 Aufsätze. Frankfurt (Main): Suhrkamp.

Geulen, Dieter/ Hurrelmann, Klaus (1980): Zur Programmatik einer umfassenden Sozialisationstheorie. In: Hurrelmann, Klaus/ Ulich, Dieter (Hrsg.): Handbuch der Sozialisationsforschung. Weinheim: Beltz, 51-67.

Jugendwerk der Deutschen Shell (1997): Jugend ’97. Zukunftsperspektiven, Gesellschaftliches Engagement, Politische Orientierungen. Opladen: Leske + Budrich.

Mead, George Herbert (1968): Geist, Identität und Gesellschaft aus der Sicht des Sozialbehaviorismus. Frankfurt (Main): Suhrkamp.

Müller, Renate (1990): Soziale Bedingungen der Umgehensweisen Jugendlicher mit Musik. Theoretische und empirisch-statistische Untersuchung zur Musikpädagogik. Essen: Die Blaue Eule.

Müller, Renate (1995): Selbstsozialisation: Eine Theorie lebenslangen musikalischen Lernens. In: Jahrbuch Musikpsychologie, 11, 63-75.

Müller, Renate (1998): Musikalische Sozialisation und Identität. Ergebnisse einer computergestützten Befragung mit dem klingenden Fragebogen. In: Schönebeck, Mechthild von (Hrsg.): Entwicklung und Sozialisation aus musikpädagogischer Perspektive. Musikpädagogische Forschung, Bd. 19. Essen: Die Blaue Eule, 57-74.

Neubauer, Walter F./ Gampe, Harald/ Knapp, Rudolf (1992): Konflikte in der Schule. Möglichkeiten und Grenzen kooperativer Entscheidungsfindung. Neuwied, Kriftel, Berlin: Luchterhand.

Nimczik, Ortwin (2001): Musik lernen in der Schule? Einleitende Gedanken zur Situation des Musikunterrichts. In: Musik und Bildung, 33:3, 2-4.

Oerter, Rolf/ Montada, Leo (1987): Entwicklungspsychologie. München, Weinheim: Psychologie-Verl.-Union.

Tillmann, Klaus-Jürgen (^{8}1997): Sozialisationstheorien. Eine Einführung in den Zusammenhang von Gesellschaft, Institution und Subjektwerdung. Reinbek bei Hamburg: Rowohlt.

Uhle, Reinhard (1997): Über erziehungswissenschaftliche Verwendungen des Themas ‚Identität‘. In: Hoffmann, Dietrich/ Neuner, Gerhart (Hrsg.): Auf der Suche nach Identität. Pädagogische und politische Erörterungen eines gegenwärtigen Problems. Weinheim: Deutscher Studien Verlag, 15-27.

Zimbardo, Philip G. (1995): Psychologie. Berlin, Heidelberg: Springer.

Burkhard Hill

Musik als Medium in der Jugendarbeit

In diesem Beitrag erfolgt zunächst eine Auseinandersetzung mit dem Begriff Selbstsozialisation, wie ihn Müller für die Tagung „Jugend, Musik und Medien“ zentral eingebracht hat. Dabei zeigt sich, dass hinsichtlich der Aufgaben und Wirkungen von Jugendarbeit als Sozialisationsinstanz Klärungsbedarf besteht, dem in einem zweiten Schwerpunkt dieses Artikels nachgegangen wird. Schließlich wird auf eine Konzeption der Jugendarbeit verwiesen, in der die Musik als Mittel einer aktiv-aneignenden kulturellen Bildung verwendet wird. In aller Kürze werden einige empirische Befunde einer wissenschaftlichen Begleitstudie des Musikprojektes vorgestellt.

Die Bedeutung musikalischer Aktivitäten in der Jugendphase

Die Bedeutung von Musik in der Entwicklungsphase Jugend ist inzwischen vielfach untersucht und belegt worden. Die besondere Affinität Jugendlicher zum Musikhören, ebenso wie zum aktiven Musizieren, besteht in den reichhaltigen Möglichkeiten, sich über Musik mit Gleichaltrigen auszutauschen, Musik zu genießen, Gefühle durch Musik zu verstärken, sich über Musik soziale Orientierungen zu verschaffen, in Gruppen gemeinsame musikalische Vorlieben zu pflegen. All dies ist in einer Entwicklungsphase besonders attraktiv, in der Jugendliche sich selbst als eigenständige Personen wahrzunehmen beginnen, in der sie zugleich wegen der plötzlich auftauchenden Gefühle und körperlichen Veränderungen verunsichert sind, gleichzeitig aber auch neue Handlungsmöglichkeiten entdecken. Müller macht mit dem Begriff „musikalische Selbstsozialisation“ (1999) deutlich, dass insbesondere die populäre Musik für Jugendliche in diesem Entwicklungsprozess vielfältige Funktionen haben kann: zur Selbstvergewisserung, zur sozialen Orientierung und Abgrenzung, zur Entwicklung kultureller Praktiken, als Mittel des Genuss- oder Bewältigungsverhaltens.

Chancen und Risiken der Selbstsozialisation

Die Erwachsenenwelt hat mit dieser Einschätzung des jugendlichen Musikgebrauchs gelegentlich Schwierigkeiten, reagiert sie doch meistens auf die damit verbundenen Auffälligkeiten und wertet sie als Provokation. Natürlich: bunte Punks, dunkle Grufties, grelle Raver, Hip-Hopper in XXL-Übergrößen inszenieren in Outfit und Verhalten ihre Andersartigkeit, wollen sich abgrenzen. Sie drücken dadurch aber auch ihre Identitätsexperimente aus, die sie sich gestatten, ohne unmittelbar auf die - ohnehin immer disparater gewordenen - Entwicklungsanforderungen einzugehen, die durch Sozialisationsinstanzen (Elternhaus, Schule) in den Mittelpunkt gestellt werden. Dort wird in erster Linie auf das Konflikt- und Gefährdungspotenzial der jugendkulturellen Stilisierung reagiert. Die gleichfalls vorhandenen Entwicklungspotenziale werden meistens übersehen.

Der Begriff Selbstsozialisation verweist in diesem Zusammenhang auf die Ressourcen, welche die Jugendlichen in ihren Cliquen und Szenen oftmals zu Handlungskompetenzen ausbauen, die sie in den modernen, durch Massenkommunikationsmittel vernetzten Gesellschaften benötigen: der Umgang mit den sozialen Codes, die Navigation in sich permanent verändernden sozialen Räumen, die Interpretation der sich wandelnden Zeichen und Symbole, das sich Zurechtfinden unter veränderten Beziehungsmustern. Die Lebenswelten der Jugendlichen sind also unübersichtlicher geworden. Sie verlangen Flexibilität nicht nur im sozialen Kontext, sondern auch in der Ausprägung und Anpassung von individuellen Lebensperspektiven. Wenn traditionelle Sozialisationsinstanzen hierbei wenig Hilfe bieten können, erarbeiten sich Jugendliche ihre „rezeptiven und produktiven Kompetenzen" als ihr „(populär-)kulturelles Kapital" (Müller 1999, 118) für das Leben in den postmodernen Gesellschaften in eigener Regie und unter Gleichaltrigen. Kurz gesagt: Jugendliche sind Experten ihrer Lebenswelt, zu der Erwachsene, seien es Eltern oder Lehrerinnen und Lehrer, oftmals kaum noch Zugang haben, von denen sie diesbezüglich gelegentlich auch nur noch begrenzt lernen können.

Die Musik spielt in dieser symbolträchtigen Umgebung eine zentrale Rolle. Durch sie wird der gesamte Habitus in Kleidung, verbaler Kommunikation, Gestus und Körpersprache gebündelt und mit anderen Ausdrucksformen (Tanz, visuelle Kommunikation und audiovisuelle Medien, analog wie digital) verknüpft. Das Entwicklungstempo, das hier im Zusammenwirken von jugendkultureller Innovation und freizeitindustrieller Vermarktung seit Jahrzehnten vorgegeben wird, kann nur von Insidern nachvollzogen werden. Erwachsene bleiben - beabsichtigt - oft außen vor. Untersuchungen verweisen darauf, dass Jugendliche sich überwiegend parallel orientieren: hinsichtlich der klassischen Tugenden (Berufs- und Leistungsorientierung) an den Werten der Erwachsenenwelt, hinsichtlich ihrer sozialen Beziehungen an den jugendkulturellen Szenen und ihren Lebensstilangeboten (Jugendwerk der Deutschen Shell 1992, 325). So werden die klassischen Entwicklungsaufgaben mit denen der jugendkulturellen Selbstsozialisation verknüpft - angesichts komplexer gewordener Anforderungen an die Lebensbewältigung ein erfolgversprechendes Modell, welches jedoch eine entsprechende Handlungskompetenz erfordert.

Selbstsozialisation und abweichendes Verhalten

Viele Jugendliche verfügen allerdings nicht über die erforderlichen Kompetenzen, sich zwischen den teils widersprechenden Sozialisationsanforderungen zurechtzufinden. Sie müssen sogar um den Zugang zu den attraktiven Jugendszenen und Gestaltungsmöglichkeiten kämpfen, da ihnen Räume, Anregungen, Gelegenheiten, nicht selten auch finanzielle Mittel oder die Ermutigungen durch Erwachsene, fehlen. Zur gelingenden Parallelsozialisation nach Erwachsenenmaßstäben und solchen der Jugendkultur gehören positive Erlebnisse gerade dort, wo sie - wie in der Schule - durch die Leistungsanforderungen und Bedürfnisaufschub nur schwer zu erlangen sind und wo sie als Gefühl des Angenommen-Seins durch die Erosion der familialen Lebensformen nicht automatisch gegeben sind.

Die Untersuchung von Wahl, Tramitz und Blumtritt (2001, 312ff.) hat gezeigt, dass Jugendliche mit geringem Selbstbewusstsein, mit geringem Bildungsgrad und belasteten Beziehungen zu den Eltern einem besonderen Risiko unterliegen, sich fremdenfeindlichen Cliquen zuzuwenden und dort ihre Bestätigung zu suchen. Bei ausländischen Jugendlichen bestehen besondere Risiken durch eine Sprach- und Bildungsbenachteiligung, die dem schulischen Erfolg entgegenstehen und auch die Bildung ethnozentristischer Cliquen fördern. Die Beispiele zeigen: Sich selbst überlassen wachsen den Jugendlichen die vielfältigen Anforderungen zwischen Schule, Elternhaus und Jugendkultur gegebenenfalls zu einem Orientierungsdilemma aus. In ihren Cliquen und Szenen versuchen sie Übersicht, Sicherheit und Orientierung zu gewinnen, weshalb sich fremdenfeindliche und ethnozentristische Orientierungen besonders eignen, weil sie einfache Erklärungen und Lösungen anbieten.

Die Anomiethese, auf Durkheim zurückgehend und von Merton bzw. Cohen im Hinblick auf die Bewältigung disparater Handlungsanforderungen ausgebaut, verweist auf die daraus entstehenden Risiken im Sinne eines sich verfestigenden, von der Gesellschaft negativ sanktionierten, abweichenden Verhaltens (Lamnek 1999). Eine gelingende Selbstsozialisation in Jugendkulturen benötigt also vermutlich stabile Grundlagen, die in den gesellschaftlich integralen Sozialisationsinstanzen Familie und Schule durch Anerkennung und Erfolg erworben werden. Andernfalls bieten sich die alternativ dazu eingeschlagenen jugendkulturellen Karrieren an, eine verstärkte Suche nach Bestätigung und Nestwärme durch Normenverstöße zu bewerkstelligen. Dies ist eine kurzfristig verlockende und erfolgversprechende Perspektive, um so mehr als die negativen Sanktionen der Hauptkultur in der Regel nicht sofort zuschlagen. Cohen (1961) hat diese Argumentation zur Erklärung von Bandenkriminalität pointiert und damit die Perspektive auf Jugendliche nachhaltig negativ gefärbt. Um so mehr ist es wichtig, auf die in den Jugendkulturen steckenden Ressourcen zu verweisen, von der Stigmatisierungspraxis wegzukommen und jugendkulturellen Gestaltungswillen zu unterstützen.

Jugendarbeit und Selbstsozialisation

Jugendarbeit kann und soll die Sozialisation unter Gleichaltrigen in einem adäquat institutionalisierten Rahmen fördern, insbesondere Selbstbestimmung und Eigentätigkeit ermöglichen und die Sozialisationsinstanzen Familie und Schule ergänzen. Diese Konzeption folgt im Wesentlichen dem Gedanken von Erikson, die Jugendphase als Moratorium zu sehen, in der Identitätsexperimente erlaubt sind und eine Krisenbewältigung folgerichtig Programm ist. Dazu braucht es Schon- und Freiräume, in denen die Jugendlichen handelnd lernen können. Diese - vor dem Hintergrund eines mittelschichtsorientierten Familienideals der Nachkriegszeit - entwickelte Theorie mag heute angestaubt wirken. Die daraus abzuleitende Forderung nach Freiraum und Integration für Jugendliche bekommt jedoch ein neues Gesicht, wenn die Sozialisationsziele der Komplexität und Pluralität heutiger Lebenswelten angepasst werden. Dann haben die Jugendlichen *als Experten ihrer Lebenswelten* mitzureden und Sozialisationsziele - zumindest teilweise - mit den Erwachsenen auszuhandeln. Dafür bietet Jugendarbeit einen adäquaten Rahmen. In Initiativen, Vereinen, Verbänden und offenen Jugendeinrichtungen besteht grundsätzlich die Möglichkeit, dass Freiräume gewährt werden, dass sie von Jugendlichen bedürfnisorientiert ausgefüllt und gestaltet werden können, dass zugleich Erwachsene unterstützend bereitstehen. Das Personal von Jugendarbeit ist in der Regel entsprechend qualifiziert und auf die offenen und relativ unstrukturierten Situationen eingestellt, die vieles erlauben, was in Elternhaus und Schule an normative Grenzen stoßen würde. Dies ist in dem seit 1990 gültigen Kinder- und Jugendhilfegesetz als allgemeine Entwicklungsförderung außerhalb der Schule verankert (SGB VIII, §1) und findet in den Regelungen zur Jugendarbeit in- und außerhalb von Verbänden (SGB VIII §§11-13) eine entsprechende Ausdifferenzierung.

Jugendarbeit bietet somit für diejenigen eine Chance, die aufgrund vielfältiger Benachteiligungen oder verständlicher Orientierungsprobleme einen Rahmen suchen, in dem sie sich erproben und verwirklichen können. Als solches sind die Angebote gedacht, die - an den Bedürfnissen der Jugendlichen orientiert und von ihnen mitgestaltet - Impulse, Anregungen und Knowhow vermitteln, Räume und Arbeitsmittel bereitstellen und auf diese Weise das von den Jugendlichen beherrschte Handlungsspektrum erweitern. Jugendarbeit organisiert hauptsächlich *Differenzerfahrungen*, die den Horizont der Jugendlichen erweitern. Sie vermittelt Bildung bzw. Handlungskompetenzen: als neue Sichtweisen und Fertigkeiten, als neue Möglichkeiten, sich in Gruppen zu bewegen und mit Grenzen und Konflikten besser umgehen zu können.

Überforderung von Jugendarbeit

Nicht umsonst wird Jugendarbeit von anderen Instanzen immer dann besonders gefordert, wenn es um die Reparatur von Auffälligkeiten geht, wie sie sich beispielsweise im gehäuften Rechtsextremismus des vergangenen Jahrzehntes äußern. Es wird bevorzugt im politischen Raum gefordert, mit eiligen Sonderprogrammen gegen Fremdenfeindlichkeit für Befriedung zu sorgen, wo lange gewachsene soziale Benachteiligungen auf ein in der gesellschaftlichen Mitte produziertes Feindbild treffen und sich, wie oben beschrieben, zu einer tiefen fremdenfeindlichen Einstellung verfestigt haben. Aktuell sieht sich Jugendarbeit auch in der Diskussion um unser Bildungswesen damit konfrontiert, als Reparaturbetrieb für die im System Schule erzeugten Ausfallserscheinungen (wachsende Aggressivität bei nachlassender Lernmotivation) einzustehen (Hill 1999). Dann werden soziales Lernen und die Kompensation schulischer Misserfolge an die Schulsozialarbeit delegiert. Solche Ansprüche an die Jugendarbeit, im Freizeitbereich zu heilen, was in den anderen Sozialisationsinstanzen, denen die Jugendlichen verbindlich ausgeliefert sind, über längere Zeiträume versäumt wurde, müssen als naiv und überzogen zurückgewiesen werden. Jugendarbeit hat ihren Platz in der allgemeinen Entwicklungsförderung - also auch nicht allein in der Prävention, denn diese würde sie auf die Arbeit mit Risikogruppen reduzieren. Sie hat ihre Stärke in der langfristigen Beziehungsarbeit mit Jugendlichen, die auf Persönlichkeitsstabilisierung setzt. Sie ist daher auf die freiwillige Kooperationsbereitschaft von Jugendlichen angewiesen, sonst findet sie keinen Zugang zu ihnen.

Musik als Leitmedium der Jugendarbeit

Mitte der 80er Jahre führten Beobachtungen in der Jugendarbeit dazu, die populäre Musik als ein Leitmedium von Jugendlichen zu entdecken. Die Disco stellte bereits den Mittelpunkt einer jeden Jugendeinrichtung dar, über die Hintergrundmusik wurde täglich die Atmosphäre gestaltet, die jugendkulturellen Stilbildungen eroberten mit ihrer Mode, ihren Ritualen und Verhaltensweisen auch die Jugendclubs. Es dauerte, bis sich Pädagoginnen und Pädagogen damit abfanden, dass die Jugendlichen nun ihre Räume - jenseits der abgestandenen Symbolik von Teestuben und geordneten Gruppennachmittagen - in Besitz nahmen. Die Fachdiskussion reflektierte dazu insbesondere die englischen Cultural Studies und daran anknüpfende deutschsprachige Arbeiten (Baacke 1987, Hebdige 1983). Das pädagogische Selbstverständnis, die Gruppen, die Atmosphäre und die Medien der Jugendarbeit über Jugendleiterinnen und Jugendleiter zu definieren, verschob sich zu Gunsten einer akzeptierenden Arbeit mit Jugendcliquen, deren kulturelle Praxis nicht mehr ausgegrenzt, sondern gerade zum Gegenstand der Jugendarbeit wurde.

Auf diese Weise entstanden Musikprojekte, die sich darauf spezialisierten, Jugendliche im aktiven Musizieren zu unterstützen. Der pädagogische Leitgedanke bestand darin, die Jugendlichen zur aktiven Aneignung des jugendkulturellen Ausdrucksmediums Popmusik in ihren Cliquen zu ermutigen, ihnen dadurch Erfolgserlebnisse sowie soziales Lernen zu ermöglichen. Pilotprojekte starteten unter dem Titel *Rockmobil* zunächst in hessischen sozialen Brennpunkten und führten bundesweit zur Gründung von erweiterten konzeptionellen Ansätzen, wie sie seither auch in Techno-Studios und Hip-Hop-Mobilen ihren Ausdruck finden (Pleiner/ Hill 2000). Das Rockmobil kommt mit Mitarbeiterinnen und Mitarbeitern, die sozial- und musikpädagogisch qualifiziert sind, und mit einem kompletten Bandequipment vor Ort in die Jugendzentren, Heime oder Ausbildungsprojekte, um dort (im Rahmen außerschulischer Bildung) Bands zu gründen, regelmäßig und langfristig zu begleiten. Öffentliche Auftritte in Jugendzentren gehören zum Konzept, da sie die Motivation für eine kontinuierliche Probenarbeit erhöhen. Das Equipment sowie die musikalisch-sozialpädagogische Betreuung wird mobil, d. h. auch bedarfsorientiert, ressourcenschonend und flexibel, eingesetzt. Jugendliche aus Einrichtungen mit geringer Infrastruktur können so auch in den Genuss des Angebotes kommen. Angesprochen sind besonders Jugendliche aus sozial- oder bildungsbenachteiligten Milieus, Zuwanderer usw., also mehrheitlich an diejenigen, die ohne die Jugendarbeit wohl keinen Zugang zu Musikaktivitäten hätten. Diese Konzeption versteht sich von Anfang an als kulturelle Jugendbildung, die sich von dem bis dahin gebräuchlichen musiktherapeutischen Zugang in der Sonderpädagogik und Gruppendynamik emanzipiert hat. Es werden Fertigkeiten vermittelt, gleichzeitig wird ein Gruppenprozess begleitet und es wird ergebnisorientiert gearbeitet, nämlich bis zur Aufführungsreife, ohne die Jugendlichen, die zumeist musikalische Anfänger sind, zu überfordern. Die Ziele der Gruppen orientieren sich an den von den Jugendlichen präferierten jugendkulturellen Standards und sind ein Ergebnis des Arbeitsprozesses.

Praxisforschung: Musik als Medium der Gruppenarbeit

Im hessischen Modellprojekt wurde eine mehrjährige Begleitstudie durchgeführt. Aus einer Gesamtheit von 20 Bands, die mindestens 12 Monate betreut worden waren, wurden zwei Gruppen exemplarisch für eine Fallstudie ausgewählt. Es wurden Proben und Auftritte beobachtet, die Gruppenprozesse anhand der Diskussionen im Team rekonstruiert, schließlich auch Gruppeninterviews und narrative Interviews mit allen Bandmitgliedern und einigen weiteren Jugendlichen geführt. Dabei stand die Frage im Mittelpunkt, was die Musikaktivitäten für die Jugendlichen bedeuteten. Die Ergebnisse sind in dem Buch „Rockmobil“ (Hill 1996) dokumentiert.

Das Prinzip der Bedürfnisorientierung und Selbstbestimmung, im Kontext der Tagung im Begriff Selbstsozialisation enthalten, bleibt in der Musikarbeit mit Jugendlichen dann weitgehend erhalten, wenn mit *natürlichen Gruppen* gearbeitet wird. Die sozialpädagogische Begleitung ist dabei nicht als Intervention gedacht, sondern fungiert als Coaching, da die Inhalte und Lernsituationen nach den Präferenzen der Gruppe gestaltet werden. Dergestalt wird das Angebot auch von vielen Jugendlichen wahrgenommen, die sozialpädagogische Settings aufgrund ihrer Erfahrungen normalerweise eher meiden. Im Kontrast dazu stellte sich heraus, dass die von Sozialpädagoginnen zusammengestellten *(gestifteten) Gruppen* mit langwierigen und teils heftigen gruppendynamischen Prozessen zu kämpfen hatten. Die Stilfindung, die Namensgebung, die Auswahl der Musikstücke, dies alles wird von den Jugendlichen nämlich mit größtmöglichem Anspruch auf Authentizität betrieben. Es hat für sie eine hohe Bedeutung, sich mit dem Musikstil der Gruppe zu identifizieren. Sich mit Gleichgesinnten zusammenzufinden ist demnach wichtiger, als nach musikalisch–instrumentalen Fertigkeiten, beispielsweise nach einem „guten" Gitarristen, zu suchen. Die persönliche Beziehung und die Übereinstimmung mit dem Gruppenstil stehen im Vordergrund. Die *Heroes* als Gruppe, die anfänglich von Pädagogen zusammengestellt worden war, machten diesen Prozess durch und waren später dazu bereit, auf Kosten der musikalischen Entwicklung Mitglieder umzuschulen oder ihre Schwächen in Kauf zu nehmen, um die Freundesgruppe zusammenzuhalten. Die Mädchenband *Mrs. X* war hingegen von Anfang an eine Clique und auch stilistisch homogen. Die *Zugzwänge* der musikalischen Gruppenarbeit, denen sich die Jugendlichen freiwillig und unbewusst unterwerfen, die in dem Willen zur Kooperation, in der regelmäßigen und dauerhaften Mitarbeit, in der Verfolgung eines gemeinsamen Ziels liegen, wirken also am ehesten unter Gleichgesinnten. Die Musik dient dabei als Orientierungsrahmen der jugendkulturellen Übereinstimmung, sie ist Medium der Gruppenkohäsion.

Praxisforschung: Die biographische Bedeutung des Musizierens

Um die Bedeutung des aktiven Musizierens in der Entwicklung der Jugendlichen zu untersuchen, wurden insgesamt 12 narrative Interviews mit Mitgliedern der ausgewählten Gruppen geführt, nachdem sie ca. zwei Jahre vom Projekt begleitet worden waren. In den Interviews wurden die Jugendlichen zu ihrer gesamten Lebensgeschichte befragt, um die Einbettung der Musikaktivitäten in ihre Biographie beurteilen zu können. Die Auswertung narrativer Interviews erfolgt in mehreren aufwändigen Schritten, die in diesem Beitrag nicht umfassend geschildert werden können. Hier werde ich mich auf die Darstellung der vier in Erscheinung getretenen *Entwicklungstypen* Jugendlicher beschränken, die ihre Jugendphase unterschiedlich erleben und bewältigen. Die *Musikaktivitäten erscheinen dabei als ein Baustein im Mosaik ihrer Lebenswelten*, in denen sie sich vielfältigen Anforderungen ausgesetzt sehen. Zur Unterscheidung müssen zunächst einige Kategorien aus der Biographieforschung vorgestellt werden, mit denen die Erzählungen der Jugendlichen strukturiert wurden.

Mit *Verlaufskurven* werden demnach Prozessstrukturen des erzählten Lebensablaufes bezeichnet, die von problematischen Entwicklungen gekennzeichnet sind, in denen der Betroffene von Ereignissen getrieben wird, ohne auf die Entwicklung wesentlich Einfluss nehmen zu können: Lebensphasen in der Heimerziehung mit dauerhaften Konflikten und Misserfolgen können als Beispiel genannt werden. Jugendliche versuchen in der Regel, dagegen zu steuern, zum Beispiel durch mehr Konzentration auf die schulischen Belange oder durch den Versuch, mehr Disziplin zu üben. Ein solches *Handlungsschema der Kontrolle* greift aber nur unter insgesamt günstigen Bedingungen, wenn die Anstrengungen beispielsweise von Erzieherinnen und Erziehern bemerkt und honoriert werden. In solchen Fällen können *Wandlungsprozesse* eingeleitet werden. Es ergeben sich dann neue Beziehungen, neue Perspektiven und Handlungskompetenzen. Dies wirkt auf den Betroffenen in der Regel befreiend und wird als Schlüsselerlebnis und Beginn eines positiven Lebensabschnitts erinnert. Die Analyse solch unterschiedlich strukturierter Lebensabläufe ergab nachfolgende Entwicklungstypologie.

Jugendliche mit problematischen Entwicklungsverläufen

Der Fall Karl-Heinz als Beispiel für dominant abschüssige Verlaufskurvenpotenziale:
Karl-Heinz wächst seit früher Kindheit in verschiedenen Erziehungsheimen auf, wird zwar mehrere Male von der Familie wieder nach Hause geholt, nach neuen Konflikten aber jeweils wieder „ins Heim verstoßen“. Er leidet darunter, später auch unter den ständig wechselnden Bezugspersonen, und beginnt ein latentes Trotzverhalten zu einer allgemeinen Verweigerungshaltung auszubauen, die ihm permanent neue Konflikte mit Erziehern beschert. Diese Verlaufskurve (sich über lange Zeit verlassen und verschoben fühlen) dynamisiert sich bis in die aktuelle Gegenwart. Es fällt ihm aus Angst vor neuen Enttäuschungen schwer, engere Vertrauensbeziehungen aufzubauen. Mit wachsendem Alter entwickelt er als Einzelgänger spezifische Strategien der Selbstbehauptung, die ihn mit Gleichaltrigen und Erziehern in immer neue Konflikte bringen. Er kultiviert das Gitarrespielen und versucht damit, seine Einzigartigkeit zu beweisen, sich selbst zu verwirklichen, Anerkennung zu bekommen. Er möchte Profi-Musiker werden, übt wie besessen, bringt es in einigen Jahren auch zu leidlichen Fertigkeiten, wobei ihm nach Auffassung der Sozialpädagogen eine realistische Einschätzung der Anforderungen an einen Profi-Musiker fehlt. Seine Ausbildung in der Gärtnerei des Heimes, in dem er noch lebt, absolviert er

pflichtgemäß, um „für Notzeiten etwas Handfestes" im Hintergrund zu haben. In der Rockmobil-Gruppe, die im Freizeitbereich des Heimes stattfindet, versucht er von Beginn an zu dominieren. Anfangs tolerieren ihn die übrigen Gruppenmitglieder mit seinem „Selbstdarstellungszwang". Später führt dies zu dauerhaften Konflikten, in denen ihn auch seine engeren Freunde nicht mehr unterstützen. Er scheitert in der Gruppe, wird wieder zum Einzelgänger und entwickelt andere Strategien, sein Ziel als Profi-Musiker weiter zu verfolgen. Die Sozialpädagogen organisieren ihm zwar außerhalb der Gruppe weiteren Musikunterricht, konfrontieren ihn aber auch mit den ihres Erachtens geringen Erfolgsaussichten. Er lässt sich dadurch nicht beirren und setzt seine fast verbissen wirkenden Anstrengungen fort.

Die sozialpädagogisch begleitete Gruppenarbeit kann in seinem Fall nicht zur Integration beitragen. Sie vermittelt ihm statt dessen vielleicht sogar ein weiteres Misserfolgserlebnis. Die Musik ist für Karl-Heinz - aus unserer Sicht - sogar ein problematisches Medium, da er den Mythen der Popkultur nacheifert ohne das Geschäft zu kennen und unrealistische Zukunftspläne entwickelt. Sein Bedürfnis nach Anerkennung ist so (unstillbar) groß wie seine Angst vor Enttäuschungen in sozialen Beziehungen. Es steht zu befürchten, dass er eine soziale Integration allein durch Gitarreüben nicht erreichen kann, solange er seine traumatischen Erlebnisse der fehlenden Wärme und Anerkennung nicht auf andere Weise bearbeitet.

Der Fall Stefan als Beispiel für vorübergehend stabilisierte Entwicklungen:

Stefans Biographie ist von ähnlichen Erfahrungen geprägt, wie die von Karl-Heinz. Als Kind wächst er allein bei den Großeltern in Polen auf und ist sich dort oft selbst überlassen. Erst im beginnenden Jugendalter wandert er mit der Mutter nach Deutschland aus, wobei er seine Freunde schweren Herzens zurücklassen muss. In Deutschland leidet er zunächst unter der Isolation und erhält erst durch Sprach- und Integrationskurse Kontakt zu anderen polnischen Einwanderern. Die Mitgliedschaft in der Band *Heroes* beschert ihm zwischenzeitlich Erfolgserlebnisse, zunächst als Bassist, dann als Schlagzeuger. Die Gruppe unterstützt ihn durch die inzwischen engen freundschaftlichen Bindungen, da die meisten Jugendlichen auch aus Polen stammen. Obwohl er sich technisch nur langsam entwickelt und die Gruppe bremst, bereitet dies offenbar kein Problem, ebensowenig sein immer deutlicher werdender Alkoholkonsum, der in der Gruppe angesprochen wird. Er findet Verständnis und Rückhalt bei leiser Kritik. Als die Gruppe durch Bundeswehrzeit, Berufseintritt und stärkere Orientierung auf heterosexuelle Beziehungen der Jugendlichen langsam an Bedeutung verliert, scheint Stefan darunter am meisten zu leiden. Die Gruppe besteht aber weiterhin (auch außerhalb von Rockmobil) und Stefan wird zum Hauptorganisator der

Gruppenaktivitäten. Er übt für sich alleine Schlagzeug, um die spieltechnischen Defizite aufzuarbeiten.

Die Gruppe bietet Stefan Halt und Orientierung in einer ansonsten latent problematischen Entwicklung. Das Musizieren und die damit verbundenen sozialen Beziehungen helfen ihm, andere Defizite zu kompensieren. Er hat kleine Erfolge und findet einen Sinn für seine Aktivitäten. Er ergreift die Initiative, die Gruppe zusammen zu halten. Er benötigt allerdings auch andere positive Erfahrungen, die ihm die Gruppe allein nicht bieten kann, z. B. in heterosexuellen Beziehungen, in Ausbildung und Beruf, sowie auch eine Bearbeitung seines latenten Alkoholproblems. Die Gefahr besteht also in der besonderen Fixierung auf die Gruppe, die ihm bei der Lösung seiner Probleme nur zum Teil helfen kann.

Jugendliche mit einer positiven Verlaufskurve

Der Fall Sina als Beispiel für jugendspezifische Wandlungsprozesse:
Im Unterschied zu den beiden bisher gezeigten Fällen erscheint die Lebensgeschichte von Sina als weitgehend ‚normal'. Sie wächst bei ihren Eltern in einem verständnisvollen Milieu auf, in dem sowohl ihre Musikalität gefördert als auch ihre zeitweilige gruftiemäßige Selbststilisierung toleriert wird. In der Gruppe *Mrs. X* erlebt sie als Sängerin und Texterin einen kreativen Schub, durch den sie sich - zusammen mit Gleichgesinnten - selbst verwirklichen kann und sogar öffentlichen Erfolg hat. Die Gruppe ist Bestandteil eines relativ ausgefüllten Lebens, in dem auch andere Freizeitinteressen und die Beziehung zu einem Jungen eine Rolle spielen. Mit Richtung auf das Abitur gewinnen die Leistungsanforderungen der Schule an Bedeutung. Der spätere Beginn eines Studiums und die Wahl des Studienorts setzen weitere klare Prämissen. Ein neuer Lebensabschnitt hat begonnen, der aber im alten sozialen Umfeld bestritten werden soll. Die Bedeutung der Band hat im Leben aller ihrer Mitglieder inzwischen nachgelassen, dennoch besteht sie weiterhin und erfreut sich wachsender Popularität und Bekanntheit in der lokalen Musikszene.

Für Sina verläuft das Leben bislang ohne größere Widerstände und Brüche. Das Musizieren in der Band war in ihrer bisherigen Jugendzeit ein wichtiges, identitätsstiftendes Merkmal. Als Mitglied einer Frauenband mit einer erkennbar eigenständigen Stilistik hat sie einiges an Selbstbestätigung unter Gleichgesinnten erfahren können. Ein umfassender biographischer Wandlungsprozess vollzieht sich durch den neuen Lebensabschnitt Studium, die beibehaltene Mitgliedschaft in der Band sorgt für eine gewisse soziale Stabilität. Die Musik und die Gruppe sind wichtig für Sinas Selbstbewusstsein und Identität, aber sie sind nicht alles.

David als Beispiel für die Krisenbewältigung durch Musikaktivitäten: David ist der Sohn eritreischer Einwanderer und schildert die Stationen einer jahrelangen Flucht. Inzwischen lebt und studiert er in einer hessischen Großstadt, in der seine engeren Verwandten und eine große eritreische Gemeinde sein soziales Netzwerk bilden. Dort musizierte er auch so lange mit eritreischen Musikern, bis er mit ihnen in Differenzen geriet. Er spielte dann vor Stefan einige Zeit als Schlagzeuger bei den *Heroes*. Dies eröffnete ihm den Zugang zu Musikern außerhalb der eritreischen Gemeinde und er entdeckte seine musikalischen Interessen und Talente neu. Während des Abiturs konzentrierte er sich auf die Schule und verließ die *Heroes*. Mit dem Beginn des Studiums hat er seine Musikaktivitäten wieder aufgenommen. Die *Heroes* besucht er noch gelegentlich, ebenso wie die Veranstaltungen des Rockmobils. Inzwischen ist er dazu übergegangen, eritreische, sudanesische und westeuropäische Einflüsse der populären Musik in eigenen Liedern, die er auf der Gitarre komponiert, zu verbinden. In einem städtischen Kulturzentrum hat er Anschluss an eine multikulturelle Projektgruppe gefunden, die ihn darin unterstützt. Zusammen mit einer Jazz-Pianistin arbeitet er an einem Programm für eine öffentliche Aufführung.

Die Rockmobil-Phase ist für David eine Brücke in die westeuropäische Musikwelt, in die er sich mit seinem eigenen kulturellen Hintergrund einbringt. Er nutzt die Möglichkeiten zur Aneignung von musiktheoretischen Grundkenntnissen und von Spieltechniken, die er später auf einem individuellen Weg einsetzt und weiterentwickelt. Für ihn ist die Musik ein wichtiges Kommunikations- und Integrationsmittel in seiner neuen Umgebung. Sie ist Medium des Selbstausdrucks geworden, über das er seine Identität in verschiedenen Kulturen zu finden sucht.

Zusammenfassend muss erwähnt werden, dass alle Jugendlichen in den Interviews vorrangig von ihren Perspektiven und Problemen der Ausbildung in und nach der Schule gesprochen haben. Die damit verbundenen Anforderungen und Bewältigungsstrategien stehen im Vordergrund. So verhalten sich die Jugendlichen konform zu den gesellschaftlich definierten Entwicklungsaufgaben der beruflichen Orientierung und Qualifizierung, um eine spätere Selbstständigkeit zu erreichen. Dies gilt sogar für Karl-Heinz, der Musiker werden möchte, zur Sicherheit aber eine Berufsausbildung absolviert. Die damit verbundenen Probleme werden unterschiedlich bewältigt: Die bereits mitgebrachten Dispositionen - bei Karl-Heinz und Stefan als erkennbar labiles Selbstvertrauen, bei Sina als ‚normale' Entwicklungspotenziale mit familiärer Unterstützung, bei David als Motivation zur aktiven Aneignung der neuen Lebenswelt - verändern sich durch die sozialpädagogischen Angebote zwar nicht unmittelbar, aber sie erhalten *verbesserte Entwicklungschancen*, die von drei Entwicklungstypen auch wahrgenommen werden. Es bleibt bei der *vorherrschenden Berufsorientierung* und die Musik ist (überwiegend) ein Medium der Freizeit. Sie ist jedoch zentral für die soziale Integration in der Freizeit und für die entsprechenden Chancen der Identitätsbildung.

Praxisforschung: Kulturelle Bildung und Kreativitätsentwicklung

In der Studie konnte auch aufgezeigt werden, welche Möglichkeiten der Identitätsentwicklung Jugendlicher dadurch entstehen, dass sie in der Musik ihre kommunikativen und kreativen Potenziale entwickeln können. Dies geschieht zum Beispiel durch Wechselseitigkeit (Kommunikation und Kooperation) im musikalischen Schaffensprozess. Die Jugendlichen entwickeln hier eine Kultur des aufeinander Eingehens, die sie sonst kaum beherrschen, zum Beispiel ist Zuhören gefordert. Ähnliches passiert durch Problemlösung beim Auftritt, wenn Fehler und Verspieler kaschiert werden müssen. Eine Videodokumentation förderte in der Detailanalyse zutage, wie spontan Lösungen gefunden werden, die eine Blamage vor dem Publikum vermeiden. Kreativität zeigt sich in spontanen Einfällen zu einer Melodie, zu Textfragmenten und anderen Gestaltungsmitteln. Jugendliche freuen sich über ihre verbesserte Instrumentaltechnik und erleben zum Teil erstmalig, dass Anstrengungen mit Spaß und Erfolg belohnt werden. Kreativität entwickeln sie auch in der Interpretation von Musikstücken, wenn sie mit begrenzten Spieltechniken einen eigenen Ausdruck verwirklichen. Schließlich lassen sie sich bei Sessions auch wechselseitig inspirieren und kommen so zu neuen Ideen. Musik ist - trotz aller marktgerechten Kommerzialisierung - nach wie vor ein ideales Medium für diese Prozesse, da sie genug Kommunikations- und Gestaltungsmöglichkeiten offen lässt, die für Jugendliche interessant sind und von ihnen ausgefüllt werden können.

Selbstsozialisation ist also auch unter sozialpädagogischer Begleitung möglich, wenn diese sich unterstützend und nicht normativ versteht, wenn sie Interventionen auf das unmittelbar Notwendige beschränkt und sich ansonsten als Anregung versteht, die Differenzerfahrungen ermöglicht. Musik ist dafür ein geeignetes Medium, weil es ungekannte Interaktionsmöglichkeiten in einem Rahmen eröffnet, den die Jugendlichen im Wesentlichen selbst bestimmen können.

Literatur

Baacke, Dieter (1987): Jugend und Jugendkulturen. Darstellung und Deutung. Weinheim und München: Juventa.

Cohen, Albert K. (1961): Kriminelle Jugend. Zur Soziologie Jugendlichen Bandenwesens. Reinbek bei Hamburg: Rowohlt Taschenbuch.

Hebdige, Dick (1983): Subculture. Die Bedeutung von Stil. In: Diederichsen, Diedrich/ Hebdige, Dick/ Marx, Olaph-Dante: Schocker. Stile und Moden der Subkultur. Reinbek bei Hamburg: Rowohlt, 6–120.

Hill, Burkhard (1996): Rockmobil. Eine ethnographische Fallstudie aus der Jugendarbeit. Opladen: Leske+Budrich.

Hill, Burkhard (1999): Chancen der Kooperation von Schule und Jugendarbeit. In: Böhm, Thomas/ Jürgens, Eiko / Prüß, Franz (Hrsg.): Loseblattsammlung Schulleitung Neue Bundesländer, Ergänzungslieferung 17. Neuwied: Luchterhand.

Jugendwerk der Deutschen Shell (Hrsg.) (1992): Jugend '92. Opladen: Leske und Budrich.

Lamnek, Siegfried (1999): Theorien abweichenden Verhaltens. 7. Auflage, München: Wilhelm Fink Verlag/UTB.

Müller, Renate (1999): Musikalische Selbstsozialisation. In: Fromme, Johannes/ Kommer, Sven/ Mansel, Jürgen/ Treumann, Klaus–Peter (Hrsg.): Selbstsozialisation, Kinderkultur und Mediennutzung. Opladen: Leske + Budrich, 113–125.

Pleiner, Günter/ Hill, Burkhard (2000): Musikmobile, Kulturarbeit und Populäre Musik. Pädagogische Theorie und musikalische Praxis. Opladen: Leske + Budrich.

Sozialgesetzbuch, Achtes Buch - (SGB VIII): Kinder- und Jugendhilfe vom 26. Juni 1990 (BGBl. I S.1163), in der Fassung der Bekanntmachung vom 15. März 1996 (BGBl. I S.477)

Wahl, Klaus/ Tramitz, Christiane/ Blumtritt, Jörg (2001): Fremdenfeindlichkeit. Auf den Spuren extremer Emotionen. Opladen: Leske + Budrich.

Elke Josties

Mädchen, populäre Musik und musikalische Praxis

Fallstudien aus der Jugendkulturarbeit

Musik gilt als zentrales Stilelement von Jugendkulturen. Bemerkenswert und erklärungsbedürftig ist, dass Mädchen und ihre musikalische Praxis in der Jugendkulturforschung selten Beachtung finden. Gegenstand sind vorrangig innovative Jugendmusikkulturen, meist von männlichen Jugendlichen getragen, sie interessieren als aktive „Stilbastler". Selbst im „Handbuch Jugend und Musik" (Baacke 1997a), das nicht nur einen Überblick über die Pop- und Rockszene, sondern beispielsweise auch über Jugend und Klassik und über die Volks- und Jugendmusikbewegung gibt, fehlt „eine ausführliche systematische, nicht nur en passant erfolgende Darstellung der geschlechtsspezifischen Spannung im Thema 'Jugend und Musik'" (Baacke 1997b, 25). Der feministischen Geschlechterforschung ging es zunächst nur darum, Popmusik als „Männerdomäne" zu entlarven und auf Gegenstrategien zu verweisen, z. B. die Musik der „Rebellinnen in der Rockmusik" (Gaar 1994), Stars wie Janis Joplin, Patti Smith, Annie Lennox oder die „riot grrrls". Der Megastar Madonna erwies sich als besonders beliebter Forschungsgegenstand von „Gender Studies", liefert Madonna doch Beispiele für eine postmoderne Variante der Konstruktion und Dekonstruktion von Geschlechteridentitäten (Bechdolf 1996). Der populäre „Mainstream", eher von jüngeren Mädchen favorisiert, gilt lediglich als Beispiel massenmedialer Manipulation, z. B. die Teeny Bopper der 70er Jahre, die Boygroup-Fans der 80er und 90er Jahre und die Girlgroups der 90er Jahre. Die vielen, vor allem jüngeren Mädchen, die sich für solche Trends interessieren, erfahren in der Forschungsliteratur meist nur eine kritisch-herablassende Würdigung, beispielsweise heißt es, „das ihnen [den 'Girlies', Anm. d. Verf.] zugeschriebene Selbstbewusstsein befinde[t] sich - genau wie sie - noch in der Entwicklungsphase" (Lau 1999, 316)[1]. Nach meiner These steckt hinter der Nichtbeachtung eher populärer, von Mädchen besonders

1 Es gibt nur wenige Studien über Mädchen und populäre Musik, u. a. Frith über die Teeny Bopper (1981), Weyrauch über weibliche Boygroup-Fans (1997) und Josties über Girlgroup-Fans (2000).

favorisierter Musikkulturen weniger begründetes Wissen über mädchenspezifische kulturelle Ausdrucksformen als vielmehr eine herablassende Wertung, wenn sie indirekt als nicht „erforschenswert" befunden werden.[2] Des Weiteren wirkt jene deutsche Geistestradition nach, die zwischen U- und E-Musik unterscheiden will und populäre Musik als regressive, nicht-authentische Variante[3] von vorne herein disqualifiziert. Bourdieu (1993, 148) betont, Musikgeschmack[4] eigne sich, da er in der allerfrühsten körperlichen Erfahrung wurzele, besonders zur sozialkulturellen Distinktion. Und eine solche Distinktion kann sich in der Wahl von Forschungsgegenständen ausdrücken.[5]

Zum Forschungsprojekt

In der hier thematisierten Untersuchung wird demgegenüber der Versuch unternommen, ein tieferes Verständnis des „Sinnes" musikalischer Praxis auch solcher Mädchen zu gewinnen, die sich am populären Mainstream orientieren und - wie im vorliegenden Falle - als Laien in Jugendbands eines pädagogisch geleiteten offenen „Jugendmusiktreffs" (im Folgenden kurz: „JMT") musizieren. Die musikalische Praxis dieser Mädchen muss bestimmten Motiven und Zwecken dienen. Es ist davon auszugehen, dass in ihr bestimmte Wahrnehmungs-, Denk- und Handlungsschemata implizit wirksam sind, und zwar entsprechend dem jeweiligen sozialkulturellen Anregungsmilieu und der Alltagspraxis der Mädchen. Einen Weg der Erforschung des „Sinns" musikalischer Praktiken bieten hermeneutische Fallstudien. Ich habe mich für die Methode der Objektiven Hermeneutik (Oevermann 1979) entschieden. Mithilfe ihres methodisch-kontrollierten Interpre-

---

2 Mc Robbie, die in den 70er Jahren am CCCS in Birmingham die „Marginalisierung von Mädchen in der Jugendkultur" problematisierte, kritisiert im Nachhinein, sie selbst sei „nie auf die Idee gekommen, dem weiter nachzugehen und herauszufinden, wie alltägliches Leben aussah" (1997, 196).

3 Massenkulturelle Strömungen wurden insbesondere in den 70er Jahren von der damals einflussreichen „Frankfurter Schule" in Frage gestellt. Adorno beklagte in seiner „Einleitung in die Musiksoziologie", dass das Massenphänomen der leichten Musik Autonomie und selbständiges Urteil untergrabe" (1977, 54). Rauhe warnte ebenfalls vor den „Gefahren der kulturindustriellen Sozialisierung durch Musik" (1972, 22).

4 An dieser Stelle würde ich ergänzen wollen: „... und musikalische Praxis".

5 Gerade in akademischen Kreisen ist die Hervorkehrung eines unverwechselbaren Musikgeschmacks vonnöten. In meinen Pädagogik-Seminaren an Universitäten und FHs analysierten Studierende Jugendmusikkulturen – vom Wandervogel über Rock'n' Roll, Beat, Rock, Punk bis hin zu den heutigen Cross Over-Stilen. Wurden Beispiele aus dem sogenannten Mainstream thematisiert, beeilten sich die Studenten, ihre Abgrenzung von solchen Musikkulturen zu betonen. Wenige Mutige „gestanden", in jüngerer Jugendzeit einmal die „Bravohits" favorisiert zu haben. Allein die Favorisierung massenmedial verbreiteter Musik und populärer Modetrends gilt als Indiz für eine musikalische Praxis, der jede Authentizität abgesprochen wird. Selber Musizieren und Singen ist nur dann akzeptabel, wenn ein bestimmtes Niveau und Originalität vorliegen.

tationsverfahrens (Wernet 2000) können latente Sinnstrukturen eines Interviewprotokolls herausgearbeitet werden. Vor dem Hintergrund der Analyse solcher Sinnstrukturen, beispielsweise von „Lebensstrategien“ der interviewten Mädchen lassen sich individuelle Handlungsoptionen in Bezug auf die jeweilige musikalische Praxis, beispielsweise die Wahl von „Musikparts“ in einer Band oder musikalische Vorlieben, erst verstehen. „Lebensstrategien“ verweisen auf den strategischen Handlungsspielraum, der den Praktiken der Mädchen zukommt, auf die Vermittlung zwischen strukturellen Zwängen einerseits und selbstgewählten Handlungsentwürfen andererseits. Ich gehe davon aus, dass die musikalischen Praktiken der Mädchen ein Beispiel für solche Handlungsoptionen abgeben. Gerade die Methode der Objektiven Hermeneutik ist dafür geeignet, solche Handlungsoptionen (und gegebenenfalls auch Handlungsalternativen) zu rekonstruieren, und zwar im Wege der Analyse von Fallbeispielen: Das sind in meiner Studie von „halbstandardisierten Leitfadeninterviews“ (Friebertshäuser 1997, 372), durchgeführt 1997/ 98 mit sechzehn Mädchen und jungen Frauen, die den „offenen Jugendmusiktreff“ (JMT) eines Berliner Innenstadtviertels besuchten und alle musikalische Laien sind.

Entgegen häufiger Vorurteile thematisiert die Objektive Hermeneutik gerade nicht die Begrenzung menschlichen Handelns durch objektive Strukturen, sondern versucht, ausgehend von der Kenntnis dieser Strukturen, individuelle Handlungsoptionen herauszuarbeiten. Wie das Individuum sich in seiner konkreten Lebenspraxis entschieden hat, gewinnt erst Bedeutung vor dem Hintergrund der Denkmöglichkeit, dass es sich auch anders hätte entscheiden können, gemäß der objektiven Handlungsstrukturen. Im Falle der interviewten Mädchen galt es herauszufinden, welche Entscheidungen die Mädchen im Hinblick auf ihre musikalische Praxis in einer Einrichtung der Jugendkulturarbeit gefällt haben, vor dem Hintergrund ihrer sozialkulturellen Lebenspraxis.

Der wörtlich transkribierte Text sieben ausgewählter Interviews war Grundlage der Interpretation. Er war nach den Regeln allgemein gültigen Sprachverständnisses zu deuten und nicht vor dem Hintergrund subjektiver Vorannahmen. Es geht bei diesem Verfahren nicht darum, aus den Interviewprotokollen gefällige Zitate auszuwählen, auch scheinbar belanglose Textsequenzen wie die Eröffnungsfragen eines Interviews eignen sich für die Sequenzanalyse, den Kern des methodologischen Verfahrens der Objektiven Hermeneutik.[6] Diese Interpretationstechnik zeichnet sich aus durch die Prinzipien der Kontextfreiheit, Wörtlichkeit, Sequenzialität, Extensivität und Sparsamkeit. Sie dient der Generierung und Überprüfung von Fallstrukturhypothesen. Wiederholen sich im Laufe der Interpretationsarbeit bestimmte Fallstrukturen, so kann von einer Falltypologie gesprochen wer-

6 Zur Begründung des methodologischen Standpunktes der Objektiven Hermeneutik und zu den Interpretationsprinzipien des Verfahrens vgl. Wernet (2000).

den. In der Sprache des jeweiligen Falles kann es zu einer Theoriebildung („Fallstrukturgeneralisierung“) kommen, einer verallgemeinerbaren Typisierung des Zugangs zum Musizieren sowie der Praxis des Musizierens in einer pädagogisch betreuten Jugendfreizeiteinrichtung. Diese Verallgemeinerungen gelten für die interviewten Mädchen, eventuell aber nicht nur für sie. Was spräche dafür, dass es sich bei ihnen um Extreme oder Ausnahmen handelt, deren Erfahrungen und Verarbeitungsweisen bei anderen keine Parallelen finden?

Die Fallstudien

Zunächst zum Fallkontext: Alle interviewten Mädchen wohnten in einem Berliner Stadtteil, der als traditionelles Arbeiterviertel gilt und dessen Einwohner vorwiegend den unteren Bildungsschichten angehören. Fast alle interviewten Mädchen besuchten die lokale Haupt-, Real- oder Gesamtschule, und kaum eines strebte das Abitur an. Im Gegenteil, die älteren Interviewpartnerinnen sind bereits junge Mütter, selten mit Berufsausbildung und Arbeit. Eine lebendige Kulturszene ist in dem untersuchten Stadtteil nicht vorhanden, die Musikschule liegt nicht im Wohngebiet und wird zudem von Jugendlichen kaum nachgefragt. Die interviewten Mädchen sind „zufällig“ zum Musizieren und Singen gekommen, weil dies zum Angebot des Jugendtreffs „JMT“ gehörte: Es gab sowohl fachliche Anleitung[7] als auch die Möglichkeit, Musikinstrumente und Probenräume zu nutzen sowie in Bands und kulturpädagogischen Projekten mitzuwirken. Über das Musikrepertoire und die Projektthemen entschieden die Jugendlichen selbst.

Im Folgenden werden die Ergebnisse der Fallstudien skizziert bzw. die Fallstrukturen herausgearbeitet. Die Nachvollziehbarkeit des Interpretationsprozesses ist nur in Kenntnis der Sequenzanalysen möglich (Josties 2002) und nicht im begrenzten Rahmen diese Aufsatzes. Deshalb zitiere ich Interviewpassagen, jeweils kursiv hervorgehoben und wörtlich transkribiert, hier lediglich zu Illustrationszwecken. In jedem der sieben von mir untersuchten Fälle lässt sich eine Kongruenz zwischen der „Lebensstrategie“ und der musikalischen Praxis der Mädchen nachweisen. Entsprechend der Falltypik ergeben sich Komplementärpaare.

Pragmatische Lebensorientierung Musik als „Luxusgut“

Hier ist die Rede von der 24jährigen Jacqueline,[8] mittlerweile Büroangestellte im Erziehungsurlaub, Ehefrau und Mutter zweier Kinder, die sich

---

7 Fachliche Anleitung boten Musiker aus der Bandszene (als Honorarkräfte), eine Pädagogin mit musikalischer Zusatzausbildung und seit 1997 ein Profi-Rockmusiker, angestellt für die „hinausreichende Musikschularbeit“ des Bezirkes.

8 Sämtliche Namen sind anonymisiert.

während ihrer fünf Jahre im JMT als ein außergewöhnlich musikbegabtes und musikinteressiertes Mädchen erwies. In der Rückschau charakterisiert sie ihre Zeit im JMT wie folgt:

> „Morgens halt zur Schule und hinterher, hach, da hat man sich in der Schule halt schon drauf gefreut, auf Schulschluss und denn: zack in den JMT. [...] Ja, in jeder freien Minute hab' ich gespielt, wenn man mich nicht gebremst hat. [...]. Da wo die ersten kleinen Keyboards angeschafft wurden, das war ganz toll, das fand ich das Größte [...] und das Allerbeste war [.] das Plattenstudio. Das war ja das Größte. Da standen so viel [.] große, professionelle Keyboards rum, mit-mit Soundcards, und das-das war für mich Schlaraffenland".

Doch Jacqueline entlarvt selbst ihren Aufenthalt im „Schlaraffenland" als für sie ungeeignete Lebensstrategie: Wenn man älter wird,

> „naja, da hat man denn andere Interessen [...] und heute wünsche ich mir, (1) dass unser Kind gesund auf die Welt kommt, dass [.] wir irgendwann mal aus Berlin wegziehen [.], uns ein kleines Häuschen bauen [.] und [.] glücklich leben".

Die Fortsetzung eigener musikalischer Praxis, verbunden mit der Anschaffung eines eigenen Keyboards bleibt nachrangig:

> „Vielleicht kauf-kauf-ich mir mal 'nen kleines Klavier. Wenn schon, denn schon. Klotz, Klotz".

Musik gilt ihr zunehmend als Luxus, als „Klotz am Bein". Jacqueline konnte und wollte ihren Fähigkeiten im Tastenspiel nicht konsequent nachgehen, weil für ihre Lebensplanung eine musikalische Karriere[9] bedrohlich gewesen wäre. Jacqueline entschied sich stattdessen für machbare Strategien, insbesondere die frühe Familiengründung.

Orientierungslosigkeit - Beliebigkeit musikalischer Inhalte

Daniela, beim Interview zwanzig Jahre alt und schwanger, später alleinerziehende Mutter, schwärmt von ihrer polnischen Familientradition

---

9 Füser und Köbbing (1997) analysierten in einer Befragung das „Berufsbild" von Rockmusikern. Die meisten sind junge Männer und Freischaffende. Sie müssen einem breiten, nicht nur musikalischem Anforderungsspektrum genügen und flexibel und mobil sein. Man kann sagen, Rockmusiker sein, entspricht eher einer Lebenshaltung. Diese jedoch widerspricht den Vorstellungen der interviewten Mädchen z. B. hinsichtlich einer vergleichsweise frühen Familiengründung. Laut einer empirischen Studie über die semiprofessionelle Musikerszene Deutschlands sind die meisten männlich, über 20 Jahre alt und stammen aus den mittleren bis höheren Bildungsschichten (Niketta/ Volke 1994).

> „meine Mutter [...], die singt immer noch, hat ne voll schöne Stimme [...]. Polen-ist-sowieso-voll-musikalisch“.

Für ihr Leben in Berlin findet sie keine angemessene Lebensstrategie; sie möchte immer und überall „dabei sein“, testet verschiedene, zum Teil gewalttätige Jugendgangs im Stadtteil aus, doch sie kann sich nirgendwo platzieren. Im JMT erwies sie sich als musikalisches Multitalent, doch verharrte sie auch dort in Suchbewegungen:

> „Ich hab alles dann gemacht [...]. Alles. Also weniger Gitarre so, also mehr so Singen, Keyboard und Schlagzeug. [...] Ich hab so viele Sachen gelernt, wenn ich die noch könnte heute, wär ich froh. [...] Ich hab für die Musik gelebt so. Mir hat das voll gefallen so“.

Nach fünf Jahren im JMT versucht Daniela vergeblich, mit einem Freund Soulmusik zu machen; sie lässt sich auf die Rolle einer Backing Vocal reduzieren und verliert bald den Spaß daran.

> „Irgendwann kam ich dann auf die Idee, dass wir wieder zurückgehen in den JMT alle, [.] aber da war'n wa schon so alt wie jetzt, fast also so“.

Daniela verharrt in Suchbewegungen, muss zunächst ihren Schulabschluss bestehen und ist schon Mutter.

„Pädagogische Betreuungskarriere“ - Unfähigkeit zu eigenständiger musikalischer Praxis

Mona gibt ein typisches Beispiel für eine pädagogische Betreuungskarriere und nur über diesen Weg gelangte sie eher zufällig zum Musizieren. Sie erlernte mühsam das Bassspiel, fand Freude daran und entwickelte sich darin, immer mit Unterstützung musikalischer Anleiter allmählich weiter:

> „Wenn man es nicht packt, muss man eben immer wieder üben und irgendwann wird's dann funktionieren, ich mein, wenn derjenige, der mit dir übt, solange Geduld hat“.

Mona sucht beim Musizieren nach einem gelungenen Gruppenerlebnis, ihr Ideal gibt die Band *Kelly Family* ab:

> „Is' schon stark als Familie, dass sie so zusammen sind und Musik machen, is' schon ne großartige Leistung, dass sie so zusammen sind“.

Mona vermisst eine solche Familienerfahrung, sie braucht betreutes Wohnen, ein Jugendausbildungsprojekt und als (fast zehn Jahre währende) Konstante die pädagogisch angeleitete Band. Mittlerweile entwickelte sie ungeahnte Fähigkeiten als Texterin ihrer Band und fand so zu eigenem Ausdruck.

Leiden unter persönlichen Verlusterfahrungen - Bandzugehörigkeit als Verdrängung von Einsamkeit

Tina, 18 Jahre alt und Auszubildende, hat persönliche Verlusterfahrungen (Trennung der Eltern, Tod der Großmutter) nicht verarbeiten können, sie fühlt sich einsam. Im Interview „verrät" sie, was sie gern hört, wenn sie sich einsam fühlt: Sie sucht „Sinn in der Musik", sie mag keine

> „Lieder, die überhaupt keinen Sinn haben [...]. Sinn im Leben halt irgendwo, was, wo ich sagen kann, das trifft manchmal auch auf mich zu".

Musikalisch und textlich drückt dies für sie der Schlagersänger *Christian Anders* aus mit Liedern wie „Es fährt ein Zug nach nirgendwo", „Einsamkeit" oder „Geh nicht vorbei". Tina fand im JMT fünf Jahre lang eine allseits akzeptierte Rolle als Schlagzeugerin einer Band:

> „das gibt mir irgendwo das Gefühl, du kannst was, weil vor allen Dingen, manche Jungens spielen halt meistens Schlagzeug, und dann sage ich mir: Hach, ich, ich kann das auch!".

Das Musizieren in der Band war für Tina ihre „einzige Freizeit", und ihre Bandmitglieder bezeichnet sie als ihre „wirklichen Freunde", die sie endlich gefunden zu haben glaubt. Doch widerspricht sie sich im gleichen Atemzug selbst:

> „Ich hab nicht so viele Freunde gehabt, in dem Sinne fast überhaupt keine".

Ihre Unersetzbarkeit als Schlagzeugerin täuscht Tina darin, dass sie sich auch in ihrer Band einsam fühlt. Doch sie „hatte mindestens was": Sie konnte Schlagzeug spielen, fand Spaß daran und war stolz darüber.

> „Es war immer ein Erfolg, wenn wir ein neues Lied super hingekriegt haben. Es macht mir dann richtig Spaß. Ich fühle mich dann unbeschreiblich gut, erleichtert, frei".

Ihr Freundschaftsproblem löste sie jedoch nicht.

Scheitern - Musik ohne Perspektive

Jessica, 17 Jahre alt und ohne Schulabschluss, durchläuft eine Karriere des Scheiterns. Es war alles aus ihrer Sicht „immer'n hin und her": Streit und Trennung der Eltern, Konflikte mit der Schule, Schulschwänzen und zeitweiliges Trebegängertum sowie Heimaufenthalte - nichts wollte recht gelingen. Dennoch spielt Jessica drei Jahre lang vorwiegend als Schlagzeugerin in einer Band des JMT mit. Obwohl sie im Vergleich zu anderen Jugendlichen einen leichten Zugang zum Schlagzeugspielen findet, kann sie ihren musikalischen Erfolg nicht genießen bzw. wahrnehmen. Getreu ihrer Lebenserfahrung „überall Ärger, alles läuft schief", gerät sie zunehmend in

Streitereien mit Bandmitgliedern. Obwohl „Musikmachen mehr Spaß" machte als Schule und andere Freizeitaktivitäten, verließ Jessica den JMT in einem Streit. Jahre später wäre sie am liebsten wieder zurückgekehrt, doch dies hätte wiederum nur ihrer „Hin- und Herbewegung" ohne Perspektive entsprochen. Jessica konnte im JMT ihrer Stigmatisierung nicht entrinnen und hätte therapeutische Unterstützung gebraucht. Dabei hätte sich Musik wohl als geeignetes Medium für sie erwiesen sich auszudrücken.

Drang nach Selbstdarstellung - Starrolle als Ausdruck der Besonderheit

Sandra, zum Interviewzeitpunkt noch 13 Jahre jung, möchte nur eines, umschwärmt werden:

> „Durch den JMT, ich wollt auch immer Sängerin und so werden, na- das-will-ich-immer-noch [...]. Und ich fand's schon toll, irgendwie aufzutreten und [.] zu zeigen, ja, hier sind wir, jetzt müsst ihr uns, jetzt g'hört ihr zu uns und keinem andern, eigentlich, so, und dies war ganz schön aufregend, aber, es hat Spaß gemacht".

Der Mitte der neunziger Jahre aktuelle Girlgroup-Trend sowie die Klischees weiblicher Popstars motivierten sie, in ihrer pädagogisch angeleiteten Band rücksichtslos um eine Starrolle als Sängerin zu kämpfen. Sandra schwankt zwischen egozentrischer Selbsterprobung und Genuss der Starrolle einerseits und Streit um ihren Platz in der Mädchenband andererseits, zwischen Träumen, Größenwahn und nüchterner Teenie-Realität. Dabei ist nicht zu unterschätzen, wie viel es bedeutet, sich zu trauen, überhaupt zu singen[10] - gar solistisch. Sandra wollte ihre Stimme besonders erheben. Solch dominantes Verhalten irritiert bei jüngeren Mädchen häufig. So schildert Sandra die Reaktion gleichaltriger Jungen auf einen ihrer Auftritte:

> „die Jungs, wie sie so sind, hab'n dann halt mal gesagt: Öh, du hast ja ne Kreischestimme oder so [...], ja, die ärgern einen ja immer so gerne".

Brown und Gilligan (1997) beobachteten in ihrer entwicklungspsychologischen Langzeitstudie, dass Mädchen in der frühen Pubertät selbstbewusst ihre Stimme (im übertragenen Sinne gemeint) erheben, diese aber im Verlaufe ihrer Jugendzeit zurücknehmen. In der Rückschau auf ihr jüngeres Jugendalter kritisierten sich ältere Interviewpartnerinnen auch in meiner Stu-

---

10 Adamek (1997) beklagt den Mangel des alltäglichen Gebrauchs des Gesangs in unserer heutigen Gesellschaft. Spätestens im Jugendalter werde das Singen nicht mehr selbstverständlich praktiziert. Hierfür nennt er u. a. folgende Gründe: Zum einen die „erschlagende" Konkurrenz massenmedialer, perfekter Tonaufnahmen, zum anderen das Fehlen eines geeigneten, alters- und stilgerechten Liedgutes.

die häufig als „zickig“. Sandra bietet die Popmusik ein reizvolles Medium, ihre Stimme zu erheben und sich dabei zunächst nur für die Hauptrolle, nur für sich selbst zu interessieren.

Streben nach Autonomie - Suche nach der Besonderheit in der Musik

Judith ist das einzige der interviewten Mädchen, das einem bildungsbürgerlich orientierten Elternhaus entstammt. Entsprechend deutlich versucht sie sich, in ihrer musikalischen Praxis und Lebensstrategie von den in ihrem Stadtteil wohnenden „Prolls“, wie sie ihre Nachbarn nennt, abzugrenzen. Noch ist sie auf der Suche nach ihrem eigenen Weg, sie ist erst dreizehn und bezeichnet sich als „Spätzündlerin“, was jugendkulturelle Orientierungen anbelangt. Doch mit dem bevorstehenden Umzug und Wechsel auf eine „Lateinschule“ in einem anderen Berliner Stadtbezirk ist ihre Ablösung vom JMT fast vorprogrammiert. In ihrer musikalischen Praxis wie überhaupt in ihrem Leben strebt sie die Hervorhebung individueller Besonderheit an:

> „Ich find’, Schlagzeug ist eigentlich schwerer (als Singen). [...] Im JMT wollt’ ich eigentlich nie singen, sondern eher so was, was die Stimme auch wirklich, ähm, anspricht, also ich meine, wo man die Stimme wirklich, ähm, total laut und unter Beweis stellen muss [...] Also es gab mal ne Zeit, da [.] hab’ ich mir mal gewünscht [...], dass ich Opersängerin werde, [...] zur Zeit hab′ ich grad darüber nachgedacht, ob ich nicht vielleicht Synchronsprecherin werde“.

Judith äußert noch vielerlei Berufswünsche, und wie sie sich weiter musikalisch entwickeln wird, bleibt im Gegensatz zu den anderen interviewten Mädchen offen. Denn sie strebt einen langen Bildungsweg an, der ihr das Experimentieren u. a. mit verschiedenen Musikstilen erlauben wird, zum Zeitpunkt des Interviews bevorzugte sie „langsame Balladen“. Sie ist die einzige aus dem JMT, auf die die Beobachtung von Tendenzen der Individualisierung unter Jugendlichen und Pluralisierung derer Lebenslagen zutrifft. Sie strebt an, mit der ihr gebotenen Vielfalt der (musikalischen) Optionen auf „eigene“ Weise umzugehen:

> „Glück, dadrunter versteh ich eigentlich, [...] dass man halt viele Freunde hat [...], halt auch weiß, was man machen will [...]. Also meine Meinung ist, man sollte zu manchen Sachen auch einen festen Standpunkt hab’n“.

Resümee

Die interviewten Mädchen orientieren sich in ihrer musikalischen Praxis an der Kultur ihres Herkunftsmilieus. Massenmedial verbreitete Popmusik wird fast ausnahmslos geschätzt, und in der musikalischen Praxis geht es vorrangig um das Erlebnis von Gemeinschaft und die Reproduktion von Vertrautem, weniger um das Streben nach Originalität. Den interviewten Mädchen (immer mit Ausnahme von Judith!) war es wichtig, die Musik zu hören oder nachzuspielen, die ihnen in der Regel aus den „Bravo-Hitparaden" und populären Jugendradiosendern sowie durch den Musikvideokanal „Viva" geläufig war. Wenn die Mädchen mit ihren Bands eigene Songs erfanden, so immer in Anlehnung an populäre Vorbilder. Entgegen der wiederholten Behauptung von Individualisierungstendenzen, unter anderem dem Trend der Auflösung traditionaler sozialer Milieus, konnte ich in meiner Studie die Wirksamkeit von schichtspezifischen Kulturen - hier die Verhaftung in „Populärer Ästhetik" bei unteren Bildungsschichten - nachweisen. Aus dem Blickwinkel einer sozialpädagogisch ausgerichteten Jugendkulturarbeit, welche ein „kulturelles Mandat" (Treptow 1988) für sozial eher Benachteiligte übernimmt, überrascht diese Beobachtung weniger. Geläufige Annahmen der jüngeren Jugendkulturforschung stellt sie in Frage.

Zentrale Erkenntnis meiner Studie ist, dass die interviewten Mädchen nur dann einen Sinn in ihrer musikalischen Praxis sehen, wenn diese mit ihrer Lebensstrategie, mit ihrer Deutung von Wirklichkeit, verknüpft ist. Die Weigerung, zwischen Alltagskultur und Kunst zu unterscheiden, kennzeichnet laut Bourdieu die Abgrenzung populärer Ästhetik von legitimer Kultur bzw. ihren Instinkt dafür, nicht zu den „Oberen" zu gehören und dies im Gegensatz zu den breiten Mittelschichten auch nicht anstreben zu wollen (1984, 64ff.). Es ist hier nicht der Ort, über die Gültigkeit von Bourdieus strukturtheoretischem Ansatz im heutigen Deutschland zu diskutieren. Meiner Ansicht nach werden in der derzeitigen Kulturdebatte solche sozialstrukturellen Unterschiede zu wenig zur Kenntnis genommen, statt dessen interessiert, „wie an verschiedenen jugendkulturellen Schauplätzen Verschiebungen der Bedeutung von 'Rasse', Klasse und Geschlecht erprobt werden" (McRobbie 1997, 193). In Konzeptionsdebatten um kulturelle Bildung stellt sich die Frage nach ihrer Zielsetzung. Soll diese eher in der Ermöglichung einer Teilhabe an Kunst - oder, mit Bourdieu gesprochen: legitimer Kultur - liegen? Hier sei an Adornos Kritik an der erlebnis- und gemeinschaftsorientierten Musikbewegung erinnert; er hielt sie für regressiv, kritisierte künstlerische Selbstbescheidung (die für ihn in populärer Musik, z. B. auch im „Swing" Ausdruck fand) und forderte von der Musikpädagogik die Hinführung zur Kunst; nur sie sei „wahr" und „authentisch". (vgl. Gieseler 1986). Welche musikalische Praxis ist für die interviewten Mädchen als „authentisch" zu bezeichnen?

Jugendkulturforscher wie Baacke betonen, Pädagogik habe mit Jugendkulturen nichts zu tun, denn die kulturelle Leistung von Jugendkulturen liege ja gerade in der Behauptung ihrer Autonomie. Bei den interviewten Mädchen sind solche Autonomiebestrebungen nicht nachzuweisen, begeben sie sich doch in Abhängigkeit von pädagogisch-musikalischer Anleitung. Von einer

Stilbildung im Sinne von Jugendsubkulturstudien wie etwa des CCCS kann bei ihnen nicht die Rede sein. Bei ihnen ist kein Widerstandspotenzial zu entdecken, auch kann nicht von „Bricolage“, einer Neuordnung und Rekontextualisierung von Objekten die Rede sein, bei der neue Bedeutungen kommuniziert werden. Die Mädchen suchen gar nicht nach neuen Bedeutungen, sondern im Gegenteil reproduzieren sie mit dem, was sie auswählen und selbst kreieren, Vertrautes, dennoch auf (geschlechts-) spezifische, altersgemäße und biografisch aufgeladene Weise. Nicht mehr und nicht weniger! Dabei stellt sich für die Mädchen ein nicht zu unterschätzendes Wohlbefinden, Selbstwert- und Erfolgsgefühl ein, von ihnen als „Spaß“ und „Sinn in der Musik“ bezeichnet. In ihren Songs und Musiktheaterstücken verharren die Mädchen in einer moralisierenden Verarbeitung ihres „Realismus“. Die Mädchen benennen zwar, was sie als „hart an der Grenze“ empfinden, sie riskieren jedoch keine Grenzüberschreitungen. Weder in ihrem Musikstil noch in ihren Texten und Spielszenen rütteln sie an Grundmustern, die ihnen vertraut sind, sei es im musikalischen, sei es im lebenspraktischen Bereich. Auch in ihrer exponierten Selbstdarstellung als Mädchen auf der Bühne, im Schonraum des JMT, beabsichtigen sie nicht konsequent die Infragestellung gängiger Geschlechtsrollenklischees. Die interviewten Mädchen beanspruchen Respekt für *ihre* Option des Musizierens. Ungeachtet der simplen Konstruktion populärer Musik birgt sie für diese Mädchen doch eine „Sinnhaftigkeit“. Vor dem Hintergrund einer Kongruenz von Lebensstrategie und musikalischer Praxis der Mädchen erlaubt ihnen auch einfacher Pop einen „authentischen“ Selbstausdruck, ein durchaus differenziertes Potenzial an Bedeutungs- und Ausdrucksmöglichkeiten, in Bezug auf Befindlichkeit, Gemeinschaft, Sinnlichkeit, Gestaltung, Unmittelbarkeit, Besonderheiten, „Spaß“, musikalische Ensembleerfahrung, Bearbeitung sozialer und biografischer Erfahrungen.

Popmusik muss nicht zwangsläufig „Männerdomäne“ bleiben. Oder noch allgemeiner formuliert: Musik an sich ist nicht „weiblich“ oder „männlich“, wohl aber erweist sich die musikalische Praxis als „geschlechtstypisch“ geprägt. In der Studie habe ich belegt, dass Mädchen prinzipiell in jedem Bereich der Popmusik agieren können und - je nach Fallspezifik - auch wollen. Jedoch bedarf es geschlechterbezogener Förderung, um den Zugang zum Musizieren zu erleichtern, u. a. Raum zum Experimentieren für Mädchen, weibliche Vorbilder bzw. musikalische Anleiterinnen, Berücksichtigung der Interessen und des Musikgeschmacks der Mädchen.[11] Der Musikförderung sind aber bezogen auf die biografische Orientierung der Mädchen Grenzen gesetzt: Ihre musikalischen Aktivitäten bleiben auf die Phase ihres jüngeren Jugendalters beschränkt. Die interviewten Mädchen stellen geschlechtsstereotype Werdegänge, insbesondere eine traditionelle Familienorientierung, nicht in Frage; das Experimentieren mit populärer Musik

---

11 Vgl. ausführlicher hierzu Josties (2002).

und Geschlechterrollen bleibt begrenzt auf Nischen im jüngeren Jugendalter.[12] Grundsätzlich kann von einer „Dekonstruktion von Geschlechterverhältnissen" in der musikalischen Praxis der interviewten Mädchen nicht die Rede sein.

Schon die Bewältigung des einfachen Lebensalltags stellt für sozial benachteiligte Mädchen eine Herausforderung dar. Entsprechend wenig selbstverständlich ist es für sie, als Laien in Bands zu musizieren und zu singen. Sie sind auf eine zielgruppengerechte Musikförderung in pädagogischen Nischen angewiesen. Kulturpolitisch betrachtet sind der pädagogischen Musikförderung von Laien wie den interviewten Mädchen Grenzen gesetzt, weil deren musikalische Praxis vom Standpunkt der „legitimen Kultur" immer als geringerwertig gelten muss. Und wie sollen eigentlich Kulturpädagoginnen und Kulturpädagogen das kulturelle Mandat für Jugendgruppierungen übernehmen, wenn sie von der Sinnhaftigkeit ihrer musikalischen Praxis nicht überzeugt sind? Denn: Nicht sie definieren, welche Praxis sinnhaft sei. Ihre Angebote fallen nur dann auf „fruchtbaren"[13] Boden, wenn zwischen der Lebenspraxis der beteiligten Jugendlichen und der in pädagogischen Projekten angeregten musikalischen Praxis eine Kongruenz besteht, eine Verständigung über den „Sinn in der Musik" und den „Sinn im Leben", wie es die Mädchen ausdrücken. So entscheidend diese Voraussetzung, also das „Votum der Mädchen selbst", ist, letztlich bestimmen pädagogische, kulturelle und politische Verständigungsprozesse und Machtkämpfe darüber, welche Art der Musikförderung von Laien Unterstützung findet und welche Individuen oder Gruppen sich durchsetzen.

Literatur

Adamek, Karl (1997): Singen: Die eigentliche Muttersprache des Menschen. Empirische Befunde und Vorschläge zur Musikerziehung. In: Musikforum, 86, 23-71.

Adorno, Theodor W. (1977): Einleitung in die Musiksoziologie. Frankfurt am Main: Suhrkamp.

Baacke, Dieter (Hrsg.) (1997a): Handbuch Jugend und Musik. Opladen: Leske + Budrich.

12 In Zeiten, da die Familiengründung längst nicht mehr selbstverständlich scheint, da die Jugendphase durch Individualisierungs- und Pluralisierungstendenzen gekennzeichnet ist und sich immer mehr verlängert, wirkt die frühe Familienorientierung der interviewten Mädchen anachronistisch. Doch die Ergebnisse von Befragungen aus der Shell-Studie 2000 zeigen: Lebensorientierungen von Mädchen und Jungen gleichen sich im Jugendalter an. Spätestens mit Beginn des dritten Lebensjahrzehntes werden Geschlechterdifferenzen deutlich; vor allem Mädchen bzw. junge Frauen aus unteren Bildungsschichten und Migrantenfamilien orientieren sich stärker in Richtung Familiengründung (Jugendwerk der Deutschen Shell 2000). Damit ist ihr Experimentierzeitraum im Jugendalter stark begrenzt.

13 Vgl. die Etymologie des Begriffes „Kultur": das Kultivieren des Bodens.

Baacke, Dieter (1997b): Die Welt der Musik und die Jugend. Eine Einleitung. In: Baacke, Dieter (Hrsg.): Handbuch Jugend und Musik. Opladen: Leske + Budrich, 9-26.

Bechdolf, Ute (1996): Watching Madonna: Anmerkungen zu einer feministischen Medien-/ Geschlechterforschung. In Kaiser, Hermann J. (Hrsg.): Geschlechtsspezifische Aspekte des Musiklernens, Musikpädagogische Forschung, Bd. 17. Essen: Die Blaue Eule, 23-44.

Bourdieu, Pierre (1993): Soziologische Fragen. Frankfurt am Main: Suhrkamp.

Bourdieu, Pierre (1984): Die feinen Unterschiede. Kritik der gesellschaftlichen Urteilskraft. Frankfurt am Main: Suhrkamp.

Brown, Lyn/ Carol Gilligan (1997): Die verlorene Stimme. Wendepunkte in der Entwicklung von Mädchen. München: dtv.

Friebertshäuser, Barbara (1997): Interviewtechniken - ein Überblick. In: Friebertshäuser, Barbara/ Prengel, Annedore (Hrsg.): Handbuch Qualitative Forschungsmethoden in der Erziehungswissenschaft. Weinheim, München: Juventa, 371-395.

Frith, Simon (1981): Jugendkultur und Rockmusik. Reinbek bei Hamburg: Rowohlt.

Füser, Martin/ Köbbing, Martin (1997): Musikalische Werdegänge von Unterhaltungsmusikern - Biographische Untersuchungen. In: Kraemer, Rudolf-Dieter (Hrsg.): Musikpädagogische Biographieforschung. Fachgeschichte - Zeitgeschichte - Lebensgeschichte. Essen: Die Blaue Eule, 189-201.

Gaar, Gillian G. (1994): Rebellinnen. Die Geschichte der Frauen in der Rockmusik. Hamburg: Argument-Verlag.

Gieseler, Walter (1986): Orientierung am musikalischen Kunstwerk oder: Musik als Ernstfall. In: Schmidt, Hans-Christian (Hrsg.): Geschichte der Musikpädagogik. Handbuch der Musikpädagogik, Bd. 1, hrsg. von Helga de la Motte-Haber. Kassel: Bärenreiter, 174-214.

Josties, Elke (2000): Girlgroups in den 90er Jahren. In: Thomzik, Sibylle/ Krafczyk, Judith (Hrsg.): Rocksie! 9 Jahre Female Music Power in NRW. Mainz: Ventil, 20-33.

Josties, Elke (2002): Sinn im Leben und Sinn in der Musik. Mädchen Musik Förderung. Sieben Fallstudien aus der Jugendkulturarbeit. Essen: Die Blaue Eule.

Jugendwerk der Deutschen Shell (Hrsg.) 2000: Jugend 2000. Opladen: Leske + Budrich.

Lau, Thomas (1999): Pop im Kinderzimmer. In: Kemper, Peter/ Langhoff, Thomas/ Sonnenschein, Ulrich (Hrsg.): „Alles so schön bunt hier“: Die Geschichte der Popkultur von den Fünfzigern bis heute. Stuttgart: Reclam, 241-253.

McRobbie, Angela (1997): Shut up and dance. Jugendkultur und Weiblichkeit im Wandel. In: SPoKK (Hrsg.): Kursbuch Jugendkultur. Stile, Szenen und Identitäten vor der Jahrtausendwende. Mannheim: Bollmann, 192-206.

Niketta, Reiner/ Volke, Eva (1994): Rock und Pop in Deutschland. Ein Handbuch für öffentliche Einrichtungen und andere Interessierte. Essen: Klartext.

Oevermann, Ulrich/ Allert, Tilmann/ Konau, Elisabeth/ Krambeck, Jürgen (1979): Die Methodologie einer 'objektiven Hermeneutik' und ihre allgemeine forschungslogische Bedeutung in den Sozialwissenschaften. In:

Soeffner, Hans-Georg (Hrsg.): Interpretative Verfahren in den Sozial- und Textwissenschaften. Stuttgart: Metzler, 352-434.

Treptow, Rainer (1988): Kulturelles Mandat. Soziale Kulturarbeit und kulturelle Sozialarbeit. In: Müller-Rolli, Sebastian (Hrsg.): Kulturpädagogik und Kulturarbeit. Grundlagen, Praxisfelder, Ausbildung. Weinheim: Juventa, 81-105.

Wernet, Andreas (2000): Einführung in die Interpretationstechnik der Objektiven Hermeneutik. Opladen: Leske + Budrich.

Weyrauch, Jan (1997): Boygroups - Das Teenie-FANomen der 90er. Berlin: Extent.

Ute Bechdolf

Puzzling Gender - Jugendliche verhandeln Geschlecht im und beim Musikfernsehen

Schicke Girls mit superkurzen Röcken und coole Machos mit flotten Sprüchen, Close-Ups auf rotierende weibliche Hüften und gewalttätig erscheinende männliche Drohgebärden - ein kurzer Blick auf die Musikkanäle im Fernsehen macht vor allem traditionelle Bilder von Männlichkeit und Weiblichkeit sichtbar. Lassen sich bei genauerem Hinsehen in Musikvideos auch andere Repräsentationen von Geschlecht finden? Und wie werden unterschiedliche Frauen- und Männerbilder von den jugendlichen Zuschauerinnen und Zuschauer wahrgenommen? Diesen Fragekomplexen bin ich in einer größeren Forschungsarbeit nachgegangen, deren Hauptergebnisse hier kurz dargestellt werden sollen.[1] „Puzzling Gender" - der Titel meines Beitrags verweist auf drei zentrale Aspekte der Untersuchung:

1. Auf die Ausgangsfrage bzw. das Erkenntnisinteresse: Ich sah viele klassische, manche erstaunliche und einige wenige irritierende Bilder von Frauen und Männern im Musikfernsehen. Nicht zuletzt wegen dieser Spannbreite war ich immer wieder verwundert - I was puzzled. Ich wollte wissen, welche medialen und sozialen Entwicklungen mit dieser Vielfalt und Widersprüchlichkeit zusammenhängen, wie sich die Darstellungen ordnen und analysieren lassen. Aber ich wollte vor allem auch wissen, wie die Zielgruppen, die jugendlichen Musikhörerinnen bzw. -hörer und Fernsehzuschauerinnen bzw. -zuschauer mit diesen Repräsentationen von Weiblichkeit und Männlichkeit umgehen, d. h. welchen Sinn sie ihnen verleihen, wie sie sie in ihre Weltsicht einordnen, welche Bedeutung sie für sie annehmen können.

2. „Puzzling Gender" verweist auch auf das theoretische Konzept der Untersuchung, die auf den Cultural Studies (z. B. Hall 1980) wie auch auf konstruktivistisch beeinflussten Geschlechtertheorien (z. B. Butler 1991) beruht: Gender ist danach nichts Fixes, Eindeutiges, Endgültiges, sondern wird in medialen (und natürlich auch in nichtmedialen) Prozessen ständig

1 Vgl. Bechdolf 1999. Die Untersuchung hat zwei stark aufeinander bezogene Hauptteile, eine Produktanalyse und eine Rezeptionsstudie: Die untersuchten Musikvideos stammen aus dem Zeitraum 1985-95, der auch als Blütezeit des Genres gilt; die qualitativen Interviews mit 22 Jugendlichen wurden 1994-96 durchgeführt.

neu zusammengesetzt, wie ein Puzzlespiel aus ganz verschiedenen Teilen zusammengefügt. Wobei keinesfalls bei jeder Spielerin oder jedem Spieler am Ende dasselbe Bild entsteht, von einem fertigen Endprodukt kann hier ohnehin nicht die Rede sein. Es handelt sich vielmehr um einen ständigen Prozess von Rekonstruktion und Dekonstruktion von Werten, Normen und Hierarchien, der das in unserer Gesellschaft dominante kulturelle System der Zweigeschlechtlichkeit immer wieder neu herstellt. Die Bedeutung eines Musikvideos ist also nichts Fixes, sondern wird in einem medialen Kreislauf von Produktion, Text, individueller Rezeption und sozialem Kontext ständig neu geschaffen. Beim Hören und Sehen eines Musikvideos werden somit bestimmte Diskurse über Geschlecht produziert und in Umlauf gebracht, im Alltagskontext rezipiert, also genutzt und interpretiert, dabei reproduziert bzw. mittels anderer Diskurse und eigener Erfahrungen transformiert.

3. „Puzzling Gender" lässt sich auch auf die Rolle der Forscherin beziehen. Denn die Wissenschaft steht nicht außerhalb der kulturellen Prozesse, sondern trägt ihren Teil zur Reproduktion (und vielleicht auch zur Dekonstruktion) dominanter Normen und Strukturen bei. Meine persönlichen Vorstellungen wie auch die in den unterschiedlichen Fachtraditionen verankerten Konzepte von Gender, Popmusik und Fernsehen gehen ebenfalls in diesen Prozess des Puzzelns ein. Dieser Konstruktionsprozess von Gender ist besonders bei einer qualitativen Untersuchung zentral, bei der das wichtigste Forschungsinstrument das forschende Subjekt selbst ist. Mein Akt des Geschlechter-Puzzelns beginnt also beim Fragenstellen und Entwickeln eines Forschungsdesigns, kommt in der Interaktion mit den erforschten Jugendlichen zum Tragen und spielt auch beim Auswerten, Interpretieren und Schreiben eine Rolle. Die mit qualitativen Ansätzen arbeitende Wissenschaft bezieht immer auch eigene Geschichten mit ein und produziert daher positionierte Wahrheiten, „partial truths" (Clifford 1986).

Musikvideos: Mediale Diskurse über Geschlechterverhältnisse

Untersucht wurden die meistgespielten Songs aus dem Untersuchungszeitraum, von aktuellen Hits bis hin zu Klassikern aus den 80er Jahren. Das Ergebnis ist zunächst wenig überraschend: Der überwiegende Teil des Angebots von Musikfernsehkanälen wie MTV und VIVA entspricht den *traditionellen* Darstellungen von Weiblichkeit und Männlichkeit. Dabei wird eine grundlegende Differenz zwischen Mann und Frau vorausgesetzt, die als Basis für ein ungleiches Machtverhältnis fungiert. In den Clips lassen sich fünf Hauptstrategien der Unterordnung ausmachen, die in der Regel nicht nur auf der Ebene von Handlung oder Bilderfolge, sondern auch im Songtext oder in der Musik selbst entdeckt werden können. Dazu gehören u. a.:

- der Ausschluss des Weiblichen (z. B. *Michael Jackson*: „Beat It“)
- die Vorherrschaft eines als männlich codierten Begehrens (z. B. *Guns' n' Roses*: „November Rain“)
- die Dominanz männlicher Blicke und die Verwendung von Frauen als dekorative Objekte (z. B. *Tom Jones*: „Sex Bomb“)
- die Verankerung einer Abhängigkeit der Frau vom Mann (z. B. durch romantische Sehnsucht wie bei *Lisa Stansfield*: „Change“)

Dennoch lassen sich immer auch zahlreiche Clips finden, in denen *oppositionelle*, widerständige Repräsentationen die Hauptrolle spielen, wenn z. B. Frauen als subjekthaft agierende Pop- oder Rocksängerinnen im Mittelpunkt stehen oder freche Rapperinnen schönen jungen Männern am Strand nachpfeifen. Dabei wird mitunter das Machtverhältnis zwischen den Geschlechtern auf den Kopf gestellt, und zwar durch folgende Strategien:

- offener Protest gegen Diskriminierung (z. B. *Kelis*: „Out There“)
- Umdeutung und Erweiterung weiblicher Ausdrucksweisen (z. B. *Meredith Brooks*: „Bitch“)
- Einfordern eines weiblichen Subjektstatus (z. B. bringt die Frau als autonom Handelnde ihre Perspektive zum Audruck wie etwa *Alanis Morrissette*: „You Oughta Know“)
- Visuelle Überwindung der Konventionen (z. B. wird der Mann Objekt eines sexualisierten Blicks wie bei *Take That*: „Why Can't I Wake Up with You“)
- Repräsentation von aktiven, schöpferisch tätigen Musikerinnen (Musikinstrumente sind sichtbar oder die Sängerin erhält Autorinnenstatus wie etwa *Meredith Brooks*: „Bitch“)

Wieder andere Musikvideos, und das sind bis heute nur wenige Ausnahmen, gehen eher spielerisch mit den dominanten Geschlechterdiskursen um: Sie lockern oder verfremden sie und zeigen Ansätze auf, wie die Differenz der Geschlechter überwunden, die Machtverhältnisse hinterfragt oder gar aufgelöst werden können. Diese Strategien der Repräsentation, die aus meiner Sicht einen dritten Weg gehen, habe ich unter dem Begriff *gender-bending bzw. gender-blending* zusammengefasst, sie dehnen die Konventionen und vermengen Weibliches und Männliches. Obwohl sie zahlenmäßig die kleinste ist, hat mich diese Gruppe am stärksten beschäftigt. Mir erschien es wichtig, nicht nur den Blick auf die an anderer Stelle vielfach analysierten und kritisierten Affirmationen, auf die Wiederholung des Immergleichen zu lenken, sondern die Frage in den Mittelpunkt zu stellen, welche Oppositionen, Brüche und Widersprüche im Prozess der Geschlechterkonstruktion zu beobachten sind, d. h. also die Frage nach der Dekonstruktion oder auch Destruktion. Die Haupt-Strategien des *gender-b(l)ending* sind u. a.:

- die Demaskierung von Weiblichkeit und Männlichkeit als Konstruktion (z. B. bei *Annie Lennox*: „Why“)

- die Darstellung gleichgeschlechtlichen Begehrens (z. B. *George Michael*: „Outside“)
- die Repräsentation von Crossdressing als Überschreitung der Grenze zwischen männlich und weiblich (z. B. *Aerosmith*: „Living on the Edge“)
- Androgynie als Verwischen dieser Grenze (etwa bei *Prince*: „Kiss“ oder *Grace Jones*: „Pull Up To The Bumper“)
- die Gleichgültigkeit bzw. In-Differenz oder auch Bedeutungsleere der Kategorie Geschlecht (z. B. bleibt in *Madonna*: „Justify My Love“ die Geschlechtsidentität der Partner häufig unklar und erscheint irrelevant).

Durch solche diskursiven Strategien kann die Grenze zwischen männlich und weiblich auf allen inhaltlichen und formsprachlichen Ebenen entschärft und überschritten, verwischt und destabilisiert werden, was zu der Hoffnung Anlass gibt, das gesellschaftlich klar definierte Machtverhältnis zwischen den Geschlechtern könnte sich auflösen in kleine, situativ zu verhandelnde Verhältnisse zwischen Männern und Frauen und einen Raum eröffnen für ein noch undefiniertes Dazwischen, für temporäre Wechsel und fließende Übergänge.

Doch diese medialen Angebote sind natürlich nur die eine Seite im Prozess der kulturellen Bedeutungsproduktion, die andere Seite stellen die weiblichen und männlichen Rezipienten vor den häuslichen Fernsehschirmen dar. Da die jugendlichen Zuschauerinnen und Zuhörer hauptsächlich auf jene Angebote Bezug nehmen, die ihnen am meisten Lust oder Vergnügen bereiten, ist das Sehen und Hören von Musikvideos immer auch „Verhandlungssache“.

Verhandlungen von Geschlecht via Musikfernsehen

Die von mir interviewten Jugendlichen nehmen die mit affirmativen, oppositionellen und *gender-b(l)ending*-Strategien arbeitenden Musikvideos nicht zwangsläufig genauso wahr: Affirmative Repräsentationsstrategien können durch abweichende Rezeptionshaltungen eine völlig entgegengesetzte Bedeutung zugeschrieben bekommen und oppositionelle Clips können auf die dominanten Geschlechterdiskurse bezogen und zur Stabilisierung von Hierarchien eingesetzt werden. Musikvideos, die Brüche und Widersprüche hinsichtlich der Geschlechterdifferenz enthalten, können entweder verspielt bis verunsichernd wirken oder im Gegenteil für identitätsfixierende Maßnahmen eingesetzt werden. Mit anderen Worten: Musik und Bilder, die auf die eine Zuschauerin vorbildhaft oder ermächtigend wirken, kann ein anderer Zuschauer als traditionelles Machtinstrument kritisieren. Vom selben Clip kann sich eine Dritte bedroht fühlen, während ein Vierter Vergnügen empfindet. Diese Geschlechterkonstruktionen sind von verschiedenen Faktoren abhängig, die von Musikgeschmack über Bildungsgrad und Alter bis hin zu Lebensstil oder Selbstpositionierung, z. B. als Außenseiter, reichen und immer auch von den je spezifischen situativen Bedingungen sowie von den subjektiven Phantasien der Jugendlichen beeinflusst werden. Ob und in welcher Weise eine angebotene Geschlechterpositionierung eingenommen oder verweigert wird, hängt letztlich davon ab, ob Lust und Vergnügen erzeugt wird, ob Wünsche befriedigt oder aufgeschoben, Ängste beruhigt oder bestätigt werden - eine kognitive oder emotionale Investition von seiten der Rezipientinnen und Rezipienten spielt dabei immer eine Rolle.

Insgesamt reagierten die meisten jungen Frauen und Männer in meinem Sample auf klare Geschlechterdifferenzen jeglicher Couleur sehr viel aufgeschlossener als auf die unterschiedlichen Verschiebungen und Verwischungen, Verwirrungen und Vermischungen. Während die meisten jungen Männer affirmative Clips schätzten, da sie ihnen Macht zusprechen, nahmen einige von ihnen auch „weibliche" Subjektpositionen ein und vertraten hin und wieder oppositionelle Haltungen. Die meisten jungen Frauen (aber nicht alle) zeigten sich experimentierfreudiger und waren von den verschiedenen Möglichkeiten, die häufig angebotenen Positionierungen als erotisierte und entmachtete Objekte zu verlassen, angetan. Die Sicherheit einer eindeutigen, festen Geschlechtsidentität war allerdings für die meisten Interviewpartnerinnen und -partner zentral. Textuelle Widersprüche, Irritationen und Grenzüberschreitungen wurden zwar von einigen jungen Frauen und Männern für interessant befunden, und in manchen Interviewpassagen schimmerten auch subversive Rezeptionsstrategien durch, die die heterosexuellen Verordnungen unterlaufen. Doch von einer grundsätzlichen Tendenz zur Auflösung von Differenz oder Identität, zur Destruktion von Sinn, kann - zumindest aus der Perspektive der Rezipientinnen und Rezipienten - nicht gesprochen werden. Jugendliche sind ja gerade auf der Suche nach Sinn und Bedeutung, nach Identität(en), nach einem stabilen Selbstbild und nach einer Antwort auf die Frage, wer sie sind - wofür sie die sich ständig erneuernden und widersprüchlichen Angebote aus Popmusik und Medien aktiv und kreativ nutzen.

Eine Fallstudie: Jim

Bei der Auswertung der Interviews und dem Zusammentragen der unterschiedlichen Seh-, Hör- und Denkweisen stieß ich an einigen Punkten auf besonders interessante Verhandlungsstrategien. Bei Jim etwa nimmt die Kategorie Geschlecht immer wieder eine zentrale Rolle ein und wird auf verschiedenen Ebene fortlaufend re- und dekonstruiert. Dieser Prozess soll im Folgenden etwas genauer beleuchtet werden, denn damit wird deutlich, wie die kulturelle Reproduktion von Geschlecht - und damit auch der Erwerb von Geschlechtsidentität im Einzelfall - funktioniert: nicht als bruchlose Übernahme medial vermittelter Werte und Normen, sondern als eine ständige aktive Auseinandersetzung mit visuellen Attraktionen und Klängen, Geschichten und Songtexten, die jeweils, individuell und situativ verschieden, als Puzzleteile bei der Herstellung eigener Bilder verwendet werden können.

Jim ist zum Zeitpunkt des ersten Interviews 17 Jahre alt und besucht die 11. Klasse eines Technischen Aufbaugymnasiums. Seine Eltern stammen aus Griechenland, sind Küchenhilfe und Fliesenleger von Beruf, er selbst interessiert sich für einen Beruf in der Luft- und Raumfahrttechnik oder im Hotelgewerbe. Das Interview war mein viertes insgesamt und kam durch einen Besuch in der ausschließlich aus jungen Männern bestehenden Schulklasse zustande.

Beide Interviews mit Jim empfand ich als schwierig und trotz der Länge von nur 30 und 40 Minuten waren sie subjektiv die weitaus längsten. Das Gespräch kam immer wieder ins Stocken, denn auf meine Fragen antwortete Jim relativ knapp, und ins begeisterte Erzählen kam er nur an zwei Punkten: Einmal ging es um einen Spielfilm, beim anderen Mal um Werbung. Seine Selbstpräsentation war schüchtern, verlegen, unsicher im Kontakt mit der Forscherin. Ich war ziemlich irritiert, weil er aus meiner Sicht überhaupt keine Lust zu haben schien, mit mir über seine Musikvideo-Vorlieben und Nutzungsgewohnheiten zu sprechen, insgesamt wenig Clips kannte und mir nicht viel Neues mitteilte. Interessanterweise gaben mir die Interviews mit Jim jedoch bei näherer Betrachtung zahlreiche Hinweise auf außergewöhnliche Rezeptionsstrategien, wodurch sich eine große Diskrepanz zwischen meinem subjektivem Eindruck von der Interviewsituation und der inhaltlich sehr ergiebigen Auswertung eröffnete, die die Interaktion zwischen uns beiden mit einbezog.

Jim hört gerne Pop, auch ältere Titel, Soul und Disco, doch Musikvideos sieht er eigentlich nicht besonders häufig. Mit der Selbstbeschreibung als Hörer weicher, sanfter, jedenfalls „nicht zu harter" Musik hebt er sich deutlich von seinen Mitschülern ab. Im Unterschied zu diesen ist es ihm ziemlich gleichgültig, wer die Musik macht, ob Mann oder Frau, er hat grundsätzlich wenig klare Vorlieben, sondern die Hauptsache ist, die Musik klingt für seine Ohren gut. Auch bei Musikvideos ist für ihn das „Feeling" wichtiger als die Einordnung in Stilrichtungen oder eine visuelle Kategorisierung. Interesse am Interview zeigt er eher an den Punkten, die ihn in die Nähe einer typisch weiblichen Musikausrichtung rücken, z. B. wenn er mir erzählt, dass seine Freundin und er denselben Geschmack haben oder wenn er mir seine Vorliebe für Tanzvideos schildert. Zu den als männlich konnotierten Vorlieben, etwa beim Thema Attraktivität von Frauen oder Sexualität in Clips, geht er hingegen auf Distanz, ebenso wie bei der Frage nach der Entschlüsselung von Sinn, die er für unwichtig hält und anderen Interessierten zuschreibt.

Jim positioniert sich somit im zweigeschlechtlich strukturierten Diskursfeld der Popmusik insgesamt zwar eher als weiblich denn als männlich, doch er ist letztlich mit beiden Geschlechteridentifikationen nicht zufrieden: Droht bei zuviel Weiblichkeit für einen jungen Mann der Verlust von Ansehen und Macht,[2] so bringt ihn die Männlichkeit in eine ganz andere Gefahrenzone. Er sieht sich nämlich einer Forscherin gegenüber, die bereits ein paar Tage zuvor mit einem anderen Schüler seiner Klasse ein Interview geführt hatte, in dem eine Ebene des Flirtens immer wieder eine Rolle spielte. Inwieweit diese Vorgeschichte den Verlauf des Interviews tatsächlich beeinflusste, kann nicht mit Sicherheit geklärt werden, doch aufgrund der etwas verkrampften Atmosphäre interpretiere ich die Interaktion dahingehend, dass Jim im Kontakt mit mir eine erotische Aufladung der Situation vermeiden wollte.

Damit könnte jedenfalls seine vage und unbestimmte Art zu antworten erklärt werden, auch seine Zurückhaltung, mir viel von sich zu erzählen. Denn er scheint die ganze Zeit auf der Hut zu sein bzw. auf der Suche nach einem Ort, von dem aus er sprechen kann, ohne sich bedroht zu fühlen oder auf eine Position der Machtlosigkeit festgelegt zu sein - und diese Suche bestimmt das gesamte Gespräch. Dabei greift er allerdings nicht auf traditionelle Strategien der männlichen Selbstdarstellung zurück (die mir bekannt gewesen wären und mit denen ich lockerer hätte umgehen können), sondern wählt einen anderen Weg, die Kommunikation mit mir zu gestalten: Er bemüht sich ständig um die Harmonisierung von Gegensätzen.

Dies lässt sich mehrfach auf der inhaltlichen Ebene beobachten, indem er zum Beispiel beim Vergleich der beiden Rapvideos von *K7* (affirmativ: „Come Baby Come“) und *Salt'N'Pepa* (oppositionell: „Shoop“) mehr Gemeinsamkeiten als Unterschiede findet. Auch erklärt er mir, dass er besonders gerne Werbung sieht, die mit den Erwartungshaltungen der weiblichen und männlichen Zuschauer bricht und nennt dabei auch Spots, die traditionelle Geschlechterrollen hinterfragen.

Dasselbe Bestreben zeigt sich auch auf der Interaktionsebene: An einigen Punkten stellt er Gleichheit zu mir dadurch her, dass er eine Übereinstimmung unserer musikalischen Vorlieben befriedigt zur Kenntnis nimmt oder mich vorsichtig nach meiner Meinung fragt. Seine Selbstinszenierung als „gleich-gültig“ kann man ebenfalls damit in Verbindung bringen, denn an manchen Stellen des Gesprächs, wo es um Geschlechterspezifik geht, antwortet er, es sei ihm egal oder dafür interessiere er sich nicht, was ja gleichzeitig heißt, er achtet nicht auf die Unterschiede, ist „in-different“. Auch auf meine hilflosen Versuche, ihn zu diesem Thema zu überreden bzw. ihm die Geschlechterperspektive (wie ich sie verstehe) aufzuzwingen, reagiert er nicht oder nur ausweichend.

---

2 Diesem arbeitet er beispielsweise dadurch entgegen, dass er mir nach dem ersten Interview eine handgeschriebene Liste zuschickt, die seine bisher gekauften CDs enthält. Diese Inszenierung als Experte und Sammler rückt das Bild eines unsicheren und nicht besonders kenntnisreichen Hörers etwas zurecht.

Vermutlich war meine Unsensibilität bezüglich seiner Ausweichmanöver und Verweigerungsstrategien für die oben beschriebene Atmosphäre verantwortlich. Ich erfasste nicht, worum es im Interview (auch) gehen könnte, nämlich um eine besondere Konstruktion von Geschlecht, z. B. in der Werbung, sondern schnitt diese Gesprächsfäden ab und beharrte auf meinem Fokus Musikvideos. Analysiert man die Interaktion zwischen Forscherin und Interviewpartner im Detail, so zeigt sich, dass wir beide immer wieder Brücken bauen, um mit dem Gegenüber in Kontakt zu kommen, diese aber jeweils ihr Ziel verfehlen und ins Leere führen. So begreife ich nicht, dass er durchaus über „mein" Thema spricht, wenn er mir begeistert witzige Werbungen nacherzählt. Da geht es etwa um einen von Alltagsdingen völlig überforderten Mann, um eine Geschichte klassischer Geschlechterrollenverteilung, die der Spot überspitzt darstellt - für Jim ein Anlass zum Lachen. Sein nächstes Thema sind begehrliche Blicke von Frauen auf einen männlichen Körper. Dazu hätte ich Fragen stellen und mich langsam zu mir vertrauteren Gefilden vortasten können, doch ich wollte unbedingt zu meinem „Programm" kommen und brach die ausführlichen Erzählungen seiner derzeitigen Lieblingswerbungen vorzeitig ab. Diese waren für mich - wie in meinem Fernsehalltag auch - eher eine Unterbrechung des Programms, nämlich der Musikvideos, während sie für ihn das eigentliche Programm ausmachen. Dass er ausdrücklich wegen der Werbung fernsieht, erzählt er mir zwar, doch es gelingt mir in der Situation nicht, dies in der Weise zu verstehen, dass ich es nachvollziehen und im Gespräch berücksichtigen kann. Dazu ist die Distanz zwischen uns zu groß, sind unsere Lebensrhythmen und -ziele zu verschieden.

Selbstverständlich versuche ich ebenfalls immer wieder, kommunikative Brücken zu Jim zu bauen, doch auch diese Aktionen sind nicht besonders erfolgreich - stellenweise reden wir minutenlang aneinander vorbei. Meine Erwartungshaltung, in Jim einen typisch männlichen Musikvideoseher vor mir zu haben, ist zu starr, als dass ich seine Versuche, Neutralität inhaltlich wie auch kommunikationsbezogen herzustellen, richtig würdigen kann. Statt dessen unterlaufe ich sie unbewusst immer wieder, da ich genau an dem Punkt an Grenzen stoße, den ich eigentlich untersuchen will: bei der alltäglichen Herstellung von Geschlechterdifferenz.

Nicht nur der Medienalltag Jugendlicher, sondern auch der Forschungsalltag von Wissenschaftlerinnen und Wissenschaftlern zeichnet sich ja dadurch aus, dass wichtige kulturelle Prozesse unreflektiert, unkommentiert und unbewusst vonstatten gehen, in diesem Fall die ständige Reproduktion des Systems der Zweigeschlechtlichkeit. In diesem Fallbeispiel geschieht inhaltlich genau dasselbe wie auf der forschungspraktischen Ebene: Einerseits untersuche ich die Konstruktion von Geschlecht, bin um Dekonstruktion bemüht, da sich mein Erkenntnisinteresse auf eine Lockerung und Umwertung starrer Geschlechterkonventionen richtet, andererseits reproduziere ich die Differenz wie auch die Kategorie ständig selbst. Aus diesem

Dilemma gibt es letztlich keinen Ausweg - nur die ständige Selbstreflexion und das Bemühen, die eigenen Positionierungen und Fixierungen sichtbar und damit auch kritisierbar zu machen, können dazu beitragen, dass die Geschlechterdifferenz und -hierarchie auch im Forschungsprozess etwas in den Hintergrund tritt.

Literatur

Bechdolf, Ute (1999): Puzzling Gender. De- und Rekonstruktionen von Geschlechterverhältnissen im und beim Musikfernsehen. Weinheim: Beltz.

Butler, Judith (1991): Das Unbehagen der Geschlechter. Frankfurt am Main: Suhrkamp.

Clifford, James (1986): Partial Truths. In: Clifford, James/ Marcus, George E. (Hrsg.): Writing Culture. The Poetics and Politics of Ethnography. Berkeley: University of California Press, 1-26.

Hall, Stuart (1980): Encoding/ Decoding. In: Stuart Hall et al. (Hrsg.): Culture, Media, Language. Working Papers in Cultural Studies, 1972-1979. London: Unwin Hyman, 128-138.

Peter Imort

„Der Song sprach in Rätseln, so wie unser bisheriges Leben verlaufen war."

Zur medialen Konstruktion musikalischer Lebenswelten in eigenproduzierten Musikvideos Jugendlicher

Forschungsgegenstand

Der musikpädagogische Kontext

Der thematische Komplex „mediale Konstruktion musikalischer Lebenswelten in eigenproduzierten Musikvideos" stellt einen Aspekt des Forschungsprojekts „Musikvideo-Produktion in der Schule" dar, das die wissenschaftliche Aufarbeitung einer mehrjährigen musikpädagogischen Projektreihe zum Thema hat. Schülerinnen und Schüler verschiedener Altersgruppen produzierten in jeweils ca. dreimonatigen Projektphasen Musikvideos. Dabei wurde bestehende, aber auch selbst komponierte, improvisierte oder collagierte Musik mit Video-Sequenzen visualisiert.[1] In diesem Beitrag geht es um die Reihe der Musikvideo-Produktionen, die sich die Visualisierung bereits bestehender jugendkultureller Musik zum Thema gemacht hat. Produziert wurden diese Arbeiten in Gruppen von jeweils vier bis sechs Jugendlichen im Alter zwischen vierzehn und sechzehn Jahren.

„Musikvideo-Produktion in der Schule" als musikpädagogisches Thema geschieht im Kontext von Lernen und Lehren. Die Untersuchung umfasst eine grundlegende didaktische Positionsbestimmung der Thematik als Gegenstand von Musikunterricht, die Beschreibung der Projektreihen in Konzeption und Durchführung sowie die Analyse und Interpretation von Produktionen und Produktionsprozessen. Die Erforschung von Lern- und Lehrprozes-

1 Aus verschiedenen Projektdurchgängen liegen 83 Musikvideo-Produktionen in einer Länge zwischen etwa zwei und zehn Minuten vor. Materialsammlungen, die die Produktionsprozesse dokumentieren, beinhalten Gruppenberichte, offene Fragebögen, Dokumentationen von Diskussionsgruppen, „Making of"-Videos, fotografisches Material, Storyboards, Lehreraufzeichnungen etc. Vgl. zu Konzeption, Dokumentationsformen und Fragestellung Imort (2001).

sen in den projektorientierten Unterrichtsarrangements geschieht in der Spannung von Prozess- und Produktorientierung.[2] Eine methodologische Reflexion der Auswertungsverfahren begleitet die Arbeit.

Unter musikpädagogischer Perspektive lässt sich *Musikvideo-Produktion in der Schule* mit dem Titel „Musikalische Erfahrung als audiovisuelle Erfahrung" beschreiben. Es stellt sich die Frage nach der spezifischen Qualität musikalischer Erfahrung Jugendlicher, die sich unter dem Eindruck veränderter Rezeptionsweisen zunehmend als audiovisuelle Erfahrung charakterisieren lässt. Diese veränderten Rezeptionsweisen sehen Müller und Behne (1996) in ihrer Pilotstudie zur Wahrnehmung und Nutzung von Videoclips bestätigt. Feststellbar sind Einflüsse der Videocliprezeption in den Schülerproduktionen präsent, allerdings weniger in nachahmend-inhaltlicher als in struktureller Hinsicht. Deutlich zeichnet die meisten Produktionen Videoclip-Merkmale wie schneller Schnitt, Verfremdungseffekte oder Assoziationsmontage aus. Kennzeichnend für das Bild-Ton-Verhältnis ist hier wie dort das filigrane Netz von audiovisuellen Eindrücken, das sich keinesfalls als Bilderflut mit akustischer Hintergrundberieselung abqualifizieren lässt. Wie lässt sich das spezifische Verhältnis von Musik und Bild beschreiben? Ein wichtiger Hinweis erschließt sich aus einer Beobachtung im Produktionsprozess.

Eine Konstante in den differierenden Unterrichtsarrangements verschiedener Projektdurchgänge war, dass die Wahl einer bestimmten Musik den Ausgangspunkt des Produktionsprozesses bildete. Beobachtbar war nun, dass Diskussionen um ihre Bedeutung und Gestaltung weiterhin den Prozess der Visualisierung begleiteten. Das Resultat dieser Gespräche und Auseinandersetzungen war verfilmte Musik. Das Musikvideo lässt sich vor diesem Hintergrund als sedimentierte Artikulierung von musikalischem Verständnis deuten, ausgedrückt nicht als verbaler Diskurs, sondern mit den präsentativen Mitteln des audiovisuellen Mediums. Im Video erscheinen Vorwissen (z. B. über die musikalische Stilrichtung, über den originalen kommerziellen Videoclip) und Verständnishorizont (z. B. Textverständnis) verwoben mit eigenen kulturellen, ästhetischen und sozialen Bezügen, auf die mehr oder weniger distanziert verwiesen wird. Dadurch weist das Musikvideo gewissermaßen über die verwendete Musik hinaus, es codiert z. B. auch Lebensstilattribute und ästhetische Haltungen. Man kann in Anlehnung an Foucault von einem „Überhang des Primärtextes" sprechen, dessen vielfältiger und verborgener Sinn im Kommentar immer wieder aktualisierbar ist (Foucault 1974, 18).

---

2 Hierbei kommt Formen projektbezogenen Lernens eine besondere Rolle zu. Vgl. Gudjons (1988), Hänsel/ Müller (1988), Januschke (1992).

Musikvideo-Produktion in der Schule als Gegenstand von Jugendforschung

> „Die Grundidee für das Video kam uns, als wir bei Carolin saßen und kurz vor dem Aufgeben waren. Tausende von Liedern schwirrten uns durch den Kopf, doch mit keinem von ihnen konnten wir uns identifizieren. Bis Eva die rettende CD in der Hand hielt. Bingo! Wir legten die CD ein und jeder wusste, dass dieser Song nur darauf wartete, ein neues Video zu bekommen. Die erste Hürde war also genommen, doch sie sollte nicht die einzige bleiben, denn sogleich stellten wir uns die Frage: 'Was will dieses Lied uns sagen?' Wir telefonierten, diskutierten und versuchten mit allen Mitteln, das Genuschel von Leadsänger Kurt Cobain zu übersetzen, was uns schließlich auch einigermaßen gelang. Somit war die zweite Hürde genommen [...]"

Das Zitat aus dem Gruppenbericht einer Schülerinnenproduktion lässt durchblicken: Medienproduktion wird als ein Ort sozialer Kommunikation, d. h. als Ort möglicher Verständigungsprozesse genutzt. In diesem Fall steht die Verständigung über Auswahl und Botschaft eines Songs im Mittelpunkt des Interesses. Die lebendige Beschreibung der Suche nach einem geeigneten Song unterstreicht, wie sehr jugendliche Medienproduktion die sozusagen persönliche Beziehung zur gewählten Musik sucht, denn „geeigneter Song" bedeutet hier ein auf die eigene Lebenssituation beziehbarer Song. Außerdem erscheinen Fragen im Zusammenhang mit Identitätsbildung von Bedeutung. Die deutlich soziologisch relevanten Bezüge verweisen auf den Komplex „Eigenproduktionen mit Video" als Thema derJugendforschung. Niesyto (2001, 92) führt in diesem Zusammenhang sieben deutsche und fünf internationale Studien an, die Film bzw. Video auf der Basis von Eigenproduktionen in unterschiedlichen Kontexten thematisieren. Es ist zu wünschen, dass aus diesem Bereich weiterhin Impulse auf die schulische Arbeit ausgehen; optimistisch stimmen aktuelle Arbeiten im Kontext von VideoCulture (Ministerium für Kultus, Jugend und Sport Baden-Württemberg 2001). „Musikvideo-Produktion in der Schule" als Gegenstand von Jugendforschung untersucht zweierlei:

- Sozialisatorisch wirksame Faktoren im Produktionsprozess (Musik- und Mediennutzung als Sozialisation und Kommunikation, Stichwort „Kompetenzbildung"),
- Eigenproduzierte Musikvideos als mediale Konstruktion musikalischer Lebenswelten.

Dieser Beitrag konzentriert sich auf den 2. Punkt. So wie Medien an der Konstruktion von Lebenswelten beteiligt sind und alle Sozialräume durchdrungen haben (Baacke/ Kübler 1991, 21), so gilt das unstrittig auch für musikalische Lebensräume. Zweifellos ist musikalische Praxis Bestandteil kommunikativer Handlung und Ausdruck von Kultur. Zwischen Medien-

und musikalischen Lebenswelten besteht ein direktes Wechselverhältnis. Die Verknüpfung manifestiert sich in den Musikvideo-Produktionen, denn sie sind einerseits Ausdruck von Aneignungsprozessen medialer Angebote, andererseits Resultate der Auseinandersetzung mit eigener Lebenswelt. Diese spezifische Ausprägung der Musikvideo-Produktionen lässt sich als *Konstruktion musikalischer Lebenswelten* beschreiben. Sie wird verstanden als Resultat medialer Rezeptions- bzw. Aneignungsprozesse und trägt gleichzeitig Spuren eigener Lebenswelt. Musikalische Lebenswelt[3] in diesem Sinn ist *nicht* gleich sozialer Alltagswelt, es ist keine Abbildung sozialer Wirklichkeit, sondern ein Artefakt, in dem die bestehende mediale Konstruktion (Song, Videoclip) und individuelle Erfahrungsinventare eine neue Verbindung eingehen. Diese These soll im folgenden präzisiert werden.

Relevante mediale Konstruktionsprozesse zur Musik beschreibt Rösing (2000) auf drei Ebenen: erstens auf der Produktionsebene,[4] zweitens auf der Distributionsebene[5] und drittens auf der Rezeptionsebene. Während es auf den ersten beiden Ebenen um Mechanismen medialer Konstruktion im Zusammenhang von Produktion und Vermarktung geht, zielt die Konstruktionsleistung auf der Rezeptionsebene auf den Aufbau von Erfahrungsinventaren, ausgelöst durch selektierte Außenreize. Neuere Erkenntnisse der Hirnforschung belegen, dass die Rezeptionsebene mitnichten als Ebene passiven Konsums beschrieben werden kann. Das neurophysiologische theoretische Modell beschreibt Rezeption als eine aktive Aneignungsleistung, die neuronal in zwei Phasen aufgebaut wird: in einer ersten Wahrnehmungsphase[6] werden Außenreize über unsere Sinne in Nervensignale

3 „Lebenswelt" ist ein facettenreicher Begriff, mit dessen Verwendung man sich leicht auf schwankenden Boden begibt (Vogt 1997). Der von Husserl geprägte Begriff zielt auf die Gesamtheit der tatsächlichen und möglichen Erfahrungshorizonte menschlichen Lebens. Demgegenüber definieren Schütz/ Luckmann (1984) Lebenswelt als Inbegriff einer Wirklichkeit, die erlebt, erfahren und erlitten wird. Untersucht wird vor allem die alltägliche und soziale Praxis. Habermas (1981) benutzt „Lebenswelt" als Komplementärbegriff zum kommunikativen Handeln. „Lebenswelt" enthält hier den kulturell überlieferten Vorrat an Deutungsmustern. Vgl. dazu Lautmann (1995, 394)

4 „Produktionsebene" beschreibt dabei technikgestützte musikstrukturelle Konstruktionsleistungen auf der Produktebene des Musikmachens (Anlehnung an Blaukopf 1989). Thematisiert wird die musikalische und technische Realisation der Musikproduktion, die Gesamtpräsentation von Arrangement, Komposition oder Improvisation einschließlich technischem Setting und Ausstattung.

5 Zentral ist der Imageaufbau, der durch mediale Informationsselektion und kommerziell gesteuerte Promotions- sowie Werbeaktivitäten geprägt ist. „Ob durch mediale Konstruktion auf der Distributionsebene generell Jugend verwaltet und Musikliebhaber gelenkt werden, kann so eindeutig nicht beantwortet werden, wie es die vielen gesellschaftskritischen Ausführungen zur Kulturindustrie glauben machen wollen." (Rösing 2000, 17).

6 Bei der Reizselektion der ersten Wahrnehmungsphase geht es um die Herstellung von Prägnanz und Klarheit. Dies geschieht nach den Gesetzen der Sparsamkeit (Bildung von einfachen Kategorien), der Überschaubarkeit (geringe Anzahl von Schlüsselkrite-

umgesetzt, während in einer zweiten Wahrnehmungsphase die Weiterverarbeitung dieser Signale im Gehirn erfolgt. Die Konstruktionsleistung der ersten Wahrnehmungsphase kann als Resultat einer selektiven Informationsreduktion auf der Basis von sozialisatorisch fundierten individuellen Erfahrungsinventaren gesehen werden. Personenbezogene Erfahrungsinventare gelten als entscheidende Instanz bezüglich Selektion und Weiterverarbeitung von Außenreizen auf neuronaler Ebene. Die selbstreferenzielle Leistung des Gehirns in der zweiten Wahrnehmungsphase ist enorm. Besonders die auf Divergenz[7] beruhenden Verarbeitungsschritte sind außerordentlich komplex. Mit dieser aktiv konstruierenden Komponente von Rezeption korrespondieren neuere medien- und sozialisationstheoretische Erkenntnisse: Kübler (1997) beschreibt neuere Ansätze, die darauf hinweisen, dass mediale Inhalte nicht von passiven Individuen nur einseitig konsumiert, sondern bewertet und nur unter bestimmten Voraussetzungen angeeignet werden. Müller (1995; 1999) konkretisiert diese Erkenntnisse für Sozialisationsprozesse im Zusammenhang mit Musik.

Fragestellung

Die Rezeptionsebene ist letztlich entscheidend für Akzeptanz oder Ablehnung medialer Konstruktionen und Inszenierungen. In dieser Hinsicht lassen sich die eigenproduzierten Musikvideos als konstruktiver Ausdruck einer Rezeptionsleistung interpretieren. Der visualisierte Kommentar - verstanden als „Überhang des Primärtextes" –, generiert sich nach den Regeln der Reizselektion, Datenaufbereitung und -ergänzung unter Nutzung der im Gehirn gespeicherten Erfahrungsinventare und mündet im Fall medialer Eigenproduktionen wiederum in eine neue mediale Konstruktion. Diese neue mediale Konstruktion kann als Ausdruck einer Rezeptionsleistung im Sinn von Aneignungsleistung verstanden werden, die sich audiovisuell in einer Konstruktion von musikalischer Lebenswelt präsentiert. Wie konkretisiert sich musikalische Lebenswelt in den Videos, und was sind ihre Themen? Einen ersten Einblick liefert die exemplarische Analyse einer audiovisuellen Eigenproduktion.

---

rien) und der Generalisierung (Akzentuierung einzelner Faktoren auf Kosten anderer). Vgl. dazu de la Motte-Haber (1996, 156).

7 Shepherd (1993) unterscheidet konvergente Verarbeitung, d. h. Zusammenfassung und Mischung von Information, parallel und zeitsynchron auf getrennten Bahnen und in unterschiedlichen Stationen des Gehirns, und divergente Verarbeitung, d. h. Aufspaltung von genuiner Information zur Schaffung von neuen Inhalten. Hier stehen den etwa 6000 inneren Haarzellen der cortischen Organe beider Ohren insgesamt über 100 Milliarden zentrale Neuronen in beiden Hemisphären des Kortex zur Weiterverarbeitung gegenüber. Vgl. dazu Rösing (2000).

„Smells Like Teen Spirit“ - Exemplarische Analyse eines eigenproduzierten Musikvideos

„Smells Like Teen Spirit“ als mediale Konstruktion

Musik stand am Beginn der Eigenproduktion. Methodisch greift die Analyse auf diesen Ausgangspunkt zurück, das Video sowie die Dokumente des Entstehungsprozesses werden zunächst beiseite gelassen. Fünf Mädchen einer 10. Klasse wählten in der zweiten Hälfte der 1990er Jahre als Musikstück „Smells Like Teen Spirit“ von Nirvana. Was ist zu hören?

Es erklingt das wohl bekannteste Riff des Grunge-Rock überhaupt, die ersten vier Akkorde von „Smells Like Teen Spirit“, zunächst solo auf der E-Gitarre, dann nach und nach von Schlagzeug und E-Bass unterstützt, bevor Curt Cobain heiser zu dem anhebt, was in der Nachfolge zur Hymne der Generation X stilisiert wurde. Zu hören ist ein Song, der in geradezu idealtypischer Weise musikalische Merkmale des Grunge-Rock verkörpert: Klassische Rock-Besetzung mit vocals, guitar, bass and drums, ein regelmäßiger Song-Aufbau (dreimalige Verse-Chorus-Abfolge, eingeleitet vom Intro, unterbrochen vom Gitarrensolo) und eine musikalische Stilistik, die verschiedene Einflüsse aus Hard Rock, Punk, New Wave und Folk als eine Verschmelzung von siebziger Jahre Hard-Rock und Punkrock der Achtziger bei gedrosseltem, zähfließendem Tempo charakterisiert werden kann.[8] Es ist das Merkmal jugendkultureller Musik, dass sich musikalische Bedeutung nicht immanent musikalisch, sondern im soziokulturellen Kontext erschließt. In diesem Zusammenhang spielen mediale Konstruktionsangebote eine zentrale Rolle. Die Frage ist nun, welche Themen und Konstruktionsangebote sich im eigenproduzierten Musikvideo niederschlagen.

„Smells like Teen Spirit“ als audiovisuelle Eigenproduktion

Das visuelle Gerüst des Szenenarrangements bildet die Inszenierung inhaltlicher Anregungen aus dem Song. In der folgenden Tabelle werden die textlichen Bezüge der Verbildlichung offensichtlich.

Episodisch-narrative Szenen (z. B. 1. Verse „she´s over-bored and self-assured" oder 2. Chorus „with the lights out ...“) wechseln mit assoziativ gestalteten ab (z. B. im ersten Chorus „hello, ... how low?“). Einige Verfremdungs- und Lichteffekte durchbrechen die häufig bewegungsarmen Kameraeinstellungen, die allerdings in Anlehnung an Videoclipästhetik von schnellen Schnitten unterbrochen werden.

8 Zur US-Rockband Nirvana als „millionenschwere Medienverweigerer“ vgl. Jacke (1998, 7).

Takt	Form	Text	Szene/Motiv	Zeit
1	Intro	---	Vorstellung der Mädchengruppe: Wechsel: Namensschild-Portraitaufnahme	0.01
13	1.Verse	Load up on guns, bring your friends./ It´s fun to lose and to pretend./ She´s over-bored and self-assured./ Oh no, I know a dirty word.	Mädchen, gelangweilt auf einer hohen Mauer, fuchteln mit Wasserpistole. Zwei vorbeikommende „arrogante" Personen werden beworfen.	0.25
25	Chorus	Hello, hello, hello, how low?/ With the lights out it´s less dangerous. Here we are now, entertain us./ I feel stupid and contagious./ Here we are now, entertain us./ A mulatto, an albino, a mosquito, my Libido. Yeah.	Kameraschwenk gen Himmel, schnelle Kreisbewegungen Mädchenrunde bei flackerndem Kerzenschein Schrebergarten: Tanz, Einzelportrait: verschränkte Arme, Sonnenbrille, herausgestreckte Zunge, Mädchen lachen auf Parkbank, unterhalten sich Abfolge: Skelett, Albino-Kaninchen, Gruppe sitzt auf Baumästen	0.50 1.06
49	2.Verse	I'm worse at what I do best/ and for this gift I feel blessed./ Our little group has always been/ and always will until the end.	Mangelhafte Mathearbeiten werden gezeigt, werden danach verbrannt	1.39
61	Chorus	Hello... With the lights out ...	Mädchenrunde bei Kerzenschein Wäldchen: Mädchen laufen weg, werden von Kamera verfolgt Portraitaufnahmen	2.03 2.20
85	Solo (git.)		Janosch-Sticker, CS-Gas-Kartusche werden präsentiert	2.52
101	3. Verse	And I forget just why I taste./ Oh yeah, I guess it makes me smile/ I found it hard, it´s hard to find./ Oh well, whatever, nevermind.	Zu Hause: gedämpftes Licht Portraitaufnahmen	3.25
113 141	Chorus	Hello ... With the lights out ...	Wenig Licht, Party: Sitzen, Trinken, Tanzen	3.49 4.05 5.01

Tab. 1: Storyboard mit Takt-/ Timeline, musikalischem Formteil, Songtext und zentralen visuellen Motiven

Momentaufnahmen folgen auf Einstellungen, in denen sich die Mädchen ausführlicher selbst in Szene setzen. Dieses In-Szene-setzen wirkt häufig wie eine Portraitaufnahme, die Kamera fokussiert in diesen Fällen entweder einzelne Mitglieder oder die Gruppe in ruhigen, bewegungsärmeren Einstellungen. Diese portraitartigen Kameraeinstellungen durchziehen das gesamte Musikvideo.[9] In Anknüpfung an die Ausgangsüberlegungen, die ein Verständnis des Musikvideos im Sinne einer visuellen Kommentierung der Musik nahe legen, stellt sich die Frage nach spezifischen Merkmalen der Kommentierung in dieser Produktion.

Die visuelle Kommentierung des Songs wird maßgeblich durch textliche Impulse angeregt (Tab. 2): „I´m worse at what I do best" (mangelhafte bis ungenügende Mathematik-Arbeiten erscheinen im Bild), „With the lights out it´s less dangerous" (Mädchen bei flackerndem Kerzenschein vereint), „here we are now, entertain us, I feel stupid and contagious" (zwei Mädchen tanzen unmotiviert im Kreis umeinander herum), „our little group has always been and always will until the end" (den Zusammenhalt der Peergroup illustrieren häufige Gruppenbilder). Hier wird deutlich in Bezügen agiert, die eng mit dem Image von Grunge zusammenhängen. Das kommt ebenso im Verhalten als auch in symbolischen Handlungen zum Ausdruck: Distanz und Protest artikuliert sich als Verweigerung (z. B. Zunge ausstrecken, Arbeitshefte anzünden, „schlimme Finger" zeigen), in einer eher defensiven Haltung und in einer (nur auf den ersten Blick) schlichten Kleidung. Der „Überhang des Primärtextes" erscheint in Präsentationsmustern, die Attitüden des Grunge spielerisch kommentieren.

In meinem Beitrag steht eher die Frage „was", nicht so sehr „wie" produziert wurde, im Mittelpunkt. Es geht um einen Ansatz zum Verstehen von Musik im medialen Kontext, um ein Verständnis dessen, was da produziert wurde. Visuelle Kommentierung wird als Ausdruck einer Rezeptions- und Aneignungsleistung des medialen Konstruktionsangebots *Grunge* gelesen, durchdrungen von Spuren jugendlicher Lebenswelt. In diesem Sinn kann man sagen, Jugendliche konstruieren in ästhetisierter, stilisierter, pointierter Form und symbolischen Repräsentationen musikalische Lebenswelten. Die mediale Konstruktion ist ein Artefakt und nicht mit Alltagswelt oder sozialer Wirklichkeit zu verwechseln. Gleichwohl werden die musikalischen Lebenswelten der Musikvideos von Jugendlichen genutzt, um sich sozial zu verorten, Identität zu proben, Weltsicht zu artikulieren und Selbstbilder zu präsentieren. Es scheint so, dass das umso erfolgreicher gelingt, je mehr der Überhang des Primärtextes eine offene Message erlaubt.

9 Zu Ausprägung, Bedeutung und Analyseverfahren gruppenspezifischer Selbstbilder in eigenproduzierten Musikvideos vgl. Witzke (2001a, 2001b).

Zeit	Part	Szene/Motiv
0.01	Intro	
0.25	1.Verse	
0.50	Chorus	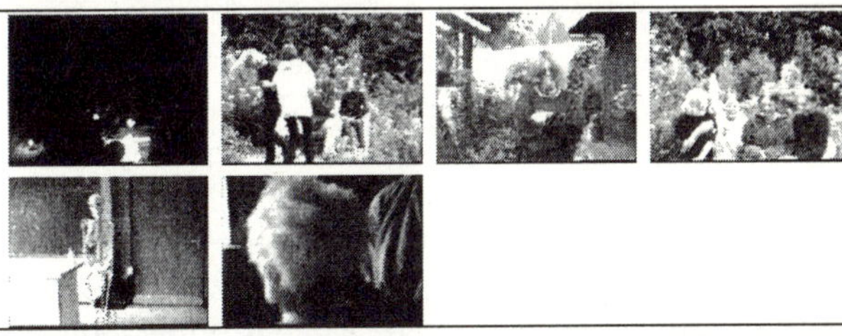
1.39	2.Verse	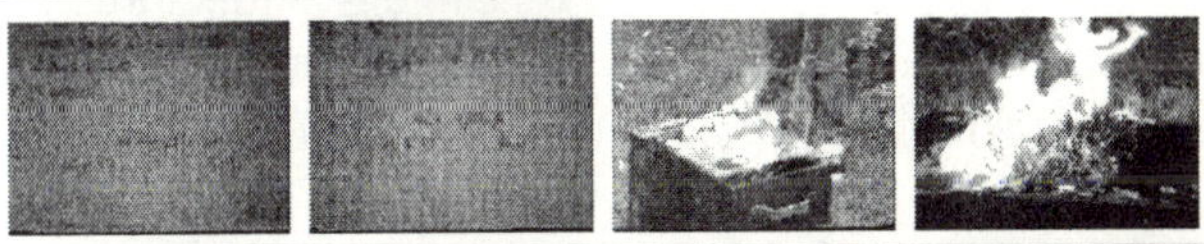
2.03 2.20	Chorus	
2.52	Solo (git.)	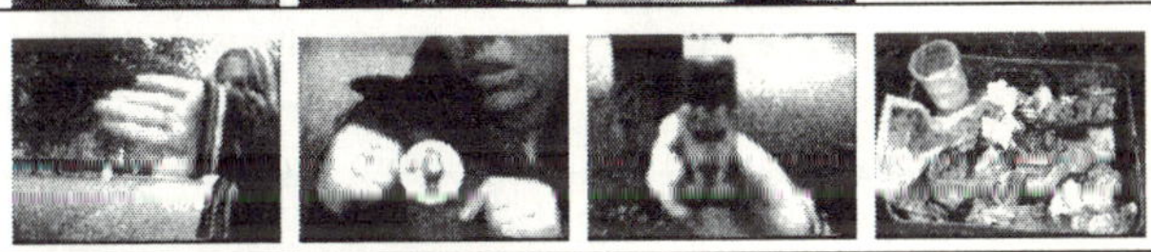
3.25	3. Verse	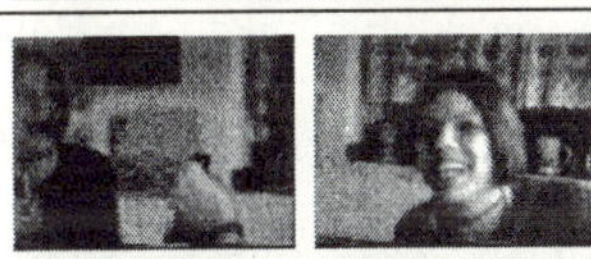
3.49 5.01	Chorus	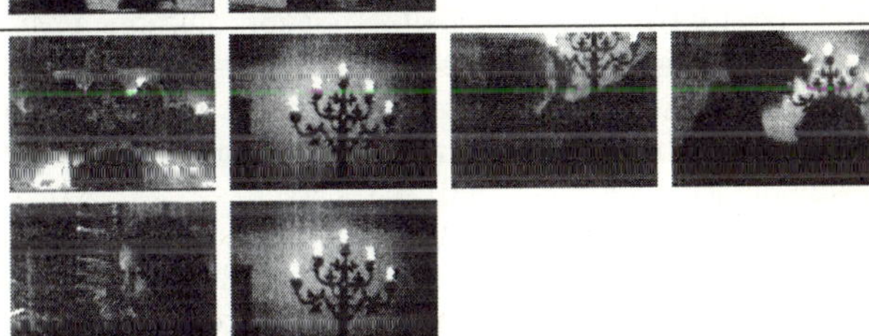

Tab. 2: Visualisierung textlicher Impulse

Der Gruppenbericht zur Produktion illustriert, dass die Rätselhaftigkeit bzw. Mehrdeutigkeit des Songtextes („der Text hatte keine klare Aussage und war mit Metaphern und Bildern überflutet") zwar einiges Nachdenken, aber keine Ratlosigkeit oder Verwirrung gestiftet hat. Im Gegenteil:

> „Trotzdem hatten wir das Gefühl, dass das Lied das sagte, was wir dachten. Der Song sprach in Rätseln, so wie unser bisheriges Leben verlaufen war."

Das vage Gefühl wird in seiner Unbestimmtheit klar formuliert, und in dieser Spannung differenziert in der Produktion zum Ausdruck gebracht. Die Musik bildet die Basis und den Ausgangspunkt einer differenzierten visuellen Kommentierung durch die fünf Mädchen. Dabei geht der Nirvana-Song eine Verbindung mit der audiovisuellen Eigenproduktion ein. Bemerkenswerter Weise bestand während des Produktionsprozesses zu keiner Zeit die Versuchung, einen „Nirvana-Videoclip" zu drehen. Der Beitrag verdeutlichte den Einfluss medialer Konstruktionsangebote auf das Musikvideo und zeigte gleichzeitig, dass es kein Widerspruch zu sein scheint, mit Distanz und Originalität gegenüber dem kommerziellen Vorbild eine eigenständige Ausdrucksform zu entwickeln.

Literatur

Baacke, Dieter/ Kübler, Hans-Dieter (1991): Lernen und Erziehung in der Medienumwelt. Konzepte der Medienpädagogik. In: Schmidt, Siegfried J./ Merten, Klaus/ Weischenberg, Siegfried (Hrsg.): Funkkolleg Medien und Kommunikation, Studienbrief 12. Weinheim-Basel: Beltz.

Blaukopf, Kurt (1989): Beethovens Erben in der Mediamorphose. Kultur- und Medienpolitik für die elektronische Ära. Heiden (CH): Niggli.

Foucault, Michel (1974): Die Ordnung des Diskurses. München: Hanser.

Gudjons, Herbert (1988): Was ist Projektunterricht? Das Projektbuch. Teil 1. Theorie - Praxisbeispiele - Erfahrungen. Hrsg. v. Johannes Bastian/ Herbert Gudjons, (2. Aufl.). Hamburg: Bergmann + Helbig.

Habermas, Jürgen (1981): Theorie des kommunikativen Handelns, Bd. 1 und 2. Frankfurt am Main: Suhrkamp.

Hänsel, Dagmar/ Müller, Hans (1988): Das Projektbuch Sekundarstufe. Weinheim: Beltz.

Imort, Peter (2001): Audiovisuelle Eigenproduktionen von Schülerinnen und Schülern. Einige Ergebnisse und Perspektiven einer musikpädagogischen Projektreihe. In: Niesyto, Horst (Hrsg.): Selbstausdruck mit Medien. Eigenproduktionen mit Medien als Gegenstand der Kindheits- und Jugendforschung. München: Kopaed, 141-156.

Jacke, Christoph (1998): Millionenschwere Medienverweigerer: Die US-Rockband Nirvana. In: Rösing, Helmut/ Phleps, Thomas (Hg.): Neues zum Umgang mit Rock- und Popmusik. Beiträge zur Popularmusikforschung 23. Karben: Coda, 7-27.

Januschke, Bernd (1992): Projekte im Musikunterricht. In: Musik und Bildung, 24:6, 3-9.

Kübler, Hans-Dieter (1997): Schule und Medien. In: Hüther, Jürgen/ Schorb, Bernd/ Brehm-Klotz, Christiane (Hrsg.): Grundbegriffe Medienpädagogik. München: KoPaed, 321-328.

Lautmann, Rüdiger (1995): Artikel „Lebenswelt". In: Fuchs-Heinritz, Werner/ Lautmann, Rüdiger/ Rammstedt, Otthein/ Wienold (Hrsg.): Lexikon zur Soziologie. Opladen: Westdt. Verlag, 394-395.

Ministerium für Kultus, Jugend und Sport Baden-Württemberg (Hrsg) (2001): VideoCulture. Interkulturelle Kommunikation, Schule, Videoarbeit. Donauwörth: Auer.

Motte-Haber, Helga de la (1996): Handbuch der Musikpsychologie, (2. Aufl.). Laaber: Laaber.

Müller, Renate (1995): Selbstsozialisation. Eine Theorie lebenslangen musikalischen Lernens. In: Jahrbuch Musikpsychologie, 11, 63-75.

Müller, Renate (1999): Musikalische Selbstsozialisation. In: Fromme, Johannes/ Kommer, Sven/ Mansel, Jürgen/ Treumann, Klaus-Peter (Hrsg.): Selbstsozialisation, Kinderkultur und Mediennutzung. Opladen: Leske und Budrich, 113-125.

Müller, Renate/ Behne, Klaus-Ernst (1996): Wahrnehmung und Nutzung von Videoclips - Eine vergleichende Pilotstudie zur musikalischen Sozialisation. Forschungsbericht Nr. 6, Institut für Musikpädagogische Forschung an der Hochschule für Musik und Theater Hannover.

Niesyto, Horst (2001): Jugendforschung mit Video. Formen, Projekte und Perspektiven eines Forschungsansatzes. In: Niesyto, Horst (Hrsg.): Selbstausdruck mit Medien. Eigenproduktionen mit Medien als Gegenstand der Kindheits- und Jugendforschung. München: Kopaed, 89-102.

Rösing, Helmut (2000): Zur medialen Konstruktion musikalischer Lebenswelten. Eine kritische Bestandsaufnahme. In: Rösing, Helmut/ Phleps, Thomas: Populäre Musik im kulturwissenschaftlichen Diskurs. Beiträge zur Popularmusikforschung 25/ 26. Karben: Coda. 11-23.

Schütz, Alfred/ Luckmann, Thomas (1984): Strukturen der Lebenswelt, Bd. 2. Frankfurt am Main: Suhrkamp.

Shepherd, G.M. (1993): Neurobiologie. Berlin: Springer.

Vogt, Jürgen (1997): Der Begriff der Lebenswelt, gegen seine Liebhaber verteidigt. In: Musik und Unterricht, 8:45, 39-42.

Witzke, Margrit (2001a): Selbstbilder in Video-Eigenproduktionen Jugendlicher. Videos als Gegenstand qualitativer Jugendforschung. In: Jürgen Belgrad/ Horst Niesyto (Hrsg.): Symbol. Verstehen und Produktion in pädagogischen Kontexten. Hohengehren: Schneider, 115-127.

Witzke, Margrit (2001b): Selbstbilder in eigenproduzierten Videos - ein Vergleich präsentativer und diskursiver Selbstdarstellungen Jugendlicher. In: Niesyto, Horst (Hrsg.): Selbstausdruck mit Medien. Eigenproduktionen mit Medien als Gegenstand der Kindheits- und Jugendforschung. München: Kopaed, 187-200.

Renate Müller

Präsentative Methoden zur Erforschung des Umgehens Jugendlicher mit Musik und Medien

Der MultiMedia-Computer als Erhebungsinstrument in der Jugendforschung

Abb. 1: Audiovisuelle Entscheidung

Audiovisuelle Kommunikation sowie musikalische und mediale Präferenzen Jugendlicher werden als Ergebnis ästhetischer Entscheidungsprozesse angesehen, die sich in soziokulturellen Kontexten vollziehen. Die Beiträge in diesem Band zeigen, dass Musik und Medien zur Distinktion und sozialen Integration genutzt werden. Damit werden soziale Ungleichheiten definiert, seien es die zwischen verschiedenen kulturellen Milieus, zwischen sozialen Schichten, zwischen verschiedenen Alters- oder ethnischen Gruppen oder die zwischen den Geschlechtern. In diesem Zusammenhang ist die Erforschung symbolischer Exklusion, auf der Ebene präsentativer - d. h. musikalischer, visueller und audiovisueller einschließlich körpersprachlicher - Symbolik auch jugendsoziologisch bedeutsam: Sie soll beispielsweise Bedingungen ausmachen, unter denen Jugendliche von audiovisueller Gewalt angezogen oder abgestoßen werden. Dies ist kein Plädoyer für eine „sprachlose" Jugendforschung; jedoch wird es als unzureichend für die Erforschung des Umgehens mit Musik und Medien angesehen, sich auf verbale Erhebungsmethoden zu beschränken, wie es z. B. in der Erforschung symbolischer Exklusion (Bryson 1996; Peterson/ Kern 1996) geschieht und in der Kultur-, Medien- und Jugendforschung überwiegend üblich ist.

Musikalische und mediale Selbstsozialisation und Identitätskonstruktion erfolgen u. a. in der Aneignung audiovisuellen Symbolwissens, das jenseits des wortsprachlichen Symbolwissens liegt.[1] Mit diesem Wissen werden Zusammengehörigkeit und Abgrenzungen präsentativ, nicht diskursiv, definiert (Imort in diesem Band). Audiovisuelles Symbolwissen wird benutzt, um zu erkennen, dass das Gegenüber HipHop präferiert, und um zu signalisieren, dass man selbst Techno vorzieht. In Sekundenbruchteilen kann entschieden werden, ob das erklingende Musikstück eher von den Peers oder von den Eltern geschätzt wird, ob das Radio eingeschaltet bleibt oder nicht. Dazu werden präsentative Codes beherrscht, während das verbale Symbolwissen musikalischer Genrebegriffe nicht bemüht und offenbar auch nicht beherrscht wird (Müller 2000).

Zur Untersuchung des Umgehens mit Musik und Medien werden Forschungsmethoden benötigt, die sich weder auf verbale Impulse beschränken noch den Probanden ausschließlich verbale Reaktionen abverlangen. Als präsentative Methoden werden hier solche Methoden bezeichnet, die bei der Erhebung empirischer Daten über den Gebrauch diskursiver Symbolik hinausgehen und präsentative Symbole einsetzen. Daraus ergibt sich die Anforderung an die Erforschung des Umgehens mit Musik und Medien, sich auf vorhandene präsentative Forschungsmethoden zu besinnen und weitere Formen präsentativer Forschung zu entwickeln. Ebenso sind neue Formen der Präsentation von Ergebnissen zu schaffen. Präsentative Forschungsmethoden ermöglichen die Untersuchung ästhetischer Entscheidungen direkt an den audiovisuellen Objekten (vgl. Abb. 1). Ebenso gestatten sie den Befragten in enger Verknüpfung mit der Präsentation von Bildern, Musik und Videos, andere als verbale Informationen über sich zu geben, z.B. über ihre audiovisuelle Entscheidung, ein bestimmtes Video noch einmal zu sehen. Darüber hinaus kommen multimediale Fragebögen den heu-

---

1 Zur Selbstsozialisation und Identitätskonstruktion sowie zu audiovisuellen Formen der Weltaneignung vgl. Müller, Glogner, Rhein und Heim (in diesem Band).

tigen Kindern und Jugendlichen entgegen, die lieber „klicken“ und „zappen“, Musik hören, Bilder und Filme sehen als schreiben und lesen.

Im Folgenden wird dargelegt, inwiefern insbesondere der MultiMedia-Computer als Erhebungs- und Auswertungsinstrument dazu geeignet ist, den Anforderungen präsentativer Forschungsinstrumente gerecht zu werden, audiovisuelle Fragebögen zu präsentieren und ästhetische Entscheidungsprozesse der Befragten in Gang zu setzen und zu untersuchen. Mit dem MultiMedia-Computer werden die „klassischen“ präsentativen Methoden neu genutzt und mit neuen Formen der Forschung verknüpft. Das Fragebogen-Autorensystem MultiMedia *FrAuMuMe* wird als ein audiovisuelles Forschungsinstrumentarium im Rahmen quantitativer Sozialforschung vorgestellt. Konkretisiert werden einige der skizzierten methodischen Möglichkeiten anhand einer Untersuchung zu den Umgehensweisen von rund 500 Jugendlichen mit kurzen, musikunterlegten Videos, die im Rahmen des internationalen Forschungsprojekts *VideoCulture*[2] von Jugendlichen produziert wurden.

Der Forschungskontext *VideoCulture*

Im Forschungsprojekt *VideoCulture* produzierten Jugendliche im Alter zwischen 14 und 19 Jahren in verschiedenen Ländern (Deutschland, Großbritannien, Ungarn, Tschechei und USA) kurze musikunterlegte Videos mit der Intention, dass sie von anderen Jugendlichen verstanden werden. Dabei versuchten sie ohne Worte, ihre Gefühle, Erfahrungen und Phantasien in Bildern, Körpersprache und Musik auszudrücken. Die jugendlichen Videoproduzenten tauschten ihre Produktionen zur gegenseitigen Interpretation aus. Es handelt sich um ein qualitatives Forschungsprojekt, das sich u. a. der Erforschung von Formen einer länderübergreifenden, audiovisuellen Symbolsprache von Jugendlichen aus verschiedenen Sprachräumen und soziokulturellen Milieus widmet.

Ziele und Hypothesen der Teilstudie „VideoCulture auf dem MultiMedia-Computer“

Die Teilstudie „VideoCulture auf dem MultiMedia-Computer“ untersucht die „Audiovisuelle Kommunikation Jugendlicher“[3] mit quantitativen präsentativen Forschungsmethoden. Dabei werden Jugendlichen, die im Rah-

---

2 Das medienpädagogische Forschungsprojekt *VideoCulture* wurde vom Kultusministerium Baden-Württemberg gefördert und von Prof. Dr. Horst Niesyto, Pädagogische Hochschule Ludwigsburg, geleitet (Niesyto 2002).

3 Das Forschungsprojekt „Audiovisuelle Kommunikation Jugendlicher“ wurde von der Pädagogischen Hochschule Ludwigsburg gefördert und von Prof'in Dr. Renate Müller geleitet.

men des Projekts keine Videos erstellt haben, audiovisuelle Fragebögen mit den VideoCulture-Produktionen auf dem Computer präsentiert. Diese Fragebögen werden von den jugendlichen Befragten selbstständig am Computer beantwortet. Die Fragestellungen der Teilstudie ergeben sich u. a. aus den eingangs angesprochenen Konzepten musikalischer Selbstsozialisation und selbstsozialisierter audiovisueller Kompetenz. Das Teilprojekt verfolgt u. a. die Überprüfung der folgenden Hypothesen:

- Es soll untersucht werden, ob die Auseinandersetzung Jugendlicher mit den Videoproduktionen als Ausdruck einer interkulturell verständlichen audiovisuellen Symbolsprache Jugendlicher verstanden werden kann. Dies wird als zutreffend angesehen, wenn sich Übereinstimmungen der Befragten darin finden lassen, welchen audiovisuellen Symbolen Anziehungs- oder Abstoßungskraft und somit Bedeutung zugeschrieben werden. Hypothese 1: Die Befragten stimmen darin überein, welche audiovisuellen Symbole als bedeutsam erlebt werden.
- Es wird vermutet, dass sich die Befragten darin unterscheiden, ob sie bedeutsame audiovisuelle Symbole eher als anziehend oder als abstoßend erleben. Verschiedene Typen des Video-Erlebens mit jeweils unterschiedlichen inhaltlichen Präferenzen sollen herausgearbeitet werden und auf ihre Bindung an soziokulturelle Bedingungen überprüft werden. Hypothese 2: Die Videorezeption erfolgt geschlechts- und bildungsspezifisch sowie je nach medien- und jugendmusikkultureller Orientierung und soziokultureller Herkunft verschieden.

Ein weiteres Ziel ist die Exploration des hier verwendeten Forschungsinstrumentariums und seinen Möglichkeiten zur Erforschung einer länderübergreifenden, audiovisuellen Symbolsprache im Kontext von Videoproduktionen. Es wird untersucht, ob das Forschungsinstrumentarium Übereinstimmungen und Unterschiede in der Beurteilung und im Erleben audiovisueller Symbole von Jugendlichen in den Blick nehmen kann.

Ein audiovisuelles Forschungsinstrumentarium

Zur Überprüfung der o. a. Hypothesen wurde mit dem Fragebogen Autorensystem MultiMedia *FrAuMuMe* (Müller 1995) ein audiovisueller Fragebogen erstellt. Hier sind u. a. traditionelle methodische Werkzeuge wie Bilder-Multiple Choice, Bilder-Ranking, klingende Fragebögen, semantische Differenziale bzw. Polaritätsfragen und Continuous Response Measurement (CRM) integriert. Insofern handelt es sich bei dem hier dargestellten Forschungsinstrumentarium durchaus um „alten Wein in neuen Schläuchen“. Aber erst durch Multimedia wird die Integration von Text, Sound, Bild, Video und interaktivem Vorgehen möglich, wie sie für das Fragebogen-Autorensystem *FrAuMuMe* charakteristisch ist:

- Text ist z. B. in Form von Fragen und Informationen bzw. Instruktionen integriert.
- Sound meint vor allem den Einbezug „richtiger" Musikbeispiele, die während der Befragung über Kopfhörer gehört werden. In der vorliegenden Untersuchung wurden die Soundtracks der jugendlichen Videoproduktionen auch als zu beurteilende Musikstücke verwendet.
- Bild beinhaltet Grafik bis hin zu Fotos und Animation, im VideoCulture-Fragebogen insbesondere die aus den Videos gegrabbten Bilder.
- Video bezieht sich auf Film und Ton bzw. Musik (Videoclips). In den VideoCulture-Fragebogen wurden fünf Videoproduktionen Jugendlicher, jeweils eine aus den beteiligten Partnerländern, einbezogen.
- Interaktiv reagiert der Computer z. B. dort auf die Befragten, wo ein Video ihrer Wahl noch einmal präsentiert wird. Interaktiv reagiert der Computer auch auf Antworten von Filterfragen, wobei je nach Antwort zu verschiedenen Fragen gesprungen wird.

Im Fragebogen-Autorensystem *FrAuMuMe* werden die vollständige Präsentation der Fragen, die Präsentation der musikalischen Ereignisse, der Bilder und Videos, die Anwendung experimenteller Designs,[4] sowie die Datenerfassung und die Vorbereitung der Datenauswertung vom Computer gesteuert und ausgeführt. Antwortzeiten werden gemessen. Durch Randomisierung, d. h. die zufällige Anordnung von Fragen, Musikstücken, Videos und Bildern, werden sowohl Frage- als auch Medienreiheneffekte kontrolliert. Die Datenauswertung wird dadurch vorbereitet, dass eine SPSS-Datalist einschließlich der Variablennamen und Wertelabels durch das Autorensystem erstellt wird.

Gegenüber der üblichen Verwendung der genannten klassischen methodischen Werkzeuge und gegenüber anderen Systemen computerunterstützter Musikforschung ist neu, dass es sich bei *FrAuMuMe* um ein umfassendes Befragungssystem handelt, mit dem eine nahezu unbegrenzte Anzahl verschiedener Fragebögen auf dem MultiMedia-Computer erzeugt werden kann (z. B. Rhein in diesem Band; Glogner 2000; Müller/ Dongus/ Ebert/ Glogner/ Kreutle 1999). Klingende, visuelle und audiovisuelle Fragefeatures werden integriert, und Befragungsdaten werden mit Daten verknüpft, die experimentell und durch Beobachtung gewonnen werden. So können sehr verschiedene Daten erfasst werden: In der vorliegenden Untersuchung werden beispielsweise audiovisuelle Erlebensweisen und Entscheidungen auf der einen und demographische Daten, Daten zum medienkulturellen Hintergrund und zur jugendmusikkulturellen Orientierung auf der anderen Seite zueinander in Beziehung gesetzt.

4 Vgl. hierzu insbesondere die Darstellung der Untersuchungen von Heim (2000) und Weißenburger (2001) in Müller (im Druck).

In Verbindung mit der Präsentation von Musik, Bild und Film eignen sich besonders semantische Differenziale (Polaritätsprofile, Eindrucksprofile) dazu, audiovisuelles Erleben unmittelbar am audiovisuellen Objekt zu untersuchen. Mit semantischen Differenzialen können Befragte auf einer Skala zwischen Gegensatzpaaren (Polaritäten) ihre Eindrücke von einem ästhetischen Objekt, z. B. einem Bild, einem Musikstück, einem Video, einordnen - ohne ihre Wahrnehmungen, Gefühle, Assoziationen selbst zu verbalisieren. So können Anmutungen der Befragten gegenüber Objekten erhoben und quantifiziert werden. Die Methode des semantischen Differenzials geht auf Osgood (Snider/ Osgood 1969) zurück und wird u. a. in der Kunst- und Musikrezeptionsforschung sowie in der Imageforschung angewendet (vgl. z. B. Miller 1990).

Auch durch die Untersuchung kontinuierlicher Antworteingaben (Continuous Response Measurement, CRM) während der Musik- oder Videorezeption werden Möglichkeiten geschaffen, audiovisuelles Erleben zu quantifizieren. Wenn die Befragten ihre Eindrücke von einem Musikvideo ablaufsimultan während der Präsentation des Clips kontinuierlich rückmelden können, sprechen wir von der Methode des Continuous Response. Dabei können die Reaktionen der Befragten auf das Video unter verschiedenen Gesichtspunkten eingegeben werden. In der vorliegenden Untersuchung entscheiden sich die Befragten durch Eingabe auf einer fünfstufigen Skala kontinuierlich zwischen den Gegensätzen „abstoßend (1) - anziehend (5)“. Die kontinuierliche Aufzeichnung der Antworten ermöglicht es, über punktuelle Gesamtäußerungen hinaus Veränderungen der Beurteilung eines Films oder eines Musikstücks über seinen Verlauf hinweg in den Blick zu nehmen. Im Gegensatz zu klingenden, visuellen und audiovisuellen Präferenzen, die *punktuell*, z. B. nach dem Erklingen eines Musikstücks, erhoben werden, sprechen wir hier von *sequenziellen* klingenden, visuellen oder audiovisuellen Präferenzen. Die Methode wurde zuerst von Lazarsfeld angewendet (Hollonquist/ Suchman 1979) und spielt heute insbesondere in der Kommunikations- und in der Musikforschung eine Rolle (vgl. z. B. Biocca/ Prabu/ West 1994).

Der MultiMedia-Fragebogen erleichtert es, präsentative Befragungsmethoden in der empirischen Sozialforschung einzusetzen, weil die Handhabung des visuellen, musikalischen und audiovisuellen Materials im Vergleich zum Papier-und-Bleistift-Fragebogen und zum persönlichen Interview sehr viel einfacher ist. Darüber hinaus wird der sprachliche Anteil des Fragebogens durch die großen visuellen und auditiven Anteile gering gehalten, um möglichst nicht zu hohe Anforderungen an das Sprachvermögen der Befragten zu stellen und die mit hohen verbalen Anteilen einhergehende soziokulturelle Verzerrung zu vermeiden. So versucht das Forschungsinstrument der eingangs skizzierten Verschiebung von Wahrnehmungs- und Deutungssystemen weg von der diskursiven hin zur präsentativen Symbolik gerecht zu werden.

Der VideoCulture-Fragebogen

Im Rahmen des VideoCulture-Projekts wurde ein audiovisueller Fragebogen entwickelt, mit dem Jugendliche am Computer u. a. darüber befragt werden, wie sie die Videos anderer Jugendlicher entlang verschiedener Erlebnisdimensionen beurteilen. Dabei werden die Videos präsentiert und anschließend für verschiedene Fragestellungen anhand signifikanter Bilder auf dem Bildschirm sowie durch das Abspielen ihrer Soundtracks (über Kopfhörer) repräsentiert. Die ausgewählten Videos aus den verschiedenen Teilnehmerstädten werden im Folgenden kurz skizziert, wobei auf die Kriterien der Videoauswahl für den Fragebogen hier nicht eingegangen werden kann (vgl. hierzu Müller 2002). Sie unterscheiden sich u. a. im Hinblick darauf, ob bei der Produktion inhaltliche oder ästhetische Aspekte im Vordergrund standen:

- Budapest: Zwei Gangster verkaufen zwei Jugendlichen Drogen. Diese bezahlen mit einem Koffer Falschgeld. Als die Gangster den Betrug bemerken, erschießen sie die beiden Jugendlichen und nehmen ihnen die Drogen wieder ab.
- Karlsruhe: Zwei behinderte Jugendliche lieben sich. Sie ist krank und stirbt, er schneidet sich die Pulsadern auf.
- London: In schnellem Wechsel wiederholen sich Bilder einer sexuellen, im subkulturellen Milieu angesiedelten Beziehung zwischen einer jungen Frau und einem jungen Mann.
- Los Angeles: Ein Jugendlicher findet eine Maschinenpistole und probiert sie aus. Dabei tötet er andere Jugendliche.
- Prag: In einem unangepassten und gewalttätigen Jungen und einem gütigen und helfenden Mädchen widerstreiten Engel und Teufel. Nach einem aggressiven Angriff des Jungen auf einen anderen wird er von einer Gruppe verprügelt. Sie hilft ihm.

Der Fragebogen ist so aufgebaut, dass Videos und Musikstücke nach verschiedenen Dimensionen beurteilt und erlebt werden können. Erhoben wurden neben ästhetischen Urteilen, Präferenzurteilen und Wahrnehmungsurteilen, reale Entscheidungen für Videos, für Bilder und für Musik aus den Videos (Soundtracks) sowie Anmutungen, Attraktivitäts- und Bedeutungszuschreibungen. Um die soziokulturellen Kontexte des Videoerlebens zu untersuchen, wurden Geschlecht, Alter, Schulbesuch, Nationalität sowie der medien- und jugendmusikkulturelle Hintergrund erhoben.

Zunächst wurden alle fünf Videos präsentiert. Nach der jeweiligen Videopräsentation wurden Anmutungen des Videos und seine erlebte Attraktivität anhand eines semantischen Differenzials (bzw. anhand von Polaritätsfragen) aus acht Eigenschaftspaaren erhoben. Die Videopräsentation erfolgt dabei in zufälliger Reihenfolge. Jedem Befragten werden die acht Eigenschaftspaare ebenfalls in zufälliger Reihenfolge präsentiert, wobei diese aber für alle fünf Videos beibehalten wird.

verständlich - unverständlich	schön - hässlich
interessant - langweilig	fröhlich - traurig
wichtig - unwichtig	toll - schlecht
vertraut - ungewohnt	anziehend - abstoßend

Tab. 1: Eigenschaftspaare für Polaritätsfragen[5]

Ein Video wurde danach von den Befragten ausgewählt, das sie noch einmal sahen und sodann u. a. nach ästhetischen Kriterien beurteilten. Darüber hinaus wurde die erlebte Attraktivität des jeweiligen Wahlvideos beim dritten Ansehen über den gesamten Verlauf des Videos hinweg mit der Methode des Continuous Response Measurement, CRM, aufgezeichnet.

Ergebnisse

Die Stichprobe

In der hier vorgelegten ersten Teilstudie wurden 505 Acht- und Neuntklässler im Alter zwischen 14 und 16 Jahren befragt, etwa gleich viele Mädchen (50,5%) und Jungen (49,5%). Das Verhältnis der Schularten Hauptschule (21%), Realschule (65,1%) und Gymnasium (13,9%) ist nicht ausgewogen. Die Geschlechter verteilen sich fast gleichmäßig auf die Schularten. 25,5% der Befragten geben an, Erfahrungen mit Videoeigenproduktionen zu haben.

Die Videos im Urteil ihrer jugendlichen Rezipientinnen und Rezipienten

505 Jugendliche sahen und beurteilten zunächst alle fünf Videos anhand der oben genannten Eigenschaftspaare. Am verständlichsten sind den Befragten die Videos aus Karlsruhe und Budapest, am wenigsten verständlich das Video aus London. Das Video behinderter Jugendlicher aus Karlsruhe gilt als das wichtigste und das traurigste Video. Das Video aus Budapest ist vor dem Karlsruher Video das interessanteste. Alle Videos werden als weder schön noch toll eingestuft; das Video aus Los Angeles wird eher als hässlich und schlecht empfunden. Alle fünf Videos werden insgesamt eher als abstoßend empfunden. Einige bemerkenswerte Indikatoren sprechen dafür, dass sich die befragten Jugendlichen ernsthaft auf die von anderen Jugendlichen produzierten Videos einließen:

- Keiner der 505 Befragten hat den Fragebogen vor dem Ende abgebrochen, obwohl 21 bis 58 Minuten zur Beantwortung benötigt wurden.

5 Befragt wurde über eine siebenstufige Skala, wobei links die erste Eigenschaft des jeweiligen Paares erscheint (mit „1“ kodiert) und rechts die zweite (mit „7“ kodiert).

- Fast 90% der Befragten hat es Spaß gemacht, den MultiMedia-Fragebogen auszufüllen.
- Die ästhetischen Urteile über die Videos fallen positiver aus als die Präferenzurteile: Drei Videos (Karlsruhe, London, Prag) werden von mindestens 65% der Befragten für gut gemacht befunden, das Budapester Video von 79,4%, das Los Angeles-Video von 53,7%. Nur 2,8% der Befragten halten keines der Videos für gut gemacht und 21,8% beurteilen alle fünf Videos als gut gemacht.
- Das an zwei Stellen im Fragebogen unterbreitete Angebot, bei der Beantwortung reiner Wortfragen einen der fünf Soundtracks anzuhören (*MoodManaging*), wird angenommen: 75% nutzen beide Möglichkeiten.

Videorezeptionstypen

Es wurde der Frage nachgegangen, ob aufgrund verschiedener Erlebensweisen der Videos Typen der Videorezeption identifizierbar sind (Hypothese 2). Dafür wurden zunächst mit Hilfe einer Faktorenanalyse die Beurteilungen der fünf Videos anhand der o. a. Eigenschaftspaare zu Dimensionen der Videowahrnehmung zusammengefasst. Die entstandenen fünf Bündel (ohne das Paar fröhlich - traurig) aus jeweils einem der Videos wurden einer Clusterzentrenanalyse unterzogen, aus der sich sechs Videorezeptionstypen ergaben. Zunächst lassen sich die sechs Cluster entsprechend ihrer Videopräferenzen, den Zuneigungen (1) und Abneigungen (7) zu den fünf Videos (vgl. Diagramm 1), sowie anhand ihrer Entscheidungen für ihr Wahlvideo beschreiben:

- Cluster 1 (17%), Videomainstreamtyp (66% Jungen, 34% Mädchen): Das Cluster zeichnet sich aus durch Zuneigung lediglich zum Genre Gangster-Video (Budapest), sowie durch die stärkste Abneigung von allen Clustern gegenüber dem im subkulturellen Milieu angesiedelten Londoner Video. Entsprechend wählen 64% als Wahlvideo das Budapester Video, aber immerhin 16% entscheiden sich für Prag.
- Cluster 2 (10%), Videogewaltpräferenztyp (88% Jungen, 12 % Mädchen): Dieses Cluster äußert die höchste Zuneigung von allen Clustern zu den drei Videos, in denen entweder geschossen und getötet oder geprügelt wird. Das Behindertenvideo wird schlechter bewertet als in allen anderen Clustern. Entsprechend wählen 60% Budapest, 18% Los Angeles, 10% Prag.
- Cluster 3 (21%), Videozuneigungstyp (61% Mädchen, 39% Jungen): Cluster 3 und 4 verlaufen nahezu parallel. Cluster 3 äußert allen Videos gegenüber eher Zuneigung, wobei das Karlsruher Video am besten abschneidet. Das Video aus London erhält hier die höchste Bewertung von allen Clustern. Bei der Videowahl entscheiden sich 31% für London, 15% für Budapest, nur 17% für Karlsruhe und fast 15% für Los Angeles.
- Cluster 4 (24%), Videoindifferenztyp (59% Mädchen, 41% Jungen): Der Indifferenztyp äußert keinem Video gegenüber Zuneigung, sondern allen

Videos gegenüber eher Indifferenz; Karlsruhe und London werden am besten bewertet, Los Angeles eher abgelehnt. Das Cluster verläuft komplementär zum Videogewaltpräferenztyp. Die Indifferenten entscheiden sich bei der Videowahl für Budapest (41%) und für London (33%) und eher nicht für Karlsruhe (13%).

- Cluster 5 (17%), Karlsruhe-Sympathisanten (63% Mädchen, 37% Jungen): Dieses Cluster äußert die höchste Zuneigung von allen Clustern gegenüber dem Karlsruher Video und eine ähnlich hohe Zuneigung gegenüber dem Prager Video. Los Angeles wird abgelehnt. Gewählt werden aber Budapest von 34%, Karlsruhe von 32%, London von 19%.
- Cluster 6 (10%), Videoablehnungstyp, (53% Mädchen, 47% Jungen): Der Ablehnungstyp lehnt alle von Jugendlichen produzierten Videos ab, am stärksten das Video aus Los Angeles. Gewählt werden Budapest (40%), Karlsruhe (23%), London (17%) und Los Angeles (15%).

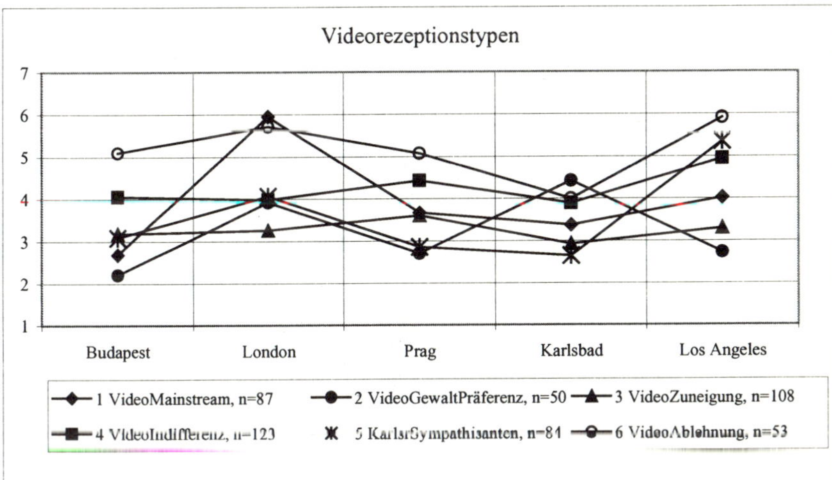

Diagramm 1: Die Beurteilung der fünf Videos durch die sechs Rezeptionstypen

Hinsichtlich ihrer demographischen und soziokulturellen Merkmale unterscheiden sich die sechs Rezeptionstypen folgendermaßen: Im Mainstream- und im Gewaltpräferenztyp sind jeweils mehr Jungen als Mädchen, im Zuneigungs- und Indifferenztyp und unter den Karlsruhe-Sympathisanten ist der Mädchenanteil höher. Im Ablehnungstyp ist das Geschlechterverhältnis ausgeglichen. Zur jugend(musik)kulturellen Orientierung der Videorezeptionstypen: In Bezug auf die aktuellen jugendkulturellen Gruppierungen HipHopper, Techno-Fans, Skater, Musikgruppen-Fans, Sport-Fans und Computer-Freaks unterscheiden sich die Videorezeptionstypen nicht. Bei den Subkulturen Punk, Heavy Metal, Skinheads und Gothic finden sich ebenfalls keine Unterschiede zwischen den Clustern. Gravierende Unterschiede liegen im Bereich der Orientierungen an eher als „soft" zu bezeichnenden jugendkulturellen Gruppierungen - Fans von Folk, Oldies, Klassik, Hitparaden, Softrock und Soaps sowie Umweltschützer. Dabei lehnt der Videogewaltpräferenztyp diese jeweils am stärksten ab, während die Karlsruhe-Sympathisanten ihnen am meisten zugetan sind. Die Vermutung, dass Videorezeptionstypen sich entsprechend soziokultureller Bedingungen unterscheiden, konnte in der vorliegenden Stichprobe nur für das Geschlecht und lediglich teilweise für die jugendmusikkulturelle Orientierung bestätigt werden (Hypothese 2).

Continuous Response Measurement (CRM)

Die für fünf Videos erhobenen CRM-Daten bestätigen, dass es den Befragten möglich war, Wechsel ihrer Eindrücke sofort wiederzugeben. Die CRM-Verläufe der Videos wurden im Hinblick darauf betrachtet, ob sie sich nach Bildung, Geschlecht, Alter, Kulturzugehörigkeit, Videoerfahrung und Videorezeptionstyp unterscheiden. Gruppen-Verläufe wurden miteinander verglichen, in ihrer Parallelität oder Komplementarität, in ihrer Nähe oder Ferne zueinander.

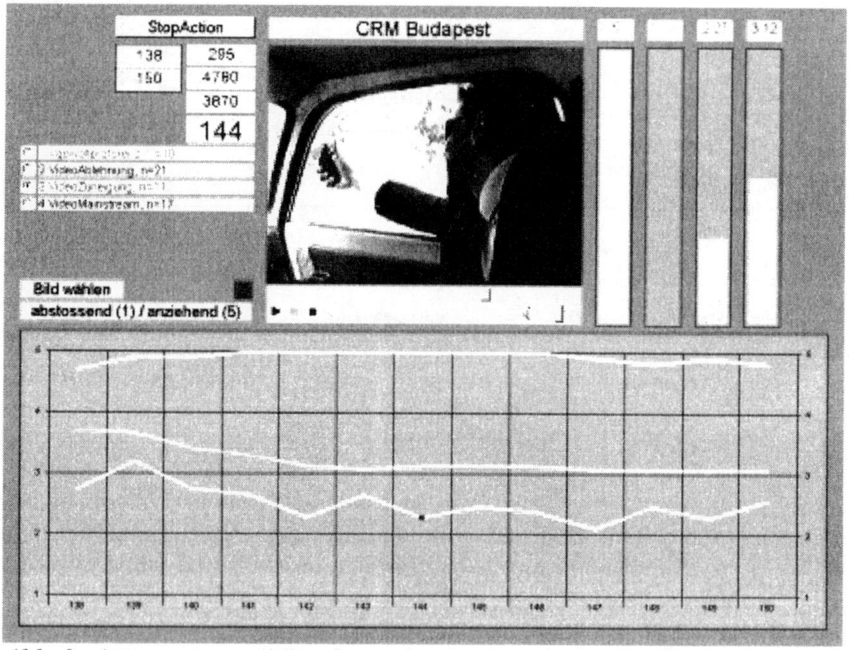

Abb. 2: Auswertung und Ergebnispräsentation mit JustForPlay

Exkurs: Zur Präsentation von Ergebnissen, die mit präsentativen Methoden gewonnen wurden

Zur Auswertung und Darstellung der Ergebnisse des Continuous Response Measurement (CRM) wird das Präsentations- und Auswertungsprogramm *JustForPlay* verwendet (vgl. Abb. 2). *JustForPlay* präsentiert die Verläufe der kontinuierlichen Beurteilung von Videos, z. B. die Präferenzkurven der Videorezeptionstypen für das Budapest-Video. Dabei kann die Verlaufslinie „gezoomt“ werden, d. h. in dem Diagramm kann ein eingegrenzter Bereich dargestellt werden: Abb. 2 zeigt die Beurteilung der Schussszene (Sek 141-150) durch drei Typen aus der ersten Teilerhebung mit 150 Befragten, von denen 59 das Budapest-Video wählten. In einem Video-Player oberhalb des Verlaufsdiagramms wird das betreffende Video abgespielt, während man die augenblicklichen CRM-Werte der dargestellten Gruppierungen an den „Attraktivitätssäulen“ rechts neben dem Video ablesen kann. Ein Highlight verfolgt die Bilder des Videos auf einer jeweils auszuwählenden Kurve; in Abb. 2 wird die Präferenzkurve des Videozuneigungstyps verfolgt. Umgekehrt können Bilder aus dem Video durch Anklicken von Punkten auf den CRM-Verlaufslinien angewählt werden. So können gruppenspezifische Höhc- und Tiefpunkte der Attraktivitätszuschreibung im Video ausgemacht werden; in Abb. 2 sieht man das Bild für Sekunde 144. Zusätzlich können Statistiken (Mittelwerte, Standardabweichung, Regression) in das Diagramm eingeblendet werden.

Typbedingte Verläufe des Videoerlebens

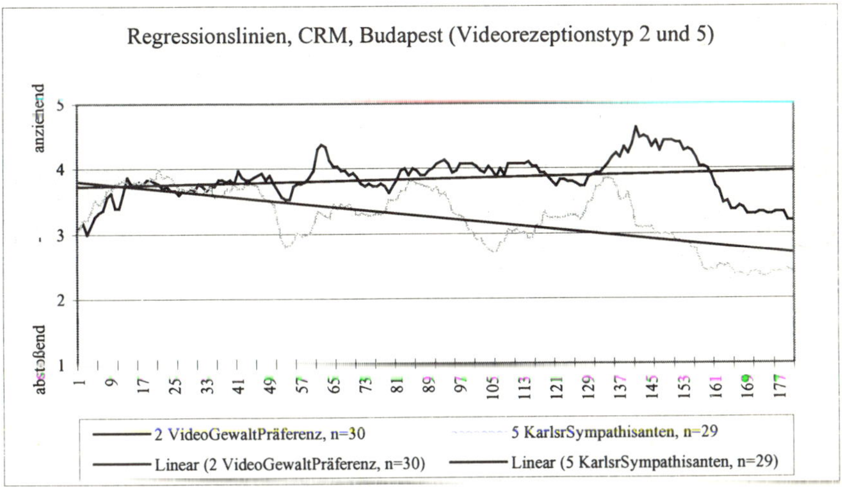

Diagramm 2: Die Attraktivität des Budapester Videos über seinen Verlauf hinweg aus der Sicht zweier Rezeptionstypen

Die Verläufe des Videoerlebens der sechs Rezeptionstypen unterscheiden sich teilweise erheblich voneinander. Dies wird hier am Beispiel des Budapester Videos kurz gezeigt, das von 214 (42%) Befragten zum nochmaligen Betrachten gewählt wurde. Für den Videogewaltpräferenztyp ist das Video ca. ab Sekunde 26 attraktiver als für alle anderen Videorezeptionstypen. Der Videogewaltpräferenztyp findet einige Videosequenzen anziehender als andere Typen: Pistolenpräsentation (Sek 60-73), Drogenprobe (Sek 100-110), das Zurückholen der Droge von den toten Jugendlichen (Sek 151-161), die Schlussszene mit den toten Jugendlichen (Sek 162-180). Die Schussszene, das Erschießen der Jugendlichen aus dem Auto heraus (Sek 141-150), zieht alle anderen Typen weniger an als den Videogewaltpräferenztyp (vgl. auch Abb. 2). Darüber hinaus zeigen die Regressionsgeraden, dass das Video für diesen Typ über seinen Verlauf hinweg zunehmend an Attraktivität gewinnt, während die fünf anderen Typen das Video zunehmend abstoßender finden (vgl. z. B. Diagramm 2 für einen Vergleich des Videogewaltpräferenztyps mit den Karlsruhe-Sympathisanten).

In den CRM-Verläufen der Videorezeptionstypen wurden jeweils mehrere Clusterhöhepunkte und Clustertiefpunkte aufgesucht und in dem Video verortet. So lassen sich bezogen auf die Stichprobe „allgemein anziehende Bilder“ und „allgemein abstoßende Bilder“ verorten (Hypothese 1). Ebenso gibt es komplementäre Verläufe, in denen Bilder isoliert werden können, die von einigen Gruppen als „Hochs“, von anderen als „Tiefs“ erlebt werden (Hypothesen 1 und 2). Die Szene „Pistolenpräsentation“ (Abb. 3) stellt ein Hoch für den Videogewaltpräferenztyp dar; die „Drogenprobe“ (Abb. 4) ist ein „Tief“ für die Karlsruhe-Sympathisanten.

Abb. 3: Pistolenpräsentation/ Sek 62

Abb. 4: Drogenprobe/ Sek 104

Zusammenfassung: Zur Untersuchung einer interkulturellen audiovisuellen Symbolsprache Jugendlicher

Das Auftreten sowohl gemeinsamer (Hypothese 1) als auch komplementärer (Hypothese 2) Attraktivitätszuschreibungen an gewaltbezogene und subkulturelle Symbolik durch die verschiedenen Videorezeptionstypen wird als ein Hinweis auf eine interkulturell verständliche audiovisuelle Symbolsprache interpretiert. Bedeutungsgehalte werden den „Schlüsselsymbolen“ von allen Befragten zugeschrieben, aber von verschiedenen Gruppierungen der Befragten mit unterschiedlichen Wertigkeiten belegt: von Jungen anders als von Mädchen und insbesondere von verschiedenen Videopräferenztypen verschieden. Insofern erlaubt das verwendete präsentative Forschungsinstrument insbesondere durch die Einbeziehung der Continuous Response Methode und die Ermöglichung realer Wahlentscheidungen für Videos neue Einblicke in die audiovisuelle Kommunikation Jugendlicher.

Literatur

Biocca, Frank, Prabu David & Mark West. „Continuous response measurement (CRM): A computerized tool for research on the cognitive processing of communication messages." Measuring psychological responses to media messages. Hg. von Annie Lang. Hillsdale, N.J.: Erlbaum, 1994. 15-64.

Bryson, Bethany (1996): „Anything but heavy metal": symbolic exclusion and musical dislikes. In: American Sociological Review, 61, 884-889.

Glogner, Patrick (2000): Selbstsozialisation und Identitätskonstruktion mit der Dr.-Sommer-Seite. Eine Befragung mit dem MultiMedia-Computer zur Rezeption der Jugendzeitschrift BRAVO. In: deutsche jugend, 48:7/8, 318-326.

Hollonquist, Tore & Edward A. Suchman. „Listening to the Listener. Experiences with the Lazarsfeld-Stanton Program Analyser." Radio Research 1942-43. Hg. von Paul F. Lazarsfeld & Frank N. Stanton. New York: Arno Press, 1979. 265-334.

Miller, Robert F. „The semantic differential in the study of music perception: A theoretical overview." The Quarterly Journal of Music Teaching and Learning, 1:1-2 (1990). 63-73.

Müller, Renate (1995): Neue Forschungstechnologien: Der Multimedia-Fragebogen in der musiksoziologischen und musikpädagogischen Forschung. Rundfunk und Fernsehen, 43:2, 205-216.

Müller, Renate (2000): Die feinen Unterschiede zwischen verbalen und klingenden Musikpräferenzen Jugendlicher. Eine computerunterstützte Befragung mit dem Fragebogen-Autorensystem-MultiMedia. In: Jahrbuch Musikpsychologie, 15, 87-98.

Müller, Renate (2002): Audiovisuelle Fragebögen zur Messung der Attraktivität jugendlicher Videoproduktionen. Erscheint in: Niesyto (2002).

Müller, Renate (im Druck): Präsentative Forschungsinstrumente in der Musikforschung: Vom experimentellen Konzert zu MultiMedia. In: Kraemer, Rudolf-Dieter (Hrsg.): Musikpädagogische Forschung, Bd. 23. Essen: Die Blaue Eule.

Müller, Renate/ Dongus, Nadine/ Ebert, Sabine/ Glogner, Patrick/ Kreutle, Andreas (1999): Identitätskonstruktion mit Medien und Musik. Ein empirisches Forschungsprogramm mit MultiMedia-Fragebögen. In: medien praktisch, 22:1, 26-30.

Niesyto, Horst (2002) (Hrsg.): VideoCulture - Video und interkulturelle Kommunikation. München: KoPäd.

Peterson, Richard A./ Kern, Roger M. (1996): Changing Highbrow Taste: From Snob to Omnivore. In: American Sociological Review, 61, 900-907.

Snider, James G./ Osgood, Charles E. (1969) (Hrsg.): Semantic Differential Technique. A Sourcebook. Chicago: Aldine.

Autorinnen und Autoren

Ute Bechdolf, Jg. 1960, Dr. phil., Kulturwissenschaftlerin, ist Direktorin des Deutsch-Amerikanischen Instituts Tübingen. Ihre Arbeitsschwerpunkte sind Medien- und Geschlechterforschung sowie amerikanische Populärkultur.
E-mail: ute.bechdolf@dai-tuebingen.de
Internet: http://www.dai-tuebingen.de

Klaus-Ernst Behne, Jg. 1940, Dr. phil., war von 1977 bis 1997 Professor für Musikpsychologie an der Hochschule für Musik und Theater Hannover, ist seit 1997 deren Präsident. Seine Arbeitsschwerpunkte sind u. a. Sozialpsychologie des Musikgeschmacks sowie Musikrezeption.
E-mail: behne@hmt-hannover.de

Klaus Boehnke, Jg. 1951, Dr. phil., ist Professor for Social Science Methodology an der International University Bremen. Seine Arbeitsschwerpunkte sind die sozialwissenschaftliche Jugendforschung und deren Methoden.
E-mail: K.Boehnke@iu-bremen.de

Patrick Glogner, Jg. 1974, MA, ist wissenschaftlicher Mitarbeiter und Doktorand am Institut für Kulturmanagement der Pädagogischen Hochschule Ludwigsburg. Seine Arbeitsschwerpunkte sind Kultur- und Medienrezeption im Kontext von Kulturmarketing sowie kulturbezogene Einstellungen von Kulturanbietern und -managern.
E-mail: glogner@web.de
Internet: http://www.glogner.gmxhome.de

Matthias Harnitz, Jg. 1976, schloss 2001 sein Studium für das Lehramt an Gymnasien mit den Fächern Musik und Deutsch ab. Derzeit arbeitet er an seiner Promotion im Fach Musikpädagogik. Seine Arbeitsschwerpunkte sind musikalische Identität und Unterrichtsforschung. Daneben studiert er Jazz-Klavier an der Hochschule für Musik und Theater Hannover.
E-mail: Matthias.Harnitz@gmx.de

Jens Heim, Jg. 1971, ist Referendar für das Lehramt an Grund- und Hauptschulen und steht kurz vor dem Abschluss im Magister Fachdidaktik mit den Fächern Erziehungswissenschaft und Deutsch. Seine Arbeitsschwerpunkte sind audiovisuelles Erleben, Didaktik der audiovisuellen Medien und Medienkompetenz.
E-mail: jens.heim@ngi-box.de

Burkhard Hill, Jg. 1954, Dr. phil., ist Professor im Fachbereich Sozialwesen der Fachhochschule München. Seine Arbeitsschwerpunkte sind Jugendarbeit, Medienpädagogik, kulturelle Bildung mit Forschungsprojekten zur Analyse der sozialpädagogischen Praxis.
E-mail: Burkhard.Hill@gmx.de

Ralf Hinz, Jg. 1962, Dr. phil., ist wissenschaftlicher Mitarbeiter im Teilprojekt „„Phantasie an die Macht'" - Literatur und Popkultur um 1968" im Rahmen der DFG-Forschergruppe „Imagination und Kultur" an der Ruhr-Universität Bochum. Seine Arbeitsschwerpunkte sind: Cultural Studies, Jugend- und Subkulturforschung, Popmusik und Popkultur.
E-mail: r.hinz@gmx.de
Internet: http://www.ruhr-uni-bochum.de/imagination/plumpe/phantasie68.htm

Dagmar Hoffmann, Jg. 1964; Diplom-Soziologin, Dr. phil. ist wissenschaftliche Mitarbeiterin am Institut für Allgemeine Pädagogik der Freien Universität Berlin und derzeit Vertreterin der Professur für Mediennutzung (Medienpsychologie/ Mediensoziologie) im Studiengang Medienkommunikation an der Technischen Universität Chemnitz. Ihre Arbeitsschwerpunkte sind pädagogische und politische Soziologie, Sozialisationsforschung und Medientheorien.
E-mail: dhoff@zedat.fu-berlin.de

Peter Imort, Jg. 1960, Dr. phil., arbeitet als Lehrer und Lehrbeauftragter im Schul- und Hochschuldienst, vertritt derzeit eine Professur für Musikpädagogik/Musikdidaktik an der Universität Gesamthochschule Kassel. Seine Arbeitsschwerpunkte sind Musikunterricht und Neue Medien, Musikvideo-Produktion in der Schule, Organisationsprozesse musikalischer Kultur.
E-mail: Peter.Imort@t-online.de

Elke Josties, Jg. 1959, Dr. phil, Dipl.-Päd., hat eine mehr als zehnjährige Praxis in der musik-orientierten Jugendkulturarbeit in Berlin. Promotion über Mädchen und Musikkulturen an der Universität Potsdam bei Prof'in Dr. Elisabeth Flitner. Zur Zeit vertritt sie die Professur „Pädagogik/ Sozialpädagogik, Medienpädagogik und Jugendarbeit" an der Fachhochschule Neubrandenburg.
E-mail: elke.josties@berlin.de

Renate Müller, Jg. 1948, Dr. phil., Dipl.-Soz., ist Professorin für Soziologie am Institut für Pädagogische Psychologie und Soziologie der Pädagogischen Hochschule Ludwigsburg. Ihre Arbeitsschwerpunkte sind Umgehen von Jugendlichen mit Musik und Medien, computerunterstützte audiovisu-

elle Forschungsinstrumente, Unterrichtsmodelle zum Rock- und Poptanz im Musikunterricht.
E-mail: Mueller_Renate@ph-ludwigsburg.de
Internet: http://www.ph-ludwigsburg.de/musiksoziologie

Eckart Müller-Bachmann, Jg. 1966, Dr. phil., ist wissenschaftlicher Mitarbeiter im Institut für Berufliche Bildung, Arbeitsmarkt und Sozialpolitik (INBAS) in Hamburg. Seine Arbeitsschwerpunkte sind Jugend- und Kultursoziologie und -forschung. Hauptinteressen: Musikalische Jugendkultur(en) und die Bedeutung von Musikstilen für Jugendliche.
E-mail: Eckart.Mueller-Bachmann@t-online.de

Thomas Münch, Jg. 1955, Dr. phil. ist Professor für Musikpädagogik/ Musikdidaktik an der Hochschule für Musik Würzburg. Seine Arbeitsschwerpunkte sind Jugendsozialisationsforschung sowie die Didaktik und Methodik neuer Medien in der Schule.
E-mail: thomas.muench@hfm-wuerzburg.de
Internet: http://www.hfm-wuerzburg.de/~muench

Matthias Rath, Jg. 1959, Dr. phil. habil., Dr. phil., Dipl.-Päd. (Univ.), ist Professor für Philosophie am Institut für Philosophie und Theologie der Pädagogischen Hochschule Ludwigsburg. Seine Arbeitsschwerpunkte sind Angewandte Ethik, v. a. Wirtschafts- und Medienethik, sowie Grenzfragen von Philosophie und Sozialwissenschaften.
E-mail: Rath_Matthias@ph-ludwigsburg.de

Stefanie Rhein, Jg. 1972, MA, ist Wissenschaftliche Mitarbeiterin im Rahmen des DFG-Projekts „Mensch und globale Umweltveränderungen" und Doktorandin am Institut für Kulturmanagement an der Pädagogischen Hochschule Ludwigsburg. Ihr Arbeitsschwerpunkt ist das Umgehen von Jugendlichen und Erwachsenen mit kulturellen Angeboten wie Musik und Medien (insbesondere jugendliches Musikfantum).
E-mail: Steffirhein@hotmail.com

Norbert Schläbitz, Jg. 1959, Dr. phil., ist Lehrer an der Gesamtschule Paderborn-Elsen. Ehemals Filmmusikkomponist. Z.Zt. Lehrbeauftragter an der TU Braunschweig. Seine Arbeitsschwerpunkte sind „Neue Medien und Musik", „Neue Lernformen im Unterricht".
E-mail: Doc-Nob@t-online.de

Holger Schramm, Jg. 1973, Dipl.-Medienwiss., ist Wissenschaftlicher Mitarbeiter am Institut für Journalistik und Kommunikationsforschung der Hochschule für Musik und Theater Hannover. Sein Forschungsschwerpunkt liegt im Bereich der Rezeption und Wirkung von Musik.
E-mail: Holger.Schramm@hmt-hannover.de

Peter Vorderer, Jg. 1959, Dr. phil., Dipl.-Psych., Dipl.-Soz., ist Professor am Institut für Journalistik und Kommunikationsforschung der Hochschule für Musik und Theater Hannover und geschäftsführender Herausgeber der Zeitschrift für Medienpsychologie. Seine Forschungsschwerpunkte liegen im Bereich unterhaltender Medienangebote und ihrer Wirkungen.
E-mail: Peter.Vorderer@hmt-hannover.de

Christopher Wallbaum, Jg. 1956, Dr. phil, arbeitet als Musiklehrer und am Hamburger Institut für Lehrerfortbildung. Sein Forschungsschwerpunkt ist Systematische Musikpädagogik.
E-mail: wallbaum@aol.com